高校民族传统体育运动教学与实践

GAOXIAO MINZU CHUANTONG TIYU YUNDONG JIAOXUE YU SHIJIAN

主编　吕　峰　武吉文

中国书籍出版社
China Book Press

图书在版编目(CIP)数据

高校民族传统体育运动教学与实践/吕峰,武吉文
主编.--北京:中国书籍出版社,2013.8

ISBN 978-7-5068-3705-7

Ⅰ.①高… Ⅱ.①吕…②武… Ⅲ.①民族形式体育
—中国—教学研究—高等学校 Ⅳ.①G852.9

中国版本图书馆 CIP 数据核字(2013)第 200142 号

高校民族传统体育运动教学与实践

吕　峰　武吉文　主编

责任编辑　刘　颖　成晓春
责任印制　孙马飞　张智勇
封面设计　马静静
出版发行　中国书籍出版社
地　　址　北京市丰台区三路居路 97 号(邮编:100073)
电　　话　(010)52257143(总编室)　(010)52257153(发行部)
电子邮箱　chinabp@vip.sina.com
经　　销　全国新华书店
印　　刷　三河市铭浩彩色印装有限公司
开　　本　787 毫米×1092 毫米　1/16
印　　张　20
字　　数　486 千字
版　　次　2013 年 8 月第 1 版　2013 年 8 月第 1 次印刷
书　　号　ISBN 978-7-5068-3705-7
定　　价　38.00 元

《高校民族传统体育运动教学与实践》

编 委 会

主　编：吕　峰　武吉文

副主编：梁　恒　田杨贵特　黄　真　康　健

　　　　曾　直　王美芬

编　委：向卫东　张久文　符　刚　张　微

　　　　刘　玄　李　可　石建志　王治国

　　　　蔡　东　孙　仟　熊　伟　刘治波

前　　言

体育教学是高校教学的重要组成部分，对高校学生身体素质的培养和终身体育意识的树立起着重要的作用。进入新时期，高校体育教学面临着新形势，也遇到了一些问题，为了促进高校体育教学的发展，使体育教学的目标得以顺利实现，高校体育教学改革势在必行。高校体育教学进行改革，教学内容的改革是重点，将民族传统体育运动引入高校教学是一个非常好的选择。

民族传统体育是中华民族的宝贵财富，蕴含着丰富的文化内涵，高校中进行民族传统体育运动的教学，不仅能够为学生强身健体提供新的途径，实现体育教学塑造学生强健体魄的目的，还能够使我国的民族传统体育文化得以继承和发扬，增强民族自豪感和凝聚力。然而，由于经验相对缺乏，相关的理论研究也不足，我国高校民族传统体育教学中遇到了诸多的问题，严重阻碍了民族传统体育在高校中的开展。面对这一形势，我们对民族传统体育进行了深入的研究，以此为基础，编写了《高校民族传统体育运动教学与实践》教材，以求对民族传统体育运动在高校中的教学提供帮助和指导。

教材共十二章，内容涵盖了高校民族传统体育的理论与实践两个方面的知识。本书前四章主要内容为民族传统体育概述、高校民族传统体育的发展情况、高校民族传统体育的教学基本理论、高校民族传统体育运动保健知识研究。本书第五至第十二章详细介绍了高校民族传统体育的项目练习，包括武术套路、养生功法、搏击运动，以及我国西南地区、中东南地区、西北地区、东北及内蒙古地区等少数民族传统体育项目的有关练习实践。总的来看，本教材以高校民族传统体育项目为研究内容，详细介绍了民族传统体育运动的基本理论知识和各项目的练习方法，对中华民族传统体育进行了客观、全面和系统地分析研究。

具体而言，本教材在内容和形式上具有以下特点：内容丰富，实用性强；注重理论与实践相结合，具有较强的可操作性；图文并茂，生动形象，便于高校学生进行实践练习；项目设置方面重点突出了民族特色。总之，本教材可作为高校民族传统体育教师教学和学生学习用书。

本教材在编写过程中，借鉴和吸收了一些专家和学者的研究成果，在此表示感谢。由于时间和能力所限，书中难免存在不足与疏漏之处，恳请广大读者批评指正。

编者

2013 年 7 月

前　言

目　　录

第一章　民族传统体育概述

第一节　民族传统体育概念的界定及分类

一、民族传统体育概念的界定

民族传统体育的概念，不仅是认识和揭示民族传统体育现象的本质与发展的规律，同时还是建立民族传统体育学科体系的需要。恩格斯说："一门科学提出的每一种新见解，都包括着这门科学术语的革命。"因此，对民族传统体育概念的界定，是民族传统体育发展的重要理论基础，对民族传统体育的发展具有重要的理论指导作用，意义重大。

1997 年，国务院学位委员会和原国家教委在一级学科体育学下设 4 个二级学科，民族传统体育名列其中。从此，"民族传统体育"这一称谓作为国家认定学科被正式确定下来。但对"什么是民族传统体育"，不同的学者却存在着不同的理解和认识，并对民族传统体育概念的界定有不同的见解。

早在 1989 年，当时的人民体育出版社出版的体育学院通用教材《体育史》一书，就已经把民族传统体育的概念界定为近代以前的体育竞技娱乐活动。对我国而言，指近代体育传入前我国存在的体育模式，即 1840 年前，我国各族人民已经采用并流传至今的体育活动内容、社会表现方式与价值观念的总和。① 这是从历史的角度，把民族传统体育自西方近代体育传入我国以后，其在社会生活特别是在大中城市和军队、学校中受到的影响进行研究所作的界定。

后来，又相继出现了对民族传统体育概念的不同界定。具体来说，主要存在以下几种观点。

(1)在《体育人类学》和《民族体育》中，分别认为民族传统体育是某一个或几个特定的民族在一定的范围内开展的，还没有被现代化，至今还有影响的体育竞技娱乐活动；民族体育是指具有民族特色的体育活动。

(2)认为民族传统体育是在中华大地上产生并流传至今的，和在古代由外族传入并生根发展且有中华民族传统特色的体育活动。

(3)将少数民族传统体育简称为民族传统体育或民族体育。

总的来看，以上几种关于民族传统体育概念的界定，都是不全面的，都在一定程度上偏离了民族传统体育的特性。民族传统体育的特性主要有民族性、历史性、传统性和传承性。这些

---

① 熊晓正．机遇与挑战．成都体育学院学报，1988(4)

特性是将民族传统体育与一般意义上的体育和现代西方体育区别开来的重要依据。

因此,我们不妨将民族传统体育的概念界定为:民族传统体育是指某一个或几个特定的民族历代因循传承下来的,在一定范围内开展的,具有浓厚民族文化色彩和特征的竞技娱乐活动。

需要指出的是,民族性和传统性是构成"民族传统体育"的两个最为根本和统摄性的特质。因为,世界各国的民族大多数都有自己的传统体育,既具有一般民族传统体育的特点,也或多或少地呈现其自身鲜明的民族特色。就体育而言,当西方民族体育被中华民族所利用的时候,体育的西方性、民族性等一些价值概念,都可能被忽略;当中华民族体育被其他民族所利用的时候,也会出现同样的情况。因此,只要我们没有在"民族传统体育"前面加上某个国家的限定词,民族传统体育的概念就应该适用于世界其他民族。中华民族传统体育是指"在中国近代之前产生发展、由中华民族世代实践并流传或影响至今的体育"①。作为一个整体概念,"中华民族传统体育"一词的限制条件是"中华"二字,即由"中华"一词所规定的"中国范围"。作为一种文化形态,中华民族传统体育蕴涵了中国历史文化各个领域的精髓,其内涵与外延都十分广阔与深邃。

二、民族传统体育的分类

为了便于更为准确和全面地认识我国的民族传统体育,需要对民族传统体育的内容进行科学、系统的分类。在总体格局上来看,民族传统体育项目具有多元性,在地域分布上具有广阔性,在社会发展方面具有不平衡性,因而对民族传统体育项目的分类是一个十分复杂的问题。民族传统体育项目以性质、民族以及项目特点、作用和功能、地域分布等为依据,可以归纳成不同的类别。具体而言,主要有以下几种分类方法。

(一)按性质与作用分类

1. 竞技类

竞技类的民族传统体育项目主要指按竞赛规则规定的比赛场地、器械以及其他特定的条件进行的体力、智力、技术、战术等方面的竞赛的一些项目,如珍珠球、押加、秋千、毽球、木球、蹴球、抢花炮、龙舟、打陀螺、武术、马术、民族式摔跤、射弩、踩高跷等。其中,这些项目中的单人和集体项目,又可分为体能、命中、竞速、制胜、技艺等各种类型。

2. 娱乐类

娱乐类的民族传统体育项目富有趣味性,轻松愉快。其主要包括棋艺、踢打、投掷、托举、舞蹈等项目,其中棋艺主要指各民族棋类项目,以启迪智力为主,如象棋、围棋、藏棋等;踢打有踢毽子、打飞棒、踢沙包等;投掷有抛绣球、投火把、丢花包、抛沙袋等;托举通常以托举器物或负重为主,如掷子、举皮袋、抱石头等;舞蹈有接龙舞、跳芦笙、耍火龙、打棍、跳桌等。

---

① 周伟良. 中华民族传统体育概论高级教程. 北京:高等教育出版社,2003

3. 健身养生类

这类民族传统体育项目主要是为了养生、健身、康复和预防疾病。如导引、太极拳、气功等，动作一般比较简单、轻缓，强度不大，长期坚持锻炼，可达到预防疾病、增进健康的目的。

(二)按不同民族开展的项目分类

我国是一个拥有众多民族的国家，每一个民族都形成了具有本民族特色和反映本民族文化的传统体育活动，有的项目起源于本民族，有的是在历史发展过程中由外族传入并经本民族不断创新和融合而成的。特别是由于我国各民族大杂居、小聚居的聚居特点，一些项目在多个民族中都有开展，有的项目则为一个民族所仅有，众多民族在相当大的范围内难以完全趋同。因此，按不同民族开展的项目进行分类，有助于我们了解这一民族所开展的体育项目，区分其特点(表 1-1)。

表 1-1 我国各少数民族代表性传统体育项目表

序号	民族名称	代表性项目	数量(项)	序号	民族名称	代表性项目	数量(项)
1	蒙古族	摔跤、赛马等	15	29	土族	轮子秋、拉棍等	3
2	回族	木球、掼牛等	47	30	达斡尔族	曲棍球、颈力等	11
3	藏族	赛牦牛、赛马等	32	31	仫佬族	抢花炮、打篾球等	6
4	维吾尔族	摔跤、赛马等	11	32	羌族	推杆、摔跤、骑射等	6
5	苗族	秋千、划龙舟等	33	33	布朗族	藤球、爬竿等	5
6	彝族	摔跤、赛马等	43	34	撒拉族	拔腰、打蚂蚱等	10
7	壮族	抛绣球、抢花炮等	28	35	毛南族	顶竹竿、下棋等	12
8	布依族	丢花包、秋千等	8	36	仡佬族	打篾鸡蛋球、打花龙等	3
9	朝鲜族	跳板、摔跤等	7	37	锡伯族	射箭、摔跤等	6
10	满族	珍珠球、冰嬉等	45	38	阿昌族	要象、龙、荡秋、车秋等	9
11	侗族	抢花炮、草球等	13	39	塔吉克族	刁羊、赛马	2
12	瑶族	人龙、打陀螺等	8	40	普米族	射箭、射弩、磨秋、摔跤等	9
13	白族	赛马、赛龙舟等	14	41	怒族	跳竹、怒球等	8
14	土家族	打飞棒、踢毽子等	43	42	乌孜别克族	赛马、刁羊、摔跤	3
15	哈尼族	磨秋、打陀螺等	5	43	俄罗斯族	嘎里特克	1
16	哈萨克族	刁羊、姑娘追等	7	44	鄂温克族	套马、狩猎、滑雪	3
17	傣族	赛龙舟、跳竹竿等	13	45	德昂族	射弩、梅花拳、左拳	3
18	黎族	打花棍、钱铃双刀等	7	46	保安族	赛马、夺腰刀、抱腰等	7
19	傈僳族	弩弓射击、泥弹弓等	21	47	裕固族	赛马、摔跤、射箭等	7
20	佤族	射弩、摔跤等	12	48	京族	踩高跷、跳竹竿等	5
21	畲族	操石磉、打尺寸等	9	49	塔塔尔族	赛跳跑、爬竿	2
22	高山族	竿球、顶壶等	17	50	独龙族	射弩、溜索比赛等	11
23	拉祜族	射弩、鸡毛球等	19	51	鄂伦春族	射击、赛马等	11
24	水族	赛马、狮子登高等	4	52	赫哲族	叉草球、叉草人等	13
25	东乡族	羊皮筏子、羊皮袋等	13	53	门巴族	射击	1
26	纳西族	东巴跳、秋千等	10	54	珞巴族	射箭、碧秀(响箭)	2
27	景颇族	火枪射击、爬滑竿等	12	55	基诺族	竹竿比赛、摔跤、高跷等	11
28	柯尔克孜族	姑娘追、刁羊等	23	56	汉族	投壶、蹴鞠、布打球等	301

(三)按运动项目的形式与特点分类

根据现代体育运动项目的形式与特点,可将民族传统体育分为跑、跳、投类,射击,骑术,水上项目,球类,武艺,舞蹈和游戏等项目。其中跑、跳、投类项目主要有:跑火把、跳板、跳马、雪地走、投沙袋、丢花包、掷石等;射击项目主要有:射弩、步射、射箭等;骑术项目主要有赛马、刁羊、姑娘追、赛牦牛等;水上项目主要有:龙舟竞渡、赛皮筏、划竹排等;球类项目主要有:木球、珍珠球、蹴球、毽球、叉草球等;武艺项目主要有:打棍、摔跤、斗力、顶杠、各族武术等;舞蹈项目主要有:跳竹竿、踢毽子、跳绳、皮筋、跳花鼓、跳火绳、跳房子、东巴跳等;游戏项目主要有:秋千、斗鸡、跳绳、打手毽等。

(四)按地域分类

我国地域辽阔,不同区域的自然地理环境、社会历史和文化、经济类型、生产和生活方式、风俗习惯以及民族心理等存在着明显的差异,使各区域民族体育有着不同的特色,为了从整体上把握民族传统体育概貌及地域性特征,可按照我国地域分布情况分为西北、东北内蒙古、中东南、西南四大区域,以便对各区域民族开展的传统体育项目进行分类。

以上分类方法各有其优点,但也存在着自身的局限,在具体实践过程中,可根据研究的目的和任务,采用不同的分类方法,以利于展示民族传统体育内容的广博性,使我们更全面和深刻地认识民族传统体育,把握其发展的基本规律。

第二节　民族传统体育的起源及发展历程

一、古代民族传统体育的起源

伴随着人类社会的发展,民族传统体育开始萌生,自原始社会至今,其发展已经经历了五千多年的历史。在新石器时代,人类的生产方式开始由渔猎和采集业逐渐向畜牧业和农耕业过渡。父系氏族社会时期,开始出现专门的手工业,商品交换已经十分普遍,生产力也不断提高,剩余产品逐渐增多。到了父系氏族社会后期,随着私有制与阶级的出现,部落之间不断爆发原始的战争,此时开始出现了原始的文化、艺术与宗教信仰(图腾崇拜、祖先崇拜以及祭祀活动等),原始教育也由直接的劳动技能的传授,发展成以模拟劳动动作与发展身体素质为目的的"身体练习"。夏朝的建立,标志着我国中原地区从部落状态发展为国家状态,同时也标志着人们共同体从氏族部落发展为民族。经过长时间的发展,氏族部落内部和地区的差别日渐缩小,并最终凝聚和确立了以汉族为核心,其他民族相互依存的多民族国家。由于各民族地域、发展水平存在的显著差异,各民族在长期的历史发展过程中,形成了极具各民族特色的传统体育,同时由于各民族之间的交流与融合,一些项目为不同民族的人们所接受。

(一)生产劳动的需要

生产劳动是人类满足自身生存的第一活动,同时也是促使原始体育活动萌生的重要因素。人们通过生产劳动来扩大适于居住的环境,改善生活质量。在同大自然的较量中,各民族都以不同的形式克服着发展中的难题。也就是说,在制造并使用工具的过程中,在提高身体素质以利于生产劳动的过程中,在迁移劳动方式用于放松娱乐的过程中,许多民族传统体育活动得以演化和逐渐形成。

20世纪70年代,在山西阳高许家窑文化遗址中,考古工作者挖掘出了距今至少10万年的古人类化石和数以万计的石器,其中还发现了1 500多枚大小不一的石球。据考证,这些石球是当时许家窑人狩猎所用的最有力的投掷武器。后来,由于弓箭等先进工具的发明,人们猎取野兽的能力逐渐提高,很少再需要用到石球这种笨重的工具。于是石球的功能便开始向娱乐性转化,扔石球不再是为了击伤或击倒野兽,而只是为了消遣,增加一些欢乐的情趣。

此后,在距今4万年～5万年前的西安半坡人文化遗址,也发现了石球,它们被放置在一个三四岁小孩的墓葬中。显然,这些石球已经不仅是狩猎的工具和保卫自身安全的武器,而且也是带有娱乐色彩的一种游戏的工具。

在山西省峙峪遗址出土了一批距今3万多年的用燧石制作而成的石镞,这是中国目前发现的最早箭头。这表明当时的原始人已经开始使用远程射击武器,比此前的大弹弓又前进了一步。弓箭是中国古代许多民族经久不衰的一项武器,礼射、射柳、射草狗、射鬼箭、骑射等不同形式的射箭方法及其背后的涵义,逐渐被赋予了民族自身的价值取向、宗教信仰、审美情趣,从而成为一项富有浓郁民族特色的体育活动。

对于我国北方以狩猎为主的少数民族来说,弓箭是防御野兽侵害、猎取食物的一种重要工具,也是运用于战场的军事武器。据古籍记载,原始人可能是通过发现桑柘一类树木的弹力而制成了弓箭,“乌号弓者,柘桑之林,枝条畅茂,乌登其上,下垂著地。乌适飞来,后从拨杀,取以为弓,因名乌号耳”(东汉,应劭《风俗通义·卷二·封泰山禅梁父》,中华书局《四部备要》),因而,古代良弓亦称“乌号”。弓箭的发明使狩猎的效率得到了很大的提高。后来,当人们学会种植庄稼和饲养牲畜时,狩猎也从一种生产工具变为了娱乐活动。人们弯弓射箭已不再是为了射得野兽饱腹充饥,而是为了显示射箭技艺。于是,具有体育性质的射箭活动出现了。

在出土文物中,还有原始社会后期的骨制鱼镖和鱼钩,说明捕鱼在当时已是经常性的活动,与之相应的投掷鱼镖、垂钓、游水等活动也已出现。

研究发现,我国各民族的许多体育活动都与原始生产劳动有着密切联系。如赛马、马上拉力、斗牛、赛牦牛、斗鸡、斗羊等民族传统体育活动往往是从各民族的家畜家禽的驯化和畜牧业的基础上衍生而来的;世居青藏高原的藏族、蒙古族、土族等民族,将游牧作为一种生产和生存方式,正是在这种游牧文化的影响下,创造出了具有鲜明的世界屋脊特色的游牧民族体育文化,如赛牦牛、赛马、马术、套马、骑马劈刀、射箭、藏跤、打布鲁、打响鞭等项目;龙舟竞渡由龙图腾而来,但龙舟运动也是在手工业和渔业推动下发展起来的,因为龙舟的制作和划龙舟的技巧直接是手工业和渔业的产物。

(二)原始战争的需要

进入阶级社会以后,汉族内部为争夺地盘、奴隶和猎物,甚至王位的继承权而终年战事不断,汉族与四方少数民族之间也时常有战争发生。当时的北方多为游牧民族,随水草而居,骑马作战,其经济文化、生活习惯等方面与中原汉族差别较大,加之北方民族有南移之趋势,所以矛盾就比较多,战争时常发生。到春秋战国时期,随着阶级矛盾的日益尖锐,又爆发了奴隶起义和新兴地主与奴隶主贵族的战争,以及诸侯兼并争霸。战争规模不断扩大,战争频繁发生,作战方式不断发展,是整个奴隶制时代战争的显著特点。而这些原始的军事活动是促成民族传统体育萌芽的一个重要的社会因素。

通过我国古代一些史料对战争的记载,可发现传统体育萌发的一些情况。《管子·地数篇》载"葛卢之山,发而出水,金从之出,蚩尤受而制之,以为剑铠矛戟,是岁相兼者诸侯九"。《述异记》的描写更为具体:"轩辕之初立也,有蚩尤兄弟七十二人……与轩辕斗,以角抵人,人不能向,今冀州有乐名蚩尤戏。其民两两三三,头戴牛角而相抵。"从这些传说中,我们可以看到角抵(后来的角力、摔跤、相扑等)最早起源于蚩尤,据说他还是铜兵器剑、矛、戟等的发明者。尽管其真实性仍有待考证,但属于东夷民族集团英勇善战的蚩尤部落改进了原始兵器则是可能的。原始兵器往往是模仿兽角与鸟嘴的形状制成的,后来随着战争规模的扩大与爆发的频繁,而出现了专门的武器,主要有石弹、石刀、石斧和石铲,以及石或骨制的标枪头和弓用的矢镞等。

从夏朝到春秋战国时期,射箭、车战、弩射等十分普遍。总的来看,战争的出现促成了武器与战斗技能的发展,同时也加强了对战斗人员的身体训练与军事技能训练,蹴鞠最早便是为了训练将士,以提高战斗力而创造出来的。南朝梁人宗《荆楚岁时记》引刘向《别录》的"蹴鞠,黄帝所造,在练武士,本兵势也"(中华书局《四部备要》)。

(三)原始宗教的需要

在原始社会生产力十分低下的情况下,由于人类对自然现象的恐惧和不理解,懵懂地认为万物是有灵的,从而产生了原始宗教,具体包括图腾崇拜、祖先崇拜和自然崇拜,以及在此基础上产生的原始巫术活动,其中图腾崇拜和原始巫术对民族传统体育产生了极为深远的影响。

图腾崇拜在世界各国古老民族的早期都曾普遍存在过,考古研究发现,我国上古时期曾有鸟、蛇、蛙、虎、熊等多种图腾。我国考古工作者曾在辽宁红山文化遗址发现了新石器时代中晚期的龙形玉雕,通过文物揭示了我们祖先的龙图腾崇拜起源。据说,长江以南广大地区的赛龙舟活动,最初也是龙图腾崇拜的一种仪式。闻一多先生在《端午考》和《端午的历史教育》等文中认为,龙舟竞渡早在屈原之前就在古越族中盛行了。古越族人为表示他们是"龙子",有"断发纹身"的习俗,而且还有乘着刻画成龙形的独木舟在水中模仿龙的姿态进行竞渡的比赛活动。在我国各地的民间传统体育活动中,除了赛龙舟之外,纸龙、舞龙灯等都有龙图腾崇拜的踪迹可循。

原始人类恐惧和不理解各种自然现象的客观规律及其因果关系,幻想自然界对人存在着一种不可见的影响,而人也可以采取相应的活动方式来影响自然界与其他人。在此基础上,原始巫术产生并流行开来,其主要目的是通过一定的巫术形式来祈祷狩猎成功、庄稼丰收、家畜强壮多产等。拔河就是一种祈祷丰收的巫术活动，人们希望通过众人的拔河之力感应农作物，使之借助这种力量茁壮成长，从而获得来年的丰收。

随着原始宗教信仰的出现，祭祀仪式开始逐渐渗透到人们社会生活的各个方面。那时，人们在生产劳动与日常生活中都要举行一定的祭祀。每每遇到重大的祭日，祭祀仪式就更为盛大，而作为一切宗教祭奠的主要组成部分的舞蹈，则贯穿于宗教仪式的始终，从而促进了原始舞蹈中萌芽状态的民族传统体育的发展。此外，由于各个民族崇拜和祭祀的"神灵"不同，祭祀中所跳的舞也有所差别，譬如自命为"虎族"的彝族，在祭祖时，人们要身披"虎衣"，在雄浑的锣鼓声中，模仿虎的动作，翩翩起舞。再如汉族的"傩舞"、白族的"绕三灵"以及傈僳族的"飞舞"等舞蹈都是祭祀中体育活动的典型舞蹈。

（四）种族繁衍的需要

在原始人类的生活中，种族的繁衍是仅次于觅食的又一件大事。觅食是为了生存，种族的繁衍则是为了延续后代。为了实施氏族外的婚配，居住分散而又相对闭塞环境中的许多少数民族都有男女集体交往与求爱的节日和活动，以利于种族的繁衍。此外，由于自然环境恶劣，少数民族在择偶观念上注重男子强壮的身体和劳动能力，体育竞技则给了青年男子充分显示自身的智慧和力量以及获取姑娘青睐的机会，符合少数民族英雄崇拜的心理和性选择的需要，这也是少数民族传统体育起源与发展的一种重要驱力。因此，创造机会进行直接接触十分重要。很多少数民族传统体育都与青年男女的社交有关，甚至有专为两性交往提供机会而开展的活动，如壮族的"抛绣球"，维吾尔族和哈萨克族的"姑娘追"，苗族的"阿细跳月""姐妹节""芦笙踩堂"，布依族的"桃花会"以及瑶族的"踏歌"等活动。又如广西苗、瑶、侗族的"射弩"，在古代不仅是防身的武器和战争的传信工具，而且还常常被作为青年男女谈情说爱的信物。

（五）经济活动的需要

经济活动与民族传统体育的萌生也有着密切的联系。生产工具与社会制度的发展，都极大地提高了生产力。经济的繁荣使得一些简单、娱乐性强的民族传统体育开始崛起，例如龙舟、飞鸢（风筝）、秋千、竞渡、举重等。

早在奴隶时代以前，一些娱乐性强的民族传统体育活动就已经出现。随着社会的变迁与发展，使得民族传统体育活动渐渐从最初的生产劳动、宗教祭祀与原始战争中脱离出来，而演变成具有新的功能与意义的民族传统体育形式。如战国时期的龙舟竞渡被荆楚大地的人们赋予了纪念屈原的意义，而在吴地则被赋予了纪念伍子胥的新内涵，成为民众津津乐道的一项传统的娱乐竞技体育活动。另外，在很多民族中广为流行的风筝活动，最初被称为纸鸢、飞鸢，用于军事战争中刺探他国情报。随着社会的发展，人们对娱乐活动的需要也逐渐增强，其开始演变成为一项娱乐性的传统体育活动。战国时代民间还流行一种小球游戏"弄丸"，其玩法为抛接数个小球，这个古老的项目在今天的杂技表演中还常常看到。同时，某些原先流行于一隅的体育活动项目，也因战争频繁爆发等原因传入中原。秋千实际上就是一项起源于山戎地区民族中的游戏活动，齐桓公在北伐的战役中，看到该少数民族的人踩在用两根绳子吊在半空的板子上晃来荡去，显得十分轻捷矫健，于是就将该游戏带回了齐国（《通俗篇》卷三十一引《古今艺术图》），并在汉族民众中流传开来。

总之，由于生产力的提高和经济的繁荣，人们的思想空前活跃，文化观念与文化需求也呈现出多元化的格局，从而促使娱乐性的传统体育活动流行，并为其发展创造了有利的条件。

（六）教育传承的推动

教育是人类传承自身生活经验用以提高后代认识与实践能力的最主要方式。原始教育最初尚未从生产过程中分化出来，成为一种专门的活动，实际上是在生产劳动实际过程中进行的简单生产技能的传授。

奴隶制时代是中国古代文化的创建与初步发展阶段。这一时期文字开始出现，并增强了人类的思维能力，为教育的发展创造了条件，使教育进入了一个新的阶段。同时，随着人类知识技能的日益广博，社会分工日细，对人才的要求也从文武兼备演变为专于文或专于武。至春秋战国时期，文化学术方面便出现了“百家争鸣”的繁荣景象，这些对我国民族传统体育的最终形成都起到了积极的推动作用。

人类最初的教育形式主要是对简单的生产技能与自卫本领的传授。到了奴隶制社会以后，教育的内容变得丰富起来，出现了专门的体育教育场所和人员。据考古发现，商朝已出现了学校，当时称为庠或序，实行文武兼习的教育，但偏于武，在“习射”和“习武”中，以“习射”为主要内容。西周的学校教育比夏、商时有了更大的发展，出现了以礼、乐、射、御、书、数为基本内容的“六艺”教学体系。其中，射、御、乐三项均与体育有关。

春秋战国时代，由于战乱频生，使教育也变得更为重要起来。这时期的教育包含了大量的体育内容，从孔子、荀子、墨子的教育思想中便可以看到这一点。孔子提出：“有文事者必有武备。”而荀子的“人定胜天”和“动以养生”观念是古代体育思想中对运动功用的正确认识的重要思想渊源，其在《荀子・乐论》中则提出娱乐是人们不可缺少的生活内容，主张进行肢体运动来达到娱乐身心的目的。在几位大教育家中，墨子是一位注意培养弟子武艺技能与勇敢精神的教育家，在墨子的教育内容中，军事体育占有一定的地位。

此外，先秦的阴阳和五行学说是朴素的唯物论和辩证法，对中国古代文化有着极为广泛而深远的影响，是构成中国古代体育思想的重要因素，也为我国民族传体育理论的形成和发展奠定了坚实的基础。

（七）健身娱乐的需要

人们从事民族传统体育活动最基本和最直接的价值追求是健身和娱乐，基于这种目的，各族人民创造出了各种有益于健康和身心愉快的民族传统体育活动。与从生产劳动、宗教祭祀、军事战争中衍生出来的民族传统体育相比，健身娱乐的民族传统体育活动更多的是源于人们的创造，其根植于民族生产和生活方式、风俗习惯、民族意识，因此可将其单独作为一类民族传统体育产生的模式进行研究。

在古代，我国民间的娱乐活动门类多样，丰富多彩。广大民众依靠自己勤劳的双手与聪明的才智，创造出了各种戏曲、杂技、舞蹈以及丰富多彩的民族传统体育，以此丰富生活，增进身心健康。宋朝时，踢毽子这项体育活动十分受欢迎，当时的临安城有专门制作毽子的手工艺人。明朝《帝京景物・卷二・春场》中记载有踢毽子的民谣：“杨柳儿活，抽陀螺；杨柳儿青，放空钟；杨柳儿死，踢毽子；杨柳儿，发芽儿，打拨儿。”可见民间娱乐健身活动非常活跃。此外，蒙古族的“那达慕”(蒙古语“娱乐”“游艺”的意思)大会也十分隆重。每年八月的大草原,金风秋爽,牛羊肥壮,牧民们喜庆丰收的季节到了。此时,他们便开始酿制马奶酒,屠宰牛羊,缝制新衣,准备各种美味的食品,举办不同规模的“那达慕”,进行被称为“男儿三艺”的射箭、赛马、摔跤等传统体育比赛。“那达慕”一般举行 5～7 天。每逢此时,牧民们穿着崭新的民族服装,骑着马,赶着车,从四面八方汇集而来。在绿茵草地上搭起毡帐,烤羊肉煮奶茶。整个草原呈现出人欢马叫、炊烟袅袅、一片欢腾的盛世景象。

此外,诸如荡秋千、放风筝、抖空竹、踢毽子、跳皮筋等大量民间体育游戏,则是各民族群众根据自身的娱乐目的,借助一些外部自然条件和其他生产劳动成果或经验而创造出来的。一般来说,多数儿童体育游戏的产生主要源于健身娱乐的目的。由于儿童具有天生的好奇心、游戏欲与创造力,他们往往能够创造出一些形式活泼、内容新颖的体育游戏。如我国南北各地的儿童大多喜欢“老鹰捉小鸡”的游戏,在激烈的“老鹰”和“小鸡”的较量中,儿童获得了娱乐身心的效果。台湾民间有一种儿童游戏叫“围虎陷”。游戏时众多儿童拉着手围成一个圆圈,一人充当羊站在圈里,另一人作为虎站在圈外。虎随时可以冲进圈里抓羊或者从圈外直接伸手追抓羊。在虎要冲进圈里抓羊时,围成一圈的儿童要尽力阻拦虎进入圈中。老虎 4 次抓住羊则说明圈里的羊已经被老虎吃光,虎获得胜利。这是一种对动物生活的想象与模拟。另外,山东民间的“老虎叼羊”、广西仫佬族的“凤凰护蛋”等儿童游戏也都是一种对现实生活的联想与创造。有些成为少年儿童的娱乐活动的民族传统体育项目,具有较强的普适性,是各民族喜爱的传统体育活动。总之,这些儿童游戏往往是顺应和满足儿童娱乐的需求而创造出来的,且具有显著的健身效果。

当然,并不是一切游戏都可以归入体育范畴,只有身体活动特色鲜明,身体活动能力影响游戏成效的活动,才被称为体育游戏。

二、古代民族传统体育的发展历程

(一)古代民族传统体育的兴盛与繁荣

1. 古代民族传统体育的兴盛

秦汉和三国两晋南北朝时期,在继承先秦体育和引入外来体育的基础上去粗存精,形成了后世体育发展的基本格局。到了两晋南北朝时期,我国的民族传统体育无论是在开展的项目方面,还是在发展的规模方面,都显得稍微逊色。但玄学的兴起、少数民族的大量内迁,却给民族传统体育的发展带来了新的突破,使这一时期的民族传统体育带有明显的时代烙印。

(1)各民族的大融合促进了民族传统体育的发展

秦王朝的建立,形成了各族文化在长期以来互相融合的基础上,以中原农耕时周秦文化为基本模式,采取了向兼并地区大量移民并推广的格局。汉朝继续推行统一政策,同时,我国北方也建立了多民族的匈奴帝国。由此,我国多民族的统一国家最终得以确立,即北匈奴、南秦汉。在大一统的局面下,各民族的社会经济和文化迅速发展,各民族间的交往也逐渐加强。

西晋“永嘉之乱”之后,中国开始了空前广泛的民族大融合。原处西、北边境的匈奴、鲜卑、氐、羯、羌等民族先后进入黄河流域建立了政权,北方汉人大批南渡避乱促进了南北民族的融合。

这一时期，体育活动的内容也在民族交往与融合的大背景下变得丰富起来，从而促进了部分传统体育活动在不同地区的传播，使一些地方性活动项目开始在全国各地开展起来。比如，目前在我国十几个民族中流行的摔跤运动，秦汉时期已经形成了3种不同风格的方式，当时称为角力、角抵、争跤。1975年湖北江陵凤凰山出土的漆绘木篦上所描绘的角力图，代表了一种风格，其特点是无固定抱法，可采用打、击、摔、拿等动作，相当于古希腊的摔跤。此外，在陕西长安客省庄出土的角力纹透雕铜饰上的角力，则又代表了另一种风格，角力方法有固定搂抱的要求，即一手抱腿，另一手抱腰，至今在维吾尔等少数民族中仍沿用这种摔跤方式。吉林集安洞沟出土的东汉时期高句丽角力图，也采取固定搂抱方式，但与客省庄角力者的抱法不同，采用双手搂住对方的腰，与后世相扑的抱法完全一样。

这一时期，随着匈奴、鲜卑等游牧民族对中原的不断侵犯，其骑马与射箭由于受中原文化的影响，从战争和军事体育项目中分离出来，开始与汉族的传统节日结合在一起。三月三日是汉族的传统节日，远在西周时，每年三月的“上巳”日，女巫要在河边举行仪式，为人们除灾祛病，这种仪式叫“祓禊”。自魏晋以后，祓禊的目的不是专为祓除不祥，而是与游春相结合，追求健康和欢乐，因而，祓禊的内容不再有什么礼仪，而是临水饮宴。这种起自上古礼仪的三月三日，在民族融合过程中，也逐渐变成少数民族的节日，只是活动内容变成了骑马与射箭活动。

(2)娱乐性的传统体育项目日益丰富

秦统一中国后，随着社会经济的快速发展，人们对文化娱乐的需要日益突出。在进行体育活动时，人们越来越关注其娱乐性，特别是两晋南北朝玄学的兴起，又进一步冲击了礼教、军事对传统体育的束缚，使体育本身所具有的竞技性和娱乐性不断增强。具体表现为以下几个方面。

①祭礼类体育活动逐渐摆脱宗教祭祀的束缚，与节令、节日结合，游乐气氛日渐浓重

据相关资料考证，纪念屈原或伍子胥的龙舟竞渡在东汉时就与“农历五月五日”的端午节结合在一起，在南北朝时更是成为全国性的节令活动。

②一些项目的军事色彩减弱，竞技与表演性增强

如“田忌赛车”不以进退周旋必中规矩的“五御”为务，而以竞赛速度为赌；项庄舞剑，其借口是“军中无戏乐，请以剑舞”，杀伐决斗的技艺被转化为娱宾助兴的表演手段；特别是百戏(角抵戏)的产生，又囊括了举鼎、角力、射箭、击剑、投石等有关的身体训练形式与军事技巧。百戏脱胎于西周的“讲武之礼”，当时的“讲武之礼”本是一种以比赛形式进行的军事训练或军队检阅，丝毫不具有娱乐的性质。秦二世时，增加了杂技、舞蹈等内容，并将其纳入宫廷娱乐之中；两汉以来，其内容和形式又有了很大的发展；到东汉时已经成为一项内容庞杂的综合表演形式，以奇、险、难为特征而著称于世，表演者大多是经过严格训练的专职艺人。于是，这种“讲武之礼”便作为极具观赏性的娱乐活动而存在。

此外，围棋活动在汉朝时也具有明显的军事色彩。到了南北朝时，在崇尚智巧的社会风气下，围棋迎来了发展的黄金期。这一时期，围棋高手辈出，且出现了评定围棋水平的“品位制”，以及专记棋艺的棋谱，并对原有棋制进行改革，确立了十九道的围棋棋盘，使围棋更加变化莫测，妙趣横生，更富于竞技性和娱乐性。

③民族传统体育冲破了礼教的束缚

在汉朝，一种田猎(打猎)的娱乐活动摆脱了“顺时讲武”的束缚，与其他娱乐活动联系在一起，逐渐发展成为极具娱乐性的一项重要的休闲活动。春秋战国时期，出现了从“射礼”演变而来的投壶活动，其繁琐、形式化与射礼完全一致。汉魏时，投壶基本摆脱了原来的繁文缛节，而进一步游戏化，并且花样翻新，仅从《投壶赋》中就可见“络绎联翩，爰爰兔发，翻翻隼隼，不盈不缩，应壶顺入”的参连法，以及左右开弓法、交叉投掷法等游戏方法。

(3)棋类游戏得到迅猛发展

汉魏时，随着“重文轻武”思想的确立，人们对体育活动的看法，深深地打上了“君子劳心，小人劳力”的印记。因此，社会上开始形成“雅”“俗”两类不同的体育活动，其中有利于修身养性、陶冶情操的棋类游戏活动得到了王孙贵族与士大夫的追捧。魏晋玄学的兴起，又进一步促进了这些“雅”体育向娱乐性、竞技性方向的发展。

汉成帝与魏文帝都是弹棋迷。三国时期，在魏文帝曹丕的倡导下，朝臣名士竞相迎合争宠，一时间掀起了“弹棋热”。曹丕、王粲等人还分别作过《弹棋赋》，称颂这种非常令人迷恋的游戏活动。盛行于先秦时期的六博，在汉朝得到更为广泛的传播，尤其在宫闱、王府与富豪之中极为盛行。汉朝上流社会中还流行一种叫作“格五”的棋类游戏，它是在六博的基础上发展起来的，取消了用骰子掷彩的方式，靠行棋的技术来战胜对手，由此便同六博这种带有一定赌博性的游戏区分开来，而成为汉朝贵族和士大夫们喜爱的一种雅戏。大约在西汉时期从西域传入中原地区的樗蒲游戏，至西晋以后，已在皇帝和达官贵人中流行开来，晋武帝、宋武帝、周文帝以及桓温、王献之、颜师伯等人都擅长樗蒲。握槊流行于北朝，本是西北少数民族的游戏，后传入汉族贵族之中。双陆则盛行于南朝，它与握槊的形制是一样的，差异之处在于名称不同以及流传地区不同。

2. 古代民族传统体育的繁荣

隋唐时期是我国历史上国富力强、经济文化繁荣昌盛的时期，其文化从总体上来说呈现了一种恢宏壮阔、激昂蓬勃的格调，这在一定程度上为民族传统体育的兴盛创造了有利条件。这一时期，传统体育活动的主要特点是开展的项目多，参加活动的人数多以及中外体育交往频繁。

(1)节令中的民族传统体育丰富多彩

唐朝时，拔河活动已开始流行于民间和宫廷，成为一项规模宏大的娱乐活动，开展拔河的时间为正月十五，其人数动辄上千，声势浩大，颇为壮观。薛胜在《拔河赋》中称：“皇帝大夸胡人，以八方平泰，百戏繁会，令壮士千人，分为二队，名拔河。”

秋千是一项与传统节日、节令结合在一起的又一民族传统体育项目，据《开元天宝遗事·半仙之戏》记载：“每年寒食清明期间，唐代宫女都打秋千取乐，唐玄宗呼之为‘半仙之戏’，都中士民因而呼之。”竞相效仿，风靡一时。许多唐诗中都有描述荡秋千的诗句，如王维《寒食城东即事》里有“蹴鞠屡过飞鸟上，秋千竞出垂杨里”，杜甫的《清明二首》中有“万里秋千习俗同”等。此外，龙舟竞渡也很活跃，《上巳日陪刘尚书宴集北池序》中的“其猛厉之气，腾陵之势，崇山可破也，青天可登也”，则反映了竞渡时的磅礴气势；从张建封的《竞渡歌》中也能依稀看到当时龙舟竞渡的热闹情景。

“寒食节”(即现在的清明节)是我国古代的传统节日，寒食节前后，除个别地区外，正是“春风不热不寒天”的时候，人们借着节日机会，走出户外，一面饱赏大好春光；一面参加有益的体育活动。“寒食蹴鞠”就是在这样的背景下应运而生的。最早出现寒食蹴鞠是在南北朝时期，至唐朝时达到鼎盛。白居易在《洛桥寒食日作十韵》中写道“蹴球尘不起，泼火雨新晴”。除以上几种代表性的节令体育外，重阳登高、元宵赏灯游戏等都是在唐代开展得较好的传统体育活动。

(2)女子传统体育开始兴起

两晋南北朝后期，随着少数民族开始大量涌入中原地区，妇女普遍受到尊重的社会风气冲击了汉族地区男尊女卑的陋习，在思想上为女子体育的发展扫清了障碍。隋唐时期，由于道教与佛教的盛行，儒学的地位始终没能达到两汉时期的高度，因而，封建礼教对女子的束缚，也稍逊于两汉时期，汉族妇女普遍获得了参与体育活动的权利，于是出现了我国历史上少有的女子体育的繁荣景象。受隋唐时期传统体育项目发展状况的影响，这一时期在女子中开展的民族传统体育项目主要是蹴鞠、击鞠、射箭、步打球以及舞蹈等运动。

唐朝诗人王建在其《宫词》一诗中就描写了唐代女子在寒食节期间蹴鞠比赛的情景：“宿妆残粉未明天，总在朝阳花树边。寒食内人长白打，库中先散与金钱。”在击球盛行的唐朝社会，为了迎合妇女参与击鞠活动的要求，在骑马打球的基础上，驴鞠和步打球运动开始发展起来。北京故宫博物院收藏的一面唐铜镜上，刻有四个妇女打球的图像，正是唐朝女子开展击球活动的生动例证。此外，杜甫《哀江头》中记述了宫嫔射箭的情景：“辇前才人带弓箭，白马嚼啮黄金勒。翻身向天仰射云，一箭正坠双飞翼。”刘禹锡在其《同乐天和微之春深二十首》中，描写有女子荡秋千的情景：“妆坏频临镜，身轻不占车。秋千争次第，牵拽彩绳斜。”此外，女子体育也在一些诗文与出土文物中得以反映，如新疆阿斯塔那唐墓出土的仕女围棋绢画，证明唐朝时已经有女子围棋活动。

(3)中外体育交流日益频繁

隋唐时期，民主、开明的统治思想与开拓、进取的精神风貌为中外交流创造了条件。这一时期，我国许多民族传统体育项目得以走出国门，同时，异域的体育文化也对我国的民族传统体育的发展起到了一定的积极影响。

在出土的唐朝文物中，可看到今天新疆维吾尔族中开展的一种立于小圆毯上旋转而起的舞蹈，该舞蹈在当时称为胡旋舞。胡旋舞出自中亚细亚的米史、康居、那色波等昭武九姓国，这些国家与唐王朝保持着友好来往。开元、天宝年间，米史、康居等国曾多次向唐王朝进献胡旋女子，于是胡旋舞传入中原。此外，据唐人封演的《封氏闻见记》卷六《打毬篇》载，唐太宗李世民听说西蕃人好打马球，就专门派人去学习，不久马球就在王公贵族间流传开了。唐高宗李治也曾礼请吐蕃击球好手到长安传艺，这些都是我国各民族的人们进行体育交流的历史明证。

唐王朝是当时世界上的强盛国家，京城长安也是国际交往的著名城市，世界40多个国家的使臣曾先后来到大唐帝国。其中以日本、朝鲜两个国家与中国的交往最为密切，中国的投壶、蹴鞠、击鞠、围棋、步打球先后传入日本，日本射手在唐高宗年间也曾来我国表演射技。作为中国近邻的朝鲜，也曾多次遣使来我国，与唐朝建立了深厚的友谊。我国的蹴鞠、围棋等民族传统体育活动也正是在此时传入朝鲜，并在朝鲜扎根、发展，张乔的《送棋待诏朴球归新罗》就是一首反映中朝体育交流活动的诗篇。

(二)古代民族传统体育的发展与完善

到了宋朝，尽管北宋统一了中国的大部分地区，但北方很多地方仍由契丹、党项、女真等少数民族相继统治着，并先后建立了辽国、夏国和金国。后来的元、明、清三代中，元、清也都是少数民族政权，统治阶级所倡导的体育项目也有所不同，因此这也在一定程度上加速了少数民族传统体育的发展。

1. 市民文化的兴起促进了民族传统体育的发展

两宋时期，商品交易的活跃，城市人口的增加，促进了城市文化的兴起，促使我国民族传统体育的发展出现了很多新现象，即市民体育活动的蓬勃发展。市民体育，主要是指除宫廷、官僚和军队体育以外的城市中下层人们的体育活动。宋元时期市民体育的兴起，拓宽了民族传统体育的发展空间，特别是适合市民休闲娱乐需要的表演性与自娱性民族传统体育获得了广泛的开展与传播。

(1)自娱性活动广泛开展

在宋朝，象棋受到市民的普遍喜爱。当时城市里还有从事这一专门职业的棋手——“棋工”，以赢棋谋生。在城市里的商店、小摊贩处，都可以买到棋子与棋盘，足见象棋受欢迎程度。明清时期，象棋又发展成为闺阁女子们十分喜爱的一项传统体育活动，杨慎的《升庵长短句集・棋姬》描述道：“红袖乌丝罢写诗，翠蛾银烛笑谈棋。”此外，踢毽子、荡秋千、放风筝、龙跳白索(跳绳)、舟竞渡等，也是宋元时期比较受市民欢迎的传统体育项目。

(2)观赏性活动的兴起

两宋时期，在城市中有一种称为瓦舍(又称瓦子、瓦市)的综合性娱乐休闲场所。在瓦舍里表演的节目有说唱、杂技、杂剧、讲史，也有踢球、举重、相扑、使拳等观赏性的民族传统体育运动项目。《东京梦华录》《西湖老人繁胜录》都记录了诸如相扑、使棒(后来的武术)等艺人在瓦舍卖艺的场景。城市的街头广场，则是“路歧人”献技的地方。大都市之外，还有星罗棋布的小城镇，不少艺人在大城市中难以谋生，于是就到这些地方献技。以体育表演活动谋生计的大批艺人的出现，是宋朝观赏性民族传统体育兴起的一大标志。

在一些聚集了大批从事体育表演艺人的大城市，体育行会组织相继建立并发展起来。当时蹴鞠有“齐云社”(又称圆社)，相扑有“角力社”(又称相扑社)，射弩有“锦标社”，使拳有“弓箭社”等，这些行会组织主要负责协调体育艺人们与各个方面的关系，制订职业规则和组织“社”内的成员进行体育训练与交流活动。

2. 军事体育项目空前活跃

宋、元、明、清时期，虽然保持了总体上的安定和平局面，但大、小规模的战争仍然不断地发生，对军事训练的重视，使某些与军事有关的传统体育项目愈加完善。以畜牧、狩猎为生的少数民族参与到逐鹿中原的战争后，他们强悍的民风和全民皆兵的制度，又进一步刺激了具有军事意义的民族传统体育的发展，并使之出现了空前活跃的发展态势。这一时期，骑射、射箭、骑马、摔跤等活动仍然十分流行。此外，清朝的冰嬉也是一项发展较快的传统体育项目。作为女真族的后裔，满族世代居住在长白山附近，在天气寒冷的环境中，还掌握了滑雪、滑冰技术。清朝统治全国后，仍旧保持了借助滑冰这一体育运动训练军队的习俗，每年都要在太液池(北海)

进行一次大规模的滑冰检阅,并称这一活动为冰嬉。随着承平日久,军队例行的冰嬉检阅便成了行赏和娱乐活动,冰嬉的内容也有了变化。当时的冰嬉活动主要有三种形式:第一种是竞赛快慢的速度滑冰,名曰抢。第二种是冰上蹴鞠,作为练武之用,完全是仿照古代蹴鞠而创造的一项体育活动项目。第三种是杂技滑冰,即现在的花样滑冰。现藏故宫博物院的乾隆画苑画师金昆、富隆安合绘的《冰嬉图》,生动地表现了当时冰嬉表演的场景,图中不仅有双飞燕、大蝎子、金鸡独立等花式姿势,还有各种杂技式的动作。

3. 武术的兴盛与发展

宋、元、明、清时期,我国的武术运动不断发展并达到鼎盛。宋朝时,武术运动和军事武艺之间仍然有着不可分解的联系,如北宋时武术表演属于军中百戏,是由“花妆轻健军士百余”所作的表演。至明清时期,武术才逐渐有从军事技术中分化出来的迹象,而开始发展成为具有健身娱乐性质的体育项目,并形成了发展的高潮。武术技术进一步丰富,理论和方法也逐渐形成系统,主要表现在武术内容的日益丰富、武术派别的逐渐清晰以及武术理论的完善等几个方面。

三、近代民族传统体育的转型

到了近现代,中国民族传统体育开始进入一个崭新的发展阶段。

20 世纪 30 年代初,在体育界爆发了一场关于中国体育发展道路的论战。由于其争论核心是关于中国体育究竟应以“洋体育”(西方近代体育)为主,还是应走“土体育”(武术、养生等)的路子,因而被称为“土洋体育之争”。这场争论实际上是继“五四”前后“国粹体育”之争后中西文化在体育领域的又一次碰撞和冲突,在中国近代体育思想发展过程中具有深远意义。

在经历了“土洋之争”之后,西方现代体育开始在中国萌生,并占据了主导地位,但民族传统体育作为一种文化并没有消亡,而是在充分吸收西方现代体育成分的基础上,分化整合成为一种新型的时代文化。为此,有关部门对民族传统体育的发展给予了充分重视,如增加民运会的竞赛项目、完善竞赛机制、与国际惯例接轨等。但是,正如原国家体委副主任刘吉在 1994 年云南全国少数民族传统体育研讨会上的讲话中指出的那样:“要向现代体育靠拢,必须保持民族特色。民族的东西只有民族化了才具有世界的意义,如果失去了民族化,就没有世界意义了。”我们在探讨民族传统体育的过程中,既不可因为是民族的,一味地继承和复古,也不能因片面的认为民族传统体育是封建文化而将其全盘否定。民族传统体育文化的冲突、分化、整合,以及再冲突、分化、整合,这种无限重复和循环所体现出的是民族传统体育文化的一种规律性发展。

自 1840 年鸦片战争至 1949 年,中国社会始终处于半殖民地半封建社会时期。表现在体育领域,这一时期我国的民族传统体育在内容和形式上是由两个部分组成的,即以武术为基本内容的民族传统体育和西方传入的欧美近代体育。研究中国近代传统体育,主要是研究西方近代体育传入中国后,民族传统体育在当时特定的历史大环境下的继承、演变和发展的发展过程。

在欧美近代体育传入中国之后,我国以武术为基本内容的民族传统体育在自然延续演变的过程中,逐步退出了主导地位而流行于民间,西方近代体育在中国开始了其传播和发展的历程，并逐渐成为中国近代体育的主流。但是民族传统体育并没有因此而消失，而是在新的历史条件下继续生存和发展，并且在接受西方近代体育的基础上，进一步获得发展和完善，从而完成了民族传统体育在近代的转型。

四、现代民族传统体育的发展

新中国成立后，党和政府十分重视民族传统体育的发展，提出了“积极倡导，加强领导，改革提高，稳步前进”的民族体育发展方针，为各民族传统体育的交流和发展创造了良好的条件，也为我国民族传统体育迎来了新的发展机遇。具体来说，这一时期，我国民族传统体育的发展主要经历了挖掘与整理、停滞与恢复、普及与提高等几个阶段。

(一)挖掘与整理阶段

新中国成立后，党和各级政府以“清理古代文化的发展过程，剔除其封建性糟粕，吸收其民主性精华，是发展民族新文化提高民族自信心的必要条件”的精神，作为民族传统文化和民族传统体育发展的根本方针，通过挖掘、整理，使民族传统体育得以在全国范围内普及和发展。

为此，自 1949 年起，我国政府对民族传统体育进行了大规模的整理和发掘，意在把具有浓厚民族色彩的少数民族体育发展成为对抗性较强的竞技运动。

1953 年第 1 届少数民族传统体育运动大会成为民族传统体育获得新生的一个标志，是我国民族体育运动史上的一个里程碑。首届民运会确定了少数民族体育的发展方向，加强了全国各族人民的团结，为民族体育的研究和整理打下了基础，标志着少数民族传统体育开始步入了新的历史时期。

以摔跤为例，经过综合和改造，流行于各民族中的摔跤活动，发展成为具有民族特色的中国式摔跤，并被列为第 1 届少数民族传统体育运动大会的竞赛项目。1953 年，中国摔跤协会成立。随后，国家体委颁布的《中华人民共和国运动竞赛制度的暂行规定》把中国式摔跤列为实施竞赛制度的 43 个运动项目之一，并规定每年举行一次单项锦标赛。1956 年在北京举行了中国式摔跤锦标赛，1957 年制订了《中国式摔跤竞赛规则》，至此，我国的传统体育项目——摔跤完成了它的竞技性改造。1984 年有 21 个省、市、自治区代表队参加了全国民族体育形式表演及竞赛大会，大会期间，各队表演了蒙古族摔跤、朝鲜族摔跤、维吾尔族摔跤，以及国际上比赛的古典式摔跤和自由式摔跤，交流了各种摔跤技术，充实了中国式摔跤技术的宝库。

(二)停滞与恢复阶段

十年文化大革命期间，民族传统体育不可避免地受到左倾思想的严重干扰，发展缓慢甚至停滞不前。

党的十一届三中全会之后，社会经济的快速发展，为民族传统体育的发展奠定了坚实的物质基础，营造了良好的社会环境，复兴民族传统体育的时机已经成熟。

20 世纪 80 年代后，国家有关部委召开了全国少数民族体育工作座谈会，将民族体育工作重新列入工作议题，各级有关部门力排极左思想的干扰，积极倡导挖掘、整理民族体育，但民族传统体育仍然呈现出不容乐观的状态。以第 2 届民运会为例，虽然参加人数比第 1 届民运会有所增加，但竞赛项目只有两项，并且采用全国其他运动会的比赛规则和形式，缺乏民族特色，而且，在比赛规则、项目设置等方面均有待于进一步完善和规范。总之，此时的民族传统体育项目仍处在一个百废待兴的阶段。

（三）普及与提高阶段

20 世纪 80 年代后期，民族传统体育开始进入普及与提高阶段。其显著性的标志就是从 1982 年开始，我国少数民族传统体育运动大会每 4 年举行一次，并分别在天津、内蒙古、新疆、广西、云南、北京、西藏、宁夏、贵州等省区市成功举办。

少数民族传统体育运动大会以民族性、广泛性和业余性为特色，成为全国较有影响的大型综合性体育运动会之一，在挖掘整理各民族传统体育，弘扬民族体育文化，发展民族体育事业和全民健身运动，提高各民族人民身体素质，促进各民族团结等方面作出了积极的贡献。

总的来看，这一时期，我国民族传统体育的提高主要体现在以下三个方面。

1. 民族传统体育项目得以改革和创新

1984 年，国家体委综合蹴鞠、花毽和现代足球、排球、羽毛球运动特点，推出毽球项目，这是贯彻古为今用、开发民族传统体育的成功尝试。进入 20 世纪 90 年代后，由北京民族体育协会根据古代人们蹴鞠的方法，并结合流传于我国民间的一些球法，整理挖掘出一项新兴的民族传统体育项目——蹴球。1991 年第 4 届和 1995 年第 5 届民运会上蹴球被列为表演项目，在表演过程中没有统一的规则，场地、器材也没有统一的要求，运动员在场上随意踢、踹。1996 年，国家体委、民委将蹴球项目的研究和整理工作交给了北京体育大学，北体大科研处组织有关专家对蹴球进行了为期 3 年的研究和整理。通过大量的实践和比赛，经过反复的修改，为蹴球项目制订了比赛规则，从而使其成为第 6 届民运会的正式比赛项目。

2. 革除了民族传统体育活动中的陋习

如傈僳族的“东巴跳”，经过提炼改革，摒弃封建文化的糟粕，弘扬健身和艺术的价值，已成为一项独具特色的民族体育活动。流行于江浙一带的龙舟竞渡活动，具有极强的民族特色，蕴涵着我国丰富的传统文化，但其中迷信成分也占有很大的比重，经过改进，革除了陈俗陋习，使现代的龙舟竞渡成为深受全国各地民众欢迎的一项传统体育活动。

3. 民族传统体育开始走出国门，走向世界

1990 年北京举行的第 11 届亚运会上中国武术被列为正式比赛项目，并成立了国际武术联合会。1991 年在内蒙古举办了“国际那达慕大会”，向世人展现了具有草原风采的民族传统体育文化。另外，毽球、龙舟、风筝、围棋等项目的国际性表演和竞赛日趋增多，呈现出前所未有的发展趋势。

总之，新中国成立后至今，在挖掘、整理、研究和提高方针的指导下，民族传统体育项目得到进一步丰富和完善，完成了组织建设，正确处理了继承、改造、创新与发展的关系，并通过各种形式的运动会和活动，增强了各民族之间的相互了解、相互学习和相互促进。事实表明，民族传统体育已成为我国各族人民体育生活中不可缺少的重要组成部分，并且已经逐渐成为整个人类所共有的财富。

第三节　民族传统体育的特点及价值

一、民族传统体育的特点

中华民族传统体育在长期发展的历史进程中，由于受地理环境、社会生产、生活方式、文化水平以及宗教民俗等各个方面的影响，逐渐形成了鲜明的特征。民族传统体育的特点主要表现在五个方面，即民族性、地域性、交融性、多样性和适应性。这些特点从不同的角度和层面反映了中华民族的文化形态。下面具体介绍一下这几个显著特点。

（一）具有较强的民族性特点

人类创造了文化，文化塑造人类本身，在各种因素的影响和制约下，人类难以创造同一格式的文化，然而人类创造的不同类型、不同格式的文化又将自己塑造成为各具不同文化特征的群体——民族。由此可以看出，文化的不同特点充分体现在物质、精神、生活和社会关系的各个层面上，塑造着不同的民族，也就是所谓民族性。民族性这一特点并不是各个民族都具备的，而是只有一个民族或者一些民族具备。我国的民族传统体育内容丰富，形式多样，几乎每个民族都有各自独特风格和浓郁民族色彩的传统体育项目，带有强烈的民族文化气息和内涵，在相当程度上成为本民族和地区的象征。如朝鲜族的顶水罐赛跑、藏族的赛牦牛、彝族的跳火绳、纳西族的东巴跳、傣族的孔雀拳等都是其他民族所没有的。就算是体育项目相同，在不同的民族，这一体育项目所体现出的民族特点也会有一定的区别。如已列为全国民运会比赛项目的蒙古族式摔跤“搏克”、藏族式摔跤“北嘎”、彝族式摔跤“格”、维吾尔族式摔跤“且里西”等，虽然都是民族式摔跤，但比赛方式和规则都各不相同，表现了迥然不同的风格。

中华民族传统体育强调人与自然的和谐，追求内外合一、形神合一和身心全面发展，以静为主，动静结合，修身养性，以“健”和“寿”为目的。其中，比较具有代表性的民族传统体育项目主要有武术和舞龙、舞狮等。武术强调“内外兼修，形神兼备”的民族风格，追求形体和精神的同步发展；其他如风筝、龙舟、秋千、舞龙、舞狮等都具有浓郁的民族文化特色，而区别于世界流行的现代体育运动。除此之外，服饰、活动仪式、风俗、历史传承等方面，也能够充分体现出民族传统体育的民族性特点。

中华各民族开展的项目不尽相同，但它共同组成民族体育的统一体。中国传统文化比较重视人与自然、人与人之间的和谐统一关系，侧重于内心修为、自然和继承传统等，使民族传统体育文化在此文化底蕴之下自然而然地注重自然、和谐和内心的愉悦。因此，许多民族传统体育项目有较多的原始初文化的影子，如武术、龙舟、秋千、风筝、舞龙、舞狮等。

民族传统体育项目是民族传统文化的有机载体，由于民族语言、民族性格、风俗习惯、生活方式、宗教信仰等差异，使得民族传统文化呈现出相对的独立性，这种特性决定了传统体育文化和价值观念不可能很快被其他民族全盘接受，甚至在一个民族被另一个民族征服和同化的极端情况下，它原有的体育方式也会在新的民族共同体中顽强地有所表现。由此可以看出，民族传统体育具有非常强的生存能力，并且具有非常强烈的民族性，这也是民族传统体育最基本的特点。

(二)具有较强的地域性特点

由于我国地域广博，56个民族较为分散地遍布整个中华大地。某一地区的一个民族或几个民族所处的区域环境以及由区域环境所带来的自然条件不同，使各个民族都在自己文化背景的基础上形成了有别于其他民族的传统体育活动方式，这就是民族传统体育的地域性。

一个民族之所以能够在一定的地域内长期繁衍、生存下去，与其特定的地理环境是分不开的。在古代由于各民族所处的地理环境以及由地理环境所带来的自然条件的不同，加之交通不便，信息量少，受经济自给性和地方封闭的影响，常常有较强的地域性。因此，各民族都在自己的文化背景上形成了独具特色的传统体育项目，所谓“北人善骑，南人善舟”就反映了地理环境对生产方式和传统体育的影响。如“草原骄子”的蒙古族，过着随草迁移的游牧生活，精骑善射，“随草迁移”形成了以骑射为特点的赛马、赛骆驼等传统体育项目；居住在青藏高原的藏族以及西南地区的其他民族，善于攀登、爬山、骑马、射箭等。而南方气候温和，江河较多，多数少数民族善于游泳，赛龙舟活动长久不衰。由此可以看出，北方民族多以个体化的体育项目为主，如摔跤、马上项目等；而南方民族则以集体性体育项目为主，如赛龙舟、抢花炮等。这就是我国民族传统体育较为显著的地域性特点的体现。

民族传统体育是在生产劳动过程中萌生的，因此，生产劳动的性质以及先关的其他因素都会对民族传统体育的发展造成一定的影响，其中各区域独特的自然环境下的生产方式，就是造成各民族间体育不同的重要因素。如从事畜牧业生产的蒙古族、哈萨克族等，得天独厚的生产、生活方式创造了赛马、刁羊、骑射、飞马拾银、姑娘追等马上骑术项目。被誉为“沙漠之舟”的骆驼，历来是漠北少数民族载货和骑乘的工具，由此产生了“赛骆驼”。苗、侗等少数民族，在以小农经济为主的农业生产中，牛的作用较大，因此保留了在节日里“斗牛”的风俗。另外，鄂温克族、鄂伦春族的滑雪项目与林海雪原中的游猎活动有关；赫哲族的叉草球项目与叉鱼有关，同时也是叉鱼工作的陆上训练；壮族的打扁担等都来源于当地人民的生产劳动。

除了上述几方面因素外，民族传统体育的地域性特点还体现在人为地域环境方面，最具有代表性的主要有文化、风俗习惯、民族心理等。北方人崇尚勇武、豪爽奔放，因此，力量型的项目较为突出，如摔跤、奔跑、搏斗、举重等；南方人的性格趋于平和而细腻，富于思考，擅长心智活动类和技巧型项目，如游泳、弈棋等。能够充分反映出北方和南方民族传统体育风格不一样的项目，最具代表性的当属舞龙了。北方以武为主，强调龙的威武豪迈，气壮山河；南方以文为主，突出龙的灵活敏捷，变化自如。这些都是地域人文心理和性格差异造成的各民族体育文化的异质性。

(三)具有较强的交融性特点

民族传统体育在数千年的发展过程中，形成了独具风格的文化体系，它是一个相对封闭而又开放的系统。不同文化模式与类型的相互碰撞和交流，促进了民族体育的发展，随着社会的进步和文明程度的提高，以及民族之间的交流与渗透，民族文化进一步融合，民族产生时所具有的共同地域、血缘关系、文化等都发生了不同的变化。因此，人们在进行体育活动的同时，便将各民族许多传统的体育项目相互交融，共同学习，最终达成共识。这就是许多专家、学者常说的“文化糅合”。就是这一现象，将民族传统体育发展规律中的共融性特点较为充分地体现了出来。

每一种传统体育项目最初总是从某一地区、某一民族中首先发展起来，而后随各民族间文化交流，逐渐被具有相同自然条件的民族接受和改造，从此丰富、成熟起来。以龙舟比赛为例，据考证最初应源于古越一带，后来由于古越文化和长江中游文化的往来，逐渐扩展到我国南方大部分省区。据统计，仅地方史书对龙舟活动有详细记载者多达数百条，涉及我国南方 15 个省区。其他如武术、骑术、马球、秋千、气功、围棋等项目也都是各族人民共同创造的结果。

在民族体育融合与交流的过程中，一些新的项目被不断地发展和创造出来。比较具有代表性的是冰上足球的发明。清代乾隆年间满族人就把足球与滑冰结合起来，发明了一种称为“冰上蹴鞠之戏”的冰上足球，作为禁卫军的训练内容。除此之外，还有其他一些人们较为熟悉的项目，也是通过不同的交流与融合而发展来的，比如，骑射是射箭与马术的结合；马球是球技与马术的结合；水球是球技与游泳的结合等。

另外，民族传统体育的交融性特点还表现在文化和艺术的相互融合。我国少数民族能歌善舞、能骑善射，产生了技击性和艺术性相统一的传统体育项目，既强身健体又愉悦身心，达到健、力、美和谐统一，如黎族的“跳竹竿”，击竿者跪、蹲交替，节奏越打越快，难度越来越大，跳竿者随竿的分合与高低变化灵巧地跳跃其间，展现出各种优美的姿势。这就对体育参与者提出了更高的要求，良好的身体素质是必需的，但只有这样还不够，较高的音乐素质和舞蹈技巧也是要具备的重要条件。将以上这些因素综合起来，通过长期不断的融合，逐渐构成了民族传统体育丰富多彩的内涵。

(四)具有较强的多样性特点

民族传统体育是由各民族共同创造的，其内容丰富、形式多样，据《中华民族传统体育志》统计，有 55 个少数民族的传统体育 676 项，汉族传统体育 301 项，共计 977 项，每一个民族都有自己的传统体育项目，分布之广，项目之多，在世界上绝无仅有。有与种族的繁衍有关的项目，如哈萨克等民族的姑娘追、羌族的推杆、朝鲜族的跳板等；有源自生产、生活习俗的活动，如赫哲族的叉草球、草原的赛马和骑射以及江南水乡的竞渡等；有来自宗教习俗的项目；有直接由军事技能转化而来的项目，如各个民族的武术等，从而构成了多姿多彩的民族传统体育项目。这些都充分体现了我国民族传统体育的多样性特点。

民族传统体育类别繁多，结构多元，由于项目不同，动作结构各异，技术要求也不同，如舞龙、舞狮、武术、毽球、抢花炮、珍珠球、蹴球、龙舟竞渡、扭秧歌、木球、射弩、斗牛、拔河、风筝、马术、踩高跷、荡秋千、姑娘追、打陀螺、押加、赛马等各种活动都具有各自不同的技术特征，因而形成了各具特色、风格迥异的运动项目。其中，娱乐性体育则具有富有趣味性、轻松愉快的特点，体育项目主要有各种民族舞蹈、钓鱼、围棋、象棋、风筝等；健身养生类体育主要以养生、健身、康复和预防疾病为目的，体育项目主要有导引、太极拳、气功等；竞技性体育则是按竞赛规则规定的比赛场地、器械以及其他特定的条件进行的智力、体力、心理、技术、战术等方面的竞技。同时，有些项目是人们在农忙之后、生产之余进行；有些则附着在民俗的一些祭祀、节令中；有一人参加的运动，也有多人参加的集体运动；有适合成年男子的运动，也有适合妇女、儿童的运动。

总之，民族传统体育多种多样、异彩纷呈。中国是一个多民族的国家，地域经纬跨度大，各民族各地区的人们生产、生活方式的迥异是民族传统体育项目的起源和组织活动形式多样性的主要原因。同时，在中国56个民族大家庭中，由于民族之间传统的差异，从而形成不同民族的文化类型和特点。每一个民族的人民都基本固定地生活在一定的地域中，同时，其文化氛围也是相对比较稳定的，这就决定了各个民族之间存在一定的差异性，这种民族性的差异主要体现在宗教、信仰、礼仪、习俗、制度、规范、文化心理等方面。同时，这些造成民族差异性的因素，也是产生民族传统体育多样性特征的重要原因。

(五)具有较强的适应性特点

民族传统体育内容丰富、形式多样，其动作结构、技术要求、运动风格和运动量也各具差异，个人可根据需要从中选择适合于自己的项目进行健身活动。有的项目不受时间、季节的限制，有的项目在场地、器材上可因地制宜，就地取材，还有的项目可徒手或持器械进行，给开展群众性体育活动提供了便利条件。因此，民族传统体育有着广泛的适应性，这样就能够较好地满足不同年龄、不同性别、不同客观条件下人们的需要。

1. 年龄差异下，人们对民族传统体育的选择

少年儿童天真好动，但力量弱小，多三五成群开展一些娱乐性强、体力消耗在中度以下的活动，如抽陀螺、踢毽子、跳皮筋、跳绳等；中青年的体育活动重视规则，讲究形式，在较高的力量及技巧水平上强调竞技性，这些竞技项目在各民族中开展得最为广泛；老年人体力渐衰，在从事体育活动时以修身养性、祛病延年为核心，如太极拳、养生气功、钓鱼这些项目不仅使筋骨得到基本的舒展，而且还可以使丰富的文化内涵与社会生活相结合，达到开阔心胸、颐养天年的目的。

2. 性别差异下，的人们对民族传统体育的选择

男性可以参加如赛马、摔跤、骑射等运动，崇尚力量与惊险，力求表现勇武精神；女性可以参加秋千、跳板等活动。也有许多项目是男女共同参与的，如哈萨克族的姑娘追，就需要男女青年借助于骑马追逐，显示他们朝气蓬勃、热情奔放的精神风貌。

3. 不同客观条件下，人们对民族传统体育的选择

人们也可根据各自的生理、心理特点和喜好选择不同的项目进行锻炼，如舞龙、舞狮、赛龙舟、拔河等群体对抗的项目，摔跤、赛马等个体项目，或者各种娱乐游戏等活动。

二、民族传统体育的价值

民族传统体育作为一种文化形态，是一个民族经济、政治、教育、科学、文化相互作用、相互渗透、同步发展的产物。在不同的历史时期有着不同的社会价值和功能，它作为一项体育运动，能够满足个体和社会的需要。随着人类社会的发展和民族文化的相互交融与渗透，其功能已经向着多元化的方向发展，具备了多重的社会功能和实用价值。对于民族传统体育的价值，可以大致总结为健身、娱乐、教育、经济等几个方面。下面，我们来具体介绍一下民族传统体育

的几个价值体现。

(一)能够增强身体素质,修身养性,达到身心全面发展的目的

民族传统体育项目主要来自于人们的生产、生活方式中,与身体活动有着密切联系,它要求人们直接参与运动,在娱乐身心的运动中逐步改善民族体质,提高各民族人民健康水平。因此,强身健体就成为其主要的功能之一,通过参与运动锻炼能促进有机体的生长发育,提高运动能力,改善和提高中枢神经系统的机能,调节人的心理,提高人体对环境的适应能力。

在我国少数民族运动会中开展的14个竞技项目,如木球、珍珠球、蹴球、毽球、押加、秋千、抢花炮、射弩、马术、武术、龙舟、打陀螺等对身体素质有着较高的要求,进行这些体育项目的锻炼,对于身体的各项机能的全面提高,具有积极的促进作用。另外,各种娱乐类、健身类的体育项目,经常进行锻炼,往往能够达到增强体质,强体健身的目的,比如拔河、打手毽、跳绳、跳皮筋、爬杆、荡秋千等,同时,这些体育项目具有广泛的参与性,是广大群众较为适宜参与的。

民族传统体育不仅可以强身健体,而且还可以修身养性,促进身心全面发展,提高生命质量。联合国计划署在《人类发展报告》中指出:“人类发展是一个提高人们生存机会的过程,从总体上说,健康、长寿、接受良好教育和生活幸福美满是人类发展的基本标志。”倡导娱乐、健康第一,通过愉快而健康的身体活动来提高人们的生活质量,是现代体育发展的新趋势。而民族传统体育中的“导引养生术”“五禽戏”“八段锦”“太极拳”等成为人们健身与修身养性的最好方法和最具实效性的健身运动。另外,全民健身活动正如火如荼地开展着,该活动之所以能够开展得这么好,与民族传统体育有着很大的关系,民族传统体育为全民健身活动的开展提供了丰富多彩的练习形式和方法,展现了无限的发展空间,它与全民健身活动的统一,是民族文化与体育文化发展的价值回归。

(二)通过各种沟通交流、娱乐的方式,使身心都达到愉悦的效果

民族传统体育是一种以娱乐身心为主要目的的活动,它着重于人的身心需要和情感愿望的满足,不以高超复杂的技艺对应大众,而是以自娱自乐的消遣性与游戏性的活动方式迎合大众,使人们在这些娱乐性的活动中,直接得到令人愉快的情感挥发。不管是简单易行、随意性较强的项目,还是技艺精巧、有规则要求的竞技项目;不管是因时因地、自由灵活的娱乐嬉耍,还是配合岁时节令的民族体育,都把民族体育融合于生产劳动、宗教礼仪、喜庆丰收、欢度佳节之中,除此之外,这些民族传统体育项目还将民族体育与文化艺术形式、民族舞蹈等融合在一起,从而达到了更加充分地体现出其较强的娱乐性特点的目的。

在众多的休闲运动中,民族传统体育活动之所以能够具有广泛的群众基础,主要还是因为其独特的魅力和积极健康的文化娱乐方式以及观赏性。一次体育活动的举办,往往成为民族的盛会,如2003年第7届全国少数民族运动会在宁夏回族自治区银川举行,共有34个代表团,参赛人数近万,规模之大,真可谓是民族情感和文化交流的盛会。又如蒙古族的“那达慕”盛会和土家族在正月初三至十五举行的摆手舞,气氛非常热烈;苗族的划龙舟和壮、黎、侗、布依等族的打铜鼓,伴以歌,载以舞,表演各种动作,风格突出,具有浓郁的民族特色和欢乐气氛。还有民间游戏活动的内容也非常丰富,舞狮子、舞龙、元宵观灯、跑旱船、踩高跷、扭秧歌等难以计数。这些游戏活动在流传演变过程中不断丰富发展,形成了独特的风格和娱乐形式。这些

独特的风格和娱乐形式吸引着广大群众积极地观赏此类文娱、体育表演，这样，不仅能够使广大群众从中获取不断的欢乐，还能够通过这一媒介，增强相互间的沟通和交流，增进感情，拓宽社会交往，除此之外，观赏民族传统体育项目对于人们积极向上、乐观开朗的心理状态的培养和形成也具有非常积极的促进作用。另外，像拔河、秋千、打手毽等娱乐成分较高的体育项目也具有如此重要的价值，备受人们的喜爱与青睐。

随着社会的迅速发展，生活节奏的不断加快，人们承受的生理和心理负荷愈加沉重，为了解除精神的紧张和身心的疲劳，通过参加各种民族体育活动的锻炼，获得一种精神上的享受和超越自然的感觉，达到愉悦身心的目的。民族传统体育有自娱和他娱的功能，是一种"快乐体育"，在现代社会生活中发挥着重要作用，它以突出娱乐性作为主要目的，并用快乐身心的方式增进健康。

（三）将各种教授方式与身体活动方式结合起来，达到教书育人、传承文化的目的

体育运动本身是一种很有说服力的教育手段，对整个社会的教育作用是非常广泛而深刻的。在我们的现实生活中，体育教育往往能够影响人们的价值观、伦理道德观、审美观以及人们的行为模式。

我国民族传统体育从产生到发展始终与教育有着密切的联系，它作为教育的内容和手段，在历史发展的过程中发挥了积极而重要的作用。在人类的早期教育中，民族传统体育教育功能的实现方式是娱乐游戏、舞蹈等身体活动。在没有文字和书本的时代，教育主要靠口传心授、摹仿等达到传授知识的目的，它具有早期启蒙的功能。对于这一观点，许多文献和资料都有相关的记载。比如，《中国古代教育史》载："人们除了在生产实践、劳动活动中受教育外，又在政治、经济和文体活动中受教育，他们利用游戏、竞技、舞蹈、唱歌、记事符号等进行教育。"

另外，中国古代的各个时期都将一些民族传统体育项目作为教育的手段，同时，民族传统体育还是古代教育的重要内容，以此来达到教书育人的目的。西周时"礼、乐、射、御、书、数"六艺成为学校教授的内容；春秋末期教育家孔子将"礼、乐、射、御"等与体育有关的内容列入了教育的范围；唐代创立了武举制，武举科考试，设有骑射、步射、举重等项目；宋代的"武学"，明代的"武备"课堂，都把武技作为教育的内容；近代，以武术为主体的民族体育被列为学校体育课程；进入现代以后，民族传统体育在学校教育中得到了前所未有的发展，一些高等院校为民族体育专业的学生开设了武术、八段锦、五禽戏等课程，同时摔跤、围棋等也作为民族体育项目进行教学。另外，骑竹马、跳山羊等被编入幼儿园和小学的体育课，还有一些传统体育项目如秋千、毽球、木球、蹴鞠等被一些地区列为课外的体育锻炼项目。将民族传统体育与学校体育教育结合起来，不仅使教学的方式有了很大的进步，教学内容和手段也得到了极大的丰富，从而更好地促进了学生们学习的积极性和主动性。另外，学生通过民族传统体育的学习，不仅能够培养坚强的意志品质和团结、合作、勇敢的精神，继承和发扬中华民族谦虚、善良的传统美德，还能很好地培养民族认同感和民族精神，在文化传承的过程中，充分体现着自身的教育价值。

（四）进一步推动社会经济的发展，使经济实用价值得到充分的发挥

民族传统体育的活动内容大多与生产、生活方式关系密切，它以经济活动方式为基础。民族传统体育资源丰富，呈现出地域性、主体化、广泛性分布的特点，利用民族传统体育资源建立

本地域特色经济，对推进民族地区经济的发展有着特殊的作用。其作用具体表现为以下几个方面。

首先，开展民族传统体育可以加速体育产业的发展，如建立健身娱乐市场、民族体育竞赛表演市场、民族体育用品市场等，组织精彩的民族传统体育项目的比赛活动，宣传广告和电视转播，取得一定的经济效益。

其次，建立生产与民族体育服饰、活动器材等有关的经济实体，促进民族体育用品的制造与销售。

再次，拓展人们文化教育体育消费和健身娱乐消费的空间，提升和丰富民族传统文化，满足人们日益增长的健康消费需求。

最后，还可以把具有区域民族特色的民族体育与旅游有机地结合在一起，作为体育旅游资源来开发，拉动区域性整体经济的发展，使经济效益和社会效益得到更好的体现。

（五）增强民族认同感和凝聚力，进一步促进社会的全面发展

在民族发展过程中，随着时代与社会的变迁、民族之间的融合，民族产生时所具有的共同地域及血缘关系、文化等都可能发生不同的变化，人们对一个民族存在和发展的态度就构成了民族的认同。能够体现这一作用的，是众所周知的“端午节”屈原的事例。每年端午节举行的龙舟竞渡，其发生基础是龙图腾崇拜的遗存形式，但在其传承过程中，增加了纪念屈原这一受人们敬佩的人物内容，由于屈原是一位凝聚着中国传统伦理道德和价值观念的著名历史人物，使得子子孙孙的认同感得以更好的实现，使人们产生强烈的民族自豪感和自信心，从一个侧面增加了民族的向心力、凝聚力和号召力。另外，拔河、赛马、斗牛、舞龙、舞狮、踩高跷、摔跤等活动，也能够在很大程度上增强活动参加者的集体荣誉感和凝聚力。由此可以看出，通过参加集体性的民族传统体育运动，不仅能够使人们的团结、协作精神得到进一步的培养和发展，还能够加强人们的群体意识，从而最终达到增强民族认同感和凝聚力的目的。它以极大的吸引力、聚合力，使成员的态度和行为存在个体差异的前提下，集聚于一定的文化运动轨道，整合为一个普通文化现象的运动势态。

民族传统体育作为一种文化载体，是各民族间相互联系和交流的纽带。随着社会的不断进步和经济的不断发展，中华民族正在实现伟大的复兴，作为一个统一多民族的社会主义国家，这就需要进一步发展民族地区的生产力，为社会发展奠定一定的物质基础，否则中国特色的社会主义现代化建设就不可能顺利进行，更不可能取得全面的胜利。鉴于此，加快民族地区体育事业的发展，大力开展民族传统体育活动，对加强民族团结、政治统一，实现富民、兴边、康体、强国、睦邻具有十分重要的意义。同时，也可看出，社会的进步与发展离不开民族传统体育的发展，其重要作用不可被替代。

第二章　高校民族传统体育的发展情况

第一节　我国高校开展民族传统体育的意义

一、能继承和发展民族传统体育及文化

作为我国传统文化的载体的民族传统体育文化，其积淀着深层次的文化意象的“原型”。近年来人们物质生活水平的不断提高，以及科技水平的不断发展，民族传统体育失去了赖以生存的土壤，面临着逐渐消亡的危险局面。因此，如何能使民族传统体育得到继承和发展就成为了我们必须关注的问题。将民族传统体育引入学校体育之中，使其相结合，这是民族传统体育继承和发展的根本出路。2004 年，曾经 5 次成功打破高空行走世界纪录的“高空王子”阿迪力开始筹措建立一所学校，是为了让更多的人能够学习达瓦孜，让达瓦孜能够继续延续下去。阿迪力认为，缺乏专门的学校对学生进行专门培训，达瓦孜这项古老的艺术会逐渐消亡。因此，高校开展民族传统体育项目，对于继承和发展民族传统体育及文化有着积极的促进作用。

二、有助于丰富学校体育教学资源

我国民族传统体育项目繁多，内容丰富。将民族传统体育引入高校体育教学中，打破了我国传统体育教学中竞技体育占据霸主地位的现状，有利于我国学校体育逐渐向民族化、健身化、娱乐化发展。另外，从中国体育文化史的角度来说，民族传统体育文化多姿多彩，如武术、龙舟竞渡、秋千、跳绳、舞龙、舞狮、抢花炮、打陀螺、毽球、高脚马、爬杆等多种多样的民族传统体育项目，都是经过千百年才传承下来的，不仅具有自身独特的属性，而且还具有很好的健身效果。将这种种类繁多的民族传统体育引进学校体育的教学范围中，能使民族传统体育经过学校体育的加工和改造，成为更加适应现代社会的存在，还能在很大程度上丰富我国学校体育的教学内容，为学校体育改革提供丰富的素材。这些各具特色、奇妙多变的艺术形式也为我国学校体育教学注入了新的活力，成为学校体育教学中深受学生喜爱的运动项目。

在我国高校民族传统体育的教学中，武术、跳绳、秋千、拔河、爬杆等体育项目是教学的主要内容，而具有少数民俗特色的民族传统体育项目，如射弩、马术、抄杠等则较为少见。此外，要求在室内进行的，具有益智功能的，具有助兴效果的，能够在庭院中进行的民族传统体育项目也很少见，因而学校民族传统体育项目还有待进一步的开发。在北京师范大学体育与运动学院硕士生导师韦晓康看来，很多民族传统体育项目都非常适合在校园中开展。

1979年，湖南吉首大学首次开设了武术、太极拳、龙舟、秋千、摔跤、抢花炮等民族传统体育课程。现在在吉首大学校内经常可以看见学生们习太极拳、舞太极剑的身影。周末或者节假日的时候，还能看见学生在进行高脚马、舞龙、舞狮、踢毽球等民族传统体育的项目竞赛。参加这些民族传统体育项目锻炼的学生，不仅对这些传承数千年的民族传统体育文化兴趣浓厚，有的在毕业之后还养成了利用这些项目进行身体锻炼的好习惯。因此，这在很大程度上促进了民族传统体育的推广。

三、有助于增强学生的民族自信心和自豪感

诞生于民俗的环境和土壤之下的民族传统体育，是紧紧依附于各民族的生产生活、宗教信仰、时令时节、婚丧嫁娶之中的一种文化形式。因此，民族传统体育多带有十分浓厚的文化内涵的深刻寓意，包含着本民族的智慧。在高校开展民族传统体育运动，有利于增强大学生对民族文化的认同，激发大学生的民族自豪感和自信心。如"龙舟竞渡"是我国一项典型的民族体育运动，其具有深远的历史文化渊源和底蕴。将龙舟竞渡引入学校体育之中，通过学校体育的挖掘、整理、选择、改编，取其精华，剔其糟粕，使其能够与现代社会更加适应。将这种民族传统体育文化传授给在校学生，使他们明白民族传统体育文化在中华民族传统文化中的重要地位和意义，不但能使他们懂得怎么样去进行龙舟竞渡，而且还能使其知道龙舟竞渡所代表的深刻寓意。通过这种形式，可以使新一代青少年得到传统民族传统体育文化的熏陶，树立民族自信心、自尊心与自豪感，进一步提升大学生的爱国主义情怀，从而增强中华民族的凝聚力。

四、与现代学校竞技体育形成互补

健身和娱乐是民族传统体育的两个主要功能，也是其能够得以广泛开展的两个重要因素。在锻炼过程中，民族传统体育融入了身心合一、动静结合的导引养生等因素，所以民族传统体育的竞技性就被大大的削弱了。我国民族传统体育总体朝着娱乐化、表演化和礼仪化的方向前进，其在发展过程中更加注重锻炼个人的修养和素质。而竞技体育始终朝着竞技、惊险、健美、公开等方向前进，逐渐形成了竞技体育体系，其强调成绩，竞争性强，并不十分注重竞技过程中个人修养、个人素质，所以在竞技中很容易产生暴力现象。将民族传统体育引进学校体育，就能在很大程度上弥补竞技体育的这一缺陷，与现代学校竞技体育教学形成互补。

除此之外，我国民族传统体育还强调以运动锻炼来达到塑造理想人格的目的，十分注重内在的培养。现代竞技体育更加注重人体本身的价值，强调通过人体运动来达到完美人体的塑造。所以将民族传统体育引入学校体育，能够使得双方在交流的过程中，吸收对方的优点，完善我国体育教学思想体系，以使人类学校体育功能得以充分的拓展和发挥。

五、全民健身实践需要民族传统体育进课堂

高校体育作为终生体育教育的一个重要组成部分，其所开设的内容主要是适合大学生这

一群体的运动项目。只有这样才能够激发大学生对于运动的兴趣,促进其在毕业后还能坚持采用自己感兴趣的运动方式进行健身。我国学校体育教学项目内容单一,教学方法陈旧乏味。除此之外,学校体育教学中的重视运动技术,轻视健身功能的特点,与大众健身的原本目标是不相符的,与社会大众体育活动也严重脱节。从而很大程度上导致学生对学校体育教育失去兴趣,学生的终身体育观念得不到落实,毕业后的全民健身也就无从入手。鉴于此,学校体育教育可以将民族传统体育引入其中。我国民族传统体育运动项目对运动器材和场地要求不高,易于开展。另外,民族传统体育形式多样、丰富多彩、妙趣横生,能培养大学生对体育的兴趣和爱好,使其养成终身体育的观念和理念,从而能够增加我国的体育人口,推进全民健身的进一步发展。

六、高校体育教育有利于民族传统体育的完善

民族传统体育进入高校,能很好地推动我国高校体育事业的发展。同样,高校体育教育也能不断地完善民族传统体育。以毽球为例,最初毽球虽然在各地区开展,但运动规则和技术存在较大的差异性。1984 年,国家体育总局(原国家体委)将古代的蹴鞠运动、花键运动,现代足球和羽毛球、排球的特点综合起来,将毽球运动的规则及技术要求做了统一的规定。此后,毽球运动蓬勃发展,今天毽球运动已经在数百所大学内立足,成为高校体育教学的常设运动项目。随着毽球在高校的不断发展,毽球的技术和比赛规则得到不断的发展和完善,毽球运动发展逐渐步入正轨。分析可知,毽球运动之所以能够取得今天的影响力,很大一部分原因就在于毽球运动的不断发展,技术规则的不断完善使得毽球运动拥有更为广泛的群众基础,也正是因为这种基础,毽球才能走出中国,成为全运会的比赛项目。土家族最有影响力的摆手舞也是在引进学校体育教学之后,才获得了更加完善的发展的。摆手舞带有浓烈的祭祀色彩,歌随舞而生,舞随歌而名。其是一种民间舞蹈,最初的流传度并不是很高。随着中南民族大学将其引进学校体育,对其进行了改编,配合以现代音乐旋律。这样一来,摆手舞富有现代化特色,不仅迎合了当代大学生的身心需求和个性特点,而且将摆手舞创编得更加适合当代社会,因此十分受大学生的喜爱。

七、有利于民族传统体育登上世界舞台

世界性和民族性是当今世界体育发展的主流方向。我国的民俗音乐、绘画、舞蹈、中草药等都已走出国门,但民族传统体育却仍然登不上世界舞台,有的甚至已经消亡。怎样使民族传统体育走出国门,被世人所认知、了解和接纳就成为体育学者必须考虑的问题。我国的民族传统体育要想走出国门,走向世界,必须要有文化动因要素和运行机制的推动作用。因此,民族传统体育要具备规范化和科学化,且要能引起人们的兴趣,能够为全国、全世界所关注。除此之外,民族传统体育还应当拥有广泛的群众基础。综合学校体育教学的特点分析,学校体育是培养体育人才、规范体育项目、普及体育知识的摇篮。民族传统体育引进学校体育教学,一方面能够借助学校体育强大的师资力量、教研力量对民族传统体育项目进行规范化、合理化,使其具备走出国门的自身素质;另一方面,学校培养体育人才、普及体育知识和帮助学生养成正

确的体育观念的作用，能够使得更多的人认识、了解和接受民族传统体育项目，从而为民族传统体育项目的普及打好坚实的基础。随着学生终身体育观念的养成及其影响力的不断发展，加上民族传统体育较强的健身性和对器材场地要求不高的特点，就能够使民族传统体育运动项目成为全民健身运动项目的重要内容。从而使得民族传统体育发展的内因和外部文化动因二者之间相互促进，促进民族传统体育文化的方式、速度和规模不断发展，最终实现学校体育与民族传统体育的协调发展，使民族传统体育能够最终走向世界。

第二节　高校民族传统体育的开展情况

近年来，我国的民族传统体育得到了快速的发展，众多的民族传统体育项目纷纷出现在大众日常体育健身中。与之相对应的是，民族传统体育在高校也得到了一定程度的发展，一些民族传统体育项目开展得如火如荼，形成高校民族传统体育的教学体系。

一、当前高校民族传统体育的教学体系

（一）当前高校民族传统体育教学的理论体系

高校民族传统体育教学理论体系将中华各民族传统体育文化融合在一起，构成了一个较为完整和系统的基础理论性学科体系。它是以中华民族传统体育文化为主线的，在广泛借鉴文化学、社会学、民族学、民俗学和人类学等方面知识的基础上，以体育科学自身的理论为支撑，将不断成熟的体育文化学、体育人文学、体育社会学、体育民族学、体育伦理学、体育管理学、体育心理学，以及体育方面的学科理论充实其中，构成了一个层次分明、有序开放的学科体系，而在不断的发展过程中又吸纳其他学科的成熟理论和知识，使其理论体系得到进一步的充实和完善。

我国高校民族传统体育教学的课程体系包含课程、教材和评价三个层次的内容，其大体结构如图 2-1 所示。

（二）当前高校民族传统体育教学的技术体系

由于我国的民族传统体育项目种类繁多、内容丰富，因此，必须选择代表各个民族体育文化精华的内容作为高校教育中民族体育的技术主干和框架，并以此建立起不同技术分枝，形成一个有机的体系。这个体系就是民族传统体育教学的技术体系。

一般来说，民族传统体育项目从性质和内容上可划分为速度型、力量型、技巧型和智能型等几种类型。力量型是指以力量大小为项目取胜标准的对抗性项目，集体力量型的竞技内容主要有拔河、龙舟竞渡等内容。速度型项目是指以速度取胜的体育活动内容，这类项目包含的内容较多，其共同的特征为以娴熟的技术、合理的战术为保证，充分发挥自身的速度优势去取得胜利。如赛马、赛骆驼、滑冰、滑雪和游泳等。技巧型项目是那些以灵敏、协调的技术为衡量标准的项目内容。技巧型项目在我国民族传统体育项目中占据重要的地位，项目数量多，地域

分布广，参加人数众多，技巧型项目主要有武术、跳绳、跳皮筋、赛马、荡秋千、马上捡哈达、马球和上刀梯等内容。智能型项目是指充分运用智力因素取得胜利的内容。几乎所有的民族传统体育项目均需要一定的智能作为赢得胜利的基本保证，但在博弈类项目中智力因素就显得格外突出。目前，流行于各民族的博弈项目主要有方棋、五福、五子儿、摆方、赶羊角、占岗、成三等。

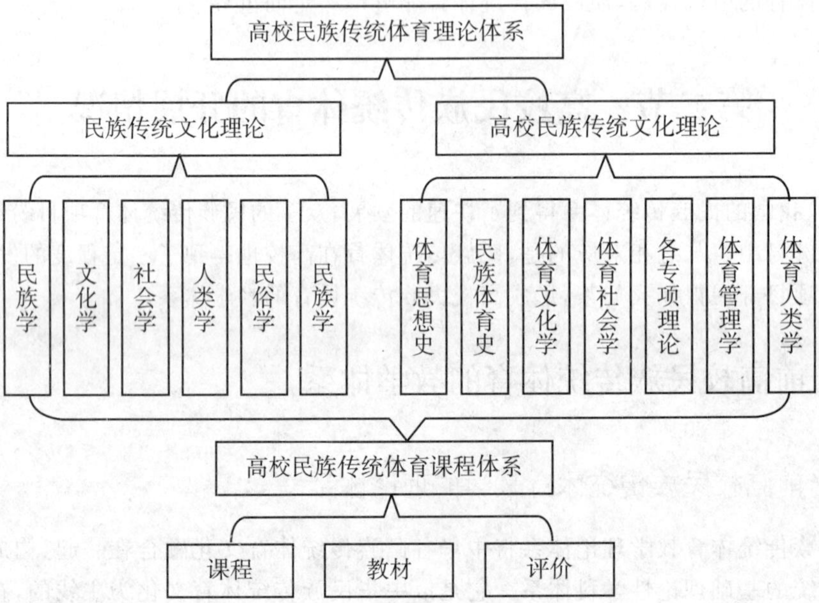

图 2-1

在高校开展民族传统体育技术教学，要选择那些具有开展广泛，民族特色突出，已经具备推广价值的内容的传统体育项目，这符合民族传统体育发展的需要，如被选入全国少数民族运动会的项目，以及在各地区流行的民间传统体育内容都可作为高校民族传统体育的教学内容。

二、当前高校民族传统体育的教学状况

（一）课程设置状况

目前，我国各大高校对民族传统体育的重视程度存在较大的不同，有些高校对民族传统体育给予了极大的关注，采取必选课的形式加以教学。如北京大学等学校在第一学年第一学期就把武术、太极拳等内容作为全体学生（或男女分项）的必修课程，形成了独具特色的教学，让全体学生都接触和了解民族传统体育。而其他学校则在第二学年及以后分别以选修课的形式开设民族传统体育项目课程。授课形式也存在不同，有的学校如哈尔滨工程大学等是以各单项俱乐部的形式教学，突出专项，其中包括民族体育俱乐部（散打、武术、女子防身自卫术）和课外休闲体育俱乐部。新疆大学目前进行了试点探索，在一、二年级当中设立民族体育选项班，将教学内容逐一分类进行教学，使学生更为系统地学习民族传统体育。

(二)教学内容

据调查统计,在所调研的38所高校中,有92.1%的高校开设了民族传统体育相关项目课程,而西藏大学、澳门大学、香港中文大学目前尚没有开设民族传统体育项目课程,占被调查高校总数的7.9%。

民族传统体育的教学内容,以武术类项目居多,几乎覆盖了所有的高校。由于我国幅员辽阔,受地域、气候等各地环境的影响,其开展的民族传统体育项目也有很大的不同。如新疆大学在领导重视和教师努力下,对新疆维吾尔自治区的少数民族舞蹈进行了整合和改造,将打毛线球、押加等少数民族传统体育项目引入到体育课中。由于部分高校的民族传统体育教学目前还处于初级阶段,开展项目还比较少,如西藏大学由于缺乏民族体育教育专业教师等原因,只开设有民族传统体育、体育养生学等理论课程,没有开设民族传统体育实践课。

如果对我国高校民族传统体育的教学内容进行归类,大体可以分为:武术类、养生功法类、民俗体育类和少数民族体育类。据统计显示,在所调查的38所普通高校中,目前民族传统体育课出现的项目共计42项。其中,养生功法类2项,占总项目数的4.8%;民俗体育类5项,占总项目数的11.9%;少数民族体育类17项,占总项目数的40.5%;武术类18项,占总项目数的42.8%。

(三)体育场地状况

由于民族传统体育项目,如毽球、跳绳、武术、跳竹竿、扭秧歌、拔河等,其项目器械简单,对场地也没有特殊的要求,因此,高校基本上集中资金进行竞技体育项目场地的投资和建设,而忽略了民族传统体育场地这一重要硬件设施的完善。一个城市的体育场地、设施水平对市民的运动动机显然具有明显的激励作用。据调查发现,随着新一轮的大学建设热,各高校均建设了高标准的体育馆、体育场所,但唯独缺乏民族传统教学场地的建设,即使是一些高校开展较好的两个民族传统体育项目,武术基本上以露天场地为主,毽球使用的是羽毛球场地,而课后均存在被挤占的现象,这根本就无法保证学生在课后进行练习和锻炼的质量。另据调查,大部分教师也认为民族传统体育场地的缺乏是制约目前教学和课外锻炼开展的重要因素,而且学生的趋利性和从众性也必然导致他们热衷于参与或从事西方竞技项目的锻炼而冷落了民族传统体育,如果长此以往发展下去,将形成一个恶性循环,对我国高校民族传统体育的发展极为不利。

(四)师资队伍状况

自2001年推行新课程改革以后,我国高校民族传统体育课改变了以往以公体课形式为主的教学模式,而以选项课形式进行教学。由于大部分学校民族传统体育教学刚处于起步阶段,因此,师资力量较为匮乏,授课教师也主要是以武术专业的教师为主,还有很多是从其他专业项目转过来的教师,另外,师资专业性也不强,很多教师缺乏足够的实践经验。据对广东各高校的调查发现,其从事民族传统体育项目教学的教师中,专业教师的比例为42.8%,而57.2%为非专业教师,其中,广东警官学院担任民族传统体育教学的教师全部为专业教师,而另一学院专业教师的比例最低,仅为25%。

(五)体育竞赛开展状况

在高校民族传统体育竞赛方面,除了个别项目外,其大部分项目技术都存在着各种各样的问题,如器材不规范,标准不统一,竞赛制度不健全,规则不严密等情况,这在一定程度上影响了民族传统体育竞赛在高校的开展。据调查,广东省官方开展的各级、各类体育竞赛也主要以西方竞技体育项目为主,包括三大球和田径、游泳等项目的比赛,其示范和激励效能使各校仅热衷于开展对应的比赛项目。第8届全国民运会,广东省代表团委派华南师范大学参加板鞋竞速表演项目的比赛;委派广东技术师范学院参加蹴球、木球表演项目的比赛,以及广州体育学院参加珍珠球表演项目的比赛等。除此以外,省内各民族传统体育项目的单项比赛或校内、校际间的比赛太少,未能发挥出应有的示范效应,使师生缺乏参与民族传统体育运动的积极性,造成广东各高校民族传统体育教学的开展并不乐观。接受调查的12所高校其校内年度竞赛计划中均会开展以西方竞技体育项目为主的多项比赛,而开展民族传统体育项目比赛的学校仅有4所。

(六)体育教材状况

我国高校民族传统体育课教材的来源主要包括以下四种情况:统编教材、本校自编教材、统编自编教材相结合、无统一要求(教师自己掌握)。对设有民族传统体育项目的35所高校的调查显示,有25.7%的高校分别选择全国性的通用教材或省级统编教材;另有25.7%的高校使用自编教材,这些高校通常都是规模较大,办学时间较长,师资力量较强,可根据自身的特点和所开展的内容编写出较高质量的符合教学实际的教材,如北京大学、天津大学、南开大学、海南大学、中央民族大学、广西民族大学等;另外,使用统编自编教材相结合的高校占37.1%;高校无统一教材,教师自己掌握的学校占11.43%。

在民族传统体育教材的内容方面,绝大多数以《大学体育》《大学体育与健康》《大学体育教程》《大学理论教程》《体育与健康》命名,都是在体育的总框架中编写的,内容包含田径、球类、体操、艺术体操、健美操、武术等各主要体育运动项目,知识涵盖范围广,综合性比较强。而2002年以后编写的部分教材根据高校民族传统体育教育理念和课程改革的需要,在体例和内容上有新的突破,但是总体来看,民族传统体育教材仍然存在着一系列的问题,主要有以下几点。

(1)仅有武术或仅以武术为主。

(2)在套路内容上总是围绕初级拳三路、初级剑、初级刀和简化太极拳。

(3)武术理论内容仍未能突破体育教育专业武术学科理论内容。

(4)没有或者很少涉及其他民族传统体育项目,特别是娱乐性、健身性、趣味性较强的少数民族传统体育。

综上所述,这种教材现状已远远不能适应长时间、多形式的高校民族传统体育课教学的要求和需要,而对于认知能力和理论层次较高的学生来讲,理论内容就更显得单薄和滞后,这与增强学生民族体育意识,养成锻炼习惯和提高民族传统体育锻炼能力以及在学校传承民族体育文化的目的存在着较大的差距,因此各有关部门和高校的领导应加以重视起来,加强高校民族传统体育的建设和发展。

(七)教学与理论研究状况

由于历史和社会偏见的原因,在许多领导和教师心目中民族传统体育属于可有可无的非主流文化,因此,相关职能部门和单位并未给予民族传统体育教学应有的关注,对其师资培训、课程建设和教学、文化建设等方面处于放任自流的状态,缺乏对民族传统体育足够的人文关怀,使民族传统体育应有的文化感染力和学科价值不断被削弱,难以感染和激发学生对民族传统体育文化的热情,制约了课程资源效能的发挥。而各学校、教师又由于缺乏主观的内在驱动力,对民族传统体育文化历史沿革和发展处境、规则演变、文化内涵缺乏深入的了解,个别教师对民族传统体育的研究缺乏针对性、系统性。通过检索中国学术期刊网全文数据库显示,12所高校民族传统体育部教师在2007至2009年三年时间里发表的体育类论文合计149篇,其中关于民族传统体育的论文11篇,比例仅为7.38%,11篇中有关教学研究的仅为3篇(均为武术教学方面)。

第三节　高校民族传统体育发展中存在的问题

一、民族传统体育无法摆脱原生形态

相对于竞技体育的发展,当前我国高校民族传统体育发展得比较缓慢,且很多高校只是将其作为学生课外活动的内容,这种长期持续的发展现状,使得民族传统体育无法摆脱原生形态,而导致现在学生更倾向于选择较为时尚的现代体育进行健身和娱乐。

产生于自然经济时代的民族传统体育,因其所依赖的广大农村地区和民族地区的经济、科学和文化较为落后,仍然有许多传统体育项目至今没有摆脱原生形态或次原生形态的深刻烙印,还带有浓郁的文娱色彩,并与舞蹈、杂技以及节日庆祝混为一体,较为严格地来说,这些民族传统体育项目仍然处于准体育时代。在民族传统体育项目发展和开展不平衡的同时,其更是逐渐受到以奥林匹克运动为主流的世界现代体育的强烈冲击,以至于我国很多高校将发展竞技体育作为提升自身品牌的手段。多数学生也更倾向于选择现代体育运动项目作为自己健身和娱乐的内容,且以此视为时尚,并认为在现代社会仍然将民族传统体育作为健身手段是十分土气落后的做法。

二、教学改革目标不明确

目前,尽管我国高校体育教育获得了较大发展,但是还不能很好地适应社会主义市场经济的新体制。提高学生的全面素质是我国学校教育的最终目的,从高校民族传统体育的角度来说,素质教育主要是树立学生的终生体育观念,培养其具备高尚的体育道德情操与一专多能的业务能力,不断增强其健身意识,学会掌握科学锻炼身体的方法和技巧,以使他们继续保持在校期间身体锻炼的近期效益,并能够向终生体育的远期效益进行转化,从而充分发展其个性,

开发其智力，促进其身心健康的全面发展。尽管我国学校体育教学改革已经从以运动技术为中心的旧格局转变为以增强学生体质和健康第一作为教学的指导思想，但是事实告诉我们，从培养目标至课程设置、管理模式等多个方面，至今仍然十分明显地反映出计划经济的特点和传统思想的烙印。在高校民族传统体育教学改革中，教学改革目标仍然没有与具体操作的内容结合起来，以运动技术为中心的旧格局仍然存在，而以体育与健康强身育人，弘扬民族文化的传统体育无法进入现代体育教学的课堂，学生毕业时感到学到的没有用处，而所需要的又没有学，因而产生所学非所用的严重脱节，这种现象与时代的需求格格不入。

三、经费欠缺，民族传统体育教师数量少

高校民族传统体育作为国民体育的重要基础，是实现终生体育的关键，因此受到国家的高度重视，我国教育部和国家体育总局等部门先后出台了多项关于民族传统体育发展的政策，对民族传统体育的发展起到了积极的推动作用，但是实际上更多的只是停留在理论上，缺乏宣传力度，没有具体的实施，再加上资金投入不到位等问题，导致从事民族传统体育教学的专业体育教师严重缺乏，更谈不上从事民族传统体育的研究了。事实上，民族传统体育被很多高校只是作为课外活动内容进行。这些情况都说明了民族传统体育仍然没有获得高校的足够重视，使得高校民族传统体育的发展受到严重的制约。

针对当前我国高校民族传统体育开展的现状，高校在开展民族传统体育的过程中，应当十分重视人力和物力的组织工作，对于民族传统体育的相关教材应当做好编写工作，对于每一个运动项目的名称、特点以及学习目标、技术分析、动作要点等内容应当进行深入详细的研究，以使教材突显其实用性、民族性、趣味性和科学性。同时，高校体育工作者需要结合实际，到少数民族地区进行深入学习，虚心请教民族传统体育活动专家，学会民族传统体育运动项目的技能与技巧，掌握其具体的操作方法，以便为高校民族体育的发展和教学质量的提高提供方便有利的教学条件。

第四节　高校民族传统体育发展的途径及策略

一、民族传统体育发展的途径

民族传统体育不仅是我国，也是世界文化的宝贵财富，在发展的过程中，我们应该采取相应的措施来保护和发展我们民族所独有的宝贵资源。在新形势下，面对体育全球化的机遇与挑战，民族传统体育的传播与发展要在合理利用这些机遇的同时，又要学会积极应对这些挑战。我们认为，民族传统体育必须做好以下几个基础工作。

（一）健全民族传统体育研究的学科体系，丰富其文化内涵

随着现代科学技术的进步，一系列新的研究手段和方法应运而生。在民族传统体育研究

方面，利用现代声像技术，借助人类学的野外考察和参与观察的方法，深入民族聚居区进行实地调查，完整记录有关民族传统体育的原始素材、原始文化风貌等的方法都是非常符合民族传统体育发展实际的方法。在挖掘整理和研究民族传统体育的过程之中，逐步建立和完善民族传统体育研究的学科体系，造就一批民族传统体育的研究人才队伍，使民族传统体育学的方法、内容、性质、对象等的研究工作系统化、系列化、科学化，为民族传统体育在新时期的发展奠定良好的基础。在此基础上，组织一批文化学、民族学、民俗学、体育学学者合作研究，坚持用严谨的态度与科学的方法对民族传统体育进行甄别、选择，进而进行全面的分析。阐释这些潜藏于民族传统体育中的民族精神和价值，抓住民族传统体育文化中的民族之魂。从民族传统体育的文化内涵中进行全面深刻地分析、探寻民族传统体育的本质特征，用现代的理论对民族传统体育中一些古老的命题进行诊释，赋予其新的内涵，使其富有新的意义，再结合现代体育的组织形式，对民族传统体育进行整合，既要显示其鲜明的民族特性，又要使其具有广泛的世界性，使民族传统体育屹立于世界文化的舞台之上，进而实现其真正意义上的复兴。①

(二)开展民族传统体育的社会教育

大多数民族成员对传统文化观念和知识的习得，很大程度上是依靠蕴藏于风俗习惯之中的非学校教育。他们主要是通过节日庆典、宗教仪式、婚丧仪式、村寨间竞赛活动等途径接触民族体育。通过社会范围的大教育，潜移默化地将民族传统体育与文化移植于年轻一代民族成员的行为习惯中。宗教的权威性、神秘感强化了民族体育在民族群众心目中的地位，使其以一种神圣、庄严的形象在人心目中占据重要位置；民风民俗扩大了民族体育在民族群众生活中的普及性；它与民族史诗、民歌民谣的结合又使其具有了文化继承的必然性、必要性。这一传承途径具有很大的潜力。在改革开放的今天，不少民族地区都开展了民俗旅游活动，以经济效益为物质基础来保证民族文化的长足发展。民族体育作为节日民俗的主要角色，将随民族文化不断发展。

(三)同竞技体育模式相结合，扩大民族传统体育发展的领域

目前，我国的各省市自治区基本上都已形成开展民族体育运动会的制度，这为各民族的传统体育项目提供了展示的舞台。民族地区在一些民族传统体育(或相近似)项目上，显示出较强的民族优势。如内蒙古自治区有广为开展且已形成制度的“那达慕”大会，因而其在摔跤、马术等项目上占有一定优势。因此，一些突出地方民族特色，地域性较强的民族体育运动会，应被视为中华民族传统体育竞技化模式改造的方向。强调东方运动会还必须与奥林匹克运动有所区别，更少功利的追逐，更强调多民族文化的融合和相互理解；要更体现人性，更富有亲和力。以全新的活动方式——不是精英型的选拔式和强力展示，而是联欢型的体育节和娱乐参与。注重对健康、健身、休闲的表达，关照老年人、妇女等群体的体育参与倾向，以及对一些人群寻求新的体育形式的时尚性关注。②

① 毛骥．全球化浪潮下民族传统体育的生存与发展之道．贵州民族学院学报，2003(4)

② 李荣芝，虞重干．体育全球化与中国民族传统体育传承研究．体育文化导刊，2007(4)

(四)积极与世界文化接轨,促进进一步的发展

中国人生活在一个全方位开放的社会,世界各国的文化包括体育文化迅猛涌进,不可避免地对中国文化包括体育文化带来极大的冲击和影响,成为中国各民族传统体育发展的文化动因,而中国体育文化也会走出国门,迈向世界,参与世界体育文化建设,成为世界体育文化的组成部分。如何在世界体育文化的领域内关照中国民族传统体育;寻找中国体育文化与外国体育文化的契合点;研究中外体育文化的异同;以本民族传统体育为根本,参与世界体育文化的对话与交流,是中国民族传统体育研究所面临的新的课题。

全球化给不同区域、不同民族的民族传统体育以交流的机会,使各民族传统体育产生了互动。今天,欧洲杯、美洲杯、NBA、跆拳道、柔道等体育项目感染着世界各地的人,成为大多数国家体育的主体,这也正是各民族传统体育产生互动的结果。开放的中国正敞开胸怀拥抱世界,融入世界文化,这为中国民族传统体育走向世界提供了条件。在此基础上,中国民族传统体育要站在世界的高度来重新审视自己,积极参与世界文化的交流,自觉摒弃一些不符合科学原理、缺乏时代感的糟粕,放弃一些原生的本民族文化特质,发挥竞争、强体的精神价值,借鉴现代体育竞赛规则、教学训练手段、竞赛组织与管理、运动技战术的基本理论方法,对一些民族传统体育项目进行科学化的改造、整合,使之既富于时代性又保持民族特色,使传统体育走上现代化的道路,实现自身的创新发展,并为促进国际体育文化的进步作出积极贡献。

时代在进步,民族传统体育正处在一个全新的机遇与挑战并存的环境。民族传统体育再不可能仅仅依靠政府行政部门的推广就可以发展,而是要以自身价值为基础,跟上时代发展的步伐,同时借鉴现代手段,不断融入世界,才能与世界文化共荣。①

(五)建立科学的民族传统体育的教学体系

学校作为传承发展民族体育的中介,是原始体育形态走向规范化、科学化、普及化的必由之路。事实表明,大多数游戏都是在近代以学校作为中介完成了向高水平竞技项目发展的过程。我国的民族体育项目除了作为一种民族文化传统进行保护与传承,作为一种体育活动纳入学校体育教学体系是完全可行的。首先,其蕴涵鲜明的民族文化特色,其表演性、娱乐性强;其次,其场地要求不高,技术也不复杂;再次,民族体育项目具有很好的健身与娱乐功效;最后,其可以推动民族学校的校园文化建设。将其纳入学校体育教学,尤其是少数民族地区的学校,唯有这样才能保证其长足发展。具体做法为:遵照人体发育规律,优选利于中小学生开展的项目;延伸与扩大到教材中去,使教材更具有民族性特点,这无疑对学校体育教学内容的补充也具有积极的作用;可以从民族体育课程的设置和竞技项目的训练量方面着手。少数民族传统体育所需器材、设施要求不高,多数是可以通过手工操作达到的。如藏族“大象拔河”所用绳索、傣族“丢包”所用的花包以及被许多民族所共有的“打陀螺”项目所用陀螺。

教育部门对民族体育活动在学校的开展要给予一定政策规章制度上的重视和支持,号召体育教育者能转变对民族传统体育的认识,在思想上加强对其的重视程度,并在实际工作中积极宣传、推广,有针对性地完善运动项目的竞赛办法、比赛器材或规则。在课程中可在学校设

① 毛骥. 全球化浪潮下民族传统体育的生存与发展之道. 贵州民族学院学报,2003(4)

立与少数民族节日及英雄事迹相结合的民族体育，并在学校中开展民族体育竞技项目的专门训练活动。

(六)走生活化、可持续发展道路

走“生活化”道路是中华民族传统体育可持续发展的一个重要途径。任何一个国家和民族的体育形式要被世界人民所接受，首先就是要在自己国家有广泛的群众基础。随着我国综合国力的大幅度提高，社会物质资源的极大丰富，人们的日常生活已由过去主要关注基本的物质生活资料转变为关注自身的生活质量的提高。长久以来，深受人民群众所喜爱的民族传统体育不但有着广泛的群众消费基础，而且投入少、价值低，在目前的经济水平下，符合大众的消费能力。因此，一些已具备市场发展条件的项目或活动已经进入市场开发。而且，一些民族传统体育项目如舞龙、舞狮等，已经走上了产业化道路，并实行了较好的市场运作方式。①

二、民族传统体育发展的策略

(一)遵循民族传统体育发展的基本原则

1. 坚持“文化筛选”的基本原则

文化发展的实质是原创文化在实现文化当代性的变迁。社会学相关理论认为，文化变迁是社会进步和发展的主要驱动力，其实质是将原创文化融入现时社会中，并与现时社会的发展背景、外来相关文化等进行全面或部分的接触与碰撞，进而在接触与碰撞过程中形成鲜明的现代社会意义和价值对比，从而实现民族传统文化的当代转型与变迁。这一过程就是文化筛选。文化筛选过程的基础是建立在对民族传统体育文化再认识和发掘过程中的，并要求从中找到一个新的民族传统体育文化与社会发展相适应的结合点。

我国的民族传统体育项目种类异常繁多，是我国民族传统体育文化发展的物质基础。但由于历史等方面的原因，过去民族传统体育文化很少与外来文化有过交流和碰撞，原创文化仍占据决定性的地位。中华民族长期闭关自守的文化发展状态和模式，严重阻碍了民族传统体育的发展。因此，在庞大的民族传统体育项目中，负载不同民族、地域文化特色的现实也就成为历史的必然。

在众多的民族传统体育项目里，不论是运动过程中所体现出的文化内涵、运动形式，还是参与运动的主体，都相对或多或少地保留着封建的、不科学的，与现代社会发展不相适应的成分。这些成分的存在，从某种意义上来讲是同社会发展潮流不相适应的。因此，要想发展好我国的民族传统体育，实现现代意义上的民族传统体育的发展，就必须坚持文化发展过程的筛选原则。

现代社会，文化的全球化趋势越来越明显，但是文化的融入和变迁是需要环境和时机的。它是建立在一定基础上的，必须由原创文化本身的现代价值所决定。所以，文化筛选必须坚持

① 李荣芝，虞重干．体育全球化与中国民族传统体育传承研究．体育文化导刊，2007(4)

“古为今用”的思想原则,坚持文化发展的先进性特质,认清民族传统文化遗产中民族性精华同封建性糟粕的性质。只有这样,我国高校民族传统体育才能够保持其旺盛的生命力,取得更好的发展。

2. 坚持民族传统体育发展变与不变相统一的原则

发展到现在,民族传统体育的发展是处在体育全球化的文化发展环境之中的。在此背景下,如果我们仍坚持原有的特定的发展环境,并不断地实施传统意义上的发展,那么我国民族传统体育的发展就会显得固步自封,毫无生气,跟不上时代发展的潮流和步伐。

民族传统体育的发展,其自身所带有的时代性、地域性和民族性的内容,都会随着时代的发展而不断发展和变化着;在与不同文化的交流中,受到异质文化的影响,它也会改变其内容和形式。如花毽变为毽球运动,竞技武术竞赛方式的产生,这就是我们应该认可的“变”,但文化又具有稳定性和延续性。在不断的发展变化过程中,文化中所具有的普遍性内容会保存和延续下来,成为贯穿整个发展过程的基本精神、基本特点,形成文化的传统,这就是我们追求的不变。

追求民族传统体育发展中变与不变的统一,实现民族传统体育本身“其具有普遍意义的精神和内容是不变的,其具体内容和形式则是变动不居的”目的。

3. 坚持民族传统体育的重塑性原则

民族传统体育的重塑,主要包括以下两方面:一方面是先进的西方体育思想、机制和观念指导民族传统体育的改良和发展;另一方面是加快民族传统体育发展的现代化进程。只有坚持用科学的理论与方法对民族传统体育进行甄别、选择、更新和转化,才能实现真正意义上的我国民族传统体育的复兴。

民族传统体育的重塑和发展,必须坚持体育服务大众、服务现代社会的发展改良观。另外,还必须同时建立文化的可同化观、可融合观,否则势必会削弱民族传统体育的社会效用和文化效用。在民族传统体育的重塑和发展过程中,必须认识到传统体育中存在的局限性以及发展的不利因素。

构成民族传统体育要素的成分是非常繁杂的,其自身结构中存在着主流文化和非主流文化、学术文化和大众文化、精英文化和糟粕文化、官方文化和民间文化、本土文化和外来文化等。从某种意义上来说,今天的民族传统体育已经不同于以前的民族传统体育,其表现形式和内容相比以前已有了很大的不同,形成了既有本土体育又有外来文化因子的形式。因此,就民族传统体育发展的总趋势而言,应当对民族传统体育从内容、形式、作用等多方面进行挖掘和整理,从而使其成为世界体育的一个有机组成部分,使我国的民族传统体育在显示其民族特性的同时,具有鲜明的世界特性。

民族传统体育的重塑,是建立在对民族传统体育的现代社会意义的追求和改良上的。将民族传统体育中的固有的命题,用符合其社会发展的理论进行诠释,赋予其新的内涵,使其富有社会时代意义。民族传统体育的重塑,要从现实的需要出发,通过对民族传统体育中积极的形式和内容的重塑,寻求传统体育中的民族智慧和当代效用,为解决当代体育健康、社会健康等问题,提供新的体育发展思路与历史借鉴,补充并丰富现代体育的内容,这才是真正意义上的民族传统体育的重塑。

4. 坚持民族传统体育多元一体化发展的原则

文化的多元一体化，是指文化存在本身的多元化。文化的“多元化”表现在两个方面：一是具体文化形式和风格的多样化；二是文化的主体、坐标和取向之间的异质性、异向性等实质性内容。从古至今，人类文化一直呈现出以民族主体形式为代表的多元化面貌。不同民族、国家、地区甚至各行业的人们各自是自己一定特殊文化的主体，彼此之间不能够完全归结和替代，这是一个普遍的、基本的历史事实。

民族传统体育的全球化发展是一种历史发展的必然，在这一全球化发展过程中，如何处理好全球化背景下的体育文化的多元一体化问题，以及民族传统体育内部多元一体化发展的问题，已经成为我国发展民族传统体育的亟需解决的关键问题。

在过去的一百年里，我国的民族传统体育深受西方体育的影响，以至于有相当一部分人认为，我国的民族传统体育在20世纪末将要发展到了被西方体育“殖民”的境地。但中华民族传统体育在与西方体育的碰撞、交流与融合的过程中，已逐步实现和体现出了它的世界性和全球性，它生命的延续和在世界范围的传播及普及推广，仍有着自身内在的发展逻辑。在当今全球化发展形势下，民族传统体育也受到来自各方面的巨大挑战。因此，民族传统体育应该顺应时代发展的潮流，坚持多元一体化的发展原则，只有这样才能取得更好的发展。

竞技体育在发展的同时，群众体育也在发展着，这样的发展结果，正体现出体育发展的多元一体化的现实。因此，我们必须要加强民族传统体育一体化发展进程中的革新和改良，但必须要认识到这种一体化的发展是建立在多样化基础上的。民族传统体育的一体化发展是无法阻挡的，多元一体化的民族传统体育的继承和发展是历史的选择。

(二)认清民族传统体育发展的方向

高校民族传统体育要想取得更好的发展，必须要在战略上给予高度重视，认清民族传统体育发展的方向。随着现代体育全球化的发展，民族传统体育也越来越多地受到西方体育文化的冲击，部分项目已濒临消亡，作为中华民族中的一员，尤其是民族传统体育的研究者和领导者，要肩负起民族传统体育发展的历史重担，积极采取相关措施，搞好民族传统体育文化的大力传承和发展。

高校是民族传统体育发展的重要场所，各相关部门应积极努力挖掘地方民族体育资源和特色项目，将民族传统体育引入高校体育教育课堂，使大学生受到民族传统体育文化的教育和熏陶，深入了解和体验民族传统体育文化的内涵，提升民族传统体育文化的内在品质，让具有时代色彩和现代人文精神的民族传统体育立足于世界文化之林。

(三)贯彻“终身体育”思想，推进高校民族传统体育课程改革

对学生进行体育教育的一个非常重要的目的就是培养其“终身体育”的意识，以形成“终身体育”的思想，对每个人来说都是如此。“终身体育”思想的形成不仅可促使人们形成良好的体育健身的习惯，促进身心的发展，更能促进和谐的人际关系的形成，利于社会的发展。因此，对高校民族传统体育教育来说，要始终贯彻“终身体育”思想，积极推进高校民族传统体育课程改革。

目前，总体来看，我国各大高校的体育课都存在着年限较短的问题，可在适当延长大学本

科体育课年限的基础上，对高年级的学生采用必选课的形式进行教学，并以学分制的办法进行管理；另外还可以发展一些体育健身俱乐部，这样就可大大增加大学生对民族传统体育的学练时间，扎实地掌握锻炼方法以及确保民族传统体育在高校开展的效果。另外，学校教师和相关部门领导还应积极发掘具有地方特色的资源和引进少数民族体育，激发学生的学习兴趣。对民族传统体育的发展，各高校应结合自身条件和地域特点，形成自己的特色教学，使得我国高校民族传统体育教学斑斓多姿、丰富多彩。

(四)加强民族传统体育教材建设

对高校民族传统体育的发展来说，教材是至关重要的，加强民族传统体育教材的建设，创编优秀民族传统体育系列教材，有利于我国民族传统体育文化的传承和发展。国家教委、体育总局组织专家在编写全国统一的普通高校民族传统体育教材，创编大学民族传统体育系列教材的同时，也要考虑做好中小学民族传统体育教材，使之更加科学化和系统化。武术是中华民族传统体育文化的重要组成部分，在编写内容上要力求创新，创编那些具有丰富攻防内涵的精简套路，完善和充实武术理论，增加武德教育、传统文化教育以及健身机理等理论内容；将具有浓郁地方特色的民族传统体育及少数民族体育纳入教材，充分体现民族特点；此外将具有代表性的项目编写成双语教材，供世界各国的留学生和华侨生学习，促进东西方文化交流，提升我国民族传统体育在世界体育文化中的地位。

(五)建立和健全民族传统体育发展机制

高校具有自身的功能与优势，其在汲取各民族传统文化精华、促进民族团结、培育人才与传承文明等方面负有不可推卸的责任。随着现代社会休闲时代的来临，传播并倡导区域性传统体育活动，使之成为不同区域和人群的健身方式将极大地促进人们的健康。在现代社会经济条件下，高校必须为所在地的经济、社会和文化的发展服务，各相关职能部门必须制订各种政策，采取各种措施，建立和健全民族传统体育在各大高校的发展机制，确保其在高校体育发展中应有的地位，以调动各高校开展民族传统体育教学与训练的积极性，尽早形成有利于我国民族传统体育发展的良好的高校体育文化氛围。

(六)建立健全常规的竞赛体制

通过定期举办少数民族传统体育运动会和单项邀请赛等，可激发各高校开展民族传统体育项目的源动力，并形成有效的训练、比赛周期，保证学生的兴趣在课外得以继续延伸和发展，这样可有效地引导和激发学生的参与热情，推动少数民族传统体育的普及、发展和运动技术水平的提高，使其具有较强的观赏性和吸引力。建立和健全民族传统体育的竞赛体制，可借鉴和采用其他已发展得比较成熟、已形成自己独特体系的运动项目，并结合民族传统体育的具体实际，走出一条适宜自己发展的竞赛体制道路来。

(七)民族传统体育教学、科研与训练相结合

从现实情况来看，虽然民族传统体育在各民族地区的发展趋势还算不错，但仅仅在民族地区培养民族传统体育人才还是远远不够的，必须重点在青年学生比较集中的高校中培养。可

通过鼓励各高校开设内容独特、健身价值高、表现形式新颖独特的民族传统体育项目教学，并运用科学的方法和原理对所选择的项目进行系统性研究，使该校成为系统研究某一民族传统体育项目的学术权威，才能使开设的项目更容易被具有现代科学意识的高校大学生所认同和接受，激发其学习兴趣和热情，推动民族传统体育的普及与提高。同时还要鼓励各高校积极申办民族传统体育项目训练基地，培育出一批高素质高水平的教练员和运动员队伍，带动高校相应民族传统体育项目的开展，不断提高我国民族传统体育的教学和训练水平。

第三章 高校民族传统体育教学的基本理论

第一节 高校民族传统体育教学的特点与方法

一、民族传统体育教学的特点

时代在发展，社会在进步，我国的民族文化也获得了迅速的发展，民族传统体育已进入学校，并广泛开展，成为学校体育教学的重要内容。民族传统体育具有风格各异的特点，技术差异比较大，对教师而言是一个相当大的难题。目前我国十分缺乏该方面的高层次专业人才，要求各级各类学校全面地开展民族传统体育教学难度可想而知。不过，民族传统体育具有三个方面的特点，只要能够把握这些特点就能很快有效控制其教学过程。民族传统体育教学的特点具体如下。

(一)简单易学

民族传统体育除个别项目，如武术为特殊项目外，绝大部分项目都简单易学。简单的技术学生容易掌握，教师也容易教学。但是，简单的技术共同存在一个特点，即精确地掌握与提高难度较大，这与书法中笔画越少字越难写的道理一样。由于民族传统体育长期的教学是口传身授，缺乏经过整理的文字或通过研究得出的技术参数，对教师来说，教学参考坐标的缺乏是一个难题，很多项目没有系统的技术动作参考资料，只有依靠教师自身不断实践后逐渐归纳出其中的技术要领。对于学生来说，不断地总结经验改进动作是提高技术的唯一途径。

(二)简便易教

民族传统体育项目中绝大部分内容都具备这样的特点，朴素的品质造就了这些项目的教学应朴实无华，教学过程中要讲究实效，避免华而不实的形式。教师唯一需要全面、准确掌握的是某一项目的比赛规则，通过对比赛规则的准确把握，理会规则原理、要求，将这些内容充分地运用到教学中，不断提高学生在规则要求范围内的技术和战术精湛程度是教学的灵魂。

(三)简捷易赛

我国的民族传统体育比赛经过了长期的演进，具有比较客观的衡量尺度，因此操作起来比较简捷。对于很多项目来说，只要初步掌握了基本技术和战术就可进行对抗，裁判人员不需要进行专门的培训，在教学过程中可通过游戏的方式进行正式比赛的演习。在学校开展民族传统体育是以一种规范的形式出现的，教师应注重对比赛过程的客观掌握，逐步教授给学生评判的标准，使他们掌握对简捷事物准确判断的能力。随着民族传统体育项目技术和战术的不断完善，比赛的尺度将会逐渐严密，教师应培养学生对瞬息万变的细微变化的判断能力。

二、民族传统体育教学的方法

体育教学的方法有很多种，基本上都能运用到民族传统体育的教学中来。体育教学的方法包括常见的教学方法和现代教学方法。

(一)常见教学方法

1. 语言法

语言法是指在体育教学中，运用各种形式的语言，指导学生掌握学习内容，进行练习的方法。语言法的优点是能同时向许多学生传递有关信息，正确运用语言法能启发学生的思维，形成正确的认知，促进学生运动技能的形成，培养学生分析问题与解决问题的能力；激发学生学习锻炼的积极性，活跃课堂气氛，融洽师生关系。语言法包括讲解法、口令与指示、口头评价、口头汇报、默念与自我暗示等。

(1)讲解法

讲解法是体育教学工作中一种运用语言法的最普遍的形式，它指的是教师将教学的任务、内容、要求、动作名称、动作要领等用语言向学生说明进行教学的一种方法。讲解法在理论教学、思想教育和技术教学中都起着重要的作用。在实际教学中，教师运用语言启发学生积极思维，加深对教材内容的理解，是促进学生对技术、技能掌握的基本方法。讲解的科学性和艺术性非常重要，在很大程度上影响着教学效果，是教师教学水平的一个重要标志。在教学过程中要不断进行经验总结，在语言表达上精益求精是教师需做的工作。在讲解法的运用中，以下几点需要注意。

①注意讲解要明确目的

体育教学中教师的讲解必须根据教学目标、教学内容、学生特点、具体选择讲解内容、讲解方式、讲解的速度、讲解的语气，抓住重点与难点，有目的、有针对性地讲解。

②注意讲解要系统逻辑

系统性和逻辑性是运用讲解法需要重点注意的。这就要求体育教学中教师讲解的内容必须科学、全面、完整，注重新旧知识的有机联系。教学大纲的要求和教材的特点以及学生的认知规律都是讲解法运用时需要考虑的因素，讲解时要从简到繁，由浅入深。技术动作讲解要注意顺序性，一般按照动作形式—用力顺序—动作幅度、衔接和速度—原理依据—动作节奏等的顺序进行。此外，讲解时动作的过程、身体各个部分的位置、运动方式以及身体与器械的关系等还必须用专业术语来描述。

③注意讲解要具有启发性

讲解的启发性要求教师在讲解时运用的语言要具有启发性，让学生分析问题时充分利用自身的知识和经验，自觉地解决技术中存在的错误，使其对技术动作的理解得到加深，自觉学习的积极性得到调动。在提问时，老师的语言要深入浅出，从而使学生对技术要求知其然，并知其所然，起到事半功倍的效果。

④注意讲解要简明生动

简明生动也是运用讲解法需要注意的问题。运动技术具有鲜明的动作性，教师要善于借助学生在生活中已经接触过的事物或已经学过的运动技术，与所学运动技术产生联系，帮助学生更好地理解动作。另外，在运动技能教学中，要抓住重点，简洁明了地讲解所学内容。

⑤注意讲解的时机和效果

运用讲解法时还要把握住有利时机，只有抓住最有利的讲解时机，才能最大限度地帮助学生快速准确地掌握动作要领，这就要求讲解要及时。在刚学习某一民族传统体育项目动作时，应该详细讲解分析技术的动作要点，因为此时学生对技术还不了解。等学生基本掌握了技术后，则应以精讲为主，讲解要针对错误进行，留更多的时间让学生自己去练习和改正错误。细致观察和准确分析是教师把握讲解时机必需的素质，抓住了问题所在，并及时讲解，自然会有好的效果。

⑥注意讲解与示范结合

在讲解中，还要注意与示范相结合。示范主要展示动作的外部形象，讲解则能反映技术的内在要求，讲解和示范是相互补充的。正确的动作示范配以生动形象的讲解，能够引导学生把直观感觉和理性思维很好地结合起来，达到更好的教学效果。

(2)口令与指示

口令是有一定的形式和顺序，有确定的内容，并以命令的方式指导学生活动的语言方式，如队列队形练习、基本体操、队伍调动等需要运用相应的口令。口令的运用应做到洪亮、准确、清晰、及时，并注意根据人数、队形、内容、对象等特点控制声音的大小、节奏的快慢等。指示是运用比较简明的语言，组织指导学生活动的语言方式。口头指示一是在组织教学中运用，如布置场地、收拾器材；二是在学生练习时未能意识到的、关键的动作时用简洁的语言提示出来，口头指示应准确、及时、简洁，尽量用正面词。

(3)口头评价

口头评价指在教学过程中，教师按一定的标准、要求，口头给学生进行一定评价的方法。口头评价运用很广泛，是教师对学生掌握知识、技术、技能的情况和思想作风等方面表现的一种反馈。在运用口头评价时应注意：坚持以正面鼓励评价为主；否定的评价要注意分寸与口气；要能指明努力方向，提供改进提高的方法。

(4)口头汇报

口头汇报是教师要求学生根据教学目标和自身的体验，简明扼要地说明自己的见解、想法的语言方式。在运用口头汇报时，应注意提问的内容、时机、方式，并在事前做好相关的准备。

(5)默念与自我暗示

默念是学生在实际练习前通过无声语言重现整个动作或动作的某些部分的过程、重点、时空特征，以提高练习效果的语言方式。自我暗示是指在练习过程中，暗自默念技术动作的关键字句，自我调控练习过程的语言方式。

2. 直观法

直观法指在体育教学中教师通过实际的演示或外力帮助，借助学生的视觉、听觉、触觉、肌肉本体感觉器官来直接感知动作的方法。在体育教学中常用的直观法的具体方式有：动作示范、直观教具与模型演示、电影、电视、幻灯、投影、录像、助力与阻力、定向与领先等。

(1)动作示范

动作示范是进行体育教学时最常用的一种方法。它指教师(或学生)以具体动作为范例,使学生了解所要学习的动作规范、结构、要领和方法。动作示范具有简便灵活、真实感强、针对性强的优点。在教学中,教师应经常研究探讨,不断提高动作示范的质量。具体运用动作示范法时,应注意以下几个方面的问题。

①要有明确的目的

在运用示范时,教师一定要有明确的目的,并注意结合教学内容、学生特点、客观条件等,选择动作示范的次数、速度、位置、方向、示范与讲解结合的方式。

②要重点和难点突出

这要求在示范教学过程中,各技术动作的重难点及关键必须得到鲜明的展示,并以简明扼要的讲解作为辅助,这样就使学生对动作的要点和关键的掌握更加清楚,也能顺利解决其他问题,动作的学习也能更顺利地完成。

③动作示范的位置要合理

教学过程中应根据学生队形和方位,示范动作的技术特点及安全要求,合理而准确地选择示范位置,如果示范的位置选择不当,则会影响部分学生的观察和模仿,进而形成错误的动作概念,影响教学效果。

④动作示范要准确优美

动作示范的准确优美与否直接关系到教学效果的好坏。优美的示范可对学生产生巨大的吸引力和诱导性,为学习创造良好的心理条件,加快运动条件反射的建立。另外,示范动作必须层次清楚,基本动作、慢动作、分解动作环环相扣,循序渐进。

⑤动作示范的时间要科学

体育教学中,何时进行动作示范可以根据教学对象和动作的难易来决定。有的可以先示范,后讲解,再练习;有的可以先讲解,后示范,再练习;也有的可以先练习,再示范讲解;或者也可以边练习边讲解示范。动作示范的时机掌握应该依据不同的教学内容来选择。

⑥动作示范要正误对比

教师在进行正确技术示范后,可以形象地模拟一下常见的或典型的错误动作,这样可以使学生在学习新动作时,更清楚地建立动作概念,预防错误动作的发生,在纠正错误动作时,明确自己的错误所在。通过鲜明的对比,学生对正确技术和错误动作都会有更明确的认识。

(2)直观教具与模型演示

直观教具与模型演示是指通过挂图、图表、照片等直观教具所进行的一种教学方法。活人示范往往一晃而过,教具可以长时间观摩,而且还可根据情况突出某个细微的环节,所以应充分利用图表、模型和照片等直观教具。采用该方法有助于学生建立正确的动作形象,了解技术动作的全过程。直观教具与模型演示要有明确的目的,要有适宜的演示方式,注意演示的时机,并注意与讲解示范结合运用。

(3)电化教育

这种教学方法是利用电影、录像、多媒体等现代电化教学手段进行教学,是一种生动、形象、富有真实感的一种教学方法。看一次实际训练或比赛,往往印象不深;或看了这个,看不了那个;注意了这方面,忽略了那方面,而电影和录像等电化教学手段却可弥补此缺点。特别是慢速电影，更有它的独到之处。该方法的灵活运用，能引起学生的学习兴趣，有助于学生明确技术的进程，还可以根据教学的需要放慢动作，甚至定格，对动作进行深入的分解和剖析。

(4)助力与阻力

借助外力(如教师)的帮助或对抗力的阻碍，使学生通过触觉和肌肉的本体感觉，直接体会动作的要领和方法，多在初学或纠正错误动作或体会某一动作细节时运用。

(5)定向与领先

定向是以相对静态的具体视觉标志，如标志物、标志线、标志点，给学生指示动作方向、幅度、轨迹、用力点。领先则是以相对动态的、超前的视觉为信号。在运用定向与领先方法时，要根据教学内容、对象特点合理设置视觉标志。

3. 完整法与分解法

在具体实施教学时，一般有分解法和完整法两种方法。

(1)完整法

完整法是从动作的开始到结束，不分部分和段落，完整地进行教学。这种方法的优点是，能保持动作的完整性，不会破坏动作的结构和各部分之间的内在联系，便于学生完整地掌握正确技术。完整法一般是在动作比较简单，或者动作虽然比较复杂，但难以进行分解的技术或为了不破坏动作结构时采用。运用完整法有下面几种常用方式。

①直接运用：在教授一些简单、易于掌握的动作时，教师讲解示范后，学生直接进行完整动作的练习。

②强调重点：在教授一些较为复杂的动作时，教师要求学生完整练习时，要注意动作学习的重点，甚至在完整练习中将某一环节单独学习。

③降低难度：在完整练习时，减轻投掷器械的重量、跳高横竿的高度、跑的距离与速度或徒手完成一些本来持器械的完整动作等。

④改变练习的外部条件：如在练习前滚翻时由高处向低处完成动作，在外力的帮助下完成完整动作。

(2)分解法

分解法是把一个完整动作的技术合理地分成几个部分，按部分逐次进行教学，最后完整地掌握动作技术。分解教学能化繁为简，化难为易，使复杂的动作变得简单明了，从而简化教学过程，增强学生学习的信心，有利于学生更快更好地掌握复杂动作。但是，分解教学如果运用不当就容易造成动作割裂，破坏动作结构的完整性，从而影响正确技术的形成。因此，在进行分解教学时，要使学生明确所划分的部分在完整动作中的位置与作用；同时还要考虑到各部分动作之间的有机联系，使动作部分的划分不致改变动作的结构。通过分解教学基本掌握所授动作之后，应适时向完整动作练习过渡，以便更快地掌握完整技术。应明确分解只是手段，完整才是目的。

4. 预防与纠错法

预防与纠正错误法是在动作技能教学过程中，针对学生形成与掌握运动动作中产生的错误动作及其原因，采取有效的手段措施，防止出现和及时纠正学生错误动作的方法。预防与纠正错误是有机联系的，对于一个动作错误的预防措施，也可能是这一动作错误的纠正手段。预防具有超前性，即能预见学生可能出现的动作错误，准确找出可能的原因，主动地、积极地采取有效的手段与措施，“防患于未然”。纠正具有鲜明的针对性，既能及时准确地发现学生的动作错误，又能正确分析产生动作错误的原因，采取有效的手段，尽快纠正。体育教师预防与纠正动作错误可以采取相应的手段措施，包括以下方法。

(1)强化概念法

强化正确的动作概念，促进正确动作表象的形成。通过加强讲解、示范，结合学生已有知识对比的讲解示范，使学生明确正确与错误动作最主要的差异在哪里，主动避免与及时纠正错误动作。

(2)转移法

在学生因为恐惧和焦虑或旧运动技能影响而形成错误动作时，应采取变换练习内容，采用一些诱导性、辅助性练习，将学生从已经形成的动作错误中转移出来。

(3)信号提示法

当学生在练习中由于用力时间或空间方向不清楚而出现动作错误时，可以用听觉信号，口头提示学生的发力时间、用力节奏等；还可以用标志线、标志点、标志物来标明动作方向、幅度等。

(4)降低难度法

在学生完成动作过程中，由于体能与紧张心理造成动作错误，应运用改变练习条件、降低作业难度、分解完成动作等，以便学生在相对简单容易的条件下完成动作。

(5)外力帮助法

在学生用力的部位、大小、方向、幅度不清楚而出现动作错误时，体育教师可以运用推、顶、送、托、拉、挡、拨等外力，帮助学生建立正确动作的本体感觉。

5. 竞赛法

竞赛法是指在比赛的条件下，组织学生进行练习的方法。竞赛法的特点是：激烈的对抗性、竞争性；学生要承受很大的运动负荷；能促进学生最大限度发挥机体的功能，有利于培养学生良好的思想意志道德品质。运用竞赛法时应注意：明确运用竞赛法的目的，无论是内容的确定，竞赛方式的选择，结果的证实都要服务、服从于教学目标；合理配对、分组，无论个人与个人比赛，还是组与组比赛，都要注意学生的实力比较均衡，或创造较为均衡的条件；合理运用，竞赛法通常是在学生较为熟练地掌握动作技术的前提下运用，并注意对学生完成动作质量的评价和要求。

6. 游戏法

游戏法是在规则许可的范围内，充分发挥个人主动性和创造性，完成预定任务的方法。

运用游戏法时应注意：根据教学目标，选择合适的活动内容与形式，采取相应的规则与要求；在教育学生遵守规则的同时，鼓励学生充分发挥主动性、创造性；认真做好游戏的评判工作，要客观公正评价游戏的结果，包括胜负，以及学生在游戏中的表现。

(二)现代教学方法

1. 自主学习法

自主学习，又称主动性教学，是为了实现体育教学目标，在体育教师指导下，学生根据自身条件和需要制订目标、选择内容、规划学习步骤，完成学习目标的体育学习模式。

自主学习有利于确立学生的主体地位，激发学习体育的热情；有利于培养学生的体育学习能力，为终身体育奠定基础；有利于提高体育教学的学习效果，学生在体育课程中学习效果主要不是由教师教多少决定，而是由学生如何接受、如何学习、如何练习决定。只有学生在体育学习中，"能学""想学""会学"，体育学习才能真正取得实效。

自主学习具有能动性、独立性和创造性的特点。能动性指学生自律学习、主动学习。掌握知识技能、探索未知、提高自身的动机是学习活动开展的基础。独立性是独立开展体育学习活动，根据自己的体能、技能情况，制订目标，选择内容，寻找方法，评价结果。创造性是学生在体育学习中，学生能运用独特的思维、手段，富有独创性地探索解决体育学习问题，寻找解决知识技能、发展身体的独特方法。

自主学习方法的教学步骤包括：①自定目标：依据学习目标，恰如其分地分析估计自己的能力，充分发挥潜能，自己确定学习目标。②自主选择学习活动与学习方法：学生运用所学到的知识和已有的经验，合理地安排和选择达到目标的具体学习活动。③自主评价：学生能依据体育学习目标，对自己的学习状况进行观察、分析、反思，看到进步与发展，找出不足与问题。④自我调控：对照学习目标，分析学习情况，及时调整学习目标，改进学习策略和方法，即及时恰当地"纠偏"，以促进体育学习目标的达成。

2. 探究式学习法

探究式学习是体育教师在教学过程中，引导学生在体育与健康学科领域或体育活动过程中选择和确定研究主题，创设类似于研究的情境，通过学生自主、独立地发现问题、实验、操作、调查、搜集与处理信息、表达与交流等探索活动，获得体育知识、运动技能、情感与态度的发展，特别是探索精神和创新能力的发展的学习方式。

探究学习具有问题性、实践性、参与性、开放性的特点。问题性指探究学习总是从创设各种问题开始的，并以此引发学生学习的动机，使其积极参与学习活动；实践性指探究学习是学生实际参与问题的研究，通过实践来加以拓展认识，加深对问题的理解；参与性指在探究学习中，每一位学生都必须实际参与到各种实验、练习、调查、搜集与处理信息、表达与交流等活动之中；开放性指在探索学习中问题的答案或解决问题的途径并不是唯一的，往往可能有多种答案或途径，对于培养学生的开放式思维具有重要的作用。

探究式学习在运用需要注意：①合理设置问题，即体育教师提出的问题应充分考虑学生的基础与学习内容的特点，要能激发学生的探究动机。②鼓励学生积极探究：体育教师应有目的、有意识地鼓励学生提出问题，大胆创新，对于学生在探究过程中出现的不足，甚至错误应给予宽容、理解。③充分发挥小组的集体智慧：体育教师应注意充分发挥小组成员的集体智慧，群策群力，各显神通，取长补短。④注意运动技能学习的特点：运动技能的探究学习，不仅是解决懂不懂、知不知，更是解决会不会的问题。⑤要注意结合学生的体能和运动技能的基础，注意运动的安全。

探究性学习方法的教学步骤包括：①提出问题：体育教师应根据学生已经学习与掌握的知识理论，结合所学的具体内容为学生提出具有多种可能性的问题。②分组讨论，提出若干假设与方案：在体育教师提出问题后，将学生分成若干个学习小组各自提出假设与解决问题的方案。③验证方案：各组根据教师的指导与要求将假设与方案，运用于体育与健康学习活动的实践中，验证假说与方案。④评价与提高：在小组探究的基础上进一步对解决问题的过程与效果进行评价，激发学生的探索热情，提高学生的创造性思维能力。

3. 发现式教学法

发现式教学法又称问题法，它是从青少年好奇、好问、好动的心理特点出发，以发展学生创造性思维为目标，以解决问题为中心，以结构化的教材为内容，使学生通过再发现的步骤进行学习的一种教学方法。对于学生而言“发现并不限于寻求人类尚未知晓的东西，确切地说，它包括用自己头脑亲自获得知识的一切方法”。

运用发现法的教学步骤包括：①提出问题或创设问题的情境，使学生在这种情境中产生疑难和矛盾，按照教师提出的要求带着问题去探索。②学生通过反复练习，掌握动作技术的基本原理方法。③组织学生提出假设和通过实践进行验证，开展讨论与争辩，对动作技术的原理方法和争论的问题作出总结，得出共同的结论。

运用发现法应注意：①教师善于提出问题，激发学生的学习热情。学生首先要有问题的意识，并能积极和善于提出问题。教师要善于创设问题情境，激发学生的学习热情。②要因势利导，运用已知，探求未知。在运用发现法时，体育教师应注意根据学生已有的知识经验和运动技能基础，提出适当的问题。③要善于设问激疑，利用矛盾，启迪思维。体育教师要善于在学生无疑处激疑，利用体育活动中出现的各种矛盾，启发学生的思维。④采取由简到繁，由个别到一般，由具体到抽象，步步深入的方法。⑤要集中力量，突出重点，突破难点，消除疑点。在学生发现问题、解决问题的过程中，体育教师要引导学生抓住问题的重点。⑥要鼓励学生标新求异。留下悬念，让学生继续探索。

4. 合作学习法

合作学习法是指学生在小组或团队中为了完成共同的任务，有明确的责任分工的互助性学习的形式。

合作学习的特点有：①小组成员之间的相互依赖：每个成员都认识到自己与小组及小组内其他成员之间是同舟共济、荣辱与共的关系，每个人都要为自己所在小组的其他同伴的学习负责。②个人责任：所谓个人责任是指小组中每个成员部必须承担一定的任务，小组的成功取决于所有组员个人的学习。在群体活动中，如果成员没有明确的责任，就容易出现成员不参与群体活动，逃避工作的“责任扩散”现象。③社交技能：不合作的原因往往不是学生缺乏合作的愿望，而是学生缺乏合作的方法——社交技能。所以，教师最好在传授专业知识的同时教学生掌握必要的社交技能。④小组自评：为了保持小组活动的有效性，合作小组必须定期地评价小组成员共同活动的情况。⑤混合编组：在组建合作学习小组时应保证小组成员的多样性，可以激发出更多的观点，形成更深入、更全面的认识。

合作学习的教学步骤包括：①进行组内异质、组间同质的分组：根据班级的规模、场地器材、学习内容，将学生分成若干个6～8人组成的异质合作学习小组，组与组之间同质。②制订合作学习小组的学习目标：在体育教师的指导下，根据本单元的学习主题，由小组的全体成员共同确定学习目标。③选择学习的具体课题，并进行组内分工：具体课题应由师生共同研究确定，具体课题的选择与进行应来源于学生的“最近发展区”。④合作学习的具体实施：在小组长的组织下，围绕学习的主题，小组成员各司其职，各尽其能，共同完成学习任务。⑤小组间的比较与评价：组间交流与反馈，教师和其他小组的同学进行分析；分享学习与研究的成果，纠正不足，提高学习能力。⑥学习效果的评价：从合作技巧、合作效果、合作是否愉快、进步程度等方面对合作小组和个人进行评价，并做好记录。

5．领会教学法

领会教学法是在体育学习过程中，以学生的认知活动为主线，将指导学生领会运动的特性与战术作为教学的重点，以便发展学生的认知经验，领会运动规律的教学方法。

领会教学法包括以下教学步骤：①项目介绍。②比赛概述。③战术意识培养。④瞬间决断能力的培养。⑤技巧演示。⑥动作完成。

第二节　高校民族传统体育教学的基本原则

教学原则是有效进行教学必须遵循的基本要求和原理。它既指导教师的教，也指导学生的学，贯穿于教学过程的各个方面和始终。民族传统体育教学的原则包括体育教学的一般原则和民族传统体育教学的特殊原则。

一、一般原则

(一)增强体质与促进学生全面发展原则

增强体质与促进学生全面发展相结合原则是指在体育教学中应在增强每个学生体质的基础上，促进所有学生在智力、心理素质、美育(感)和能力诸方面都得到发展。

增强学生的体质，提高其健康水平，不仅具有使学生精力充沛顺利完成各项任务的近期效益，而且具有奠定终身体育基础、延年益寿和提高中华民族素质的长期效益。体育教学应使学生身体各个部分、各种运动能力、身体素质及生理机能都得到平均协调的发展。在此基础上，根据培养社会主义现代化建设人才的要求，还应结合体育教学，从心理学、美学和社会学方面使学生得到良好发展，以适应社会主义现代化建设的需要。

增强体质与促进学生全面发展相结合原则是社会主义体育教学目的性的需要，是学生发展的需要，也是实现体育多种功能的需要。在贯彻增强体质与促进学生全面发展相结合原则时，要注意以下要求。

(1)树立现代体育教学价值观念。现代体育教学除具有生物学价值(即改变学生的生物学特征)，还具有心理学、教育学、社会学及美学的价值。衡量现代体育教学质量，应当用现代体育教学价值观去评价。

(2)在制订各种体育教学工作计划时，既应保证学生身体得到全面发展，也应结合体育教学促进学生身心全面发展，编写教案时尤其要注意这点。

(3)在体育教学的准备、实施、复习、评价等阶段中，制订教学任务、选择教学内容和运用各种教学手段和方法，都应注意增强学生体质并促进其全面发展。

(二)直观性原则

直观性原则是指在体育教学过程中,结合体育运动规律及特点,充分利用学生的听觉、视觉、肌肉本体感觉和已有的知识、技能,以获得生动形象的表象,通过教师的正确示范和广泛运用挂图、图片、电影、录像等现代化的教学手段,从而达到有利于学生掌握体育运动的知识、技术和技能的目的。

在体育教学中常用的直观方法有:技术动作示范、技术动作图片、技术动作、比赛录像、助力和阻力等。通过这些直观教学方法,使学生认清各项基本技术特点、运用范围、动作方法和要领、动作结构和动作之间的相互内在联系,使其建立正确的技术动作概念,从有意识的模仿、体验动作,达到尽快地掌握技术动作的目的。

运用直观性原则应注意以下几个方面。

(1)讲解要正确生动。直观性原则要求,在体育教学中,教师正确地示范,生动地讲解,充分利用动作声像教材的演示特点和作用,对提高直观教学的效果能起到积极的作用。

(2)重点要鲜明突出。体育教学遵循直观性原则,应让学生知道看什么和如何看。

(3)运用直观方式要与学生的积极思考相结合。掌握体育运动的本质与全貌,必须从感知进入思维进而做到理解,只有理解了的东西,才能更深刻地感觉它。因此,在教学活动中运用直观方式时,应引导学生有目的、有重点、有层次地进行观察。不仅要让学生了解动作形象,还应引导学生积极思考,从生动的直观到抽象的思维,透过现象了解动作技术的特点和有关联系,弄清动作的技术结构、技术关键和完成的方法与要领,以及掌握该动作的意义和作用,然后进行反复的练习,并在基本掌握动作的基础上加以运用。这样,学生不仅感知、理解了所学的动作并能较顺利、较正确地掌握动作,同时也培养了学生观察和分析问题以及运用的能力。

(三)自觉积极性原则

自觉积极性原则指在体育教学中,同时发挥教师与学生双方的积极性,在教师的引导下,使学生自觉积极地完成学习任务。贯彻自觉积极性相结合原则有以下基本要求。

(1)明确学生体育学习的目的。运动教学一开始,就应向学生进行学习目的教育,使学生认识体育运动在健身、竞赛等方面的意义,增强学生学习体育运动的自觉性和积极性。教学开始时,应向学生宣布教学的目的、任务、要求、考核项目与标准。每次课开始时也须使学生明确本课的任务、内容与要求。在学习每一动作时,应向学生讲明所学动作的作用,使学生始终能有目的地进行学习。

(2)培养学生兴趣,引导学生主动学习。兴趣是最好的老师。在教学中,培养兴趣至关重要。学生对体育有兴趣,就会努力克服困难,认真研究技术,自觉进行练习,不断提高要求。在教学过程的各个阶段中,要根据学生的情况,提出切合实际的要求,使学生通过一定的努力能够达到。要使学生在每次课上都有新的体会,都能看到自己的进步。培养学生的兴趣,也是为了引导学生主动学习。学生产生兴趣之后,便会自我思考、自我控制,主动地去学习,主要表现为学生互相观察技术动作,提出问题,挖掘原因,并找出纠正错误的有效方法,然后再想象纠正自己同样的错误。做到对错误动作要知其然,并知其所以然。

(3)了解学生心理,消除不良心理。在教学过程中,学生的心理活动是瞬息万变的,这就要求教师要善于了解和把握学生心理活动的规律，对教学过程中出现的不良心理现象和由此引起的具体问题进行有针对性的解决。教师了解到学生的心理活动之后，应根据导致学生产生各种不良心理现象的原因，因人而异、"对症下药"，采用正确方法来消除不良心理。

(4)发挥教师主导作用，激发学生学习动力。自觉积极性原则还要求发挥教师的主导作用。教师在教学活动中起着非常重要的作用，他们的一举一动都对学生有着深远的影响。在教学中，教师既要为人师表，教书育人，热爱自己的工作，注意自己的言行举止，又要严格要求学生，建立良好的师生关系。在教学上应做到精益求精，上课时精神振作，口令清晰洪亮，手势清楚大方，讲解生动易懂，富有说服力和启发性。教师还应努力提高示范的质量，通过准确、优美、轻松、自如的动作示范，激发学生的学习兴趣。

(四)循序渐进原则

循序渐进原则是指教学中根据学生的认知规律、动作技能的形成规律和人体生理机能活动能力的变化规律，正确安排教学内容和运动负荷，选择教学方法，由简到繁、由易到难、由未知到已知，逐步深化，使学生能系统地学习和掌握知识、技术和技能，逐步发展身体，增进健康。贯彻这一原则，应注意以下几点。

(1)进行体育教学，制订切实可行的、完整的教学文件是必需的工作，这是教学工作系统、有序地进行的保证。教学文件包括课程教学大纲、学期教学进度、课时计划等。教师应认真研究教材，了解教材的系统性，把握各项教材之间的关系，以便在编制教学文件时，体现循序渐进的原则，使每学期、每次课的教材前后衔接，逐步提高教学要求。

(2)在安排教学内容和组织教法时，要由简到繁、由易到难、由浅入深、循序渐进、逐步提高，以利学生接受。

(3)教学中，应逐步提高运动负荷，让身体机能逐步适应。一次课的运动负荷应从小到大，逐步上升，并保持在一定的水平上，然后逐步下降。一个季节或一个学期的运动负荷安排，也须遵循这一原则。这不仅有利于增强学生的体质和提高运动能力，也有利于运动技能的提高和巩固。

(五)巩固性原则

巩固性原则是指在教学中，为使学生牢固地掌握运动技术，逐步提高和完善，建立正确的动力定型，通过多次反复的学习和练习，从量变过渡到质变，达到熟练运用和自如的程度，并不断发展身体素质，达到增强体质的目的。巩固性原则是由条件反射强化和消退的理论及人体技能适应性规律所决定。贯彻巩固性原则，应注意以下几点。

(1)组织学生进行反复、经常的练习是巩固性原则的一个要求。在初步掌握动作后，就应进行大量的练习，使动作从量变到质变，逐步形成正确的动力定型。反复练习并不意味着进行简单的重复，而是要不断提出新的、更高的要求，并经常进行技术评定，使学生看到自己的进步，激发学生学习的自觉积极性，巩固与提高学生运动技能。

(2)改变练习条件，提高练习难度。在教学中，改变练习条件，不仅可以检查学生掌握技能的熟练程度，使学生的运动技能得到进一步的发展，还可以丰富教学手段，提高学生对学习的新鲜感。

(六)从实际出发原则

从实际出发原则是指在体育教学中,教学的任务、要求、内容、组织教法和运动负荷的安排等都要从客观实际情况出发,并力求符合学生的年龄、性别、身体发展水平、体育基础、心理素质、接受能力,并从学校的场地、器材、设备、地区气候变化特点等实际情况出发,合理安排教学,使学生能够接受,并充分、有效地掌握运动基本技术,完成课的任务。贯彻从实际出发原则,应注意以下几个方面。

(1)了解学生的一般情况和个体特点。考虑学生情况的一般性和特殊性,做到一般要求和个别对待相结合。在教学时,教师应通过各种途径和方法,切实掌握学生的情况,如思想素质、意志品质、组织纪律、接受能力、身体状况等,既要掌握教学班的一般情况,又要了解学生的个体特点,以便采取不同的措施,因人施教。

(2)合理安排运动负荷。运动教学的主要特征是身体练习,学生在承受运动负荷的情况下学习掌握体育技能,同时要促进学生有机体机能能力的适应性改善。因此,合理安排运动负荷也是促进学生运动素质提高的需要。

二、特殊原则

(一)地域性原则

民族传统体育项目具有地域特点,表现在各级各类学校的实际情况存在较大的差异,因此,各级各类学校开展民族传统体育教学时一定要因地制宜。以本土民族传统体育项目为教学的重点是最实际的方案,这既可以充分发挥本地师资力量,使项目的技术、战术的教学达到规范、准确的层次,又能进一步带动本地区民族传统体育的发展。与此同时,有条件的学校应不断拓展民族传统体育教学的内容,使学生能够有机会了解和掌握更广泛的民族文化的知识和技能。

(二)形式多样原则

民族传统体育项目具有种类繁多、适应范围较大的特点,因此在教学中可选择的余地较大。教学时应根据学生的性别、年龄、兴趣和技能等特点以形式多样的方式呈现民族传统体育项目内容,引发学生学习的兴趣,引导学生学习的方向。就某一项目而言,教师也可根据实际情况,使用不同的形式向学生传授该项目的知识、技术和战术。首先让学生掌握一些基本的内容,再逐渐地展示给学生多种同类技术,供学生根据自己的爱好和能力选择学习的对象,这样可以极大地照顾学生的个性差异,实现个性化教学。

在教法手段上,对同一技术也要以多种形式实施教学,即通过不同的教法传授给学生能有效达到准确掌握技术的目的。在教学过程中要格外注重以学生为主体的教法,可以极大地发挥学生的学习潜能,但是,学生对技能型知识的掌握还要有教师的全程指导和关注,绝不能放任自流。

常规的教学方式是民族传统体育项目传授中的主要方式,一些现代的教学手段也会对传统的项目起到传播作用，甚至效果更为积极。诸如利用多媒体技术将民族传统体育项目制成教学光盘，使用多媒体方式加以演播，可克服师资力量不足的状况。

（三）兼收并取原则

在进行民族传统体育教学时，保证民族传统体育本色风貌的前提是充分吸取传统教法中的优秀成分。在传统项目教法中有很多内容是行之有效的，如武术等项目教法中的悟性教法可以充分发挥学生的潜能，达到深入领会技术的目的。尤其是对技巧型的项目，教师要鼓励学生不仅动手，还要动脑，合理利用自身多种感知途径感受技术。同时，又要借助于现代体育成功的教学方法，运用科学的手段促进学生对技术的掌握。人体对技能知识的掌握有一定规律，遵循这些规律就能事半功倍，如按动作技能形成的规律，对学生掌握技术的不同阶段采取不同的教法，可有效促进学生对技术的掌握。

其他学科成功的教学经验也是学校民族传统体育教学可以借鉴的，如学导式的教法形式，即先让学生自主地进行某些技术的自学实践，然后请学生自己总结，教师给予指导，形成一定程度的理论，采用这种方法，学生的学习能力能够得到培养，可以为将来学习新知识奠定基础。

（四）拓展创新原则

民族传统体育的发展离不开创新，这就要求民族传统体育发展中要遵循拓展创新的原则。目前，被全国民族运动会采纳的民族传统体育项目都在相当程度上进行创新，这使民族传统体育逐渐向全球传播奠定了基础。中华民族的传统体育文化本应为全人类服务，欲达到更大程度的交流，就必须有相互的可比因素存在，通过比较就能产生真正的交流。

对于一些民族传统体育项目内容进行适当的变异和改造，在基本保持原有风格特点基础上，使之向规范、科学和合理的方面发展，有利于它们在学校中的开展，反过来促进民族传统体育的发展，因此必须将民族传统体育的技术规范化。但要注意的是，在对民族传统体育进行改进的过程中，需要特别注意保留和保护蕴涵民族意识与民族情感的内容。

（五）培养骨干原则

对于我国的民族传统体育来说，民族传统体育的各层次人才，尤其是高层次骨干人才的缺乏是面临的严峻现状，因此，通过学校教育培养一批民族传统体育方面的骨干十分必要。

民族传统体育骨干的培养要通过多种途径齐头并进，学校教育是其中最主要的场所。在学校培养民族传统体育骨干，必须系统地进行民族传统体育知识、技术和技能的全面教育，使之成为民族传统体育方面的通才。同时，要根据学生的具体情况，有意识地发挥其本身所具备的技术特长，重点培养使之成为某一项目的精英。尤其是具有培养民族传统体育人才基地——高等体育校、院、系的民族传统体育专业，要端正办学的指导思想，深化教学改革，以适应学校体育对民族传统体育骨干人才的需求。

民族传统体育骨干的培养还要注重对这些人才传播能力的培养，只有具备了较强的传播能力，才能使他们的作用得到发挥。现今社会文化的传播已经不只是必须具备高超的运动技能就可胜任的，运动技能只能为他们的传播工作做一个铺垫，还必须学习先进的传播技术手段，运用灵活的头脑将民族传统体育文化向更广泛的空间传播。

第三节　高校民族传统体育教学的组织与实施

民族传统体育教学的组织与实施涉及民族传统体育教学文件的撰写、教学的组织以及教学课的实施。其具体的组织与实施过程是依据一般体育教学的组织与实施执行的，具体内容如下。

一、体育教学文件与撰写

(一)体育教学文件概述

体育教学文件是根据教育方针、政策、培养目标、体育运动的内在规律、基本原则和本校(院)实际，所制订的实施体育教育、教养任务的文字性的方案，是学校整体教学文件中不可缺少的重要文件之一。

规范教学管理的基本要求，有助于明确本专业教学训练的总体目标、方向和实施方案，促进教学训练科学化、系统化；有助于调动教师的主观能动性，能动地完成各项任务；是评估学校体育、本专业教学训练或本次课优劣的重要依据；是教师业务学习的重要措施之一。

(二)体育教学文件的种类与撰写

1. 种类

学校体育工作计划；教学计划、教学大纲、教学进度、课时计划；竞赛工作计划、师资队伍建设计划、场馆建设使用计划、科研计划等。

2. 撰写

这里主要介绍学校体育工作计划与本专业教学文件的撰写。

(1)学校体育工作计划

学校体育工作计划是学校体育教育工作的总体部署和安排；对科学地确定本专业的教学工作实施方案，确定行政主管部门和教师的职责、任务，促进学校专业教育、教养任务的完成具有重要意义。具体包括以下内容。

①前言：基本情况(领导、教师分工；场馆设施情况；上级要求、计划、任务等)，本年度总体指导思想、目标、任务、重点工作等。

②教学训练工作：任务、分工、重点工作内容；制度、措施、检查(备课、看课、文件撰写要求、教学质量评估办法等)；课外活动、体育训练、骨干培训、运动竞赛、宣传教育等。

③教师培养、进修提高工作：政治思想、业务提高的措施办法；相关的业务学习；自修科目及要求；公开课和检查课、专题报告等。

④教学研究工作：读书报告、专题讨论、课题研究；教材研究与撰写、教法研究等。

⑤其他工作：总结、经费、场馆、设施建设、对外竞赛组织与安排。

(2)本专业教学文件

分专业教学计划、年度教学计划、教学大纲、进度、课时计划等。具体包括以下内容。

①制订依据：教育方针、培养目标、培养模式；本院工作计划的任务和要求；教师基本情况、学生实际；师资条件、基本设施条件（包括场馆、器械、经费）；本院从领导到基层对体育的看法和观点等。

②步骤：认真研究教材内容，明确任务、目的，分析教材之间的内在联系；确定各项教材在多年（或全年）中的教学时数。

③安排好考试、考核项目的时限。

④把教学内容合理地安排到各次课中去，做到搭配合理、科学。

二、体育教学的组织

（一）体育教学的组织形式

1. 个别教学

个别教学教师对一个或几个学生进行单独辅导的方法。其优点是能区别对待、纠正个性问题或培养典型骨干；缺点则是不易全面照顾。需要注意的问题如下。

（1）个别辅导前要先安排好整体的活动、形式和内容。

（2）要抓重点带一般（即抓两头带中间）。

（3）要认真辅导每个人，也要严明纪律、兼顾全班的活动。

（4）个别辅导中的共性问题要采取灵活的方法及时提醒。

（5）每次辅导要使学生有所收获。

2. 分组教学

分组教学是把大的教学群体分解成若干个小组进行复习、巩固、提高的一种形式和方法，分组 4～8 人不等。其优点是便于发挥骨干作用，培养互帮互学、能者为师的实践能力；能激发学生的主观能动性；便于纠正个性或共性问题。其缺点是时间较长，不便于维持纪律。需注意的问题如下。

（1）分组人数不宜过多，以 4～6 人较适合。

（2）布置任务要明确、恰当、合理。

（3）要指定练习地点，交代组织形式、练习方法；再练习时不要改变原练习的方向。

（4）要合理地利用课外培养的骨干，充分发挥其管理、指挥、指导、督促的作用。

（5）教师要有计划地进行小组指导，抓两头带中间，并时时注意观察全班、提醒个别人或个别组，特别是较差的典型学生要时时关注；根据情况，可中间叫“停”，讲示共性技术问题，提出新的要求，或者典型示范表演等。

3. 集体教学

集体教学是把学生集中在一起进行教学的一种方法，人数 15～20 人不等，体育教学最优化为 18 人左右为宜。其优点是便于指挥、维持纪律、培养作风；有利于贯彻教育教学意图。其缺点是不易于区别对待，不易体现专项技术风格。

集体教学需要注意的问题有注意加强纪律教育；讲解、示范、领作、指挥的位置要恰当；口令要适合；集体教学一般不作个别纠正；新教材教学时，不宜改变原练习队形的方向；集体教学中要适当调剂运动量，配以踏步、讲解、正误对比、示范等。

（二）体育教学的教材组织

根据体育项目的不同，其教材组织有不同的特点和差异，一般来讲要注意如下问题。

(1)每堂课练习项目不宜太多太杂，以2～3项为宜；如上肢负担量较重的，一定要配以下肢、腰部、腹部等相关内容；学习新动作，一定要复习与此相关联的旧动作等。

(2)关于教材内容问题：根据对象和任务而定，一般来讲，初学者以本项目的专项基本功和基本技术为主；基本知识应围绕技术学习的需要进行相关知识的讲授；中等水平则以基本技术带基本功，并不时拓展技术领域和范围，加强综合理论知识的介绍；较高水平则以提高技术动作质量和竞技水平为主安排相关内容，其基本原则为以徒手练习为基础，以基本功为基础的基础；确立重点，围绕重点，层层深入；主要内容要安排在学生精力最充沛的时间段进行。

三、体育教学课的实施

（一）备课

1. 备课概述

备课是体育教学的基本环节之一，也是上好课的前提条件。“备”有预测，预防、预计之意。课为学业、部分之意。备课就是预先策划学业方面的问题。

备课是上好体育课的前提条件；是提高分析问题、解决问题能力的有效方法；是加强预见性、计划性，充分调动学生学习积极性的最基础的工作；是养成良好的工作习惯，严谨治教的具体体现；也是积累科研素材、提高科学研究能力的必经之路。

备课的形式分个人备课、集体备课(即集思广益、取长补短)、导师批改式备课(即先个人备或集体备，后经导师审核修改后再实施)。

2. 备课的要素和要求

(1)钻研大纲和教材

认真学习、了解掌握本专业大纲的总体内容和要求。大纲是教师备课的指导性文件，是本专业知识范围、教学内容、教材深度、结构体系、教学进度、教法要求的总体依据。吃透了大纲就等于弄清了本专业课的目的、任务、教材体系特点、教学内容主次等要求；没有总体全局的了解和把握，要提高备课质量绝对是盲目的。认真钻研本专业的教材。教材是根据大纲要求编写的，是教学大纲的具体化，钻研教材、全面系统地掌握教材内容是备课的基本要求，也是写教案的依据，总体要求做到以下三方面。

①掌握基本内容(或运动过程、路线、方法等)、概念、做法、特点(结构)、重点、难点、知识点、纠正方法、保护帮助、辅助练习等。

②了解该教材的相关内容，掌握该教材的特殊性、思想性，在整体内容中的作用、意义等。

③探讨教材可供选择的优化教学手段和方法，总结实践效果，撰写经验总结和科研论文。

另外，还要选阅参考资料，拓宽知识面。选阅资料是对教材的补充，正确地选用资料(或者说查阅选用资料的过程)本身就是一次学习的过程，是拓宽知识面、提高理论素养的重要途径。

(2)了解场地、器材

场地、器材是完成教学任务的物质保证。了解的内容包括场地规格、布局、器材的种类、数量等,尚达不到教学的基本要求,一定要想办法研究解决。

总体要求是以主人翁的态度正确对待客观不利的条件,要少埋怨、多想办法,少责怪,多动手自制教具或者因陋就简;少贪占、多协调;越是条件较差,越要认真对待,千方百计地创造条件完成教学任务。

(3)了解学生

了解教学对象的实际是保证教学质量,贯彻因材施教原则的重要途径。了解学生的主要内容包括人数、姓名、男女比例、年龄层次、政治面貌、技术基础、兴趣爱好、对本课的认识和期望;思想表现、基础文化知识、组织纪律、课堂常规秩序;对教师担任本课程的看法等。了解方法包括观察法、访谈法、调查访问、参与活动法等。需要注意的问题包括以下几个。

①全面和重点:集体和个人相结合。

②要有计划、有步骤、有目的地进行,不能突击式、点缀式;需要真诚地以情感人进行实施工作,要克服急躁和过头行为。

③了解后要有针对性地进行归纳、整理,并研究准备解决的方法和手段。

(4)考虑教法

考虑教法是把了解和掌握的各种情况(大纲、教材、对象、设施等)与课堂教学紧密结合,拟定出符合实际的教学手段与方法。也就是说,依据教材内容、教学任务、项目特点、学生实际、场地器材现状等情况,设计出单元教学计划和本次课的结构、组织、类型、教材先后顺序,时间分配,练习次数、组数、教法步骤以及应急措施等内容。

(二)撰写教案

教案是备课的继续,是体育教学的文字材料,亦称课时计划。教案是教学管理的要求,是上好课的依据;是反映本人教学态度的基本材料;是综合了解本人业务素质的重要参考材料;是提高教学技巧和业务能力途径之一,亦是教学科研的重要素材。编写教案有以下要求。

(1)教学任务提法要具体、全面;要与内容相符,不能高,也不能低,是通过努力可以完成的;文字上要言简意明,措辞妥当,具体包括内容如图 3-1 所示。文字撰写要根据教材难易、对象水平、时间长短、设施好坏的不同情况进行,一般来说,初学某动作要以明确要领,体会动作提法为宜;复习某动作要以进一步体会要领,初步掌握、基本掌握为宜;多次复习,以巩固提高、熟练掌握提法为好。

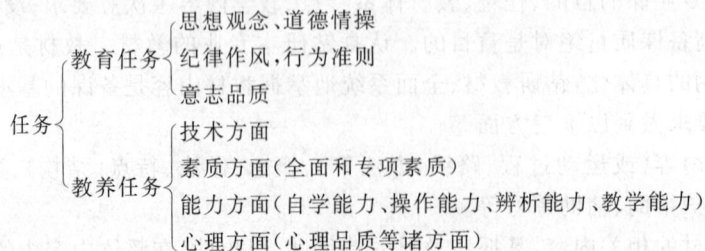

- 任务
  - 教育任务
    - 思想观念、道德情操
    - 纪律作风,行为准则
    - 意志品质
  - 教养任务
    - 技术方面
    - 素质方面(全面和专项素质)
    - 能力方面(自学能力、操作能力、辨析能力、教学能力)
    - 心理方面(心理品质等诸方面)

图 3-1

(2)内容安排要科学,动作要领要准确;教案版面布局要合理,条理要清楚。

(3)重点要突出,要有主有次,且前后内容要有内在的关联性;练习时间、数量、负荷要结合对象实际。

(4)文字要精练，字体要工整，用词要恰当，结构要规范。

(三)试教

试教是熟悉教案内容，加深理性认识，纠正不切实际之处。采取的形式有两种。

(1)模拟式试教：本人走过场，亦可有对象走过场，或者正式操作一遍；自由选择式试教，即突出重点进行试教。

(2)说课：即用语言简要表述实施过程、组织教法、要求等。

(四)上课

(1)做好心理、业务、物质准备：教案随堂自带，以备查看；提前到场，着装整洁；神态谦和，精神饱满；关心学生，诚信仁爱。

(2)认真执行教案。

(3)充分发挥教师的主导作用，调动学生学习的自觉性和积极性，贯彻思想教育为先导的教学训练指导思想，严格课中纪律要求；教学组织严谨有序；教法客观清楚，有实效；运动量、密度合理；安全保护到位。

(4)讲解清楚，示范准确到位，语言生动形象。

(5)仪表端庄，态度热情，辅导耐心细致，师生共鸣，感情融洽。

(6)教学效果测评达标。

(五)课后小结

课后小结就是要用简要文字把课的实施情况、成功原因进行有重点的分析和记录，也要自我解剖，找出存在的问题，提出具体改进的办法。具体包括对教案本身进行检查(教材搭配、内容安排、教法、组织、重点难点、密度负荷、保护手段等)，对教案执行情况进行检查(教材思想性实施如何？讲解是否精练到位？示范有否吸引力和启发性？组织是否严密？区别对待如何？任务完成如何？学生是否满意等)。

第四节 高校民族传统体育课程教学的改革

民族传统体育在高校中已得到了广泛开展，大多数高校中都开设了民族传统体育的课程，但是目前我国民族传统体育课程教学中存在诸多问题，在一定程度上制约了民族传统体育的发展，对改革提出了要求。

一、民族传统体育课程教学改革的理念

民族传统体育课程教学改革需要遵循一定的理念，包括以下几方面。

(一)“坚持健康第一的指导思想,促进学生健康成长”

这一理念充分显示了体育与健康课程以促进学生身体、心理和社会适应整体健康水平的提高为目标,关注学生健康意识和行为的养成,强调要将增进学生的健康贯穿于课程实施的全过程。

(二)“激发运动兴趣,培养学生终身体育的意识”

这一理念说明了无论是教学内容的选择还是教学方法的更新,都要十分关注学生的运动兴趣,因为只有激发和保持学生的运动兴趣,才能使学生自觉、积极地进行体育锻炼。从某种意义上讲,关注学生的运动兴趣比关注学生的技能掌握更重要。

(三)“以学生发展为中心,重视学生的主体地位”

这一理念强调课程要满足学生的需要和重视学生的情感体验,重视学生学习主体地位的体现。只有这样,学生的学习积极性和学习潜能才能得到发挥,学生的体育学习能力才能提高。

(四)“关注个体差异与不同需求,确保每一个学生受益”

这一理念要求课程充分注意到学生在身体条件、兴趣爱好和运动技能等方面的个体差异,根据这种差异性确定学习目标和评价方法,这样可以保证绝大多数学生能完成课程,达到学习目标,使每个学生都能体验到学习和成功的乐趣。学生如果不能完成课程,达不到学习目标,经常体验体育学习的失败,就不会喜欢体育课,也不能主动参与体育活动。所以,要使每个学生都体验到学习和成功的乐趣,以满足自我发展的需要。

二、民族传统体育课程教学现状

(一)学校方面

学校对民族传统体育课程教学非常重视,但是仍然存在着一些问题,主要表现为“重设置,轻建设”的情况,即学校中民族传统体育专业的数量保持较快增长,但是教学条件及师资力量的建设不够,另外教学中对技术比较重视,而对理论知识相对轻视,设置不科学,课程结构有待优化。

(二)学生方面

在学生方面,存在的主要问题表现在学习的目的性不明确,学习动机不端正,文化基础较差,另外,还存在知识面狭窄的情况,不利于以后的就业和发展。

三、民族传统体育课程教学改革建议

针对我国民族传统体育课程教学的现状,进行民族传统体育课程教学改革可以从以下方面着手。

(一)对民族传统体育形成正确认识

民族传统体育课程教学的改革首先要求对民族传统体育有一个正确的认识。民族传统体育首先是一种文化现象,然后才是一种体育活动,它是我国中华文化的重要组成部分,有着丰富的文化内涵。对其进行改革,就要对它有正确的认识,把它看作一种人文素质教育资源。

(二)在教学中加强对学生道德的培养

在民族传统体育的课程教学中,对学生道德的培养非常重要,因此这也是民族传统体育课程教学改革的方向。在民族传统体育课程教学中,要结合民族传统体育的特点重视对学生道德的培养,提高学生的修养和综合素质。

(三)增加民族传统体育文化内容教学

民族传统体育是中国文化的重要载体,对中国文化的传承有着重要的意义。传承中国文化,也是民族传统体育课程教学的任务之一。在我国的民族传统体育课程教学中,往往忽视了对民族传统体育理论知识的教学,这样不利于民族传统体育的发展,也不利于中国文化的传承。民族传统体育课程教学改革,增加民族传统体育文化内容的教学是一种途径,具有非常重要的作用。

(四)以市场为导向进行课程教学改革

民族传统体育课程教学的改革还要以市场为导向。目前我国的民族传统体育课程存在着设置狭窄、内容单一的问题,使人才的培养与社会的需求相脱离,导致了学生就业问题的出现,这也就阻碍了民族传统体育在学校的开展。因此,进行民族传统体育课程教学改革,必须根据社会需要,科学设置课程,培养高素质且社会需要的人才,只有这样,才能够促进民族传统体育的发展。

第四章　高校民族传统体育运动保健知识研究

第一节　高校民族传统体育运动的营养保健

一、营养素简介

(一)糖类

糖类亦称碳水化合物,是自然界存在最多、分布最广的一类有机化合物,主要包括葡萄糖、蔗糖、淀粉和纤维素等。纤维不易被人体吸收,所以在下面将会单独分析。

糖类是供应人体能量、维持体温的重要物质,占每日所需总能的70%左右。同时,糖类在构成身体组织、辅助脂肪氧化、帮助肝脏解毒、促进肠胃蠕动和消化腺的分泌等方面起着重要的作用。青年人每天摄入400～500克的碳水化合物,就能够满足每日的活动所需。当高度紧张的脑力活动和大运动量的体育运动时,血糖消耗得很快,应适当给予补充。一天之中不按时进食,血糖会逐渐下降。供应脑的血糖浓度减低,会引起头晕、体虚和强烈的饥饿感。因此进食习惯对青年人来说非常重要。糖类的主要生理功能如下。

(1)供给能量。每克葡萄糖在体内氧化可产生16千焦能量。

(2)构成机体组织的重要物质。主要以糖脂、糖蛋白和蛋白多糖的形式存在。

(3)抗生酮作用。当碳水化合物供应不足时,脂肪酸分解所产生的酮体不能彻底氧化,而在体内聚积发生酸中毒。

(4)节约蛋白质的作用。当碳水化合物供给充足时,人体首先利用它作为能量来源,无需动用蛋白质来供给能量。

植物是糖类食物的主要来源,谷类和薯类含有丰富的糖,如大米、小麦、玉米等;某些植物的根茎,如马铃薯、甘薯、芋头、藕等;豆类和某些坚果,如栗子等也含有高质量的糖。糖的摄入要适量:缺乏会导致全身无力,疲乏,血糖含量降低,产生头晕、心悸、脑功能障碍等症状,严重者还会导致低血糖昏迷;当摄入过多时,就会转化成脂肪贮存于体内,使人过于肥胖而导致各类疾病,如高血脂、糖尿病等。

(二)蛋白质

蛋白质在构造机体、修补组织、调节人体生理功能、供给热量方面发挥着重要作用。蛋白质的基本组成单位是氨基酸,组成蛋白质的氨基酸约有20种,它们以不同的种类、数量和排列顺序构成种类繁多、功能各异的蛋白质。组成食物蛋白质的氨基酸有些是人体不能合成或合成的速度不能满足需要，必须由食物供给的，称为必需氨基酸。其他则称为非必需氨基酸，非必需氨基酸并非人体不需要，只是它们可在体内合成，不一定要从食物中摄取。蛋白质主要具有以下生理功能。

（1）蛋白质是构成机体组织、器官的重要成分。在人体的肌肉组织和心、肝、肾等器官，乃至骨骼、牙齿都含有大量蛋白质，细胞内除水分外，蛋白质约占细胞内物质的80%。

（2）调节生理功能。酶蛋白能促进食物的消化吸收，免疫蛋白维持机体免疫功能，血红蛋白携带及运送氧气，甲状腺素是氨基酸的衍生物，胰岛素是多肽，它们都是机体重要的调节物质。

（3）维持体液平衡和酸碱平衡。血液中的蛋白质帮助维持体内的液体平衡。若血液蛋白质含量下降，过量的液体到血管外，积聚在细胞间隙，造成水肿。血浆蛋白能借助于接受或给出氢离子，使血液 pH 值维持在恒定范围。

（4）供给能量。蛋白质在体内降解成氨基酸后，可进一步氧化分解产生能量。

各种食物中蛋白质含量有很大差异。畜禽和鱼肉中蛋白质含量为10%～20%。干豆类蛋白质含量约为20%，其中大豆含量可达40%。蛋类含量在12%～14%，奶粉含蛋白质约为20%，鲜奶为3%。谷类的蛋白质含量虽然只有7%～10%，因作为主食，进食量大，也是膳食蛋白质的主要来源。为发挥蛋白质的"互补作用"，饮食要克服偏食、单食等不科学的进食方法，注意食品种类的多样化，做到荤素杂吃、粮蔬兼食、粮豆混食、粗粮细粮不挑食等。

蛋白质的营养价值取决于它们在人体内的消化率。一般来说动物来源的蛋白质的消化率高于植物性蛋白质。蛋白质的消化率与食物的加工烹调方法有关，如大豆加工成豆腐后消化率可大大提高。另外食物蛋白质的营养价值也取决于其生物价值。食物蛋白质的生物价值指食物蛋白质经消化吸收后在体内被利用的程度，食物蛋白质的氨基酸组成与人体需要的模式越相近时，其利用率越高，也就是营养价值越高。动物来源的蛋白质在人体的利用较好，为优质蛋白质，谷类蛋白质含赖氨酸低，若能与含赖氨酸高的动物蛋白质或豆类混合食用，则能弥补其不足，大大提高其生物价值。

（三）脂类

脂类是人体的重要组成部分。人体的脂肪储存于脂肪细胞中，以甘油三酯形式存在，另外在肌肉中也存在甘油三酯。脂肪组织细胞分为白色和褐色两种，白色脂肪组织细胞是长期储脂场所，脂肪酸参与能量代谢的燃料供应，褐色脂肪组织被认为只是对幼儿产生热效应。脂肪酸中的某些成分也是神经细胞膜的基本成分。脂类的主要生理功能如下。

（1）供给能量。1克脂肪在体内氧化分解可产生38千焦的能量，是碳水化合物或蛋白质产能的两倍多。同时，脂肪被吸收后，一部分用于消耗，另一部分则贮存于体内，人体饥饿时，首先动用体脂来供给热能。

（2）构成人体组织结构成分。磷脂、糖脂、胆固醇等是构成细胞膜的重要物质。

（3）皮下脂肪还能使体内温度不易外散，有助于维持体温和御寒。

（4）亚油酸和亚麻酸是人体必需的脂肪酸，是促进婴幼儿生长发育和合成前列腺素不可缺少的物质。

(5)脂类是脂溶性维生素的重要来源。各种植物油都含有一定量的维生素 E,豆油、橄榄油等含有丰富的维生素 K,脂肪还促进脂溶性维生素的吸收。

人体的脂肪主要来源是奶制品、新鲜脂肪和加工食品。一个青年人,每日摄入 50 克脂肪即可满足活动的需要。

(四)维生素

维生素又名维他命,是维持人体生命活动必需的一类有机物质,也是保持人体健康的重要活性物质。维生素不是人体能量的直接来源,也不参与身体结构的组成,但它是调节体内化学反应的有机物质,对于生长发育和维持正常生命则是必不可少的。大多数维生素不能在体内合成,或合成的量不能满足人体需要,一定要从膳食中获得。

1. 维生素 A

维生素 A 又称视黄醇,可维持上皮组织结构的完整。缺乏维生素 A 时,上皮细胞发生角化,表皮细胞角化使皮肤粗糙、毛囊角化,眼睛角膜干燥容易受细菌侵袭,发生溃疡甚至穿孔,造成失明。维生素 A 还是视觉细胞感光物质视紫质的合成材料,缺乏时人的暗适应能力下降,在光线较暗处视力模糊,看不清物体,易患夜盲症。此外,维生素 A 还对机体免疫及骨骼发育有重要作用。维生素 A 的主要食物来源是动物肝脏、鱼肝油、奶油、禽蛋等。

2. 维生素 B_1

维生素 B_1 又名硫胺素,主要功能是作为辅酶参加机体内一些重要的生化反应。维生素 B_1 缺乏初期可出现下肢乏力,有沉重感,精神淡漠,食欲减退等症状。缺乏严重者可出现典型的脚气病。这里说的脚气病不是指脚癣,而是全身性神经系统代谢紊乱。湿性脚气病最显著的症状为水肿,可从下肢遍及全身。干性脚气病以神经症状为主。含维生素 B_1 丰富的食物有动物内脏(心、肝及肾)、瘦肉、豆类及粗加工的粮谷类等。日常饮食中要避免维生素不必要的流失。如大米碾磨过细会造成维生素 B_1 大量丢失,谷类经高温烘烤、油炸也会造成维生素 B_1 的损失。

3. 维生素 B_2

维生素 B_2 在能量生成中起重要作用。维生素 B_2 还参与色氨酸转变为烟酸的过程以及参与体内的抗氧化防御系统。维生素 B_2 缺乏时以口腔症状(口角糜烂、唇炎、舌炎)及阴囊病变(瘙痒、红斑型皮肤病、湿疹型皮肤病)最为常见。维生素 B_2 在动物性食品,如肝、肾、心、瘦肉、蛋黄及乳类中含量高,绿叶蔬菜及豆类中含量也较多。

4. 维生素 C

维生素 C 又称抗坏血酸。维生素 C 的主要生理功能有:促进体内胶原的合成,维持血管的正常功能,促进伤口愈合;具有抗氧化作用,它能促进铁的吸收,阻断亚硝胺在体内形成,因而具有防癌作用;还能提高机体的免疫功能。维生素 C 缺乏的症状有牙龈肿胀出血、皮下出血、伤口不易愈合,缺乏严重时在受压处出现瘀斑,皮下、肌肉、关节内可有大量出血,如得不到及时治疗,可因坏血病导致死亡。维生素 C 来源于新鲜蔬菜、水果,蔬菜中的菜花、苦瓜、柿子椒和水果中的枣、柑橘、猕猴桃等,维生素 C 含量很高。

(五)无机盐

人体组织中除碳、氢、氧、氮等主要元素以有机化合物的形式出现外,其余各种元素统称为无机盐。无机盐与人体的健康关系密切,尤其在青少年时期,青年学生骨骼发育旺盛,肌肉组织细胞数目直线增加,性器官逐渐成熟,所以无机盐的需求会出现增加的状况。

人体需要的无机盐有两类,一类是需要量较大的,如钠、钾,钙、磷、镁、硫和各种氯化物。它们对于调控体液的交换速率,调节体内营养物质的代谢,保持人体内环境的平衡等起着关键作用。另一类是需要量较少的微量无机盐,如氟、碘、锌、铁。它们对于保持牙齿的健康、骨骼的形成、甲状腺素的正常、血细胞的生成、人体组织的再生功能等起着重要作用。

1. 钙

钙的营养价值主要有两方面:一是骨骼和牙齿生长发育所必需,如果缺乏,会妨碍骨骼的形成;二是为维护正常的组织兴奋性,特别是神经肌肉的兴奋性所必需,促进生物酶的活动,如血钙减少时能引起痉挛。此外,钙还具有重要的生理调节作用。人体内含钙总量约为 1 200 克,男女需要量均为 1 000 毫克/日。补钙的食物主要有虾皮、鸡蛋、鸭蛋、绿叶菜、奶和奶制品等,由于钙具有不易吸收和利用率较低的特性,所以要注意饮食方法和搭配。

2. 铁

人体内含铁约 3～5 克,需要量为 15 毫克/日。铁是组成血红蛋白的主要成分之一,女性由于月经失血,所以铁的需要量更要保证供给。

机体缺铁可使血红蛋白减少,发生缺铁性贫血,表现为食欲减退、烦躁、乏力、面色苍白、头晕、眼花、免疫功能降低等。大量出汗可增加铁的丢失,所以在夏季和长期的剧烈运动中,要注意铁的补充。植物性食物中的铁吸收差,利用率低,所以应以动物性食物作为补充铁的主要方法。含铁较多的食物有动物肝脏、动物全血、肉类、鱼类等。黑木耳、海带和某些蔬菜,如菠菜、韭菜也含有较多的铁元素。

3. 锌

锌是很多金属酶的组成成分或酶的激活剂,人体内含锌约 1.4～2.3 克,每日需要量男性为 8～15 毫克,女性为 6～12 毫克。锌缺乏表现症状有食欲不振、生长停滞、性幼稚型、伤口愈合不良等。一般高蛋白食物(鱼、肉、蛋等)含锌都较高,一些海产品(海蛎肉、生蚝等)也是锌的良好来源。

4. 硒

硒是维持人体正常生理活动的重要微量元素,主要作用是抗氧化,以保护细胞膜。另外还有资料指出硒具有抗癌、防衰老的作用。专家建议硒的供给量为每日 50～200 微克,动物的肝、肾,海产品及肉类是硒的良好来源,蘑菇、桂圆、白果、菠萝蜜子、石花菜、西瓜子、南瓜子、杏以及桑葚也含有较多的硒。

5. 碘

碘在体内主要被用于合成甲状腺激素,人体从食物中所摄取的碘,主要为甲状腺所利用。人体正常含碘量约为 20～50 毫克,每日需要量男性为 130～160 微克,女性为 110～120 微克。

人体中含碘量过高或过低都能导致甲状腺肿。大学生正处于青春期,由于身体发育能力的突变,甲状腺机能加强,需要更多的碘,所以应在膳食中注意供应,如海带、紫菜、海白菜、海鱼、虾、蟹、贝类等含碘量较高的食物。

(六)膳食纤维

膳食纤维是植物性食物中含有的一些不能为人体消化酶所分解的物质,也属于碳水化合物。它们虽然不能被机体吸收利用,但却也是维持身体健康所必需的。其主要包括纤维素、半纤维素、木质素、果胶、琼脂等。食物纤维可分为非水溶性纤维及水溶性纤维两类。非水溶性膳食纤维(在食物营养成分表中称为粗纤维)包括纤维素、半纤维素、木质素。水溶性膳食纤维则包括植物胶、果胶、黏质。膳食纤维的主要生理功能如下。

(1)降低体内胆固醇和甘油三酯,预防心脑血管疾病。

(2)减缓葡萄糖的吸收速度,防治糖尿病。

(3)刺激肠蠕动并保持水分,增大粪便体积,软化粪便,促进排便,防治便秘。

(4)促进毒素排泄,预防肠癌,具有养颜功效。

人体内缺乏膳食纤维,就会出现消化不良、口臭、脸上长痘、便秘等现象;有些人患上心脑血管疾病、癌症和糖尿病等,也与体内长期缺乏膳食纤维有很大关系。膳食纤维广泛存在于谷类、豆类、蔬菜、果皮等食物中。

(七)水

水是人体赖以维持基本生命活动的必要物质。人体内的水应保持相对平衡,要克服不渴就不喝水的不良习惯。每日保持充足的水分供应,是体内能量产生、体温调节、营养物质的代谢所不可缺少的基本条件。尤其是在高温季节和较长时间的剧烈运动时,更应注意较多的补充。水的主要生理功能如下。

(1)水是人体的构成成分,约占体重的60%~70%。同时,水也是人体细胞和体液的重要组成部分,人体的许多生理活动一定要有水的参与才能进行。如果人体失水超过体重的2%时,即感到口渴,失水超过体重的6%时,身体会出现明显异常,失水超过体重12~15%时可引起昏迷,甚至死亡。而人体内水分过多,即会发生水肿,引起疾病。

(2)水是人体的润滑剂,使人体各种组织器官运动灵活,食物能够吞咽。水还有调节人体酸碱平衡和调节体温的重要作用,通过喝水,人体还可以补充吸收一些必需矿物质和微量元素。

(3)水是运输媒介,它可以将氧气和各种营养素直接或间接地带给人体各个组织器官,并将新陈代谢的废物和有害有毒的物质通过大小便、出汗、呼吸等途径即时排出体外。

一般人每天喝水的量至少要与体内的水分消耗量相平衡,人体一天所排出尿量约有1 500毫升,再加上从粪便、呼吸过程中和从皮肤所蒸发的水,总共消耗水分是2 500毫升左右,而人体每天能从食物中和体内新陈代谢中补充的水分只有1 000毫升左右,因此正常人每天至少需要喝1 500毫升水,大约8杯左右。补充水份的方式主要通过饮水和进食,需要注意的是,每日的饮水量应随气温、身体状况、劳动强度的不同而有所调整;要注意饮水卫生,防止饮用氟、氯、汞、砷等对人体有害元素超标的水;多喝白开水,少喝一些饮料和净化水。

二、高校民族传统体育实践中的营养消耗

（一）热能

经常参加民族传统体育运动的人热能代谢快，特别是在一些高强度的运动中，运动者的热能消耗比一般的劳动者强度要高很多，这主要是因为运动量的骤然增大和常伴有缺氧运动。

（二）糖类

运动时糖类是供应热能的主要来源之一，它在民族传统体育运动中的利用程度决定了运动者是否能具备良好的耐久力，从而顺利完成规定的运动强度，达到一个很好的运动效果。糖类耗氧少、易消化，代谢的产物主要是水和二氧化碳，在运动时会随时被排出，补充不及时，就会形成供需脱节，在没有及时补充而又继续运动的情况下，对糖类的大量需要只能来自体内贮备的糖原，从而造成糖原枯竭，对于运动者来说这种情况这可能会危及生命。

（三）蛋白质

在运动状态下，运动者体内蛋白质的分解和合成代谢增加，蛋白质的消耗自然大增。这是因为运动使器官肥大、酶活性提高、激素调节活跃。由于蛋白质食物的特别动力作用强，蛋白过多可使机体代谢率增高，并增加水分的需要量，所以运动前不宜摄入过多的蛋白质。

（四）脂肪

脂肪是运动中热能的主要来源之一。运动状态下机体对脂肪的利用显著增加，特别是在寒冷条件下的民族传统体育运动项目更是如此。

（五）维生素

运动时体内物质代谢过程加强，对维生素的需要量也会增加。维生素的需要量与运动量、机能状态和营养水平有关。剧烈的运动可使维生素缺乏症提前发生或症状加重，并且由于运动者对维生素缺乏的耐受力比非运动者差，所以运动应及时补充维生素。

（六）无机盐

在运动中，体内的微量元素和矿物质的代谢均可能发生变化。运动量大时，尿中钾、磷和氯化钠排出量减少，而钙的排出量增加。如果运动者对负荷的运动量适应，体内矿物质的变动幅度将降低。

（七）水

出汗有调节体热平衡的功效，而水的耗费是通过大量出汗实现的。运动时出汗的多少与运动项目以及气温、热辐射强度、气压、温度、单位时间运动量及饮食中的含盐量有关。

三、营养的合理补充与膳食均衡

(一)合理的营养补充

高校民族传统体育运动训练中,大学生营养的合理补充应该注意以下三个问题。

1. 营养的需求

人生的各个时期对营养的需求是不同的,无论是从种类上,还是数量上,都有着明显的不同。在青少年时期人处于生长发育阶段,对各种营养成分的摄取,在种类数量上要有充分的保障,做到高蛋白、高热量、高维生素,适量脂肪,全面而均衡;老年人为延缓衰老、健康长寿,强调低脂肪、低热量、高蛋白、高维生素,为防治骨质疏松、高血压等老年退行性疾病,要补充钙质,限制钠盐,形成对某些营养成分的特殊选择。

2. 营养成分的互补

我们日常生活中的任何一种食物,所含的营养成分都不可能十分全面,在富含一种或数种营养成分的同时,可能缺少另外某种成分。例如粮食谷物主要提供糖类,肉禽蛋类等主要提供蛋白质与脂肪,而蔬菜与水果是维生素、无机盐的主要来源。只有各种食物合理搭配,才能实现营养成分的互补,满足机体的需要。

3. 特殊体能消耗的补充

日常膳食可满足一般体能消耗,但对那些有特殊体能消耗的人应予区别对待。如参加民族传统比赛的运动员,因大量排汗而造成蛋白质大量消耗及矿物盐、维生素及水的大量丢失,这就要在膳食及饮料中给予特殊补充。对参加体育锻炼的人,应根据其性别、年龄、活动项目、运动强度、季节温度等因素,对某种营养成分给予适度强化,超量补充锻炼过程的特殊消耗,为实现锻炼效果提供必要的物质基础。

(二)膳食平衡的基本原则

(1)了解每日需要摄入多少热量的方法。尽量做到摄入能量和消耗热量均衡,做到“收支”平衡,保持体重,警惕肥胖。

(2)保持三大营养成分供热的最佳比例。每日饮食中三大营养成分所提供热量最佳比例为:50%的热量来自碳水化合物,20%应来自蛋白质,30%应来自脂肪。这条原则简称为50:20:30最佳热量来源比例原则。

(3)合理安排一日三餐。一日三餐的食物分配应与学习、运动和休息相适应,高蛋白质食物应在运动、学习和工作前摄取,不应在睡眠前摄取。这是因为蛋白质消化比较慢,会影响睡眠。早餐热能摄入占全天的25%~30%,蛋白质、脂肪食物应多一些,以便满足上午学习、工作的需要。有些同学早餐分配偏低,仅占全日总热能量的10%~15%,甚至不吃早餐,这与上午学习、工作的热能消耗是很不适应的,既影响健康,又影响学习效果。午餐热能摄入占全天的40%,糖、蛋白质和脂肪的供给均应增加,因为既补偿饭前的热能消耗,又储备饭后学习、运动和工作的需要,所以在全天各餐中应占热能最多。晚餐热能摄入应占全天的30%~35%,

多供给含糖多的食物为宜。所以晚餐可多吃些谷类、蔬菜和易于消化的食物，富有蛋白质、脂肪和较难消化的食物应少吃。大学生晚餐后，仍有晚自习，用脑时间较长，所以晚餐不可减量。

(4)食物要力求多样化。因为任何一种食物都不能包含机体所需要的全部营养物质，为了保证营养充足、均衡，进食食物要力求多样化，绝不能偏食。

(5)大运动量时的合理饮食。参加耐力性运动的人，当运动量较大时，可适当补充一些碳水化合物食品。一般的健身运动，则只需多加一杯低糖饮料即可。

(6)节食减肥不能减少维生素的摄入。为减肥而进行节食，不要压缩含有丰富维生素的食物摄人，如水果和蔬菜。为了防止肌肉总量减少和促进沉积脂肪燃烧，同时还要参加运动锻炼。

(7)每天多饮水。除心、肾功能不良者以外，每人每日都要饮水3升左右。饮水次数要多，每次以350毫升为宜。

(8)了解烹饪知识，掌握一些烹调知识。在烹调中尽量少用热油炒、炸(营养素破坏多)，要多用清蒸等方法。还要注意坚持低盐(每日10克以内)、饮食清淡原则。

(9)切忌过度饮酒。饮酒要适度，过量的酒精会直接损害人的高级中枢系统功能。但适量的酒精则能软化血管，减轻血管硬化程度，对心脑血管疾病有预防作用。

第二节 高校民族传统体育急、慢性损伤的预防与处理

一、运动损伤的发生原因

参与民族传统运动，其运动损伤是可以预防的。只要掌握和了解其发生的原因、规律，从而采取相应的措施，就能把运动损伤减少到最低程度。

(一)外在原因

(1)科学训练水平不高。因民族传统体育训练科学化水平低，直接造成运动员训练程度不高而受伤的病案在年轻(新)运动员中最为突出。主要表现在许多年轻(新)运动员完成技术动作时存在不规范、不合理，主动肌与对抗肌收缩不协调，以及自我保护能力较差等因素。

(2)慢性劳损。慢性劳损是运动员身体局部过度活动、长期负重，或某部受到持续、反复的外力作用而造成的慢性积累性损伤，它在老队员的伤病因素中最为明显。慢性劳损致病多发于人体活动枢纽的腰部和反复受到牵拉、应力作用的髌骨，具有病因较难祛除、伤病不易治愈和队员又不能停训的特点。慢性劳损还与不科学的运动训练、新伤的不彻底治疗以及重复受伤有关。

(3)场地、器材条件。民族传统体育活动中，场地滑或粗糙、灯光不适宜是造成学生摔伤和扭、拉伤的重要影响因素。此外，学生服装与运动鞋袜不合适，也会导致意外伤害事故，必须高度重视。

(二)内在原因

(1)缺乏充分的准备活动和整理活动。学生在比赛和训练前做好准备活动,是预防外伤和内伤的一个重要环节。

(2)学生生物学机能状态不佳。由于过度训练、疾病、生物周期性低潮期、女学生经期等因素使学生的生理机能处于不良状态,学生在训练时往往注意力分散,动作协调性下降,肌肉、关节的本体感受性降低,竞技状态低下,此时极易受伤。此外,在大强度、大运动量的民族传统体育训练中也容易造成心血管、呼吸等系统的"内伤"。

(3)肌肉收缩力下降。肌肉收缩力引发的损伤在大学生的伤病中较为常见,受伤过程往往是学生技术动作僵硬不合理、主动肌群和被动肌群收缩不协调,或身体大、小肌群力量的不匹配而造成。受伤较多为撕裂(拉)伤,累及部位多为肌腹、肌肉与肌腱过渡部位,以及肌腱附着处。

二、运动损伤的预防措施

(1)全面准确了解自身状况,这是做好预防工作的前提。这一工作需从两方面着手:一方面要参与体检,了解自身健康状况,是否有不适合的运动;另一方面要向有关专家咨询自身在运动中产生的不舒服的身体反应,有效、及时地减少或避免因身体条件所造成的运动损伤的发生。

(2)运动以发展身体素质为目的。由于学生体能或体力差而引起的运动受伤,是所有运动损伤中占比例最大的,所以要根据自己年龄、性别在锻炼的时候进行运动情绪、运动负荷、运动强度的合理调控,并根据自己的不同爱好,可以重点地发展自身的运动灵敏性、力量、耐力、柔韧性、平衡性、协调性,以及跳、跑、投等身体素质和培养基本的活动能力。这样做不但对防止运动损伤有直接作用,而且对学生的长期身体发展具有明显的效果,在提高身体素质的同时,增强对体育的喜爱。

(3)对抗性的运动锻炼时需要互助。要想在运动中完全避免冲突、摔倒等是非常困难的,在对抗性的民族传统体育运动或比赛中,要有一种互助互爱的精神,需要有安全意识和运动道德品质,这也是重要的防护措施之一。对于模拟赛的训练和一些教学比赛来说,充满了激烈、紧张的竞争,竞争越激烈,场面越精彩,也越容易形成运动激情,粗野动作就越易产生,也就越容易形成损伤。因此,学生在锻炼或打小比赛时,要有运动安全和良好体育道德,以减少那些人为因素损伤的产生。

(4)合理安排体育锻炼和比赛。教学中要根据大学生的性别、年龄、健康状况和平时锻炼的情况,充分了解一些体育项目的难点,估计哪些动作不易掌握,哪些环节容易发生运动损伤,做到心中有数,事先做好预防的准备。

(5)做好充分的准备活动。准备活动的目的是提高中枢神经系统的兴奋性,使它达到适宜的水平,加强各器官系统的活动,克服各种功能,特别是植物性功能的惰性。通过恢复全身各关节肌肉力量和弹性,并恢复因休息而减退了的条件反射性联系,为正式运动做好充分的准备。准备活动的运动量应根据气候条件、个人各器官系统的功能状况和运动项目的情况而定。

若机体兴奋性较低或气温较低，准备活动就应充分些。一般认为，以身体感到发热、微微出汗为宜。准备活动的内容，应根据运动项目和比赛的内容而定，做到有针对性，既有一般性准备活动，又要有专项准备活动。

(6)加强保护与自我保护，这是预防运动损伤的重要手段。尤其是身体基础条件较差的大学生，由于肌肉力量不足，判断与控制能力较差，在进行练习时都应加强保护，不要单独进行高难度的动作练习。大学生应学会保护和自我保护的正确方法，如摔倒时要立即屈肘、低头、团身，以肩背部着地顺势滚翻，而不可直臂撑地；又如从高处跳下时，要用前脚掌先着地并同时屈膝，以增加缓冲作用等。

(7)加强易伤部位的训练。加强易伤部位和相对较弱部位的训练，提高它们的功能，是预防运动损伤的一种积极手段。例如为了预防髌骨劳损，可用“站桩”的方法来提高股四头肌和髌骨的功能。又如为了预防腰部损伤，应加强腰腹的训练，提高腰腹肌的力量。从某种意义上讲，腹肌是腰背肌的对抗肌，而且相对较弱，若腹肌力量不足，在运动中易发生脊柱过伸而造成腰部损伤。所以，在进行腰背肌力量训练的同时，要注意腹肌力量的训练。

(8)加强医务监督与运动场地安全卫生的管理。学生要定期进行体格检查，参加重大比赛的前后要进行补充检查或复查，以观察了解体育锻炼或比赛前后的功能变化。对患有各种慢性病的人，更应加强医学观察和定期的或不定期的体格检查。禁止伤病患者或身体缺乏训练的人参加强烈的运动或比赛。还要做好自我医务监督。身体若有不良反应时，要认真分析原因，并采取必要的保健措施，要严格掌握运动量，不宜练习高难动作。另外，要认真地对运动场地、器械设备及个人的防护用具(如护腕、护膝、护踝等)进行安全卫生检查和管理，不要在不符合体育卫生要求的场地上或穿着不符合体育卫生要求的服装、鞋子进行运动等。

三、常见急性运动损伤的处理

(一)挫伤

肌体某部受钝性外力作用，导致该处及其深部组织的闭合性损伤，称为挫伤。民族传统体育的球类运动中的跑、跳等都易发生挫伤，最常见的部位是大腿的肱四头肌和小腿前部的骨膜和后部的小腿三头肌、腓肠肌。此外，腹部、上肢、头部的挫伤也时有发生。挫伤后，以肿胀、疼痛、皮下出血和功能障碍的症状为主。

处理方法：

(1)受伤后应马上进行局部冷敷、外敷新伤药等，适当加压包扎，并抬高患肢，以减少出血和肿胀。

(2)肱四头肌和小腿后群肌肉的严重挫伤多伴有部分肌纤维的损伤或断裂，组织内出血形成血肿，应将肢体包扎固定后，迅速送医院诊治。

(3)头部、躯干部的严重挫伤可能会伴有休克症状，应认真观察呼吸、脉搏等情况，休克时应首先进行抗休克处理，使伤员平卧休息、保温、止痛、止血，疼痛甚者，可口服可卡因，或肌肉注射杜冷丁，并立即送医院诊治。

(二)擦伤

肌体表面与粗糙的物体相互摩擦而引起的皮肤表层的损害，叫作擦伤，主要症状为表皮剥脱，有小出血点和组织液渗出。

处理方法：

(1)一般较轻较小的擦伤，可以用生理盐水或其他药水冲洗伤部，涂抹红药水或紫药水，不需包扎，一周左右就可痊愈。面部擦伤宜涂抹0.1%新洁尔灭溶液。

(2)通常较大的擦伤伤口易受污染，需用碘酒或酒精在伤口周围消毒，如果创面中嵌入炭渣、沙粒、碎石等，应用生理盐水棉球轻轻刷洗，消除异物，消毒后撒上云南白药或纯三七粉，盖上凡士林纱布，适当包扎。若不发生感染，两周左右即可痊愈。

(3)关节周围的擦伤，在清洗、消毒后，最好用磺胺软膏或青霉素软膏等涂敷，否则会影响活动，并易重复破损。

(三)拉伤

肌肉受到强烈牵拉所引起的肌肉微细损伤、部分撕裂或完全断裂，叫作拉伤。民族传统体育运动中，大腿后群肌肉和小腿后群肌肉的拉伤最为常见。拉伤后局部肿胀、疼痛、压痛、肌肉发硬、痉挛、功能障碍。如果肌肉断裂，伤员受伤时多有撕裂感，随之失去控制相应关节的能力，并可在断裂处摸到凹陷，在凹陷附近可摸到异常隆起的肌肉断端。

处理方法：

(1)拉伤时应立即采用氯乙烷镇痛喷雾剂等进行局部冷敷，加压包扎，并把患肢放在使受伤肌肉松弛的位置，以减轻疼痛。

(2)肌纤维轻度拉伤及肌肉痉挛者，用针刺疗法会取得良好的效果。

(3)肌肉、肌腱部分或完全断裂者应在局部加压包扎，固定患肢后，马上送医院诊治，必要时还要接受手术治疗。

(4)通常拉伤48小时后才能开始按摩，但手法一定要轻缓。

(四)骨折

骨的完整性遭到破坏的损伤称为骨折。骨折分为闭合性骨折，即骨折处皮肤完整，骨折端不与外界相通；开放性骨折，即骨椎端穿破皮肤，直接与外界相通，这种骨折容易感染，发生骨髓炎与败血症；复杂性骨折，即骨折断端刺伤了血管、神经等主要的组织与器官，发生严重的并发症，引发危及生命的一些症状。

处理方法：

(1)骨折固定前最好不要移动伤肢，以免增加伤员的痛苦和伤情，应尽快固定伤肢，限制骨折断端的活动。对大腿、小腿和脊柱骨折应就地固定。

(2)如有休克和大出血等危及生命的并发症时，应立即抢救休克和止血，给予伤员较强的止痛药物，平卧保暖，针刺人中等，这时可以采取简要的止休克措施。

(3)对有伤口或开放性骨折的伤员，首先要止血，止血多采用止血带法和压迫法。然后，用消毒巾或纱布包扎后，及时送医院治疗。同时要注意，对已暴露在伤口外的骨折断端不要放回伤口内，以免引起感染，也不可任意去除。

(4)使用固定用具，长短宽窄要合适，长度须超过骨折部的上、下两个关节，夹板与皮肤之间要有垫衬物固定，先固定骨折部的上面和下面，再固定上下两个关节。

(5)伤肢固定后要注意保暖，检查固定是否牢靠。四肢固定时要观察肢端是否麻木、疼痛、发冷、苍白或青紫，如出现这些情况则说明包扎过紧，需要放松一些。

(五)撕裂伤

撕裂伤是指受物体打击而引起的皮肤和皮上组织均出现规则或不规则的裂口。

处理方法：

(1)处理时，轻者可先用碘酒或酒精消毒，然后用云南白药或其他药物和方法止血，再用消毒纱布覆盖，并适当加压包扎。

(2)如不能制止出血，应尽量在靠近伤口处按规定缚以止血带，立即送医院治疗。

(3)伤口较大、较深、污染较严重时，应立即送医院进行清创缝合手术，并口服或注射抗菌素药物预防感染，并按常规注射破伤风抗霉素。

(六)关节扭伤

关节扭伤是指在民族传统体育运动中关节发生异常扭转，引起关节囊、关节周围韧带和关节附近的其他组织结构损伤。关节扭伤后，关节及周围出现疼痛、肿胀，有明显的压痛感觉，关节活动障碍。

处理方法：

(1)急救时应仔细检查韧带是否部分撕裂或完全断裂，关节是否失去功能，注意以冷敷、加压包扎或固定关节为主，外敷活血止痛的药物。

(2)受伤严重时马上送医院作进一步的诊治。

(七)关节脱位

关节面失去正常的联系，叫作关节脱位。关节脱位时，通常伴有关节囊撕裂，关节周围的软组织损伤或破裂。关节脱位后，受伤关节疼痛，有压痛和肿胀，关节功能丧失，受伤的关节完全不能活动，出现畸形，关节内发生血肿。如果复位不及时，血肿会机化而发生关节黏连，增加关节复位的困难。如果没有修复技术，关节脱位后不可做修复回位的手术，以免加重损伤，应马上用夹板和绷带在脱位所形成的姿势下固定伤肢，尽快送医院治疗。

处理方法：

(1)肩关节脱位时，取三角巾两条，分别折成宽带，一条悬挂前臂，另一条绕过伤肢上臂，于肩侧腋下缚结。

(2)肘关节脱位时，用铁丝夹板，弯成合适的角度，置于肘后，用绷带缠稳，再用小悬臂带挂起前臂，也可直接用大悬臂带包扎固定。

(八)大腿后部屈肌拉伤

在完成各种动作时，当肌肉主动收缩或被动拉长超出其所能承担的能力时，可造成大腿部肌肉的急性拉伤。准备活动不充分、不当地使用猛力、疲劳或负荷过度、技术动作有缺点、气温过低、场地粗糙是常见的致伤原因。该肌群训练不充分，肌肉弹性、伸展性差，肌力弱是发生损伤的内在因素。肌肉拉伤轻者，可仅有少许肌纤维撕裂或肌膜破裂；重者，可造成肌肉大部或完全断裂。

处理方法：

(1)肌肉微细损伤或伴有少量肌纤维撕裂者，伤后应迅速给予冷敷，局部加压包扎，休息时应抬高患肢。

(2)24～48 小时后可开始理疗和按摩，按摩时手法宜轻柔，伤部仅能做些轻推摩，伤部周围可做揉、捏、搓等，同时配合点压穴位(宜取伤周穴位)。

(3)如肌肉大部或完全断裂者，在局部加压包扎并适当固定患肢后，应马上送往医院诊治。

四、常见慢性运动损伤的处理

(一)腰部肌肉筋膜炎(腰肌劳损)

1. 原因

其病理改变是多种多样的，包括神经、筋膜、血管、肌肉、脂肪及肌腱的附着区等不同组织的变化。通常多系急性扭伤腰部后，治疗不彻底即参加运动，逐渐劳损所致。另外，锻炼中出汗受凉也是重要成因之一。

2. 症状

(1)有局部酸疼发沉等自发性疼痛，最常见的疼痛部位是腰椎 3、4、5 两侧骶棘肌鞘部，不少患者同时感觉有疼麻放射到臀部或大腿外侧。

(2)大部分伤者尚能坚持中小运动量的锻炼，一般表现为练习前后疼痛。

(3)在脊柱活动中，尤其是前屈时常在某一角度内出现腰痛。

3. 处理方法

可采用理疗、按摩、针灸、封闭、口服药物、用保护带(围腰)及加强背肌练习等非手术治疗手段；对顽固病例可手术治疗。

(二)滑囊炎

1. 原因

凡摩擦频繁、压力较大的部位几乎都有滑囊存在，其主要作用是减少摩擦力。腱鞘炎是局部运动量过大而引起的一种不适应性炎症反应，有疼痛和压痛感，多发生于手腕、掌指关节、脚踝后部、肩前部等部位，是体育运动中常见的一种劳损性伤病。

2. 症状

关节附近出现一个疼痛包块，大小不定，运动受限各异。表浅者可扪及边缘并测出波动，穿刺可得淡黄色、透明、比较黏稠的液体。

3. 处理方法

抽吸出滑液，注射醋酸泼尼松类药物于滑囊内，并加压包扎即可，疗效较好，但易复发。非手术治疗无效且影响训练或日常生活者，考虑手术切除病变滑囊。

(三)腱鞘炎

1. 原因

产生腱鞘炎的原因是肌腱与腱鞘长期、快速、用力的摩擦，使两者都发生损伤而水肿，同时发生腱鞘炎和肌腱炎；炎症发生时，鞘管相对狭窄，压迫其中的肌腱，反复发作的水肿则会引起腱鞘和肌腱增生。鞘管本来就很小，增生的腱鞘会压迫肌腱，使肌腱水肿、增生，呈葫芦状肿大，阻碍肌腱的滑动，运动时会有弹响或闭锁发生。

2. 症状

最开始发生腱鞘炎的部位在早晨起床时会发僵、疼痛，在活动一段时间后症状会消失。但如果没有得到患者的重视，发生腱鞘炎的部位会出现持续的发僵和疼痛，严重者有弹响或闭锁，患处局部压痛。若部位表浅，则可扪及一压痛性结节，该结节随肌腱滑动，并可感到弹响由此处发出。

3. 处理方法

腱鞘炎发病早期应注意患肢休息、局部制动、理疗，直到症状完全消失。上述治疗无效时可用甾体抗炎药(如曲安奈德)局部封闭，以减轻局部炎症反应。局部封闭注射每周1次，3～4次为1个疗程，同时配合理疗。症状完全消失后可逐渐开始恢复训练，但要注意正确的训练方法，避免致病因素，才能防止复发。病情严重者，终日疼痛或闭锁不能解除时，需手术切开狭窄的腱鞘。

五、运动损伤的急救处理

(一)休克与抗休克

1. 产生的原因及症状

休克是指人体受到强烈的有害因素(失血、疼痛、感染等)的作用，引起以有效血循环量不足为特征的急性循环系统功能不全综合征。运动损伤性休克原因很多，都是由于有效血溶量减少所致。民族传统体育比赛中易发生的是重力性休克、严重挫伤并发休克等。

引起有效血溶量减少的原因是：

(1)剧烈疼痛，如骨折等，因为剧烈疼痛，通过神经反射作用，使伤部周围血管扩张，导致有效血溶量相对减少。

(2)大出血，如腹部挫伤、肝脾破裂出血，使有效血液循环减少。

休克的症状与特征有：早期常有烦躁不安、表情紧张、呻吟、脉搏稍快、呼吸浅而急促等症状。此期常易被忽略。继后，由兴奋期过渡到抑制期，表现为精神萎靡、表情淡漠、面色苍白、头晕、口渴、畏寒、出冷汗、四肢发冷、脉搏无力、血压和体温下降,严重者出现昏迷。

2. 抗休克措施

一般处理:让伤员安静平卧,松解衣领,注意保暖,给予亲切安慰和鼓励,并适当给患者饮茶或盐水、姜汤等,以减轻口渴。若患者头部受伤或呼吸困难,应将头部稍微抬高,以避免颅内压增高,静脉回流受阻,使横膈上升而造成呼吸困难。

对症处理:因出血引起的休克,应立即止血;若已昏迷,可用针刺或掐点人中、百会、涌泉等穴位,使之苏醒。

(二)出血和止血

据研究,健康成人每千克体重平均约有血液75毫升,总血量可达4 000~5 000毫升。急性大量出血达全身血量的20%,即可出现面色苍白、头晕、乏力、口渴等一系列急性贫血的症状。出血量超过全身血量的30%时,将会危及生命。因此,对一切有外出血的伤员,尤其是大动脉出血,都必须在急救的早期立即给予止血。

1. 出血的分类

血液从损伤的血管外流称为出血。按出血的性质,可分为毛细血管出血、静脉出血和动脉出血三种,但一般所见的出血多为混合型的出血。动脉出血时,血色鲜红,血液自伤口的近心端呈喷射状流出,危险性较大,常因失血过多而出现急性贫血,以致血压下降,呼吸、心跳中枢的麻痹而引起心跳、呼吸的停止。静脉出血时,血色暗红,血液自伤口的远心端缓慢地向外流出,危险性较少。毛细血管出血时,血色介于动脉血和静脉血之间,血液在创面上呈点状渗出并逐渐融合成片,最后渗满整个伤口。

按出血的部位不同,分为外出血和内出血两种。外出血指血液从皮肤创口处向体外流出,是运动损伤中较为常见的一种。内出血指血液从损伤的血管内流出后向皮下组织、肌肉(包括颅腔、胸腔、腹腔和关节腔)及胃肠和呼吸气管内注入。内出血较外出血性质严重,因其初期不易被察觉而容易忽视。

2. 常用的不同部位的止血方法

(1)面动脉:在下颌角前约1.5厘米处,止同侧面部、颌上部出血。

(2)锁骨下动脉:在锁骨上窝处,止上臂上部及肩部出血。

(3)颈浅动脉:用一手指在耳屏间前约1厘米处压迫,止同侧额部、颈部出血。

(4)肱动脉:在上臂内侧中部,用三指向肱骨体方向压迫,止前臂出血。

(5)指间动脉:在手指指间关节两侧同时压迫,止前臂出血。

(6)股动脉:在腹股沟中点处,用掌根压迫,止下肢出血。

(7)胫前、胫后动脉:用两手拇指分别同时按压内踝与跟腱之间和足背皱纹中点略靠内侧部位,止足部出血。

(三)心脏复苏术

有时因溺水、休克、严重损伤、重病等造成呼吸或心跳骤停,如果不及时抢救,伤员就会很快死亡。因此,学会复苏术是使伤员重新恢复呼吸和血液循环的重要手段。在抢救伤员的同时，应迅速请医生前来急救处理。

1. 口对口人工呼吸

处理方法：施术时，先使伤员仰卧，头部后仰，把口打开盖上一块纱布。急救者一手托起患者下颌，掌根轻轻压环状软骨，使其压迫食管，防止空气吹入胃内，另一手捏住患者的鼻孔，然后深吸一口气，吹入患者口中。吹气的时间应短，吹完后立即松开捏鼻子的手。如此反复进行。成年人每分钟吹气16～18次。

注意事项：施术前，先将伤员置于空气流通处，松开衣领和裤带，清除口腔内的异物。吹入的气量开始10～20次宜稍大些。抢救人员要有耐心，操作不能间断，一直到伤员恢复呼吸或真正死亡为止。若心跳也同时停止，则应人工呼吸与胸外心脏挤压同时进行。两名救护人员同时操作，吹气与挤压频率之比为1∶4；只有一人操作，吹气与挤压频率之比为1∶5。

2. 胸外心脏挤压

一般只要伤员突然昏迷，颈部动脉或股动脉摸不到，就应马上进行胸外心脏挤压，尽快恢复伤员的血液循环。

处理方法：首先使伤员仰卧，急救者双手重叠，用掌根部按于伤员胸骨下半段，肘关节伸直，用适当的力量，有节奏并带有冲击性地下压，使胸、肋骨下陷3～4厘米。每次下压后应迅速将手放松。成年人每分钟挤压60～80次。在急救过程中如能摸到颈动脉或股动脉搏动，伤员收缩压达到60毫米汞柱以上，瞳孔缩小，是挤压有效的表现，应坚持操作至自动出现心跳为止。

注意事项：压迫部位必须在胸骨下半段，压力方向应与脊柱垂直，用力不可过猛，在抢救的同时应迅速请医生救援。

第三节　高校民族传统体育运动疾病的预防与处理

一、过度紧张

（一）发生原因

生理状态不佳、训练水平较差或者比赛经验比较少的学生，若突然或者急速从事剧烈的运动训练或参加比赛，常出现过度紧张的状态。另外患有急性疾病初愈或者未完全康复的人，以及患有心脏病、高血压的患者，如果过于迅速地参加剧烈运动的训练和比赛，机体的承受能力较差，也会发生过度紧张。

（二）预防措施

（1）重视大学生的体格检查。大学生参加训练或比赛前应做全面体检，凡患有急性疾病（如感冒、胃肠炎、扁桃体炎、高热等）患者、心血管功能不佳者均不宜进行剧烈的运动和参加比赛。

（2）对于因某些缘故中断锻炼时间较长者，若需再活动时，不应突然加大运动量，以防止过度紧张状态发生。

（3）加强身体的全面训练，遵循科学的训练原则。如运动训练时，要注意循序渐进、个别对待，充分做好准备活动等。尤其对于训练水平低或身体素质较差者，要根据实际情况量力而行，绝不可勉强要求其完成运动负荷。

(4)加强医务监督。在平时运动训练时要注重医务人员的监督指导，比赛期间加强临场医务工作。

(三)处理方法

(1)当大学生在运动过程中出现头晕、恶心、心悸等症状时，应立即停止运动，并嘱患者保持安静、保暖、平卧、松解衣领、裤带。救护员点掐患者内关、足三里穴位。

(2)如有昏迷者，再加用人中、百会、涌泉、合谷等穴。

(3)如呼吸、心跳停止者，应做人工呼吸和胸外心脏按压。

(4)在进行上述初步急救处理的同时，要及时请专职医生诊治或速送医院进行抢救处理。

二、过度训练

(一)发生原因

(1)缺乏科学的训练方法。如训练中未遵守循序渐进的原则，过多地采用与身体训练水平不相适应的运动量；缺乏明显的节奏，做持续的大运动量训练；或在训练中未充分注意个人、气候特点(如年龄、性别、运动水平或季节、气候变化)区别对待；以及对于运动者训练中机体出现的某些不良症状，未加以注意，因此未及时调整运动量和训练内容等。

(2)带伤参加训练和比赛。常见一些慢性运动性损伤患者，病变处未完全痊愈时，或急性疾病或手术后身体未完全康复即参加运动训练或比赛。

(3)个人生物钟失调，致使睡眠、休息不足；或营养不当；或不良的环境及心理因素作用等原因的影响；或比赛后无适当的调节即开始进行大运动量训练，均可能出现机体不适表现。

(二)预防措施

任何能引起过度训练综合征发生的原因，均是本病预防的重点。具体应做到：

(1)针对个人特点制订相关的训练计划。

(2)定期对运动者进行体质机能检查。

(3)遵循科学训练的原则，合理安排运动量。

(4)大运动量训练和比赛后，要采取积极的恢复措施，即要保证充足的休息、睡眠时间，合理调配膳食，尤其注意维生素及矿物质的补充等。

(5)患者在未愈期间，不应参加训练和比赛；病愈后在恢复训练时，要注意逐渐增大运动量，否则，容易导致机体的不适反应。

(6)在平时训练和比赛期间，要加强自我监督和医务监督。

(三)处理方法

疾病能否及时处理，关键在于是否能在早期发现。其处理原则是：消除病因；调整训练计划；改变训练方法；辅以适宜的对症治疗。一旦发生学生有过度训练的表征时，必须改变训练计划，积极调整运动量，控制运动训练强度和时间，减少速度和大强度的力量练习，减少高难度的动作和专项训练，甚至，在必要时要停止训练或停止参加比赛，以减轻其精神负担，并辅以放松性练习。平时保证充足的休息和睡眠时间，并积极从事康复性体疗活动，如气功、太极拳、按摩等。另外，加强患者的营养，多吃新鲜蔬菜和水果。还可以根据病情需要给予适当的药物疗法，如补充适当的维生素 B_1、维生素 C、三磷酸腺苷（ATP）等，还应注意使用镇静剂等药物。中医学采用一些益气生津、健脾养胃、滋肾养肝的药物，如黄芪、人参、五味子、枸杞子等中药，对于本症的治疗亦有较好的效果。

本症的预后一般良好，轻者 2～3 周可以治愈，较重的则在 2～3 周内亦可恢复，严重者则需要半年以上。

三、晕厥

（一）发生原因

（1）精神、心理状态不佳。常由于精神过度紧张，情绪过分激动或受惊恐，悲哀，或损伤后导致剧烈疼痛等原因，反射性的引起神经—体液调节紊乱，使周围血管扩张，从而使脑组织缺血缺氧。

（2）静脉回心血量降低。学生剧烈运动后突然站立不动，此时，由于运动时下肢肌肉内毛细血管大量扩张，血流量明显增加，一旦突然中止运动，下肢的毛细血管和静脉便失去肌肉收缩对其产生的节律性挤压作用，使血液大量积聚于下肢血管，回心血量明显降低，心输出量也随之减少，从而导致脑部供血不足。

（3）直立性低血压。长时间站立、久蹲或长期卧床后突然改变或坐或站立体位，均由于植物神经功能调节紊乱，使体内血管的舒缩反应能力降低，引起回心血量骤减，亦可引起脑部缺血缺氧。

（4）胸廓内压力增高。运动时，学生吸气后用力憋气，如举重物时，用力憋气后可使胸腔和肺内压明显增高，影响上、下腔静脉血回流，致使心输出量减少，造成暂时性脑缺血而发生晕厥。

（二）预防措施

经常坚持体育锻炼，提高心血管机能。同时应注意：疾跑后应缓冲慢跑一段距离，不要立即站定，调整呼吸；久蹲后应缓慢起身，以防止直立性低血压；饥饿或空腹时不宜参加活动；在进行剧烈运动后，应休息约半小时再洗浴，防止因周围血管扩张而导致心脑组织缺血，避免晕厥的发生。另外，一旦感觉有晕厥前兆发生时，应立即俯身低头或平卧。

（三）处理方法

处理原则是保持安静，注意保暖，对症治疗。首先使病人处于平卧或头略低位，松解衣领及束带，立即用热毛巾作面部热敷，同时，做双下肢向心性按摩，手法采用重推或重揉捏，并点掐或针刺人中、百会、涌泉等穴。待患者清醒后给以热饮料或热开水，并注意休息。若经上述处理神志仍未能及时恢复，应将患者及时送医院做进一步抢救。

四、肌肉痉挛

(一)发生原因

(1)寒冷刺激。在寒冷的运动环境中运动时，未做准备活动或做准备活动不充分，肌肉受低温的影响，易发生肌肉强直性收缩。如冬季户外锻炼时受到冷空气的刺激，游泳时受到冷水的刺激，均可能引起肌肉强直性收缩而发生痉挛。

(2)电解质调节紊乱。运动中大量出汗，尤其是长时间的剧烈运动或者高温环境下运动时，体液中的水分及电解质均有不同程度的丢失，当大量出汗时，常出现失水多于失电解质(主要为细胞外液的 Na^+)，易发生高渗性脱水。严重时，由于细胞外液渗透压增高而引起中枢神经系统功能障碍，即发生肌肉抽搐等现象。

(3)运动性肌肉损伤。近年来研究表明，反复运动所致的肌肉纤维损伤，钙离子进入细胞膜内，故肌细胞钙离子增高，使肌纤维收缩丧失控制，从而产生持续性肌肉收缩。另外，还由于剧烈运动造成局部组织缺血，致使神经—体液因素调节失调，局部某些致痛性物质增多，如缓激肽等，刺激其肌肉内痛觉神经末梢，引起疼痛，而疼痛又反射性地引起肌肉痉挛。这类情况在耐力性的运动项目中较多见。

(4)肌肉舒缩失调。在激烈的运动训练和比赛中，肌肉连续过快地收缩，而放松时间太短，以致使肌肉收缩与放松不能协调交替，从而引起肌肉痉挛。多见于训练水平不高或刚参加运动不久的学生。

(二)预防措施

注意加强体育锻炼，提高机体的耐寒能力。每次运动前要做好充分的准备活动。对于运动中承受负荷大或易发生痉挛的肌肉，进行适当的运动前按摩。冬季运动要注意做好保暖措施。夏季运动时或剧烈运动或长时间运动时，要及时补充水分、电解质和维生素。饥饿、疲劳时不宜进行剧烈运动。游泳下水前注意用冷水冲淋全身，以提高身体对寒冷环境的适应能力。

(三)处理方法

较轻微的肌肉痉挛，一般只要采用以牵引痉挛肌肉的方法，即可得到缓解。一旦某块肌肉出现强直性收缩(痉挛)，即用手握住其相应肢体，向其肌肉收缩的相反方向牵拉。注意牵引时切忌用暴力，用力宜均匀、缓慢，以免造成肌肉拉伤。

比如小腿腓肠肌痉挛时，嘱患者取坐位或平卧位，伸直膝关节，医者双手握住患者足部，用力使踝关节充分背伸(绷脚)；当屈拇、屈趾肌痉挛时，用力使踝关节、足趾背伸。同时，在局部均可配合按摩疗法，如用重力揉捏和按压等，以缓解肌肉僵硬，还可采用点掐法或针刺承山、涌泉、委中、阿是穴等缓解肌肉痉挛。

若在水中发生肌肉痉挛，一般也常见于小腿腓肠肌痉挛。其解救的关键是：首先不应惊慌，应立即呼救，同时自救。深吸一口气，仰浮于水面，再用痉挛肢体对侧的手握住痉挛侧的足趾，用力向身体方向拉。同时，用发生痉挛肢体的一侧手掌压在其同侧膝关节的髌骨上，用力帮助其膝关节伸直，可连续多做几次，待缓解后，慢慢游回岸边。上岸休息时，应注意保暖及作局部组织按摩。要注意一般在肌肉痉挛缓解后，不宜再继续运动。

五、运动中腹痛

（一）发生原因

运动中腹痛的发生，主要与以下几个因素有关：缺乏准备活动或准备活动不充分；运动强度增加过快；机体精神状况不佳；呼吸与动作之间节奏失调；膳食制度不合理；饮食不当等。其发病机理为：

(1)肝、脾瘀血。肝、脾瘀血是由于运动前准备不充分，或运动时速度过快或运动强度过大，致使机体各组织器官不能适应承受过重的负荷，尤其是心血管系统的适应承受能力较差，故而心肌收缩力较弱，影响心脏动脉血的搏出和静脉血的回流，从而使下腔静脉压力升高，引起肝静脉回流受阻，肝脏瘀血肿胀。又因为肝瘀血，使门静脉回流障碍，所以，腹腔内不成对器官发生瘀血，继而脾脏瘀血肿胀，肿胀的肝、脾被膜张力增大，其末梢神经受压而产生疼痛。故病人常表现为左、右季肋区或上腹区疼痛。

(2)胃肠功能紊乱。除上述由于门静脉回流受阻，引起胃肠道瘀血，使胃、肠被膜末梢神经受牵拉而产生疼痛外，还可因运动时，肌肉和内脏血液重新分布，而使胃肠道血流量相对减少(常为安静时的约30%～40%)，即出现胃肠道缺血、缺氧，继而发生胃肠道平滑肌痉挛，引起腹痛。另外，饭后过早参加运动，运动前吃得过饱，喝水过多或空腹运动，或吃些容易产气或难于消化的食物，均可引起胃肠蠕动增加。其疼痛性质可以有胀痛、钝痛或绞痛。

(3)呼吸肌痉挛。民族传统体育运动中未注意呼吸节律与动作的协调，致使呼吸肌活动紊乱，呼吸急促而浅表，呼吸肌收缩不协调。即过于频繁、过度紧张的呼吸肌运动易发生痉挛或损伤，并引起明显的疼痛。其主要表现为：患者不敢做深呼吸，疼痛部位以季肋部为多见，疼痛性质多为刺痛或锐痛。

运动中腹痛也可因在原有腹腔内、外疾病的基础上，运动后诱发其产生腹痛。

（二）预防措施

运动前合理安排膳食，不宜过饱或过饥或过度饮水，安排好进餐与运动的间歇时间，一般进餐后应休息2小时左右，再进行剧烈运动。运动前充分做好准备活动，运动中注意呼吸的节奏，中长跑运动时应合理分配速度。平时注意加强全面身体训练，以提高生理机能，并在训练时遵守科学训练的原则，循序渐进地增加运动负荷。对于因各种疾患引起的腹痛症状，应及早就医确诊，彻底治疗。病愈后须在医生指导下进行体育活动。

（三）处理方法

腹痛是疾病的一种症状。运动中腹痛是指体育运动引起或者诱发的腹部疼痛，一些耐力性、较激烈的民族传统运动项目中其发病率较高，其疼痛的程度与运动量的大小、运动强度等因素成正比关系。

若在运动中出现腹痛，应立即降低运动强度或减慢运动速度，加深呼吸，调整呼吸及运动节奏；用手按压疼痛部位，或弯腰慢跑，一般疼痛症状可减轻或消失。如经过少许时间仍无缓解，即应停止运动。如果疾病诊断明确，还可口服解痉药物如阿托品、普鲁苯辛等，同时，还可进行腹部热敷，或点掐或针刺足三里、大肠俞、内关、三阴交等穴。如果仍无好转，则需立即送医院进行诊治。

六、运动性血尿

(一)发生原因

对于运动性血尿的发病机理，目前医学研究尚不十分清楚，但从以下几个方面可以初步解释其原因：

(1)肾静脉高压。一般而言，耐力性运动者体脂百分比较低，肾周围脂肪组织亦较少，若长时间跑、跳运动，易使肾脏因受震动而发生位移(下垂)，这样，肾静脉与下腔静脉之间的角度变成锐角或扭曲，使肾静脉回流受阻，引起肾静脉高压，而导致红细胞漏出。

(2)肾缺血。剧烈运动时，全身血液重新分配，以保证心、脑等重要脏器的血流量，而内脏血流量相对减少。当肾脏血流量减少时，造成肾组织缺血缺氧，所以，肾小球正常功能受到影响，其毛细血管壁通透性增加，致使红细胞漏出。

(3)肾损伤。运动过程中，肾脏遭受剧烈的震动、挤压或打击，易引起肾毛细血管损伤而出现血尿。如划龙舟时，腰部猛烈地屈伸或某些运动采取的蜷缩体位(如自行车等)，使肾脏受到挤压，易引起血尿。

(二)预防措施

合理安排运动量，注意个人防护和个人卫生。如运动时的服装、鞋袜要符合卫生要求，防止在过硬的地面上反复跑跳，避免长时间做腰部的猛烈屈伸运动。

(三)处理方法

据报道，运动者中的血尿约有49%属于运动性血尿，发病年龄多在19—25岁，男性多于女性，在跑、跳、球类和拳击项目中较为多见，民族传统体育中的抢花炮、跳绳、高脚马、摔跤、散打等多项运动亦可能发生运动性血尿。

运动性血尿诊断成立之后，可以参加训练，但要调整好运动量和运动强度，加强医务监督，定期尿检，并给予适当的治疗。如服用维生素C或肌注安络血、维生素K，还可用中草药如小蓟饮子药方(生地黄30克、滑石15克、小蓟15克、木通9克、炒蒲黄9克、藕节9克、淡竹叶9克、山梔子9克、当归6克、炙甘草6克)。辨证施治，疗效显著。

第五章　高校民族传统体育的武术套路练习

第一节　武术概述

武术是中国民族传统体育的重要组成部分，它以功法、套路和搏斗为基本运动形式，注重内外兼修，是经历了漫长的历史发展过程而形成的内容丰富精深、社会价值广泛、文化色彩浓厚的体育文化形态。在高校进行武术套路的教学和练习有助于学生了解和掌握我国特有的武术文化知识、提高身体素质，培养学生良好的意志品质。

一、武术的起源与发展

武术又称“武艺”“国术”或“功夫”。它是以徒手或器械进行攻防或完成单项套路、动作为内容，以表现体质、意志及格斗技能的体育运动。武术具有悠久历史、深厚群众基础、广泛社会价值和浓郁的民族文化特色，是中华民族从长期的生产劳动和斗争实践中逐渐积累、巩固和发展完善起来的一项宝贵的文化遗产。

武术套路由踢、打、摔、拿、击、刺等攻防动作组成，注重手、眼、身法、步，精、气、力、功的协调配合，遵照攻守进退、刚柔虚实等规律组成的徒手和器械的演练套路。武术内容丰富，徒手有长拳、南拳、太极拳、形意拳、八卦掌等；器械有刀、枪、剑、棍及双器械和软器械等。此外，还有各种徒手对练、器械对练、散手、推手、集体表演等形式。武术套路练习，不仅可以强健体魄、防身自卫，更能锻炼高校学生的意志品质，陶冶情操，丰富生活。

中华武术的历史源远流长，始于原始社会狩猎劳动和部落之争。从原始社会至封建社会，石木兵器变为“五兵”“五刃”“十八般兵器”和各种兵器；简单的射、砍、刺、击发展为规范的刺、点、劈、扎、崩、撩、挂、斩、穿、扫、缠、架、踢、摔、打、跌等。明代武术专著出现后，各拳种、流派泾渭分明，理论、技术自成体系。我国于 1927 年 6 月在南京建立了“中央国术馆”，1928 年和 1933 年两次举行武术国考，1936 年组队赴柏林参加第 10 届奥林匹克运动会武术表演。中华人民共和国成立后，武术成为我国体育事业的组成部分。1955 年国家体委设立武术研究室，并将武术列为体育院、系专业课，1956 年成立中国武术协会。1957 年国家体委将武术列为体育竞赛项目。1978 年武术被列入大学生体育课教学计划。20 世纪 80 年代以后，我国通过专家出访、国际武术邀请赛、世界武术锦标赛等，同 40 多个国家和地区进行友好往来。在北京举行的第 11 届亚运会中，武术被列为国际体育比赛项目，并成立了国际武术联合会。2008 年北京奥运会上，武术被列为表演项目，中华武术文化得到了不断的丰富。2012 年，国际武术文化交流大会于 8 月中旬在北京举办，我国的传统武术进一步向世界传播和发展，越来越多的人开始喜欢和热爱武术运动。

二、武术的特点与作用

(一)武术的特点

(1)攻防技击性。动作具有攻防技击性是武术的本质特性。武术套路运动是中国特有的表现形式,尽管种类不同、风格各异,但无论何种武术套路,都以踢、打、摔、拿、击、刺等攻防动作为主要内容。

(2)内外合一、形神兼备。武术套路既讲究动作形体规范,又要求精、气、神,体现出内外合一的整体运动观。"内"指人的精神、意识和气息的运行;"外"指人体手、眼、身、步的活动,如太极拳要求"以意识引导动作",形意拳讲究"内三合、外三合"。武术套路演练在技术上特别要求把内在的精、气、神与外部的形体动作结合,做到手到眼到、形断意连,意识、呼吸、动作协调一致。

(3)内容丰富,形式多样。武术内容和练习形式丰富多样,其动作结构、技术要求、运动风格和运动量不尽相同。可满足不同年龄、性别、体质练习者的需求。

(4)广泛的适应性。武术运动不受时间、季节的限制,对场地、器材要求简单,便于开展。

(二)武术的作用

(1)强身健体。中国人民千百年的习武实践和多年的科学研究表明,经常练习武术能达到壮内强外的效果。例如,通过长拳类套路屈伸、回环、跳跃、跌扑、翻腾、平衡等动作的练习,以及内在神情的贯注和呼吸的配合,能调动人体的各个器官都参与到活动中从而改善人体各器官的功能。而散打对抗中的判断、起动、躲闪格挡或快速还击等练习,能促进人体的反应速度、力量、灵巧、耐力等素质的提高。许多武术注重调息运气和意念活动功法的长期练习,对治疗多种慢性疾病和调节人体内环境平衡均有良好的医疗保健作用。

(2)提高自卫能力。武术攻防的技击性特点决定了它能提高习练者的自卫能力。现代套路运动的表现形式,仍以体现攻防实战方法的动作为基本内容。如各种手法、腿法、摔法、跌扑、滚翻等动作中每一个动作都暗含着不同的用意。因此,通过武术套路练习,不仅能强壮身心,还能防身自卫。

(3)陶冶情操。武术富有浓郁的艺术色彩,具体表现在运动中攻与防、虚与实、快与慢、刚与柔、动与静、开与合、起与伏等交替变化形成的强烈的动感、均衡的势态、恰当的节奏、和谐的韵律等方面。就武术的单个动作而言,讲究上、中、下三盘错落,高有鹰击长空的气概,低有鱼翔浅底的雅趣。武术套路运动变化还讲究动之如涛、静之如岳、轻之如叶、重之如铁、缓之如鹰、快之如风、起之如猿等充满洒脱、矫健、敏捷、舒展而遒劲的美,使人在套路练习中受到陶冶,从而提高自身的修养和审美能力。

(4)提高审美。武术运动具有很高的观赏价值。套路运动动迅、静定的节奏美,踢、打、摔、拿等方法美,内外合一、形神兼备的和谐美等,以及对抗中双方的技巧、斗志,都给人一种美的享受。

三、武术的分类与流派

(一)武术的分类

1. 按运动功能分类

(1)健身武术。健身武术旨在强身健体,它“源流有序,脉络清晰,风格各异,自成体系”,至少有一百多个拳种,还有流传于民间的不同风格的套路和各种功法等。健身武术内容广泛,包括针对武术普及和全民健身计划制订的“段位制”和“健身养生”锻炼方法。

(2)竞技武术。竞技武术突出竞技性,是为了最大限度地发挥个人运动潜能和争取优异成绩而进行的武术训练竞赛活动,竞技武术的正式出现是在20世纪50年代以后,其发展的最高目标是进入奥运会。竞技武术大致包括竞赛制度、运动队训练体制和技术体系三大部分。竞技武术主要包括长拳、南拳、太极拳、剑术、刀术、枪术、棍术、其他拳术(第一类为形意拳、八卦、太极,第二类为通背、劈挂、翻子,第三类为地躺拳、象形拳等,第四类为查、华、炮、红、少林拳等)、其他器械(第一类为单器械、第二类为双器械、第三类为软器械)、对练项目(包括徒手对练、器械对练、徒手与器械对练)和集体项目。

(3)实用武术。实用武术的特点是简单实用,一招制胜,主要以部队和公安武警、特警部队、防爆警、公安等为训练对象,内容主要有四科,即射击、奔跑、擒拿格斗和游泳。

2. 按运动形式分类

(1)功法运动。传统武术的功法运动以单个动作为主,以健体或增强某方面体能的运动。它主要为武术套路和攻防格斗服务,但也有只练习功法运动以健身为目的的习练者。具体来讲,传统武术的功法主要包括四种,即轻功、柔功、内壮功和外壮功。其中,轻功泛指通过专门的练习方法和手段,以达到增强弹跳能力而蹦得高、跳得远等功效的功法运动,又称“弹跳功”。柔功泛指通过专门的练习方法和手段,以提高肢体关节活动幅度和肌肉伸展性能的功法运动,如压肩、压腿、搬腿等。内壮功又称“内功”“内养功”或“富力强身功”,泛指通过专门的训练方法和手段,对人体的精、气、神及脏腑、血脉、经络等进行修炼,以达到精足、气壮、神明、内脏坚实、经脉通畅、内壮外强等功法运动。内壮功的练习功法分为静卧、静坐、站桩、鼎桩四种。外壮功又称“外功”,泛指通过专门的训练方法和手段,使身体具有比常人较强的击打和抗击打能力,以强筋骨、壮体魄的功夫运动,如鹰爪功、金刚指、铁砂掌等。

(2)套路运动。传统武术的套路运动是以技击动作为素材,以攻守进退、动静疾徐、刚柔虚实等矛盾运动的变化规律编成的整套练习形式。武术套路运动主要有拳术、器械、对练和集体项目。其中,拳术是徒手演练的套路运动,包括自选拳、规定拳、传统拳术。如长拳、太极拳、象形拳、形意拳、南拳、八极拳、八卦掌、少林拳、通背拳、翻子拳、劈挂拳、地躺拳、戳脚等;器械是传统武术演练时使用的器具或兵器的总称,根据形状和使用方法,器械可分为四种:短器械(刀、剑、匕首)、长器械(枪、棍、大刀)、双器械(双刀、双剑、双钩、双枪、双鞭)、软器械(三节棍、九节鞭、绳标、流星锤);对练是两人或两人以上进行的假设性实战演练,主要是按照预定程序进行的攻防格斗套路;集体项目指六人或六人以上的徒手或持器械的集体演练。

(3)搏斗运动。指两个人在一定条件下按照一定的规则进行斗智、较力、较技的实战攻防格斗。主要有推手、散打、长兵和短兵练习。

(二)武术的流派

1. 武术流派的分类

从动态发展的眼光来看,武术流派与现代武术的各种运动形式实质上都是对博大武术的不同分类方法。具体来讲,传统武术流派主要有以下几种不同观点的分类。

(1)“内家”与“外家”。这种说法最初见于清初黄宗羲撰《王征南墓志铭》中的“少林以拳勇名天下,然主于搏人,人亦得以乘之。有所谓内家者,以静制动,犯者应手即仆,故别于少林为外家”。明清之际的内家拳仅是一个拳种,外家拳仅指少林拳,到民国期间凡注重“以静制动”“得于导引者为多”称为“内家拳”。“凡主于搏人”“亦足以通利关节”者称“外家拳”。

(2)“长拳”与“短打”。明代戚继光在《纪效新书》中记载当时的拳法有“长拳”“短打”的分类,有“势势相承”的宋太祖三十二式长拳,还有“张伯敬之打”“李半天之腿”“千跌张之跌”和“鹰爪王之拿”等不同流派。明代程宗猷《耕余剩技·问答篇》记载“长拳有太祖温家之类,短打则有绵张任家之类”。后来,长拳类多指遐举遥击、进退急速、大开大合、松长舒展的拳术,短打类多指幅度小、势险节短、贴身近战、短促多变的拳术。

(3)“南派”与“北派”。“南派”与“北派”是按地域划分的派别,见于民国时期陆师通《北拳汇编》等书。此说在民间广为流传,有“南拳北腿”之说。我国南方流传的武术拳法多,腿法较少,动作紧凑,劲力充沛;我国北方流传的武术腿法丰富,架势开展,快速有力。

(4)“少林派”与“武当派”。少林派因以少林寺传习拳技为基础而得名,源自嵩山少林寺僧众传习的拳术,后与少林拳系特点相近的拳技均归为少林派,有罗汉拳、少林拳、少林五拳等;武当派之说以黄宗羲撰《王征南墓志铭》为据,“有所谓内家拳者……盖起于宋之张三丰。三丰为武当丹士”,因此得名。后来将内家拳、太极拳、八卦掌、形意拳等称为武当派。

(5)“黄河流域派”与“长江流域派”。民国初年《中国精武会章程》等书中,使用了“黄河流域派”“长江流域派”,该分法主要是以江河流域分派。

2. 武术流派的形成

传统武术流派的形成既有继承又有创新,并在发展中不断完善,其风格和技术特点与其他流派都有差异。传统武术流派的形成过程就是各自逐渐鲜明、相对稳定而又传播开去的过程。武术流派的形成主要有以下三种情况,即繁衍支系,发展流派;类同合流,壮大流派;融合诸家,创立新派。

3. 武术流派的作用

武术流派的发展对促进武术的发展与传播起到了一定作用,流派的划分体现了不同技术特点的风格,不同的流派组成了不同的门类,流派延续了古老的技艺,使武术几千年来得以生生不息,形成延续式的发展和发展式的延续。

第二节　武术运动的基本动作

一、手型

拳：四指并拢卷握，拇指紧扣食指和中指的第二指节，拳面要平，拳握紧(图 5-1)。

掌：四指并拢伸直，拇指弯屈紧扣于虎口处(图 5-2)。

勾：五指第一指节捏拢在一起，屈腕(图 5-3)。

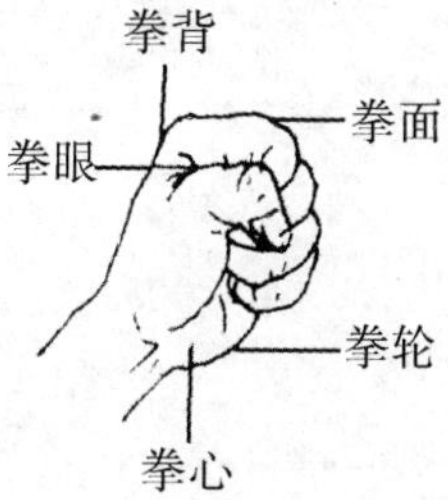

图 5-1

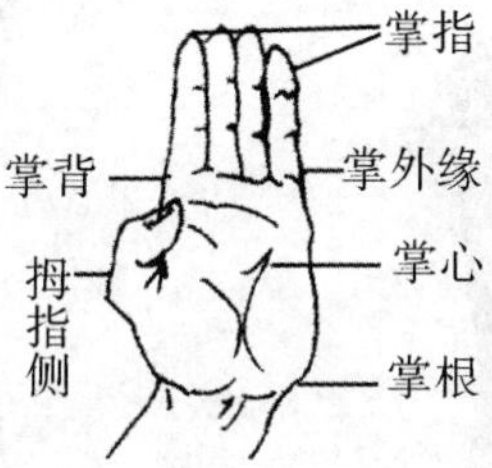

图 5-2

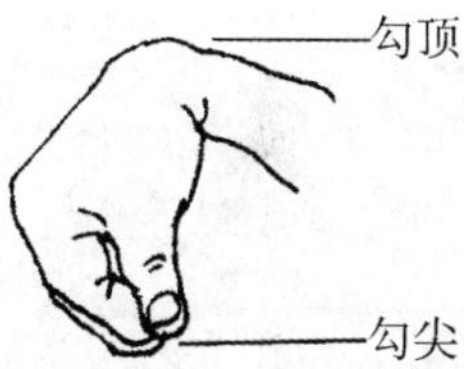

图 5-3

二、手法

(一)冲拳

两脚左右开立，与肩同宽，两拳抱于腰间，肘尖向后，拳心向上。挺胸、收腹、立腰，右拳从腰间向前猛力冲出，转腰、顺肩，在肘关节过腰后右前臂内旋。力达拳面，臂要伸直，高与肩平，同时左肘向后牵拉(图 5-4)。练习时左右交替进行。

图 5-4

图 5-5

(二)架拳

两脚左右开立,与肩同宽,两拳抱于腰间,肘尖向后,拳心向上。右拳向下、向右、向上经头前向右上方划弧并在右前上方架起,拳眼前下,眼看上方(图 5-5)。练习时左右交替进行。

(三)推掌

两脚左右开立,与肩同宽,两拳抱于腰间,肘尖向后,拳心向上。右拳变掌,前臂内旋,并以掌根为力点,向前猛力推出。推击时要转腰、顺肩,臂要伸直,高与肩平;同时左肘向后牵拉(图 5-6)。练习时左右交替进行。

图 5-6

图 5-7

(四)亮掌

两脚左右开立,与肩同宽,两拳抱于腰间,肘尖向后,拳心向上。右拳变掌,经体侧向右、向上划弧,至头部右前上方时,抖腕亮掌,臂成弧形。掌心向前,虎口朝下,眼随右手动作转动,亮掌时,注视左方(如图 5-7)。练习时左右交替进行。

三、步型

(一)弓步

并步直立抱拳。左脚向前一大步(约为本人脚长的 4～5 倍),脚尖微内扣,左腿屈膝半蹲(大腿接近水平),膝与脚尖垂直。右腿挺膝伸直,脚尖内扣(斜向前方),两脚全脚着地。上体正对前方,眼向前平视,两手抱拳于腰间。弓右腿为右弓步;弓左腿为左弓步(图 5-8)。

(二)马步

并步直立抱拳。两脚平行开立(约本人脚长的 3 倍),脚尖正对前方,屈膝半蹲,膝部不超过脚尖,大腿接近水平,全脚着地,身体重心落于两腿之间,两手抱拳于腰间(图 5-9)。

图 5-8

图 5-9

(三)虚步

并步直立叉腰。两脚前后开立,右脚外展 45°,屈膝半蹲,左脚脚跟离地,脚面绷平,脚尖稍内扣,虚点地面,膝微屈,重心落于后腿上。两手叉腰。眼向前平视。左脚在前为左虚步(图 5-10);右脚在前为右虚步。

(四)仆步

并步直立抱拳。两脚左右开立,右腿屈膝全蹲,大腿和小腿靠紧,臀部接近小腿,右脚全脚着地,脚尖和膝关节外展,左腿挺直平仆,脚尖里扣,全脚着地。两手抱拳于腰间。眼向左方平视。仆左腿为左仆步(图 5-11);仆右腿为右仆步。

(五)歇步

并步直立抱拳。两脚交叉靠拢全蹲,左脚全脚着地,脚尖外展,右脚前脚掌着地,膝部贴近左腿外侧,臀部坐于右腿接近脚跟处。两手抱拳于腰间。眼向左前方平视。左脚在前为左歇步(图 5-12);右脚在前为右歇步。

图 5-10

图 5-11

图 5-12

第三节　拳术武术套路实践

一、长拳

(一)长拳概述

“长拳”历史悠久,最早见载于明代戚继光所著《纪效新书·拳经捷要篇》中:“古今拳家,宋太祖有三十二势长拳。”它是武术中拳种的一大类别,是在吸取了查拳、花拳、华拳、炮拳、少林拳诸拳种之长的基础上形成的,特点是姿势舒展、动迅静定、劲力饱满和节奏鲜明。长拳在武术运动中影响较大。

新中国成立后,长拳被列为武术竞赛的重点项目之一。内容有甲组、乙组规定套路和用于竞赛的自选套路,以及作为普及教材的青年拳、少年拳等。长拳的练习内容有基本功、单练套路、对练套路。单练套路又分为规定套路和自选套路两种。长拳运动量大、结构复杂,对提高人体机能、发展人体素质具有良好的作用。经常进行长拳训练,可以使人的肌肉、骨骼、呼吸、神经系统和循环系统获得改善,心理的稳定性得到提高,增强身体素质,从而达到良好的健身效果。参加长拳训练还可以愉悦身心。此外,长拳训练还能培养学生的意志品质,养成不断战胜自我的性格,促进独立个性的完善。

长拳的特点是动作舒展大方,快速有力,节奏鲜明,并多起伏转折。讲究手捷快,眼明锐,身灵活,步稳固,力顺达,功纯青,精充沛,气下沉,四击合法,以形喻势。在技击上强调长击速打,主动出击,以快制慢,以刚为主。

(二)初级长拳套路练习

1. 动作名称

预备动作:(1)预备姿势;(2)虚步亮掌;(3)并步对拳

第一段:(1)弓步冲拳;(2)弹腿冲拳;(3)马步冲拳;(4)弓步冲拳;(5)弹腿冲拳;(6)大跃步前穿;(7)弓步击掌;(8)马步架掌

第二段:(1)虚步栽拳;(2)提膝穿掌;(3)仆步穿掌;(4)虚步挑掌;(5)马步击掌;(6)叉步双摆掌;(7)弓步击掌;(8)转身踢腿马步盘肘

第三段:(1)歇步抡砸拳;(2)仆步亮掌;(3)弓步劈拳;(4)换跳步弓步冲拳;(5)马步冲拳;(6)弓步下冲拳;(7)叉步亮掌侧踹腿;(8)虚步挑拳

第四段:(1)弓步顶肘;(2)转身左拍脚;(3)右拍脚;(4)腾空飞脚;(5)歇步下冲拳;(6)仆步抡劈拳;(7)提膝挑掌;(8)提膝挑掌弓步冲拳

结束动作:(1)虚步亮掌;(2)并步对拳;(3)还原

2. 动作说明

预备动作

(1)预备姿势

两脚开立,两臂垂于体侧,五指并拢贴靠腿外侧,平视前方。

(2)虚步亮掌

右脚向左右方撤步成左弓步,右掌向右、向上、向前划弧,掌心朝上;左臂屈肘,左掌提至腰侧,掌心朝上。目视右掌;右腿微屈,重心后移,左掌经胸前以右臂上向前穿出伸直;右臂屈肘,右掌收至腰侧,掌心朝上。目视左掌;重心继续后移,左脚稍向右移,脚尖点地,成左虚步。左臂内旋向左、向后划弧成勾手,勾尖朝上;右手继续向后、向右、向前上划弧,屈肘抖腕,在头右前上方成亮掌(即横掌),掌心朝前,掌指向左,目视左方。

(3)并步对拳

右腿蹬直,左腿提膝(脚尖内扣),上肢姿势不变;左脚向前落步,重心前移。左臂屈肘,左勾手变掌经左肋前伸;右臂外旋向前下落于左掌右侧,两掌同高,掌心均朝上,目视两掌;右脚向前上一步,两臂下垂后摆;左脚向右脚并步,两臂向外向上经胸前屈肘下按,两掌变拳,拳心朝上,停于小腹前。目视左方。

第一段

(1)弓步冲拳

左脚向左上一步,脚尖向斜前方;右腿微屈成半马步。左臂向上、向左格打,拳眼朝后,拳与肩同高,右拳收至腰侧,拳心朝上。目视左拳;右腿蹬直成左弓步。左拳收至腰侧,拳心朝上;右拳向前冲出,高与肩平,拳眼朝上。目视右拳。

(2)弹腿冲拳

重心前移至左腿,右腿屈膝提起,脚面绷直,猛力向前弹出伸直,高与腰平。右拳收至腰侧,左拳向前冲出。目视前方。

(3)马步冲拳

右脚向前落步,脚尖内扣,上体左转 90°。左拳收至腰侧,两腿下蹲成马步;右拳向前冲出。目视右拳。

(4)弓步冲拳

上体右转 90°,右脚尖外撇向斜前方,成半马步。右臂屈肘向右格打,拳眼朝后。目视右拳;左腿蹬直成右弓步。右拳收至腰侧;左拳向前冲出。目视左拳。

(5)弹腿冲拳

重心前移至右腿,左腿屈膝提起,脚面绷直,猛力向前弹出伸直,高与腰平。左拳收至腰侧,右拳向前冲出。目视前方。

(6)大跃步前穿

左腿屈膝。右拳变掌内旋,以手背向下挂至左膝外侧,上体前倾。目视右手;左脚向前落步,两腿微屈。右掌继续向后挂,左拳变掌,向后向下伸直。目视右掌;右腿屈膝向前提起,左腿猛力蹬地向前跃出。两掌向前向上划弧摆起。目视左掌;右腿落地全蹲,左腿随即落地向前铲出成仆步。右掌变拳抱于腰间,左掌由上向右、向下划弧成立掌,停于右胸前。目视左脚。

(7)弓步击掌

右腿猛力蹬直成左弓步。左掌经左脚面向后划弧至身后成勾手,左臂伸直,勾尖朝上;右拳由腰间变掌向前推出,掌指朝上,掌外侧向前。目视右掌。

(8)马步架掌

重心移至两腿之间,左脚脚尖内扣成马步,上体右转。右臂向左侧平摆,稍屈肘;同时左勾手变掌由后经左腰侧右臂内向前上穿出,掌心均朝上。目视左手;右掌立于左胸前;左臂向左上屈肘抖腕立掌于头部左上方,掌心朝前。目向右转视。

第二段

(1)虚步栽拳

右脚蹬地,屈膝提起,左腿伸直,以前脚掌为轴向右后转体180°。右掌由左胸前向下经右腿外侧向后划弧成勾手;左臂随体转动并外旋,使掌心朝右。目视右手;右腿向右落步,重心移至右腿上,下蹲成左虚步。左掌变拳下落于左膝上,拳眼向里,拳心向后;右勾手变拳,屈肘向上架于头的右上方,拳心朝前。目视左方。

(2)提膝穿掌

右腿稍伸直。右拳变掌收至腰侧,掌心朝上;左拳变掌由下向左、向上划弧盖压于头上方,掌心朝前;右腿蹬直,左腿屈膝提起,脚尖内扣。右掌从腰侧经左臂内向右前上方穿出,掌心朝上;左掌收至右胸前成立掌。目视右掌。

(3)仆步穿掌

右腿全蹲,左腿向左后方铲出成左仆步。右臂不动,左掌由右胸前向下经左腿内侧,向左脚面穿出。目随左掌转视。

(4)虚步挑掌

右腿蹬直,重心前移至左腿,成左弓步。右掌稍下降,左掌随重心前移向前挑起;右脚向左前上步,左腿半蹲,成右虚步。身体随上步左转180°。同时左掌由前向上,向后划弧成立掌,右掌由后向下、向前上挑起成立掌,指尖与眼平。目视右掌。

(5)马步击掌

右脚踏实,脚尖外撇,重心稍升高并右移,左掌变拳收至腰间;右掌俯掌向外掳手;左脚向前上一步,以右脚为轴向右后转体180°,两腿下蹲成马步。左拳变掌从右臂上成立掌向左侧击出,右掌变拳收至腰间。目视左掌。

(6)叉步双摆掌

重心稍右移,同时两掌向下向右摆,掌指均朝上。目视右掌;右脚向左腿后插步,前脚掌着地。两臂继续由右向上、向左摆,停于身体左侧,均成立掌,右掌停于左肘窝处。目随双掌转视。

(7)弓步击掌

两腿不动。左掌收至腰侧,掌心朝上;右掌向上、向右划弧,掌心朝下;左腿后撤一步,成右弓步。右掌向下、向后伸直摆动,成勾手,勾尖朝上;左掌成立掌向前推出。目视左掌。

(8)转身踢腿马步盘肘

两脚以前脚掌为轴向左后转体180°。同时,左臂向上、向前划半立圆,右臂向下、向后划半圆;上动不停,两脚不动,右后向上、向前划半立圆,左臂由前向下、向后划半立圆;上动不停,右臂向下成反臂勾手，勾尖朝上；左臂向上亮掌，掌心朝前上方。右腿伸直，脚尖勾起，向额前踢；右脚向前落步，脚尖内扣。右手不动，左臂屈肘下落于胸前，左掌心朝下。目视左掌；上体左转 90°，两腿下蹲成马步。同时左掌向前、向左平搂变拳收至腰间，右勾手变拳，右臂伸直，由体后向右、向前平摆，至体前屈肘，肘尖向前，高与肩平，拳心朝下。目视肘尖。

第三段

(1)歇步抡砸拳

重心稍升高，右脚尖外撇。右臂由胸前向上、向右抡直；左拳向下、向左，使臂抡直。目视右拳；上动不停，两脚以前脚掌为轴，向右后转体 180°。右臂向下、向后抡摆，左臂向上、向前随身体转动；紧接上动，两腿全蹲成歇步。左臂随身体下蹲向下平砸，拳心朝上，臂部微屈；右臂伸直向上举起。目视左拳。

(2)仆步亮掌

左脚由右腿后抽出上前一步，左腿蹬直，右腿半蹲，成右弓步。上体微向右转。左拳收至腰间，右拳变掌向下经胸前向右横击掌。目视右掌；右脚蹬地屈膝提起，上体右转。左拳变掌从右掌上向前穿出，掌心朝上；右掌平收至左肘下；右脚向右落步，屈膝全蹲，左腿伸直，成仆步。左掌向下、向后划弧成勾手，勾尖朝上；右掌向右、向上划弧微屈，抖腕成亮掌，掌心朝前。头随右手转动，至亮掌时，目视左方。

(3)弓步劈拳

右腿蹬地立起，左腿收回并向左前方上步。右掌变拳收至腰间，左勾手变掌由下向前上经胸前向左做搂手；右腿经左腿前方向左绕上一步，左腿蹬直成右弓步。左手向左平搂后再向前挥，虎口朝前；在左手平搂的同时，右拳向后平摆，然后再向前、向上做抡劈拳，拳高与耳平，拳心朝上，左掌外旋接扶右前臂。目视右拳。

(4)换跳步弓步冲拳

重心后移，右脚稍向后移动。右拳变掌，臂内旋以掌背向下划弧挂至右膝内侧；左掌背贴靠右肘外侧，掌指朝前。目视右掌；右腿自然上抬，上体稍向左扭转。右掌挂至体左侧，左掌伸向右腋下。目随右掌转视；右脚以全脚掌用力向下震跺。与此同时，左脚急速离地抬起。右手由左向上、向前搂盖而后变拳收至腰间；左掌伸直向下、向上、向前屈肘下按，掌心朝下。上体右转，目视左掌；左脚向前落步，右腿蹬直成左弓步。右拳向前冲出，拳高与肩平；左掌藏于右腋下，掌背贴靠腋窝。目视右拳。

(5)马步冲拳

上体右转 90°，重心移至两腿中间，成马步。右拳收至腰间，左掌变拳向左冲出，拳眼朝上。目视左拳。

(6)弓步下冲拳

右腿蹬直，左腿弯曲，上体稍向左转，成左弓步。左拳变掌向下经体前向上架于头左上方，掌心朝上，右拳自腰间向左前斜下方冲出。目视右拳。

(7)叉步亮掌侧踹腿

上体稍右转。左掌由头上下落于右手腕上，右拳变掌，两手交叉成十字。目视双手；右脚蹬地并向左腿后插步，以前脚掌着地。左掌由体前向下、向后划弧成勾手，勾尖朝上；右掌由前向右、向上划弧抖腕亮掌，掌心朝前。目视左侧；重心移至右腿，左腿屈膝提起，向左上方猛力蹬出。上肢姿势不变。目视左侧。

(8)虚步挑拳

左脚在左侧落地。右掌变拳稍后移，左勾手变拳由体后向左上挑，拳背向上；上体左转180°，微含胸前俯。左拳继续向前、向上划弧上挑，右拳向下、向前划弧挂至右膝外侧，同时右膝提起。目视右拳；右脚向左前方上步，脚尖点地成右虚步。左拳向后划弧收至腰间，拳心朝上；右拳向前屈臂挑出，拳眼斜向上，拳高与肩平，目视右拳。

第四段

(1)弓步顶肘

重心升高，右脚踏实。右臂内旋向下直臂划弧以拳背下挂至右膝内侧，左拳不变。目视前下方；左腿蹬直，右腿屈膝上抬。左拳变掌，右拳不变，两臂向前、向上划弧摆起。目随右拳转视；左脚蹬地起跳，身体腾空，两臂继续划弧摆至头上方；右脚先落地屈膝，然后左脚向前落步，以前脚掌着地。同时两臂向右、向下屈肘停于右胸前，右拳变掌，左掌变拳。右掌心贴靠左拳面；左脚向左上步屈膝，右腿蹬直成左弓步。右掌推左拳，以左肘尖向左顶出，高与肩平。目视前方。

(2)转身左拍脚

以两脚前脚掌为轴向右后转体180°。随着转体，右臂向上、向右、向下划弧抡摆，同时左拳变掌向下、向后、向前上抡摆；左腿伸直向前上踢起，脚面绷直。左掌变拳收至腰间，右掌由体后向上、向前拍击左脚面。

(3)右拍脚

左脚向前落步，左拳变掌向下、向后摆，右掌变拳收至腰间；右腿伸直向前上踢起，脚面绷直。左拳变掌由后向上、向前拍击右脚面。

(4)腾空飞脚

右脚落地；左脚向前摆起，右脚猛力蹬地跳起，左腿屈膝继续前上摆，同时右拳变掌向前上摆起，左掌先上摆而后下降拍击右掌背；右腿继续上摆，脚面绷直。右手拍击右脚面，左掌由体前向后上举。

(5)歇步下冲拳

左、右脚先后相继落地。左掌变拳收至腰间；身体右转90°，两腿全蹲成歇步。右掌变拳收至腰间；左拳由腰间向前下方冲出，拳心向下。目视左拳。

(6)仆步抡劈拳

左臂随重心升高向上摆起，右臂由腰间向体后伸直；以右脚前脚掌为轴，左腿屈膝提起，上体左转270°。左拳由前向后划立圆一周；右拳由后向下、向前上划立圆一周；左脚向后落一步，屈膝全蹲，右腿伸直，脚尖内扣，成右仆步。右拳由上向下抡劈，拳眼朝上；左拳向上举，拳眼朝上。目视右拳。

(7)提膝挑掌

重心前移成右弓步。同时右拳变掌由下向上抢摆，左拳变掌稍下落，右掌心朝左、左掌心朝右；左、右臂在垂直面上由前向后各划立圆一周。右臂伸直停于头上，掌心朝左，掌指向上；左臂伸直停于身后成反勾手。同时，右腿屈膝提起，左腿挺膝直立。目视前方。

(8)提膝劈掌弓步冲拳

下肢不动。右掌由上向下猛劈伸直，停于右小腿内侧，用力点在小指一侧；左勾手变掌，屈臂向前停于右上臂内侧，掌心朝左。目视右掌；右脚向右后落步；身体右转 90°。同时，左掌变拳收至腰间，右臂内旋向右划弧做劈掌；上动不停，左腿蹬直成右弓步。右手抓握变拳收至腰间，左拳由腰间向左前方冲出。目视左拳。

结束动作

(1)虚步亮掌

右脚蹬地提起扣于左膝后，两拳变掌，两臂右上左下屈肘交叉于体左前。目视右掌；右脚向右后落步，重心后移，右腿半蹲，上体稍右转。同时右掌向上、向右、向下划弧停于左腋下；左掌向左、向上划弧停于右臂上与左胸前，两掌心左下右上。目视左掌；左脚尖稍向右移，右腿下蹲成左虚步。左臂伸直向左、向后划弧成反勾手；右臂伸直向下、向右、向上划弧抖亮掌，掌心朝前。目视左方。

(2)并步对拳

左腿后撤一步，同时两掌从两腰侧向前穿出伸直，掌心朝上；右腿后撤一步，同时两臂分别向体后下摆；左腿后退半步向右腿并步直立。两臂由后向上经体前屈臂下按，两掌变拳，停于腹前，拳面相对，拳心朝下。目视左方。

(3)还原

两臂自然下垂，随之头转向正前方。两眼向前平视。

二、二十四式太极拳

(一)二十四式太极拳概述

依据“易经”阴阳之理、中医经络学、导引、吐纳综合地创造出的有阴阳性质，符合人体结构、大自然运转规律的一种拳术，古人称“太极”。

关于太极拳起源的传说很多。据史料记载，明末清初太极拳已经在河南农村流传开展，尤以温县陈家沟和赵堡镇为中心，代表人物为陈王廷和蒋发。19 世纪初，河北永年人杨露婵拜陈家沟陈长兴为师，学习太极拳带回原籍，不久又到北京推广，从此太极拳开始走向全国。同期的武禹囊赴赵堡镇向陈青萍学艺，整理并丰富了太极拳理论。近一百多年来，太极拳技术不断演变，内容不断丰富，并形成了很多流派。

新中国成立后，太极拳发展很快。全国各界、各部门(卫生、教育、体育)都把太极拳列为重要项目来开展，出版了太极拳书籍、挂图。太极拳在国外也受到普遍欢迎。欧美、东南亚、日本等国家和地区，都有太极拳活动。许多国家还成立了太极拳协会，积极与中国进行活动交流。太极拳作为中国特有的民族体育项目，已经走出国门，走向世界。

(二)二十四式太极拳套路练习

1. 动作名称

第一组：(1)起势；(2)左右野马分鬃；(3)白鹤亮翅

第二组：(4)左右搂膝拗步；(5)手挥琵琶；(6)左右倒卷肱

第三组：(7)左揽雀尾；(8)右揽雀尾

第四组：(9)单鞭；(10)云手；(11)单鞭

第五组：(12)高探马；(13)右蹬脚；(14)双峰贯耳；(15)转身左蹬脚

第六组：(16)左下势独立；(17)右下势独立

第七组：(18)左右穿梭；(19)海底针；(20)闪通臂

第八组：(21)转身搬拦锤；(22)如封似闭；(23)十字手；(24)收势

2. 动作说明

第一组

(1)起势(图 5-13)

两脚并拢，身体自然直立，头颈正直；两臂自然下垂，两手指尖轻贴大腿侧；眼向前平视；左脚向左慢慢开步，与肩同宽，脚尖向前；两臂慢慢向前平举，两手高与肩平，与肩同宽，手心向下；上体保持正直，两腿屈膝下蹲；同时两掌轻轻下按至腹前，两肘下垂与膝相对；眼平视前方。

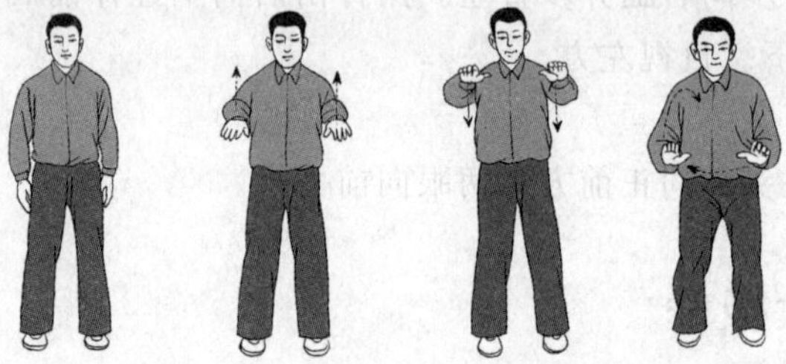

图 5-13

(2)左右野马分鬃(图 5-14)

①上体微向右转，身体重心移至右腿上；同时右臂收在胸前平屈，手心向下，左手经体前向右下划弧放在右手下，手心向上，两手心相对成抱球状；左脚随即收到右脚内侧，脚尖点地；眼视右手；上体微向左转，左脚向左前方迈出，同时左右手随转体慢慢分别向左上、右下错开；眼视左手；上体继续左转，右脚跟后蹬，右腿自然伸直成左弓步；左右手随转体继续向左上、右下分开，左手高与眼平，手心斜向上，肘微屈；右手落在右胯旁，肘也微屈，手心向下，指尖向前；眼视左手。

②上体慢慢后坐，身体重心移至右腿，左脚尖翘起，微向外撇(45°～60°)，同时两手准备抱球；左脚掌慢慢踏实，左腿慢慢前弓，身体左转，身体重心再移至左腿；同时左手翻转向下，左臂收在胸前平屈，右手向左上划弧放在左手下，两手心相对成抱球状；右脚随即收到左脚内侧，脚尖点地；眼视左手；上体微右转，右腿向右前方迈出，同时左右手随转体慢慢分别向左下、右上错开；眼视右手；左腿自然伸直成右弓步；同时上体继续右转，左右手继续随转体分别慢慢向左下、右上分开，右手高与眼平，手心斜向上，肘微屈；左手落在左胯旁，肘也微屈，手心向下，指尖向前；眼视右手。

③与②解同，唯左右相反。

(3)白鹤亮翅(图 5-15)

上体微向左转，左手翻掌向下，左臂平屈胸前，右手向左上划弧，手心转向上，与左手相对

图 5-14

成抱球状；眼视左手；右脚跟进半步，上体后坐，身体重心移至右腿；上体先向右转，面向右前方，眼视右手；然后左脚稍向前移，脚尖点地，成左虚步；同时上体再微向左转，面向前方，两手随转体慢慢向左下、右上分开，右手上提停于右额前，手心向左后方，左手落于左胯前，手心向下，指尖向前；眼平视前方。

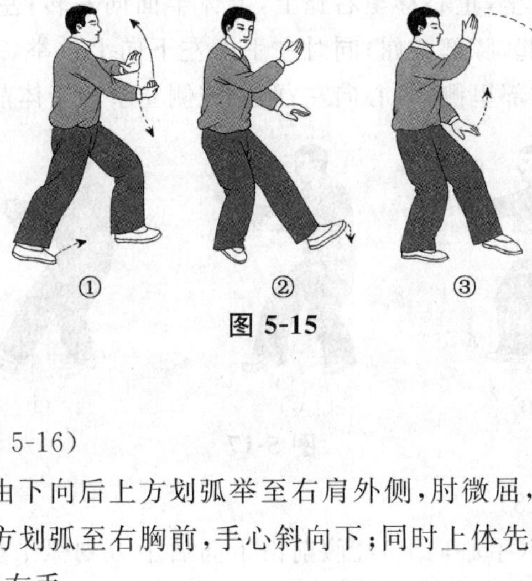

图 5-15

第二组

(4)左右搂膝拗步(图 5-16)

①右手从体前下落，由下向后上方划弧举至右肩外侧，肘微屈，手与耳同高，手心斜向上；左手由左下向上、向右下方划弧至右胸前，手心斜向下；同时上体先微向左再向右转；左脚收至右脚内侧，脚尖点地；眼视右手。

②上体左转，左脚向前(偏左)迈出成左弓步；同时右手屈回由耳侧向前推出，高与鼻尖平，左手向下由左膝前搂过落于左胯旁，指尖向前；眼视右手。

③右腿慢慢屈膝，上体后坐，重心移至右腿，左脚尖跷起微向外撇，随后脚慢慢踏实，左腿前弓，身体左转，重心移至左腿，右脚收到左脚内侧，脚尖点地；同时左手向外翻掌由左后向上划弧至左肩外侧，肘微屈，手与耳同高，手心斜向上；右手随转体向上向左下划弧落于左胸前，手心斜向下；眼视左手。

④与②解同，唯左右相反。

⑤与③解同，唯左右相反。

⑥与②解同。

图 5-16

(5)手挥琵琶(图 5-17)

右脚跟进半步，上体后坐，重心移至右腿上，上体半面向右转；左脚略提起稍向前移，变成左虚步，脚跟着地，脚尖跷起，膝部微屈；同时左手由左下向上挑举，高与鼻尖平，掌心向右，臂微屈；右手收回放在左臂肘部里侧，掌心向左；两手成侧立掌合于体前；眼视左手食指。

图 5-17

(6)左右倒卷肱(图 5-18)

①上体右转，右手翻掌(手心向上)经腹前由下向后上方划弧平举，臂微屈，左手随即翻掌向上；眼的视线随着向右转体先右视，再转向前方视左手。

②右臂屈肘折向前，右手由耳侧向前推出，手心向前，左臂屈肘后撤，手心向上，撤至左肋外侧；同时左腿轻轻提起向后(偏左)退一步，脚掌先着地，然后全脚慢慢踏实，身体重心移到左腿上，成右虚步，右脚随转体以脚掌为轴扭正；眼视右手。

③上体微向左转。同时左手随转体向后上方划弧平举，手心向上，右手随即翻掌，掌心向上；眼随转体先左视，再转向前方视右手。

④与②解同，唯左右相反。

⑤与③解同，唯左右相反。

⑥与②解同。

⑦与③解同。

⑧与②解同，唯左右相反。

图 5-18

第三组

(7)左揽雀尾(图 5-19)

①上体微向左转，同时右手随转体向后上方划弧平举，手心向上，左手放松，手心向下；眼视左手；身体继续向右转，左手自然下落，逐渐翻掌经腹前划弧至右肋前，手心向上；右臂屈肘，手心转向下，收至右胸前，两手相对成抱球状；同时身体重心落在右腿上，右脚收至右脚内侧，脚尖点地；眼视右手。

②上体微向左转，左脚向左前方迈出，上体继续向左转，右腿自然蹬直，左腿屈膝成左弓步，同时左臂向左前方拥出(即左臂平屈成弓形，用前臂外侧和手背向前方推出)，高与肩平，手心向后；右手向右下落，放于右胯旁，手心向下，指尖向前；眼视左前臂。

③身体微向左转，左手随即前伸翻掌向下，右手翻掌向上，经腹前向上、向前伸至左前臂下方；然后两手下捋，即上体向右转，两手经腹前向右后上方划弧，直至右手心向上，高与肩平，左臂平屈胸前，手心向后；同时身体重心移至右腿；眼视右手。

④体微向左转，右臂屈肘折回，右手附于左手腕里侧(相距约 5 厘米)，上体继续向左转，双手同时向前慢慢挤出，左手心向后，右手心向前，左前臂要保持半圆；同时身体重心逐渐前移变成左弓步；眼视左手腕部。

⑤左手翻掌，手心向下，右手经左腕上方向前、向右伸出，高与左手齐，手心向下，两手左右分开，宽与肩同；然后右腿屈膝，上体慢慢后坐，身体重心移至右腿上，左脚尖跷起；同时两手屈肘回收至腹前，手心均向前下方；眼向前平视。

⑥上式不停，身体重心慢慢前移，同时两手向前、向上按出，掌心向前；左腿前弓成左弓步；眼平视前方。

图 5-19

(8)右揽雀尾(图 5-20)

①上体后坐并向右转,身体重心移至右腿,左脚尖里扣;右手向右平行划弧至右侧然后由右下经腹前向左上划弧至左肋前,手心向上;左臂平屈胸前,左手掌向下与右手成抱球状;同时身体重心再移到左腿上,右脚收到左脚内侧,脚尖点地;眼视左手。

②同"左揽雀尾"②解,唯左右相反。

③同"左揽雀尾"③解,唯左右相反。

④同"左揽雀尾"④解,唯左右相反。

⑤同"左揽雀尾"⑤解,唯左右相反。

⑥同"左揽雀尾"⑥解,唯左右相反。

图 5-20

第四组

(9)单鞭(图 5-21)

上体后坐，重心逐渐移至左腿，右脚尖里扣；同时上体左转，两手(左高右低)向左弧形运转，直至右臂平举，伸于身体左侧，手心向左，右手经腹前运至肋前，手心向后上方；眼视左手；重心再渐渐移至右腿上，上体右转，左脚向右脚靠拢，脚尖点地；同时右手向右上方划弧(手心由里转向外)，至右侧方时变勾手，臂与肩平；左手向下经腹前向右上划弧停于右肩前，手心向里；眼视左手；上体微向左转，左脚向左前侧方迈出，右脚跟后蹬，成左弓步；在身体重心移向左腿的同时，左掌随上体的左转慢慢翻转向前推出，手心向前，手指与眼齐平，臂微屈；眼视右手。

图 5-21

(10)云手(图 5-22)

①重心移至右腿上，身体渐向右转，左脚尖里扣；左手经腹前向右上划弧至右肩前，手心斜向后，同时右手松勾变掌，手心向右前；眼视左手。

②上体慢慢左转，重心随之逐渐左移；左手由脸前向左侧运转，手心渐渐转向左方；右手由右下经腹前向左上划弧，至左肩前，手心斜向后；同时右脚靠近左脚，成小开立步(两脚距离5～20 厘米)；眼视右手。

图 5-22

③上体再向右转，同时左手经腹前向右上划弧至右肩前，手心斜向后；右手向右侧运转，手心翻转向右；随之左腿向左横跨一步；眼视左手。

④同②解。

⑤同③解。

⑥同②解。

(11)单鞭(图 5-23)

上体向右转，右手随之向右运转，至右侧方时变成勾手；左手经腹前向右划弧至右肩前，手心向内；重心落在右腿上，左脚尖点地；眼视右手；上体微向左转，左脚向左前侧方迈出，右脚跟后蹬，成左弓步；在身体重心移向左腿的同时，上体继续左转，左掌慢慢翻转向前推出，成"单鞭"式。

图 5-23

第五组

(12)高探马(图 5-24)

右脚跟进半步，身体重心逐渐后移至右腿上；右勾手变成掌，两手心翻转向上，两肘微屈；同时身体微向右转，左脚跟渐渐离地；眼视左前方；上体微向左转，面向左前方，右掌经右身旁向前推出，手心向前，手指与眼同高；左手收至左侧腰前，手心向上；同时左脚微向前移，脚尖点地，成左虚步；眼视右手。

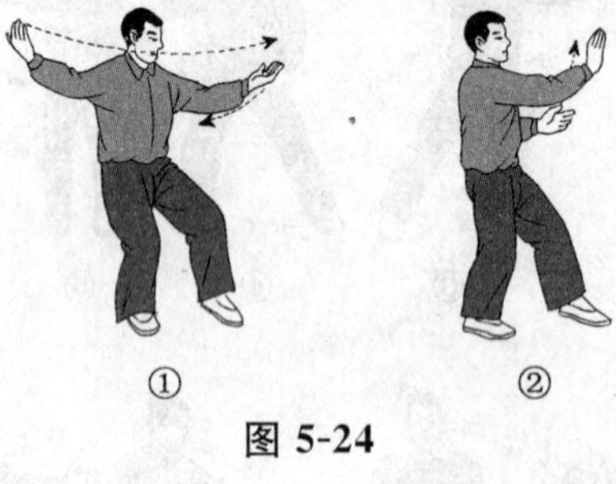

图 5-24

(13)右蹬脚(图 5-25)

左手手心向上，前伸至右手腕背面，两手相互交叉，随即向两侧分开并向下划弧，手心斜向下，同时左脚提起向左前侧方进步(脚尖稍外撇)；身体重心前移；右腿自然蹬直，成左弓步；眼视前方；两手由外圈向里圈划弧，两手交叉合抱于胸前，右手在外，手心均向后；同时左脚靠拢，脚尖点地；眼平视右前方；两手臂左右划弧分开平举，肘部微屈，手心均向外；同时右腿屈膝提起，右脚向右前方慢慢蹬出；眼视右手。

① ② ③ ④ ⑤ ⑥

图 5-25

(14)双峰贯耳(图 5-26)

右腿收回,屈膝平举;左手由后向上、向前下落至体前,两手心均翻转向上,两手同时向下划弧,分落于右膝盖两侧;眼视前方;右脚向右前方落下,重心渐渐前移,成右弓步,面向右前方;同时两手下落,慢慢变拳,分别从两侧向上、向前划弧至面部前方,成钳形;两拳相对,高与耳齐,拳眼都斜向内下(两拳中间距离为 10～20 厘米);眼视右拳。

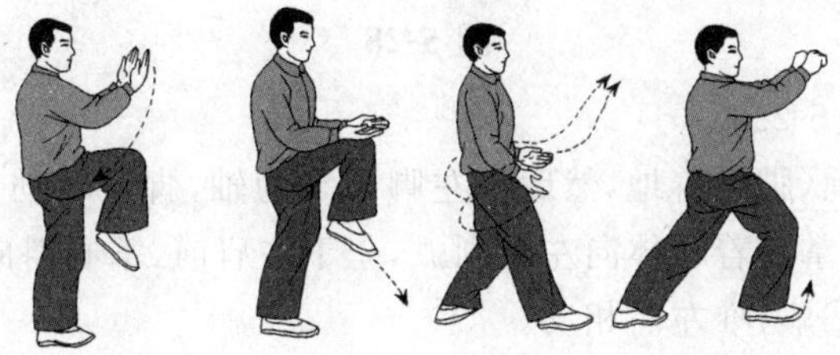

① ② ③ ④

图 5-26

(15)转身左蹬脚(图 5-27)

左腿屈膝后坐,身体重心移至左腿,上体左转,右脚尖里扣;同时两拳变掌,由上向左右划弧分开平举,手心向前;眼视左手;身体重心再移至右腿,左脚收到右脚内侧,脚尖点地;同时两手由外圈向里圈划弧合抱于胸前,左手在外,手心均向后;眼平视左方;两手臂左右划弧分开平举,肘部微屈,手心均向外;同时左腿屈膝提起,左脚向左前方慢慢蹬出;眼视左手。

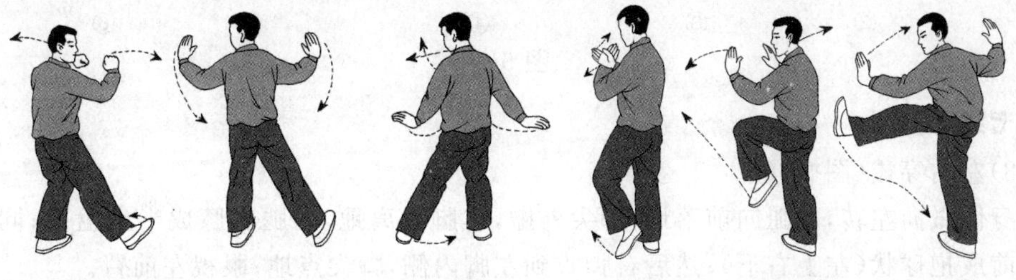

① ② ③ ④ ⑤ ⑥

图 5-27

第六组

(16)左下势独立(图 5-28)

①左腿收回平屈,上体右转;右掌变成勾手,左掌向上、向右划弧下落,立于右肩前,掌心斜

向后；眼视右手。

②右腿慢慢屈膝下蹲，左腿由内向左侧（偏后）伸出，成左仆步；左手下落（掌心向外）向左下顺左腿内侧向前穿出；眼视左手。

③身体重心前移，左脚跟为轴，脚尖尽量向外撇，左腿前弓，右腿后蹬，右脚尖里扣，上体微向左转并向前起身；同时左臂继续向前伸出（立掌），掌心向右，右勾手下落，勾尖向后；眼视左手。

④右腿慢慢提起、平屈，成左独立式；同时右勾手变掌，并由后下方顺右腿外侧向前弧形上挑，屈臂立于右腿上方，肘与膝相对，手心向左；左手落于左胯旁，手心向下，指尖向前；眼视右手。

图 5-28

(17)右下势独立(图 5-29)

①右脚下落于左脚前，脚尖着地，然后以左脚前掌为轴，脚跟转动，身体随之左转，同时左手向后平举变成勾手，右掌随着转体向左侧划弧，立于左肩前，掌心斜向后；眼视左手。

②同“左下势独立”②解，唯左右相反。

③同“左下势独立”③解，唯左右相反。

④同“左下势独立”④解，唯左右相反。

图 5-29

第七组

(18)左右穿梭(图 5-30)

①身体微向左转，左腿向前落地，脚尖外撇，右脚跟离地，两腿屈膝成半坐盘式；同时两手在左胸前成抱球状（左上右下）；然后右脚收到左脚内侧，脚尖点地；眼视左前臂。

②身体右转，右脚向右前方迈出，屈膝弓腿成右弓步；右手由脸前向上举并翻掌停架在右额前，手心斜向下；左手向左下，再经体前向前推出，高与鼻尖平，手心向前；眼视左手。

③身体重心略向后移，右脚尖稍向外撇，随即身体重心再移到右腿，左脚跟进，停于掤内侧，脚尖点地；同时两手在胸前成抱球状（右上左下）；眼视右前臂。

④同②解，唯左右相反。

图 5-30

(19)海底针(图 5-31)

右脚向前跟进，身体重心移至右腿，右脚稍向前移举步；右手下落经体前向后、向上提抽至肩上耳旁，左手下落至体前侧；左脚尖点地成左虚点；同时身体稍向右转；右手再随身体左转，由右耳旁斜向前下方插出，掌心向左，指尖斜向下；与此同时，左手向前、向下划弧落于左胯旁，手心向下，指尖向前；眼视前下方。

(20)闪通臂(图 5-32)

上体稍向右转，左脚微回收举步，同时两手上提；眼视前方；左脚向前迈出，脚跟着地；左右两手分别向左前、右后分开；左手心向前，右手心向外；眼视前方；重心前移，左腿屈膝弓成左弓步；同时右手屈臂上举，停于右额前上方，掌心翻转斜向上，拇指朝下；左手由胸前随重心前移慢慢向前推出，高与鼻尖平，手心向前；眼视左手。

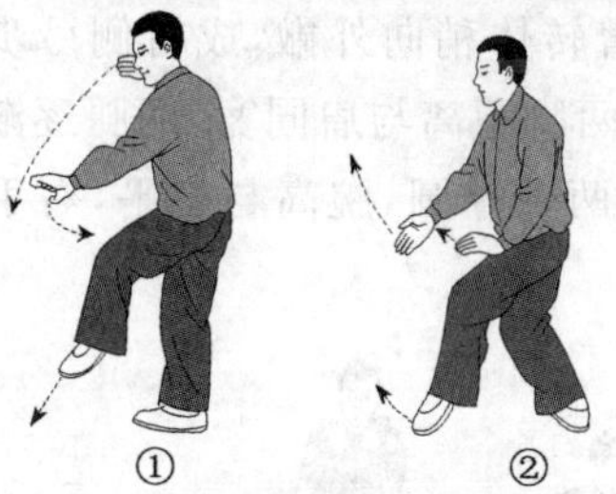

图 5-31

图 5-32

第八组

(21)转身搬拦锤(图 5-33)

上体后坐，身体重心移至右腿上，左脚尖里扣；身体向右后转，然后身体重心再移至左腿上；与此同时，右手随着转体向右、向下(变拳)经腹前划弧至左肋旁，拳心向下；左掌上举于头前，掌心斜向上；眼视前方；向右转体，右拳经胸前向前翻转撇出，拳心向上；左手落于左胯旁，掌心向下，指尖向前；同时右脚收回后（不要停顿或脚尖点地）即向前迈出，脚尖外撇；眼视右拳；身体重心移至右腿上，左腿向前迈出一步；左手上起经左侧向前上划弧拦出，掌心向前上方；同时右拳向右划弧收到右腰旁，拳心向上；眼视左手；左腿前弓成左弓步，同时右拳向前打出，拳眼向上，高与胸平，左手附于右前臂里侧；眼视右拳。

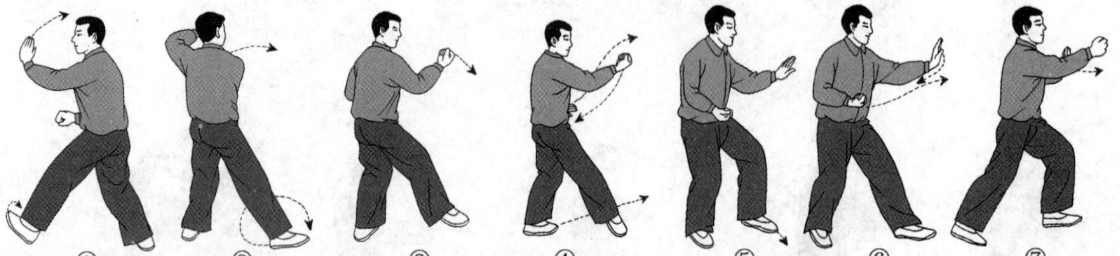

图 5-33

（22）如封似闭（图 5-34）

左手由右腕下向前伸出，右拳变掌，两手手心逐渐翻转向上并慢慢分开回收；同时身体后坐，左脚尖跷起，身体重心移至右腿；眼视前方；两手在胸前翻掌，向下经腹前再向上、向前推出；腕部与肩平，手心向前；同时左腿前弓成左弓步；眼视前方。

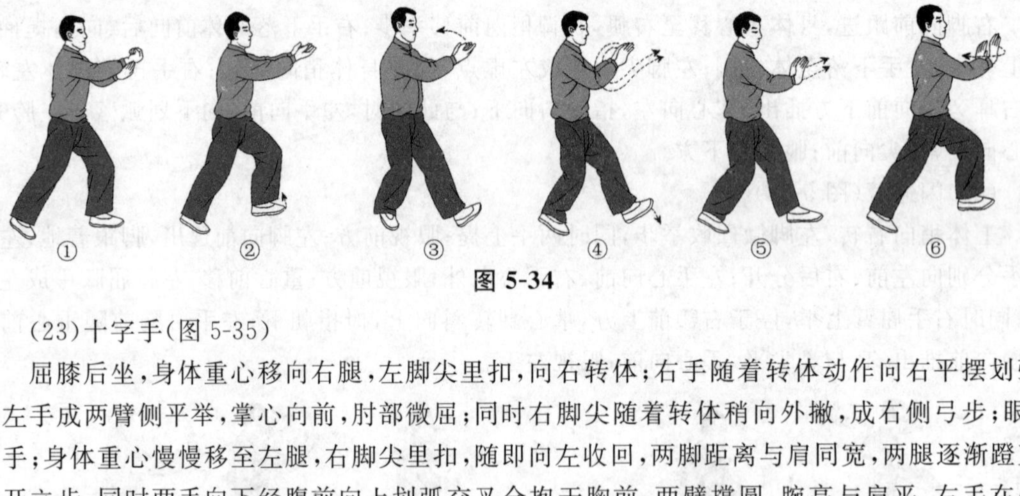

图 5-34

（23）十字手（图 5-35）

屈膝后坐，身体重心移向右腿，左脚尖里扣，向右转体；右手随着转体动作向右平摆划弧，与左手成两臂侧平举，掌心向前，肘部微屈；同时右脚尖随着转体稍向外撇，成右侧弓步；眼视右手；身体重心慢慢移至左腿，右脚尖里扣，随即向左收回，两脚距离与肩同宽，两腿逐渐蹬直，成开立步；同时两手向下经腹前向上划弧交叉合抱于胸前，两臂撑圆，腕高与肩平，右手在外，成十字手，手心均向后；眼视前方。

图 5-35

(24)收势(图 5-36)

两手向外翻掌,手心向下,两臂慢慢下落,停于腹前;眼视前方;两腿缓缓蹬直,同时两掌慢慢下落至大腿侧,然后收左脚成并步直立;眼视前方。

图 5-36

第四节　器械武术套路实践

一、刀术

(一)刀术概述

早在原始社会,就有了石刀、骨刀、蚌刀、角刀等生产工具。商代已有铜锡合金制成的青铜刀。在周代末期出现了铁刀。春秋战国时期,战场上刀剑交错,人们赴火蹈刀,死不旋踵。汉代的刀制作精良,成为战场上短兵相搏的重要武器。历史上,刀术不仅有技击方面的记载,也有饮酒舞刀的叙述。刀术在其漫长的发展历史中,一直是沿着两人"相击"和单人"舞练"两种形式发展的。至明清时期,人们对刀术的认识和见解更趋成熟,形成了搏杀的技击性,舞练的表演性,授受刀术具有理论性。刀术套路琳琅满目,有太极刀、梅花刀、八封刀、少林刀等。

(二)刀的部位简介

刀的构造为刀身、刀柄两部分。刀身由刀尖、刀刃、刀背组成,刀柄由护手(刀盘)、柄首(刀柄、刀首)组成,并配置刀彩和刀鞘(图 5-37)。刀的长度一般以直臂下垂抱刀时,刀尖不低于本人耳上端为准。现代竞技武术套路比赛按年龄、性别要求使用不同型号、尺寸、重量的刀。高校教学用刀可放宽限制。

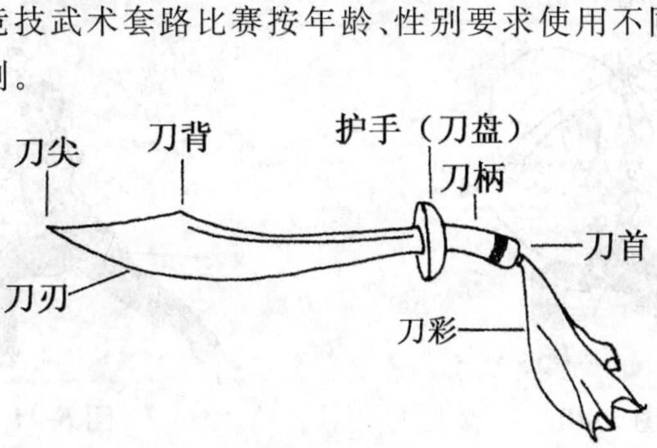

图 5-37

(三)刀术套路练习

1. 动作名称

预备姿势

第一段：(1)起势；(2)弓步藏刀；(3)虚步藏刀；(4)弓步扎刀；(5)弓步抡劈；(6)提膝格刀；(7)弓步推刀；(8)马步劈刀；(9)仆步按刀

第二段：(1)蹬腿藏刀；(2)弓步平斩；(3)弓步带刀；(4)歇步下砍；(5)弓步扎刀；(6)叉步反撩；(7)弓步藏刀；(8)虚步抱刀；(9)收势

2. 动作说明

预备姿势

两脚并立，左手虎口朝下，拇指在前，其余四指在后握住刀柄，手腕部贴靠刀盘，刀刃朝前，刀尖朝上，刀背贴靠前臂内侧，右手五指并拢垂于身体右侧，目视前方(图 5-38)。

图 5-38

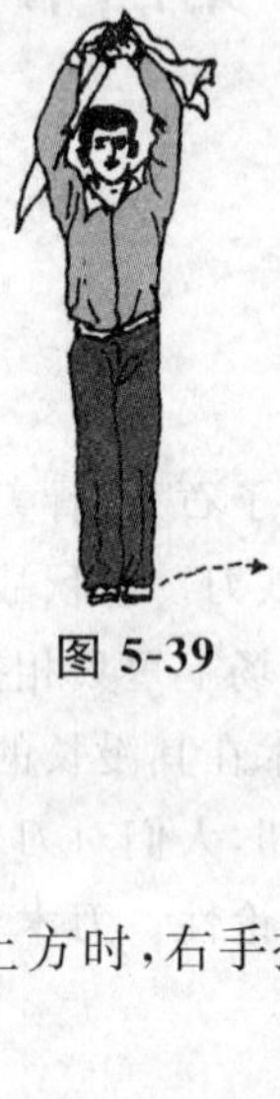

图 5-39

第一段

(1)起势

左手握刀与右手同时从体侧向额上方绕环，至额前上方时，右手拇指张开贴近刀盘，接握左手之刀(图 5-39)。

(2)弓步藏刀

右腿屈膝略蹲左脚向左上步。右手持刀使刀背贴身从左绕向身后，左臂内旋向左伸出，目向左平视(图 5-40)；上身左转成左弓(图 5-41)。

图 5-40

图 5-41

(3)虚步藏刀

上身右转成左弓步。右手持刀,随上身右转向右平扫,刀背朝前,左掌随之向左侧平落,手心向下,目视刀身(图 5-42);顺扫刀之势右臂外旋,手心朝上,使刀背向身后平摆(图 5-43);上身随之左转,左脚后收半步成虚步,右手持刀,刀尖朝下从背后向左肩外侧绕行,同时左手经体前向下,向右腋下处弧形绕环,目向左前方平视(图 5-44);右手持刀从左肩外侧向下,向后拉回,肘略屈,刀刃朝下,刀尖朝前,左手随即向前成侧立掌平直推出,目视左掌(图 5-45)。

图 5-42

图 5-43

图 5-44

图 5-45

(4)弓步扎刀

左脚稍前移,踏实,右脚随即向前上步,成右弓步。左掌在右脚上步的同时,向后直臂弧形绕环至身后平举成勾手,勾尖朝下。右手持刀随之向前扎刀,刀刃朝下,刀尖朝前,目视刀尖(图 5-46)。

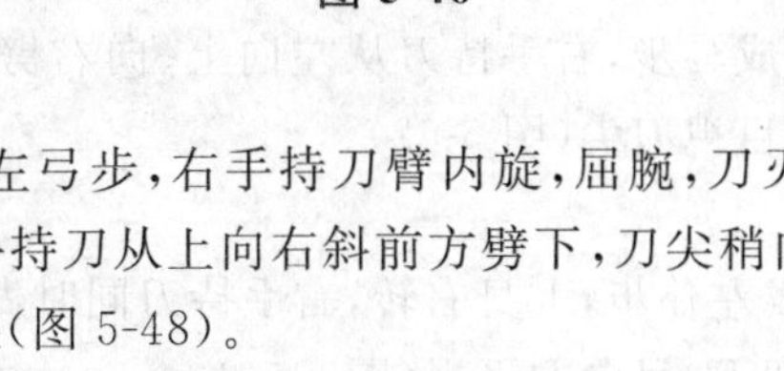

图 5-46

(5)弓步抡劈

左腿向左斜前方上步成左弓步,右手持刀臂内旋,屈腕,刀刃向上,左勾手变掌附于右肘处,目视刀身(图 5-47)。右手持刀从上向右斜前方劈下,刀尖稍向上翘。左臂同时屈肘上举,至头顶上方成横掌,目视刀尖(图 5-48)。

图 5-47

图 5-48

(6)提膝格刀

左脚尖外展,右腿提膝,刀由前下向左上横格,刀垂直立于胸前,刀尖朝上,刀刃向左。左手横附于刀背上,目视刀身(图 5-49)。

图 5-49

(7)弓步推刀

右脚向前落步。右手持刀向后、向下贴身弧形绕环,左掌此时从上向下按于刀背,目视刀尖(图 5-50)。上体微右转,左脚从体前上步,成左弓步。右手持刀随之向前撩推,刀刃斜朝下,刀尖斜朝下,左掌仍按刀背,掌指朝上。上身前探,目视刀尖(图 5-51)。

图 5-50

图 5-51

(8)马步劈刀

上体右转,两腿屈膝半蹲成马步,右手持刀从左向上、向右劈下,刀尖稍向上翘与眉相齐,左掌在头顶上方屈肘成横掌,目视刀尖(图 5-52)。

(9)仆步按刀

右脚向右后方撤一大步成左仆步,上身右转,右手持刀同时做外腕花,左掌同时向下按切,附于右手腕,刀尖朝前,刀刃朝下,目向左平视(图 5-53)。

图 5-52

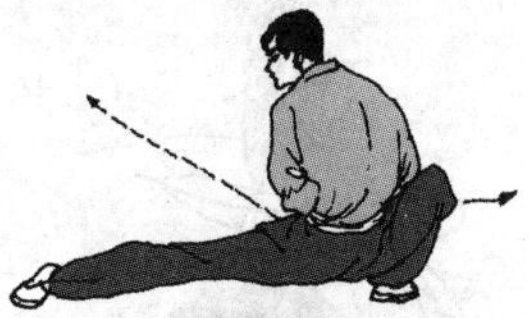

图 5-53

第二段

(1)蹬腿藏刀

右腿蹬直立起，左腿提膝成独立，右手持刀向右后拉回，左掌向左前方伸出，掌指朝上，目视左手(图 5-54)；上身左转，右手持刀从后向前由左膝下方朝左裹膝抄起，左掌屈肘附于右前臂，目视前下方(图 5-55)；右手持刀从左肩外侧向后沿肩背绕行，左脚即向左斜前方落步成左弓步，左掌向左平摆(图 5-56)；右手持刀经肩外侧向前、向左平扫，至左肋时顺扫刀之势臂内旋，将刀背贴靠左肋，左掌随之屈肘上举至头顶上方成横掌(图 5-57)；右脚脚尖上翘，用脚跟向前上方蹬脚，目视脚尖(图 5-58)。

图 5-54

图 5-55

图 5-56

图 5-57

图 5-58

(2)弓步平斩

右脚向前落步(图 5-59)；左脚向前上步，右脚趁势提起，上身在上步之同时向右后转。右手持刀，手心朝下，随着绕身平扫一周，左掌从上向左后方平摆，掌心朝上(图 5-60)。右手持刀臂外旋，刀尖朝下，使刀从右肩外侧向后绕行，做裹脑动作，右腿后撤一步，成左弓步。右手持刀使刀背贴靠于左肋，刀尖朝后，同时左掌屈肘上举至头顶上方成横掌，目光向前平视(图 5-61)。上身右转，成右弓步。右手持刀向身前平扫，扫腰斩击，刀尖朝前，左掌同时从上向后平落，掌指朝后，目视刀尖（图 5-62）。

图 5-59

图 5-60

图 5-61

图 5-62

(3)弓步带刀

右手持刀臂外旋，使刀刃朝上，刀尖稍向下斜垂（图 5-63）；重心左移，左腿全蹲，右腿挺膝伸直平铺成仆步，右手持刀向左上方屈肘带回，左臂屈肘，左掌附于刀把内侧，拇指一侧朝下，目向右侧平视（图 5-64）。

图 5-63

图 5-64

(4)歇步下砍

上身稍抬起。右手持刀，刀尖朝下，从右肩外侧向背后绕行，左掌同时向左侧平伸，拇指一侧朝下（图 5-65）。左脚从身后向右侧插步，同时右手持刀从背后由左肩外侧绕行，手心朝下，刀身平放，刀尖朝后，同时左掌向右腋处弧形绕环，目向右视（图 5-66）。两腿屈膝全蹲成歇步。右手持刀在歇步下坐同时向右下方斜砍，刀刃斜朝下，刀尖朝前，左掌随之向左摆出，在左侧上方成横掌，目视刀身（图 5-67）。

图 5-65

图 5-66

(5)弓步扎刀

上体左转,双脚碾地,左脚向前上半步,成左弓步。同时右手持刀,随势向前平伸直扎,刀刃朝下,刀尖朝前,左掌顺势附于右腕里侧,目视刀尖(图 5-68)。

图 5-67

图 5-68

(6)叉步反撩

上体稍直起并右转,右脚不动左脚向右前方上步。同时右臂内旋刀尖朝下,使刀从前面向上、向后直臂弧形绕行,刀刃朝下,左掌在屈肘时收于右肩前侧(图 5-69)。右脚向左脚前方上步,成右弓步。同时右手持刀向下、向前直臂弧形撩起,刀刃朝上,刀尖朝前。左掌从右肩前向上直臂弧形绕行,至头部上方时,屈肘横架,掌心朝上,掌指朝前,目视刀尖(图 5-70)。右脚内扣,上体左转,刀随转体收于腹前,刀尖上翘,左掌下落附于右腕处,目视刀尖(图 5-71)。左脚向右脚后横迈一步成左插步,同时右手持刀向后反撩,刀刃朝后,左掌向左上方插出,掌心朝前,目视刀尖(图 5-72)。

图 5-69

图 5-70

图 5-71

图 5-72

(7)弓步藏刀

左脚向左前上一步。同时右手持刀臂内旋,刀尖朝下,使刀从左肩外侧后绕行,做缠头动作(图 5-73);身体重心左移,成左弓步,右手持刀从背后经右向左平扫,至左肋时顺刀之势内旋,使刀背贴靠于左肋,刀尖朝下,同时左掌屈肘上举至头顶上方成横掌,目向前平视(图 5-74)。

图 5-73

图 5-74

(8)虚步抱刀

上身右转,左腿伸直,右腿屈膝,同时右手持刀向右平扫,左掌随之向左平摆,掌心朝上,目视刀尖(图 5-75);上身稍直起,同时右手持刀顺向右平扫,臂外旋,手心朝上,使刀向身后平摆,继而屈肘上举使刀下垂,刀背贴身,左掌协调配合,目向右平视(图 5-76);上体右转,成右弓步,右手持刀从背后经左肩外侧向身体前方平伸拉带,刀刃朝上,刀背贴于左臂,刀尖朝后,左掌则从左向下向前直臂弧形摆起,至脸前时,拇指张开用掌心托住刀盘,准备将右手之刀接回,目视双手(图 5-77);右脚跟外转,上体左转,左脚从左移于身前,成左虚步,同时左手接刀,经身前向下,向身体左侧抱刀下沉,刀刃朝向身前,刀背贴靠左臂,刀尖朝上,右手从身前向下、向后、向上,直臂弧形绕至头上方时屈腕成横掌,掌心朝前,肘稍屈,目向左平视(图 5-78)。

图 5-75

图 5-76

(9)收势

右腿向前，向左脚靠拢，并步直立，右掌随即从右耳侧向下按落，掌心朝下，肘略屈并向外撑开，左手握刀不动，目视左侧(图 5-79)。

图 5-77

图 5-78

图 5-79

二、枪术

(一)枪术概述

枪又称为矛，是我国古代最主要的冷兵器之一。由原始人用来狩猎的前端修尖的木棒发展而来。到商代，已经有青铜矛。冶铁技术发展后，矛头开始由铁制，其锐长，近似于枪。晋时，枪头短而尖，比矛轻便锋利，自晋以后枪兴矛衰。隋、唐、五代时，枪已是战阵主要兵器，步兵、骑兵以枪为主。宋代长兵沿袭隋唐遗制，军中亦以枪为主，枪的形制种类不仅多于唐代，而且用法也随着不同的形制变化而呈多样化。明朝，枪术除军事运用外，民间也有了极大的发展，有“使枪之家十七”之说法。明代枪技发展很大，理论更为完善。清代学、练、研究枪法者很多，《手臂录》《万宝书》《阴符枪谱》和《苌氏武技书》等书籍都记载了枪术理论。火药武器的发展，使得枪术在战争中逐渐被淘汰，但作为武术器械，枪术却进一步发展，现在已经成为竞技武术项目。

(二)枪的部位简介

枪包括枪杆、枪头和枪樱，枪杆一般由长而直的坚韧圆木制成(白蜡杆)。现代习练的枪的长度不得短于本人直立直臂上举时从脚底到指端的高度。枪头一般长约 15 厘米，背厚整体较轻为好，不求锋利。枪樱不得短于 20 厘米。枪的部位名称如图 5-80 所示。

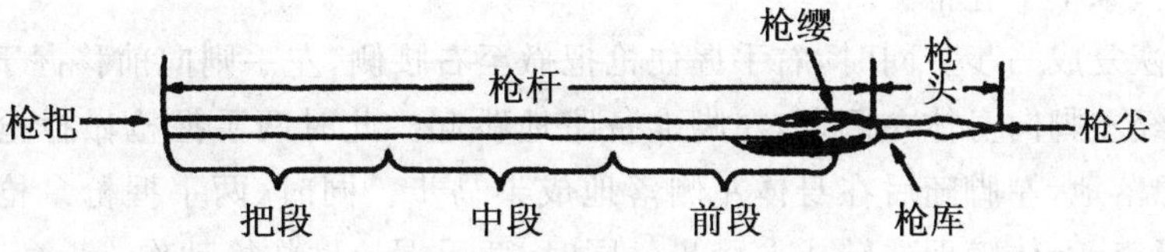

图 5-80

(三)枪术套路练习

1. 动作名称

预备式

第一段:(1)插步拦、拿中平扎枪;(2)跳步拦、拿中平扎枪;(3)绕上步拦、拿中平扎枪;(4)插步拦、拿中平扎枪

第二段:(1)转身弓步中平枪;(2)上步弓步推枪;(3)仆步低平枪;(4)提膝抱枪;(5)提膝架枪;(6)弓步拿、扎枪;(7)马步盖把枪;(8)舞花拿、扎枪

第三段:(1)上步劈、扎枪;(2)挑把转身拿、扎枪;(3)横档步劈枪;(4)虚步下扎枪;(5)歇步拿枪;(6)马步单平枪;(7)插步拦、拿中平扎枪;(8)弓步拉枪

第四段:(1)转身中平枪;(2)转身拉枪;(3)插步拨枪;(4)并步下扎枪;(5)跳步中平枪;(6)拗步盖把枪;(7)仆步劈枪、弓步中平枪;(8)转身弓步中平枪

还原式

2. 动作说明

预备式

两脚并步站立,右手握枪杆垂于身体右侧,左手五指并拢垂于身体左侧。目向左平视;右手握枪向上直举,左手在右手上面握住枪杆,随后右手稍向下移。目仍向左平视;左脚向前上半步,前脚掌虚着地面成左虚步。同时,右肘微屈,臂前伸,手移握于枪把部位,高与肩平;左臂向左后下伸,使枪尖由上面向左后方下摆,与膝同高,左手则移握于枪杆的上部,肩伸直。目向左平视;左脚向左侧跨一步,脚尖向左,两腿屈膝半蹲半马步;同时,右手握住枪收于右腰侧,左手握枪杆摆至身体左侧,使枪尖由左后划弧摆至身体的左侧,枪身平放,贴靠腹部;目视枪尖;右腿挺膝蹬直,上体随即左转成左弓步;同时,两手握枪向前平扎。目视枪尖。

第一段

(1)插步拦、拿中平扎枪

上体右转恢复成半马步;同时,右手握住枪把撤至右腰侧,左手则向前移握于枪杆中段。目视枪尖。右脚从身后向左插步;同时,右手握住枪把,右前臂向上翻起,高与肩平,左臂稍外旋,使枪尖向后下方划半立圆,又称“拦枪”。上动不停,左脚向身体左侧横跨一步,成半马步;同时,右手握枪把由上向前下方划半个立圆,停于右腰侧,左手则微向前合,臂稍内旋,使枪尖由下向前上方划圆。上动不停,右腿挺膝蹬直,上体随即左转,成左弓步;同时,两手握枪向前平扎,目视枪尖。

(2)跳步拦、拿中平扎枪

上体右转恢复成马步。同时,右手握住枪把撤至右腰侧,左手则向前移握于枪杆中段。目视枪尖。右脚经左脚向身体左侧迈,左脚准备蹬地跳起。此时两手握枪做拦枪动作。左脚蹬地跳起,右脚想落地,左脚随后在身体左侧落地成半马步。同时,两手握枪拿枪动作。上动不停,右腿挺膝蹬直,上体随即左转成左弓步。同时,两手握枪做扎枪动作。

(3)绕上步拦、拿中平扎枪

上体右转恢复成半马步,两手握枪撤回。目视枪尖。右脚向左脚前面上一步,两手做拦枪

动作。左脚继续向前上一步，两手做拿枪动作。右脚绕过左侧向左脚前方弧形上步，上体随即左转。同时，两手握枪向前平扎。

(4)插步拦、拿中平扎枪

上体稍右转，两手握枪撤回。目视前方。左脚向前上一步，随即右脚向左腿后插一步。同时，上体右转，两手做拦枪动作。左脚向身体左侧横跨一步，成半马步。同时两手做拿枪动作。上动不停，右腿挺膝蹬直，上体随即左转，成左弓步。同时，两手握枪向前扎。目视枪尖。

第二段

(1)转身弓步中平枪

身体重心移于右腿上，随即左腿屈膝提起，上体向左后转约 180°。同时，右手握住枪把向身体右上方提起，左手顺着枪杆滑握于中部稍靠上，两臂伸直，枪尖指向身体的坐后下方。目视枪尖。左脚顺势在身体左侧落步，屈膝半蹲右腿随即挺膝蹬直，成左弓步。同时，右手握枪把从上向下弧形翻转，手心向里左手握枪杆由左下向上弧形摆起，并且臂内旋，使枪尖划一立圆，再利用右手推送和转腰的力量向前平扎枪；目视枪尖。

(2)上步弓步推枪

身体重心后移，上体右转，成半马步；同时，两手握枪撤回；目视枪尖。右脚向身体左前方上一步，左脚再上一步。同时，两手握枪使枪尖向上、向后、向下、再向前划一立圆。目视枪尖。右脚继续向左前方上一步，屈膝半蹲，左腿挺膝蹬直，成右弓步。同时，两手握枪向前下方推出，右手握枪把停于头部右侧，高于头平；左臂向身体左前方伸直，手心向上，枪尖斜向上。目视枪尖。

(3)仆步低平枪

左脚向左前侧上一步，继而右腿屈膝全蹲，成左仆步。同时，两手握枪略后撤，再沿着左腿内侧向仆腿方向水平直刺；目视枪尖。

(4)提膝抱枪

身体起立微向左转，右脚向前上一步；左手下滑握住枪杆的下段，右手随即换于枪杆的中段，枪尖向上。左脚向前上一步，枪尖由上向后摆动。右腿屈膝提起，左腿伸直独立站稳；两手握枪使枪尖右后向下、向前挑起，收枪拖抱于身体左侧，枪尖指向前上方。此时，两肘略屈，右手与肩同高，左手停于左胯旁。目视枪尖。

(5)提膝架枪

右脚向前落步，身体左转；同时，左手上滑移握于枪杆的中部，右手下滑换握于枪杆的下段，枪尖随转体指向后下方。目视枪尖。左脚向前上步，身体随即右转。同时，枪杆上段继续向下、向前划圆，使枪尖指向前下方。左腿屈膝提起，右腿独立。同时，左手握枪平伸前推，手心向上，左手握枪滑握于枪把，臂向后内举，枪尖仍指向前下方，高与膝平。目视枪尖。

(6)弓步拿、扎枪

左脚向前落步，上体稍右转成半马步。同时，右手由上向下翻转划圆，做拿枪动作。上动下停，右腿挺膝蹬直，上体左转成左弓步。同时，两手握枪向前平扎。

(7)马步盖把枪

上体右转成半马步，两手握枪撤回。目视枪尖。身体重心稍后移，两手顺着枪杆上滑，使枪杆后移，枪尖斜向前上方，高于鼻平。右脚向前上一步，上体随即向左后转，两腿半蹲成马步；动作使枪把从后下向上、向前、向提右侧劈盖，高于肩平。此时，右臂向右后平伸，手心向下，左手屈抱于胸前，枪身略平。目视枪把。

(8)舞花拿、扎枪

身体右转，右脚略向后撤，成高虚步。同时，左手握枪随转体动作向上、向前下压，右手握枪经腹前向左腋下绕行，使枪尖由左向上、向前抡圆，枪把则沿着左腿外侧向下、向后抡圆。上动不停，左手继续下压，并向右肩外侧下摆，右手则伸向身体左侧，两臂在胸前交叉。同时，上体右转，使枪尖由前面沿着右腿外侧向后摆去；目视枪尖。左脚向右脚前方上一步，右手握枪向下、向后摆去，停于右腹侧，左手则向上、向前抡摆，使枪尖由后向上、向前绕行，与枪身成水平。右脚向左脚后插一步，身体随即从右向后转约 180°。同时，两手握枪随着转体动作向下、向转体后的身体左侧推出；此时右手移握于把端，置于头部上方，左臂水平伸直，枪尖斜向左下方。目视枪尖。左脚向左侧进半步，随即右腿挺膝蹬直，上体左转成左弓步。同时，两手做拿枪动作，继而向前平扎。

第三段

(1)上步劈、扎枪

身体重心后移，上体右转成半马步。同时，两手握枪撤回。目视枪尖。上体略向左转，右脚提起向前平蹬，脚尖向身体右侧。同时，左手握枪稍微上提，使枪尖向上前方挑起，高过头顶。右脚向前落步，脚尖外侧，两腿半蹲成交叉。同时，右手下压，使枪尖由上向前下劈，高与腰平。左脚向身体右侧上一步，右脚挺膝蹬直，上体左转，成左弓步，同时向前扎枪。

(2)挑把转身拿、扎枪

身体重心后移，上体右转成半马步。同时，两手握枪撤回。目视枪尖。上体向左后转，右脚向前上一步，两手松握枪杆使枪后缩，继而随上步动作使枪沿着右腿外侧向挑起；右臂前伸，高与肩平，手心向下，右臂屈肘于左腰侧，手心向下。目视枪把。枪把继续上挑，右脚尖里扣，左腿屈膝提起，上体随即向左后转 180°，使枪尖沿着左腿外侧向转体后右下方绕行。目视枪尖左腿向身体左侧落步，右腿挺膝等直，上体随即左转，成左弓步。同时，两手握做拿枪动作，继而向前平扎。

(3)横裆步劈枪

身体重心后移，上体右转，成半马步。同时，两手握枪撤回。目视枪尖。右脚向左脚后撤退一步，两手握枪使枪尖向前下方绕行；紧接着，左脚向后退一步，右腿前弓，左腿伸直，成左横裆步。同时，两手握枪使枪尖继续由下向身后、向上、向前下劈，枪尖指向左前下方，高与膝平，左臂前伸，手心向下，右手停于右肋侧。目视枪尖。

(4)虚步下扎枪

左脚向前上一步，两手握枪使枪尖由下向身前、向上绕行。右脚从左脚内侧绕过向前上一步，两手握枪使枪尖由上向后，向下绕行。目视枪尖。左脚继续向前上步，脚尖点地，成高虚步。同时，两手握枪向前上方扎出。目视枪尖。

(5)歇步拿枪

上体左转，同时，右手握枪把从上向右、向下划半圆至腹前；左臂相应内旋、前伸，手高与胸平，虎口向上，使枪尖由下向左上方绕行。上动不停，两腿下蹲成歇步。同时，两手握枪做拿枪动作，左臂向前平伸，右臂屈枪腹前，手心向上，枪身平放。目视枪尖。

(6)马步单平枪

两腿起立,右脚向前一步,随即身体左转,两腿下蹲成马步。同时,左手撤把向左平伸立掌,右手握枪把使枪向右平扎。目视枪尖。

(7)插步拦、拿中平扎枪

右脚尖外撇,左脚尖里扣,上体向右后转。同时,右手握枪把至右腰侧,左手随即向下经左腰侧前伸,握住枪杆中段。左脚向身体左侧跨广步,继而右脚向左倒插一步。同时,两手握枪做拦枪动作。左脚向身体左侧跨一步,两腿屈膝半蹲成半马步。同时,两手握枪做拿枪动作。上动不停,右腿挺膝蹬直,上体随即左转,成左弓步。同时,两手握枪向前平扎。目视枪尖。

(8)弓步拉枪

左脚尖里扣,左腿蹬直,重心后移,上体右转,右腿屈膝半蹲,成右弓步。同时,右手握住枪把随转体动作拉向右肩前,左臂稍稍内旋、下压,使枪尖向后下方绕行,高与踝关节平。目视枪尖。

第四段

(1)转身中平枪

左脚向身体右侧跨一步,屈膝,右腿蹬直,上体和持枪姿势同前。右脚移至左脚内侧,上体和持枪姿势不变。以左脚为轴,身体向左后转,右脚随即向身前上一步,成右弓步。同时,左手前伸,高与腰齐,右手握枪把由右肩前向下、向腹前肚脐处绕行,使枪尖由下向身后、向上划圆。目视枪尖。上动不停,两手握枪向前平扎。

(2)转身拉枪

身体突然左转,左腿提膝,右脚独立。同时,右手握枪把猛向上提拉,置于右胸前,左手滑握于枪杆中段,随着转体动作,使枪尖由右前侧向身体左下侧绕行,与踝关节同高。目视枪尖。

(3)插步拨枪

左脚向左侧落地成横裆步,同时左手向前下方推送并稍向右手附近滑握;右手随即向左下推枪把,使枪尖向前下方拨动。右脚经左腿后向左插步;左手握枪高度不变,右手握枪把拉向右肋前,使枪尖向后下方拨动,目视枪尖。

(4)并步下扎枪

左脚向左横跨一步,同时两手握枪使枪尖右下向前上方划弧挑起,枪尖高与头平。右脚向左脚靠拢,两腿伸直成并步站立。同时,两手握枪时枪尖继续由上向左前下方画弧扎出,左手前伸,高与肩平,手心向前上方。目视枪尖。

(5)跳步中平枪

左脚蹬地,右脚向前一步,左脚稍离地靠近右脚。同时,右手握住枪把向下翻转,随后撤至右腰侧,做一拿枪动作,有手前伸滑握枪杆中段。左脚向前落步,屈膝,右腿挺膝伸直,成左弓步。同时,两手握枪向前平扎。目视枪尖。

(6)拗步盖把枪

身体重心后移,上体稍向右转,左脚稍向后撤。同时,手握枪杆后缩,左臂平屈胸前,右手撤至右胯侧,枪尖斜向前上方,高与头平。上体左转,身体重心前移。同时,右手由后向上、向前绕行,手心向下,使枪把由后向上、向前盖臂,高与头平,左手收至腋下。目视枪把。

(7)仆步劈枪、弓步中平枪

右手继续向下、身体左侧摆去,使枪把经右下侧向后上方绕行,划一个立圆,枪尖指向右后上方;在枪把划圆时,右脚向前提起,右手移握于枪把,左手要稍下移,握于枪杆中段。目视枪尖。左脚用力蹬地跳起,右脚先向前落地,脚尖外撇。同时,两手握枪使枪尖向上、向前划弧。右手前伸,略高于腰;右手收至右肋旁。右腿全蹲,右脚向前落步,腿伸直平铺成左仆步。同时,左手用力使枪杆上段下劈,左臂前伸,右手仍在右肋旁,上体向左前侧前倾腹,枪杆与踝关节齐平。重心前移,成左弓步,两手握枪向前平扎。目视枪尖。

(8)转身弓步中平枪

身体重心稍向后移,两手握枪使枪杆后缩。右脚向前上一步,屈膝前弓。同时,右手握枪使枪把由后向下、向前上挑起,枪把与头同高,左手停于左胯旁。目视枪把。上体向左后转,左膝随即提起,成右独立式。同时,右手移握于枪把,上举于头部上方,左手也稍向枪把处滑握,枪尖高于左脚背平。左脚向左侧落步,屈膝前弓,上体左转。同时,两手握枪做一拿枪动作后向前平扎。目视枪尖。

还原式

上体右转,重心后移,成半马步。同时,右手握住枪把撤至右腰侧,左手则移握于枪杆中段。目视枪尖。两腿直立,左手握枪杆向后上摆,使枪尖指向左后上方,上体随即稍向左转。上体继续左转,右手向胸前摆起;左手则继续向后下落,使枪尖从左后上方向下弧形绕行。同时,左脚向身前移半步,成高虚步持枪姿势。右手继续向上、想右拉开,左手左摆,枪杆斜横身前,枪尖指向左下方。目向左平视。右手向身体右下侧降落,左手向左前上方托起,使枪尖由左向左前、向右上方绕行。同时,左脚撤回,与右脚并步站立;当枪杆到达垂直部位时,右手稍上滑,握枪杆中下段,左手撤把下垂于身体左侧。目向左平视。

第六章　高校民族传统体育的养生功法练习

第一节　易筋经

一、易筋经概述

（一）易筋经的起源与发展

易筋经顾名思义就是活动肌肉、筋骨，让人体经络、气血通畅，从而增进健康、祛病延年的一种传统健身法。易筋经源自我国古代秦汉的导引术。据考证，导引是由原始社会的“巫舞”发展而来的，到春秋战国时期已为养生家所必习。《庄子·刻意篇》中记载：“吹嘘呼吸，吐故纳新，熊经鸟申（伸），为寿而已矣。此导引之士，养形之人，彭祖寿考者之所好也。”《汉书·艺文志》中也记载有关导引的内容，说明在当时导引术很兴盛。另外，湖南长沙马王堆汉墓出土大量帛画画有各种导引动作，可以得知易筋经源自我国的传统文化。

关于易筋经的创始人，从现有文献看，大多认为易筋经、洗髓经和少林武术等为达摩所传。另外，六朝时流传的《汉武帝内传》等小说中记载有东方朔“三千年一伐毛，三千年一洗髓”等神话，这或许就是“洗髓经”“易筋经”名称的由来。

据文献记载，达摩所传的禅宗主要以少林寺为主，少林的僧侣对易筋经的发扬起到了重要的作用。由于禅宗的修持方法是打禅静坐，坐久则气阏滞，须以武术、导引术来活动筋骨。所以，六朝至隋唐年间，在河南嵩山一带盛传武术及导引术。少林寺僧侣也借此来活动筋骨，习武健身，并在这个过程中不断对其进行补充、修改、完善，使之逐渐成为一种独特的习武健身方式。最终定名为“易筋经”，并在习武僧侣中秘传。

《易筋经》在流传过程中被民间窜改，发现流传至今最早的易筋经十二势版本，载于清代咸丰八年潘蔚辑录的《内功图说》中。总的来看，传统易筋经从中医、宗教、阴阳五行学说等视角对功理、功法进行阐述，并形成了不同流派、不同的著作。

综上所述，易筋经融普及性和科学性于一体，其格调古朴，蕴涵新意。各势动作是连贯的有机整体，动作注重伸筋拔骨，刚柔相济；呼吸要求自然，动息相融；并以形导气，意随形走；易学易练，非常有利于身体健康。

（二）易筋经的特点和价值

1. 简单安全，适合各种人群习练

易筋经刚柔并济，动作简单，很适合体弱多病的人们习练，而且习练易筋经对场地的要求不限，只要双脚可平稳站立即可，想练即练。

2. 伸筋拔骨，提高柔韧性

易筋经每一势动作，不论是上肢、下肢还是躯干，都要求有较充分的屈伸、外展内收、扭转身体等运动，从而使人体的骨骼及大小关节在传统定势动作的基础上，尽可能地呈现多方位和广角度的活动。其目的就是要通过“拔骨”的运动达到“伸筋”，牵拉人体各部位的大小肌群和筋膜，以及大小关节处的肌腱、韧带、关节囊等组织，促进活动部位软组织的血液循环，改善软组织的营养代谢过程，提高身体软组织的柔韧性、灵活性和骨骼、关节、肌肉等组织的活动功能，达到强身健体的目的。

3. 柔和匀称，协调美观

经过对易筋经的改编，增加了动作之间的连接，每势动作变化过程清晰、柔和。整套功法的运动方向，为前后、左右、上下；肢体运动的路线，为简单的直线和弧线；肢体运动的幅度，是以关节为轴的自然活动角度所呈现的身体活动范围；整套功法的动作速度，是匀速缓慢地移动身体或身体局部。动作力量上，要求肌肉相对放松，用力圆柔而轻盈，不使蛮力，不僵硬，从而使动作刚柔相济，适宜大学生习练。

易筋经要求上下肢与躯干之间、肢体与肢体之间，以及肢体左右的对称与非对称，都应有机地整体协调运动，彼此相随，密切配合。因此，呈现出动作舒展、连贯、舒畅、协调，动静相兼的特点。同时在精神内涵的神韵下，给人以美的享受，是一种形体的艺术。

4. 注重脊柱的旋转屈伸

脊柱由椎骨、韧带、脊髓等组成，是人体的支柱，又称“脊梁”，具有支持体重、运动、保护脊髓及其神经根的作用。神经系统是由位于颅腔和椎管里的脑和脊髓以及周围神经组成。神经系统控制和协调各个器官系统的活动，使人体成为一个有机整体以适应内外环境的变化。因此，脊柱旋转屈伸的运动有利于对脊髓和神经根的刺激，以增强其控制和调节功能。易筋经的主要运动形式是以腰为轴的脊柱旋转屈伸运动。如“九鬼拔马刀势”中的脊柱左右旋转屈伸运动。“打躬势”中椎骨节节拔伸前屈、卷曲如勾和脊柱节节放松伸直动作，“掉尾势”中脊柱前屈并在反伸的状态下做侧屈、侧伸动作。这些功法都是通过脊柱的旋转屈伸以带动四肢、内脏的运动，在松静自然、形神合一中完成动作，达到健身、防病、延年、益寿的目的。

二、易筋经的练习要领

(一)精神放松，形意合一

在易筋经中的练习过程中，练习者的精神状态也是极为重要的一个方面。练习中要求精神放松，意识平静，不做任何附加的意念引导。通常不意守身体某个点或部位，而是要求意随形动。即在练习中，以调身为主，通过动作变化导引气的运行，做到意随形走，意气相随，起到健体养生的作用。同时，在某些动作中，需要适当地配合意识活动，如“青龙探爪”时，要求意存掌心。而另一些动作虽不要求配合意存，但却要求配合形象的意识思维活动。如“出爪亮翅势”中伸肩、撑掌时，两掌有排山之感；“打躬势”中脊椎屈伸时，应体会上体如“勾”一样的卷曲伸展运动。这些都要求意随形走，用意要轻，似有似无，切忌执著、刻意于意识。

(二)呼吸自然，贯穿始终

练习易筋经时最为重要的一条便是呼吸要自然，并且贯穿始终，即练习时，要求呼吸柔和、自然、流畅，不喘不滞，以利于身心放松、心平气和及身体的协调运动。相反，如果不采用自然呼吸，而执著于呼吸的深长绵绵、细柔缓缓，则会在与导引动作的匹配过程中产生“风”“喘”“气”三相，即呼吸中有声(风相)，无声而鼻中涩滞(喘相)，不声不滞而鼻翼扇动(气相)。这样，练习者不但不受益，反而会导致心烦意乱，动作难以松缓协调，影响健身效果。因此，练习易筋经时，要以自然呼吸为主，动作与呼吸始终保持柔和协调的关系。

另外，在功法的某些环节中也要主动配合动作进行自然呼或自然吸。如“倒拽九牛尾势”中收臂拽拉时自然呼气；“出爪亮翅势”中两掌前推时自然呼气等。由于人体胸廓会随着这些动作的变化而扩张或者缩小，吸气时胸廓会扩张，呼气时胸廓会缩小。“九鬼拔马刀势”中展臂扩胸时自然吸气，松肩收臂时自然呼气，含胸合臂时自然呼气，起身开臂时自然吸气。因此，练习时，应配合动作，随胸廓的扩张或者缩小而自然吸气或呼气。

(三)有柔有刚，有虚行实

习练易筋经时，要有柔有刚、有虚有实，而且要做到刚与柔、虚与实的协调配合，也就是刚中含柔、柔中有刚，习练动作不能绝对刚，或者绝对柔。比如“倒拽九牛尾势”中，双臂内收旋转逐渐拽拉至止点，是刚，是实；随后身体以腰转动带动两臂伸展至下次收臂拽拉前是柔，是虚。这种功法使身体舒展自如、心境平和。

(四)呼吸配合动作，配合正确发音

习练易筋经时，如果不配合自然呼吸，习练者不但不受益，反而会心烦意乱，动作也难以松缓协调，所以习练易筋经，要呼吸自然，动作与呼吸要协调。比如“韦驮献杵第三势”中双掌上托时要自然吸气；再如“倒拽九牛尾势”中收臂拽拉时要自然呼气。

习练易筋经，不是每个动作都要配合发音，只有某些特定动作要求配合发音，但不需要发出声音。比如“三盘落地势”中，身体下蹲、两掌下按时，要求配合口吐“嗨”音。

另外，习练易筋经要循序渐进，不要急于求成，习练时可以根据自己的实际情况选择各势的动作幅度，不可强求动作的完美。

三、易筋经的基本动作

(一)预备势

两脚并拢站立，两手自然垂直于体侧；下颏微收，百会虚领，唇齿合拢，舌自然平贴于上腭；目视前方。

(二)第一式　韦陀献杵第一势

(1)左脚向左侧平开半步，约与肩同宽，两膝微屈，成开立姿势；两手自然垂于体侧。

(2)两臂自体侧向前抬至前平举，掌心相对，指尖向前。

(3)两臂屈肘，自然回收，指尖向斜前上方约 30°，两掌合于胸前，掌跟与膻中穴同高，虚腋；目视前下方。动作稍停。

(三)第二式　韦陀献杵第二势

(1)接上式。两肘抬起，两掌伸平，手指相对，掌心向下，掌臂约与肩成水平。

(2)两掌向前伸展，掌心向下，指尖向前。

(3)两臂向左右分开至侧平举，掌心向下，指尖向外。

(4)五指自然并拢，坐腕立掌；目视前下方。

(四)第三式　韦陀献杵第三势

(1)接上式。松髋，同时两臂向前平举内收至胸前平屈，掌心向下，掌与胸相距约一拳；目视前下方。

(2)两掌同时内旋，翻掌至耳垂下，掌心向上，虎口相对，两肘外展，约与肩平。

(3)身体重心前移至前脚掌支撑，提踵；同时，两掌上托至头顶，掌心向上，展肩伸肘；微收下颏，舌抵上腭，咬紧牙关。

(五)第四式　摘星换斗势(左摘星换斗势)

(1)接上式。两脚跟缓缓落地；同时，两手握拳，拳心向外，两臂下落至侧上举。随后两拳缓缓伸开变掌，掌心斜向下，全身放松；目视前下方。身体左转；屈膝；同时，右臂上举经体前下摆至体后，左手背轻贴命门；目视右掌。

(2)直膝，身体转正；同时，右手经体前向额上摆至头顶右上方，松腕，肘微屈，掌心向下，手指向左，中指尖垂直于肩髃穴；左手背轻贴命门，意注命门；右臂上摆时眼随手走，定势后目视掌心。静立片刻，然后两臂向体侧自然伸展。

右摘星换斗势与左摘星换斗势动作相同，唯方向相反。

(六)第五式　倒拽九牛尾势(右倒拽九牛尾势)

(1)接上势。双膝微屈，身体重心右移，左脚向左侧后方约 45°撤步；右脚跟内转，右腿屈成右弓步；同时，左手内旋，向前、向下划弧后伸，小指到拇指逐个相握成拳，拳心向上；右手向前上方划弧，伸至与肩平时小指到拇指逐个相握成拳，拳心向上，稍高于肩；目视右拳。

(2)身体重心后移，左膝微屈；腰稍右转，以腰带肩，以肩带臂；右臂外旋，左臂内旋，屈肘内收；目视右拳。

(3)身体重心前移，屈膝成弓步；腰稍左转，以腰带肩，以肩带臂，两臂放松前后伸展；目视右拳。

重复(2)至(3)3 遍。

(4)身体重心前移至右脚,左脚收回,右脚尖转正,成开立姿势;同时,两臂自然垂于体侧;目视前下方。

左倒拽九牛尾势与右倒拽九牛尾势动作、次数相同,唯方向相反。

(七)第六式　出爪亮翅势

(1)接上式。身体重心移至左脚,右脚收回,成开立姿势;同时,右臂外旋,左臂内旋,摆至侧平举,两掌心向前,怀抱至体前,随之两臂内收,两手变柳叶掌立于云门穴前,掌心相对,指尖向上;目视前上方。

(2)展臂扩胸,然后松肩,两臂缓缓前伸,并逐渐转掌心向前,成荷叶掌,指尖向上;瞪目。

(3)松腕,屈肘,收臂,立柳叶掌于云门穴;目视前下方。

重复(2)至(3)3～7遍。

(八)第七式　九鬼拔马刀势(右九鬼拔马刀势)

(1)接上式。躯干右转。同时,右手外旋,掌心向上;左手内旋,掌心向下。随后右手由胸前内收经右腋下后伸,掌心向外;同时,左手由胸摆至前上方,掌心向外。躯干稍左转;同时,右手经体侧向前上摆至头前上方后屈肘,由后向左绕头半周,掌心掩耳;左手经体左侧下摆至左后,屈肘,手背贴于脊柱,掌心向后,指尖向上;头右转,右手中指按压耳廓,手掌扶按玉枕;目随右手动,定势后视左后方。

(2)身体右转;展臂扩胸;目视右上方,动作稍停。

(3)屈膝;同时,上体左转,右臂内收,含胸;左手沿脊柱尽量上推;目视右脚跟,动作稍停。

重复(2)至(3)3遍。

(4)直膝,身体转正;右手向上经头顶上方下摆至侧平举,两掌心向下;目视前下方。

左九鬼拔马刀势与右九鬼拔马刀势动作、次数相同,唯方向相反。

(九)第八式　三盘落地势

(1)左脚向左侧开步,两脚距离略宽于肩,脚尖向前;目视前下方。

(2)屈膝下蹲;同时,沉肩、坠肘,两掌逐渐用力下按至约与环跳穴同高,两肘微屈,掌心向下,指尖向外;目视前下方。同时,口吐“嗨”音,音吐尽时,舌尖向前轻抵上下牙之间。终止吐音。

(3)翻掌心向上,肘微屈,上托至侧平举;同时,缓缓起身直立;目视前方。

重复(1)至(2)3遍。第一遍微蹲;第二遍半蹲;第三遍全蹲。

(十)第九式　青龙探爪势

(1)接上式。左脚收回半步,约与肩同宽;两手握固,两臂屈肘内收至腰间,拳轮贴于章门穴,拳心向上;目视前下方。然后右拳变掌,右臂伸直,经下向右侧外展,略低于肩,掌心向上;目随手动。

(2)右臂屈肘、屈腕,右掌变“龙爪”,指尖向左,经下颏向身体左侧水平伸出,目随手动;躯干随手动;躯干随之向左转约90°;目视右掌指所指方向。

(3)“右爪”变掌,随之身体左前屈,掌心向下按至左脚外侧;目视下方。躯干由左前屈转至右前屈,并带动右手经左膝或左脚前划弧至右膝或右脚外侧,手臂外旋,掌心向前,握固;目随手动视下方。

(4)上体抬起,直立;右拳随上体抬起收于章门穴,拳心向上;目视前下方。

右青龙探爪势与左青龙探爪势动作相同,方向相反。

(十一)第十式　卧虎扑食势(左卧虎扑食势)

(1)接上式。右脚尖内扣约 45°,左脚收至右脚内侧成丁步;同时,身体左转约 90°;两手握固于腰间章门穴不变;目随转体视左前方。

(2)左脚向前迈一大步,成左弓步;同时,两拳提至肩部云门穴,并内旋变“虎爪”,向前扑按,如虎扑食,肘稍屈;目视前方。

(3)躯干由腰到胸逐节屈伸,重心随之前后适度移动;同时,两手随躯干屈伸向下、向后、向上、向前绕环一周。随后上体下俯,两“爪”下按,十指着地;后腿屈膝,脚趾着地;前脚跟稍抬起;随后塌腰、挺胸、抬头、瞪目;动作稍停,目视前上方。

(4)起身,双手握固收于腰间章门穴;身体重心后移,左脚尖内扣约 135°;身体重心左移;同时,身体右转 180°,右脚收至左脚内侧成丁步。

右卧虎扑食势与左卧虎扑食势动作相同,唯方向相反。

(十二)第十一式　打躬势

(1)接上式。起身,身体重心后移,随之身体转正;右脚尖内扣,脚尖向前,左脚收回,成开立姿势;同时,两手随身体左转放松,外旋,掌心向前,外展至侧平举后,两臂屈肘,两掌掩耳,十指扶按枕部,指尖相对,以两手食指弹拨中指击打枕部 7 次(即鸣天鼓);目视前下方。

(2)身体前俯由头经颈椎、胸椎、腰椎、骶椎,由上向下逐节缓缓伸直后成直立;同时两掌掩耳,十指扶按枕部,指尖相对;目视前下方。

重复(1)至(2)3 遍,逐渐加大身体前屈幅度,并稍停。第一遍前屈小于 90°,第二遍前屈约 90°,第三遍前屈大于 90°。年老体弱者可分别前屈约 30°、45°、90°。

(十三)第十二式　掉尾势

(1)接上式。起身直立后,两手猛然拨离开双耳(即拔耳)。手臂自然前伸,十指交叉相握,掌心向内。屈肘,翻掌前伸,掌心向外。然后屈肘,转掌心向下内收于胸前;身体前屈塌腰、抬头,两手交叉缓缓下按;目视前方。年老和体弱者身体前屈,抬头,两掌缓缓下按可至膝前。

(2)头向左后转,同时,臀向左前扭动;目视尾闾。

(3)两手交叉不动,放松还原至体前屈。

(4)头向右后转,同时,臀向右前扭动;目视尾闾。

(5)两手交叉不动,放松还原至体前屈。

重复(2)至(5)3 遍。

第二节　八段锦

一、八段锦概述

（一）八段锦的起源与发展

八段锦是一种十分有效的内功养生健身功法，并不是一种拳术，因其动作古朴优雅，由八节动作组成，因而得此名。八段锦在12世纪已经形成，并分为站式八段锦和坐式八段锦。体力充沛的年轻人比较适合站式八段锦，又称武八段，多为马步式或直立式，俗称北派；年老体弱者，比较适合坐式八段锦，又称文八段，多用坐式，注重凝神行气，俗称南派。

八段锦历史久远，由于其简单易学，深受人民群众的喜爱。对于八段锦的起源，在魏晋许逊的《灵剑子引导子午记》中有关于其锻炼方法的记载。但最早出现“八段锦”名目的是宋代洪迈所著的《夷坚志》一书。因此大部分人认为八段锦是在宋朝时编创的。

据史料记载，八段锦的最原始的功法可以追溯到远古时代。相传在四千多年以前，中原大地洪水泛滥，百姓因气候的潮湿，连年雨水成灾，导致筋骨萎缩而不健壮，气血瘀滞而不通。这时，当时的智者发明了一种“舞”来治疗这些疾病。慢慢地，这种神奇的舞蹈便演变成了我们所称的导引术，就是现代所称的八段锦。

有文献说，八段锦是岳飞将军见当时宋朝兵将远离家乡八千里，士气低落，为了加强体能、提高士气，于是拟定一套功夫，集体操练。此套功夫由八个动作组成，故曰八段锦。

其实，直到今天，八段锦究竟由谁创始，起源于何地，已无从考证。但可以得知的是，八段锦是历代养生家和习练者共同研究、编创而成的，是所有人的智慧和劳动结晶。

八段锦简单易学，安全可靠，适合于男女老少各种人群。长期习练，可健身祛病、增智开慧。新中国成立后，党和政府对民族体育事业高度重视，于20世纪中期，先后出版了唐豪、马凤阁等人编著的《八段锦》。随之，习练八段锦的群众大大增加，到20世纪80年代初，“八段锦”作为民族传统体育项目进入了大专院校，极大地推动和发展了八段锦的理论与内涵。到现在，八段锦经过更为细致的研究和修改，已成为普通老百姓的养生健身法，并逐渐趋向于大众化。

（二）八段锦的特点和价值

1. 八段锦的特点

（1）柔和缓慢，行云流水

柔和，即动作不僵硬、动作轻松自如，舒展大方。缓慢，即身体重心平稳，虚实分明。行云流水，即习练时忌直上直下、直来直去，应注意动作的虚实变化和姿势转换间的上下相随、节节贯穿。初学者应先求动作方整，再求动作圆活、柔和缓慢，最后再体会动静相兼。

（2）动静结合，亦松亦紧

八段锦在习练过程中，松时，肌肉、关节、神经系统等于处于放松状态；紧时，如翻江倒海，气势恢宏。尤其在衔接处，动，通过意念引导，身体动作轻灵自然、节节贯穿；静，习练动作外看略有停顿，内在保持内力，依旧牵拉。

(3)形神合一，意气相随

练习时，意念是在不同的习练阶段，意想不同的习练过程，不守一。练功初期，意念活动重点在于习练提示和动作规范上，要求动作正确，路线明确；练功提高阶段，意念活动主要在动作的风格特点和呼吸配合上，要加强习练质量的提高；在功法熟练阶段，意念也会随呼吸、动作的协调而越来越自然，从而逐渐达到形神合一，意气相和。

2. 八段锦的价值

(1)预防心脑血管疾病，调节身心

八段锦的动作柔和而舒缓，具有放松精神、调节精神的作用。坚持习练，利于舒展筋脉、活血通络、养气壮力。现代研究已证实，通过习练八段锦，人体血管弹性可明显改善，心肌收缩更加有力。此外，八段锦的基础姿势之一即为站桩。研究表明，适量的站桩可提高腿部力量和平衡能力，加速下肢血液回流到躯干和头颈，从而使心、脑、肾等重要器官的血液循环增强，达到预防心脑血管疾病的效果。

(2)防治关节筋骨疾病，舒筋活血

习练八段锦要求松中有紧，紧中有松。松与紧的协调配合、频繁转换，有助于机体的阴阳协调，还可润滑关节、舒筋活血。另外，八段锦是一种小负荷运动，坚持习练，可防治神经系统、心血管系统、消化系统、呼吸系统及运动器官等疾病。

(3)锻炼全身，保护肝脏

习练八段锦时，基本都是由脊柱来指挥的，即以脊柱为中心，带动全身运动。由于支配肢体脏腑的神经根都在脊柱两侧分布，因此脊柱有人体“第二生命线”的美称。八段锦通过对脊柱的拉伸旋转，刺激、疏通任督二脉，从而具有整体调节、锻炼全身的效果。

综上所述，八段锦除有较好的强身益寿作用外，对于头痛、眩晕、、关节炎、消化不良、神经衰弱诸症也有很好的防治作用。现代人工作紧张、缺乏锻炼，经常感到四肢无力、腰酸背痛、精神不佳，如果坚持练习八段锦，必定使工作效率大大提高，精神为之大振。

二、八段锦的练习要领

(一)放松身心，自然调节

松静自然，是练功的基本要领，也是最根本的法则。松，即放松精神和身体。放松精神，主要是解除心理和生理上的紧张状态；放松身体，是指关节、肌肉及脏腑的放松。放松是由内到外、由浅到深的锻炼过程，使形体、呼吸、意念轻松舒适无紧张之感。静，是指思想和情绪要平稳安宁，排除一切杂念。放松与入静是相辅相成的，入静可以促进放松，而放松又有助于入静，二者缺一不可。

自然，是指形体、呼吸、意念都要顺其自然。具体来说，形体自然，要合于法，一动一势要准确规范；呼吸自然，要莫忘莫助，不能强吸硬呼；意念自然，要“似守非守，绵绵若存”，过于用意会造成气滞血瘀，导致精神紧张。需要指出的是，这里的“自然”绝不能理解为“听其自然”“任其自然”，而是指“道法自然”，需要习练者在练功过程中仔细体会，逐步把握。

（二）功法准确，灵活掌握

功法要求掌握准确，合乎规格。在学习初始阶段，基本身形的锻炼最为重要。本功法的基本身形，通过功法的预备势进行站桩锻炼即可，站桩的时间和强度可根据不同人群的不同健康状况灵活掌握。在锻炼身形时，要认真体会身体各部位的要求和要领，克服关节肌肉的酸痛等不良反应，为放松入静创造良好条件，为学习掌握动作打好基础。在学习各式动作时，要对动作的路线、方位、角度、虚实、松紧分辨清楚，做到姿势工整、方法准确。

灵活，是指习练时对动作幅度的大小、姿势的高低、用力的大小、习练的数量、意念的运用、呼吸的调整等，都要根据自身情况灵活掌握，特别是对老年人群和体弱者，更要注意。

（三）养练兼备，乐观向上

练，是指形体运动、呼吸调整与心理调节有机结合的锻炼过程。养，是通过上述练习，身体出现的轻松舒适、呼吸柔和、意守绵绵的静养状态。习练本功法，在求动作姿势工整、方法准确的同时，要根据自己的身体情况，调整好姿势的高低和用力的大小，对有难度的动作，一时做不好的，可逐步完成。对于呼吸的调节，可在学习动作期间采取自然呼吸，待动作熟练后再结合动作的升降、开合与自己的呼吸频率有意识地进行锻炼，最后达到“不调而自调”的效果。对于意念的把握，在初学阶段重点应放在注意动作的规格和要点上，动作熟练后要遵循似守非守，绵绵若存的原则进行练习。

练与养，是相互并存的，不可截然分开，应做到“练中有养”“养中有练”。特别要合理安排练习的时间、数量，把握好强度，处理好“意”“气”“形”三者的关系。从广义上讲，练养相兼与日常生活也有着密切的关系。能做到“饮食有节、起居有常”，保持积极向上的乐观情绪，将有助于提高练功效果，增进身心健康。

（四）循序渐进，受益终身

八段锦对于初学者来说有一定的学习难度和运动强度。因此，在初学阶段，习练者首先要克服由于练功而给身体带来的不适，如肌肉关节酸痛、动作僵硬、紧张、手脚配合不协调、顾此失彼等。只有经过一段时间和数量的习练，才会做到姿势逐渐工整，方法逐步准确，动作的连贯性与控制能力得到提高，对动作要领的体会不断加深，对动作细节更加注意，等等。

在刚刚开始学习本功法时，要求习练者采取自然呼吸方法。待动作熟练后，逐步对呼吸提出要求，习练者可采用练功时的常用方法——腹式呼吸。在掌握呼吸方法后，开始注意同动作进行配合。这其中也存在适应和锻炼的过程，不可急于求成。最后，逐渐达到动作、呼吸、意念的有机结合。

由于练功者体质状况及对功法的掌握与习练上存在差异，其练功效果不尽相同。良好的练功效果是在科学练功方法的指导下，随着时间和习练数量的积累而逐步达到的。因此，习练者不要“三天打鱼，两天晒网”，应持之以恒，循序渐进，合理安排好运动量。

三、八段锦的基本动作

预备式

身体直立，两臂下垂，全身放松，舌抵上腭，目光平视（图 6-1）。

（一）第一段　两手托天理三焦

（1）随着吸气，两臂从体侧缓缓上举至头顶，掌心朝上；两手指交叉，内旋翻掌朝上撑起，肘关节伸直，如托天状；同时两脚跟尽量上提，抬头，眼看手背（图 6-2）。

（2）随着呼气，两臂经体侧缓缓下落；脚跟轻轻着地，还原成预备式。

图 6-1

图 6-2

练习时，两手上托时掌根用力上顶，腰背充分伸展。脚跟上提时，两膝用力伸直内夹。反复练习数次。

（二）第二段　左右开弓似射雕

（1）左脚向左横开一步，屈膝下蹲成马步，同时两臂屈肘抬起，右外左内在胸前交叉（图 6-3）。

（2）左手拇指和食指撑开成八字，其余三指扣住，缓缓用力向左侧平推。同时右拳松握屈肘向右平拉，似拉弓状，眼看左手，此为“左开弓”（图 6-4）。

（3）两臂下落，经腹前向上抬起，在胸前交叉，右手在内，左手握拳在外（图 6-5）。

（4）“右开弓”动作同“左开弓”，唯左右相反（图 6-6）。

模仿拉弓射箭的动作，开弓时要缓缓用力，回收时慢慢放松。开弓时呼气，收回时吸气。如此反复练习。

图 6-3

图 6-4

图 6-5

图 6-6

(三)第三段　调整脾胃须单举

(1)并步直立,两臂屈肘上抬至胸前,掌心向下(图 6-7)。

(2)左手内旋上举至头顶,同时右手下按至右胯旁,此为“左举”(图 6-8)。

(3)左手向下,右手向上至胸前;“右举”动作如图 6-9 所示,唯左右相反。

图 6-7

图 6-8

图 6-9

注意练习时,以吸气配合上举下按,以呼气配合过渡性动作。上举时须有托、撑的意思。反复练习。

(四)第四段　五劳七伤往后瞧

(1)两脚并步,头缓缓向左、向后转,眼看后方(图 6-10)。

(2)上动稍停片刻,头慢慢转回原位。

(3)头缓缓向右、向后转,眼看后方(图 6-11)。

图 6-10

图 6-11

注意转头时,身体保持正直,以呼气配合转头后看动作,以吸气配合转头复原动作。反复练习。

(五)第五段　攒拳怒目增力气

(1)左脚向左平跨一步成马步,两手握拳抱于腰间,眼看前方(图 6-12)。

(2)左拳向前用劲缓缓冲出,小臂内旋拳心向下(图 6-13)。

(3)左拳变掌,再抓握成拳收抱腰间。

(4)右拳向前用劲缓缓冲出,小臂内旋拳心向下。

(5)左侧冲拳,方法同左前冲拳,推向左侧冲出(图 6-14)。

(6)右侧冲拳同左侧冲拳,唯左右相反。

图 6-12

图 6-13

图 6-14

冲拳时呼气并瞪眼,收拳时吸气。身要正,步要稳,冲拳要运劲。

(六)第六段 双手攀足固肾腰

(1)两脚并步,上体后仰,两手由体侧移至身后(图 6-15)。

(2)上体缓缓前俯深屈,两膝挺直,两臂随屈体向前、向下,用手攀握脚尖,(或手触地)保持片刻(图 6-16)。

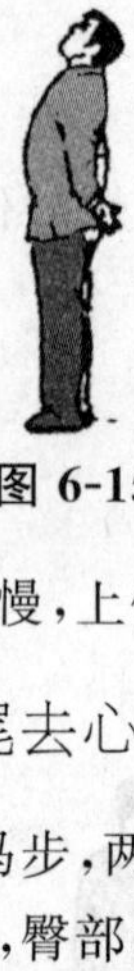

图 6-15

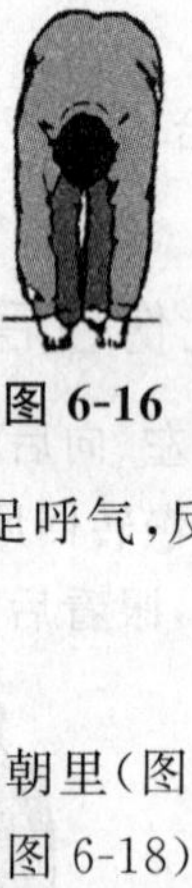

图 6-16

练习时,身体放松,动作缓慢,上体后仰吸气,前屈攀足呼气,反复练习。

(七)第七段 摇头摆尾去心火

(1)左脚向左横跨一步成马步,两手扶按在膝上,虎口朝里(图 6-17)。

(2)随着吸气,头向左下摆,臀部向右上摆,上体左倾(图 6-18)。

(3)随着呼气,头向右下摆,臀部向左上摆,上体右倾(图 6-19)。

(4)上体前俯,头和躯干和向左、向后、向右、向前绕环一周(图 6-20)。

(5)同上一动作,唯方向相反。

图 6-17

图 6-18

图 6-19

图 6-20

练习过程中，上体摇摆时，坐要稳，不要上下起伏。左右摆动数遍后，再左右绕环数遍。呼吸与头、臀摇摆协调一致。

(八)第八段　背后七颠百病消

(1)两手左里右外交叠于身后；脚跟尽量上提，头上顶，同时吸气(图 6-21)。

(2)足跟轻轻落下，接近地面，但不着地，同时呼气(图 6-22)。

图 6-21

图 6-22

注意呼吸与提脚配合，如此连续起落颠动，使全身放松。最后脚跟落地直立垂臂收功。

第三节　五禽戏

一、五禽戏概述

(一)五禽戏的起源与发展

五禽戏历史悠久，是我国一项重要的医学健身项目。据史料记载，五禽戏是由华佗编创的。西晋陈寿在其《三国志·华佗传》中记载："吾有一术，名五禽之戏，一曰虎，二曰鹿，三曰熊，四曰援(猿)，五曰鸟。亦以除疾，并利厩(蹄)足，以当导引。"南北朝时范晔在《后汉书·华佗传》中的记载与此基本相同，只是对个别文字略作修饰，全段并没有太大出入。这些史书证明了华佗编创五禽戏确有其事，但具体动作却无法考证。

从文献来看，南北朝时名医陶弘景所著的《养性延命录》最早用文字描述了五禽戏的具体动作。由于南北朝距东汉末年不过 300 年，因此，可以认为该套五禽戏动作可能比较接近华佗创编的五禽戏，但是练习难度大。此后，在明代周履靖的《夷门广牍·赤风髓》、清代曹无极的《万寿仙书·导引篇》和席锡蕃的《五禽舞功法图说》等著作中，都以图文并茂的形式，比较详细地描述了五禽戏的习练方法。这些五禽戏功法与《养性延命录》所载有较大出入，"五禽"动作均为单式，排序也变为"虎、熊、鹿、猿、鸟"。但其文字说明不仅描述了"五禽"的动作，而且还有神态的要求，并结合了气血的运行。

在五禽戏在发展过程中的不同时期留下了不同的特色，也就是今天五禽戏的不同风格和特点。有些甚至冠以华佗之名。总的来看，五禽戏都是根据"五禽"动作，结合自身练功体验所编的“仿生式”导引法，以活动筋骨、疏通气血、防病治病、健身延年为目的。其中，有偏重肢体运动，模仿“五禽”动作，意在健身强体的，为外功型，即通常所说的五禽戏；有仿效“五禽”神态，以内气运行为主，重视意念锻炼的，为内功型，如五禽气功图；有以刚为主，通过拍打、按摩来治疗疾病，甚至被用于散手技击、自卫御敌的，如五禽拳、五禽散手等；还有以柔劲为主，讲究动作姿势优美矫健，以舞蹈形式出现的，如五禽舞、五禽舞功法图说等。

(二)五禽戏的特点和价值

1. 五禽戏的特点

(1)循序渐进，精致简练

五禽戏是在传统五禽戏的基础上进行改编的，方便学生们习练。因此，动作力求简洁，左右对称，平衡发展，既可全套连贯习练，也可侧重多练某戏，还可只练某戏，运动量较为适中，属有氧训练，个人可根据自身情况调节每式动作的运动幅度和强度，安全可靠。

整套功法都是精之又精，细化到极点，便于更好地、更简单地习练。如“虎举”，手型的变化，就可细化为撑掌、屈指、拧拳三个过程；两臂的举起和下落，又可分为提、举、拉、按四个阶段，并将内劲贯注于动作的变化之中，眼神要随手而动，带动头部的仰俯变化。待动作熟练后，还可按照起吸落呼的规律以及虎的神韵要求，内外合一地进行锻炼。习练者可根据自己的身体条件、健康状况，循序渐进，逐步提高。

(2)伸展肢体，活动关节

本功法动作体现了身体躯干的全方位运动，包括身体各个部分不同的姿势，对颈椎、胸椎、腰椎等部位都进行了有效的锻炼。总的来看，易筋经以腰为主轴和枢纽，带动上、下肢向各个方向运动，以增大脊柱的活动幅度，增强健身功效。

本功法特别注意手指、脚趾等关节的运动，以达到加强远端血液微循环的目的。同时，还注意对平时活动较少或为人们所忽视的肌肉群的锻炼。如在设计“鹿抵”“鹿奔”“熊晃”“猿提”“鸟伸”等动作时，就充分考虑了这些因素。试验点教学效果检测对比数据也证实了这些动作的独特作用，有关指标呈现出较为明显的变化。

(3)外导内引，形松意充

古人将“导引”解释为：“导气令和，引体令柔”。所谓“导气令和”，主要指疏通调畅体内气血和调顺呼吸之气；所谓“引体令柔”，就是指活利关节、韧带、肌肉的肢体运动。五禽戏是以模仿各种动物姿势，以动为主的功法，根据动作的升降开合，以形引气。虽然“形”显示于外，但为内在的“意”“神”所系。外形动作既要仿效虎之威猛、鹿之安舒、熊之沉稳、猿之灵巧、鸟之轻捷，还要力求蕴涵“五禽”的神韵，意气相随，内外合一。如“熊运”，外形动作为两手在腹前划弧，腰腹部同步摇晃，实则要求丹田内气也要随其运使，呼吸之气也要按照提“吸”落“呼”的规律去做，以达到“心息相依”。

习练过程在保持功法要求的正确姿势前提下，尽量放松每部分的肌肉，做到舒适自然，不僵硬，不拿劲，不软塌。只有肢体松沉自然，才能做到以意引气，气贯全身；以气养神，气血通畅，从而增强体质。

(4)动静结合，养练兼备

五禽戏就是对“五禽”的动作和姿势进行模仿，舒展肢体，活络筋骨，同时在功法的起式、收式以及每一戏结束后，配以短暂的静功站桩，诱导习练者进入相对平稳的状态和“五禽”的意境，以此来调整气息、宁心安神，起到“外静内动”的功效。具体来说，肢体运动时，形显示于外，但意识、神韵贯注于动作中，排除杂念，思想达到相对的“入静”状态；进行静功站桩时，虽然形体处于安静状态，但是必须体会到体内的气息运行以及“五禽”意境的转换。动静结合，两个阶段相互交替出现，起到练养相兼的互补作用，可进一步提高练功效果。

2. 五禽戏的价值

(1)从形体上对身体的价值

五禽戏动作的锻炼可以从四肢百骸引申到五脏六腑，能有效地改善机体各部分功能，调和气血，畅通经络，活动筋骨，灵活关节，达到强身健体的作用。如猿戏多指尖和眼神的运动，指尖和眼神可以反映末梢神经的功能。因此，猿戏的练习能促进神经系统的反应，增强肌肉系统和神经系统的协调功能，能够有效地防治神经反应缓慢和四肢动作的过早衰老。

五禽戏的动作体现了身体躯干的全方位运动，包括前俯、后仰、侧屈、拧转、折叠、提落、开合、缩放等各种不同的姿势，对胸椎、颈椎、腰椎等部位进行了有效的锻炼。总的来看，以腰为主轴和枢纽，带动上、下肢向各个方向运动，以增大脊柱的活动幅度，增强健身功效。从形体上来看，健身价值主要体现在以下三个方面。

第一，五禽戏中的躯干的运动能改善人体的血液循环，活跃身体各部位机能，有调节内脏器官的作用，还能防治脊柱畸形及其他病变。

第二，五禽戏的四肢运动包括上肢运动和下肢运动。上肢运动主要体现在伸展、收缩、旋转等动作上，利于疏通经络、活跃气血、强壮筋骨，增强人的体质。

第三，五禽戏特别注意对平时活动较少或者为人们所忽视的肌肉群的锻炼，重视手指、脚趾等关节的运动，以达到加强远端血液微循环的目的。例如“鹿奔”“熊晃”“鹿抵”“猿提”“鸟伸”等动作的设计时，可以使练习者的关节得到充分的活动。

(2)从呼吸上对身体的价值

五禽戏的呼吸方法主要为腹式逆呼吸。腹式逆呼吸可以增强腹肌和肠肌力，在运用这种呼吸方法呼吸的过程中，肠肌的上升与下降能很好地按摩腹腔等器官。同时，增强胃的活动能力，可以改变腹腔的血液循环。此外，五禽戏的呼吸方法还可以加强呼吸功能，有效地促进肺循环，增加血液中的含氧量。具体从呼吸上健身的价值主要有以下两个方面。

第一，五禽戏的呼吸方式细、匀、深长，呼吸方法变化多端，既有缓慢的，又有稍快的。例如，在结合鸟戏中的鸟翔动作时，呼吸是长吸长呼式的，呼吸速度缓慢，这种呼吸方法能加深呼吸深度。另外，两臂上举形成扩胸和展胸的姿势，能减小对心肺的挤压，让肺功能可以得到充分发挥。再如，做虎戏中的虎扑动作时，运用的是慢吸快呼的呼吸方法，使“气自丹田吐”，能张开肺气，增强肺功能。

第二，呼吸是由呼吸中枢支配进行的，一般不需要调节意识，五禽戏要求的腹式呼吸运动形式，很多时候是结合了意识的调节。有意识的呼吸锻炼能调节人体的植物神经系统，而植物神经系统能有效调节人体内脏活动，是调节内脏活动的重要神经结构，所以，五禽戏的呼吸可以改善内脏器官的机能。

(3)从意念上对身体的价值

五禽戏的练习过程中，特别强调意念的重要性，要求练习时进入一种意境，在禽“戏”做到进入角色，将自己置身于大自然的环境之中。从意念上对身体的价值主要有以下两个方面。

第一，五禽戏意念的假设可以使人产生回归自然、返璞归真的感觉，如“虎”的威猛刚劲、“鹿”的轻捷舒展、“熊”的拖踏沉浑、“猿”的机敏灵动、“鸟”的悠然自得。这种意境可以有效地改善和活跃人体各个器官的机能。意念的张弛交替，刚柔相济和虚实转换，可以让人的“神”得到充分的锻炼、修养。

第二，五禽戏的意念还有导引作用，这种意念活动不同于一般静功，不是将意守在特定部位，而采用形意结合的形式转回意守。动作到哪里，意念就到哪里，使气达周身，即达到所谓的“周天按穴转”的效果。

二、五禽戏的练习要领

五禽戏的练习要领可用四个字来概括，即“形”“气”“意”“神”。

(一)形

形也就是练功的姿势。古人说：“形不正则气不顺，气不顺则意不宁，意不宁则神散乱”，说明姿势在练功中的重要性，“形”是五禽戏练习的基础。

五禽戏的练习要求含胸垂肩、头身正直、体态自然，使身体各部位放松、舒适，全身心地放松，逐步进入练功状态。开始练习每戏时，要根据动作的名称涵义，做出与之相适应的动作造型，动作到位，合乎规范，努力做到“演虎像虎”“学熊似熊”。特别是对动作的高低、起落、轻重、缓急、虚实要分辨清楚，做到柔和灵活、不僵不滞、形象逼真。

针对初学者，应首先准确掌握动作。初学者必须先掌握动作的姿势变化和运行路线，搞清来龙去脉，跟随他人一起边模仿边练习，尽快融入集体练习中，初步做到“摇筋骨，动肢节”。随后，在练习中要注意动作的细节，可采取上、下肢分解练习，再过渡到以腰为轴的完整动作练习，最后进行逐动、逐戏和完整功法的练习，让动作符合规范。

针对患有各种慢性疾病的人或是中老年人，需要根据自身体质状况来进行。动作的速度、步姿的高低、幅度的大小、练习的遍数、锻炼的时间、运动量的大小都应很好把握。其原则是练功后感到精神愉快，心情舒畅，肌肉略感酸胀，但不感到太疲劳，不妨碍正常的工作和生活。切忌贪多求快、急于求成。

(二)气

气是对呼吸的调节，也称调息，就是练习者有意识地注意呼吸调整，不断去体会、掌握、运用与自己身体状况或与动作变化相适应的呼吸方法。

古人说：“使气则竭，屏气则伤”。练习五禽戏时，呼吸和动作的配合很重要，主要有以下规律：起吸落呼，开吸合呼，先吸后呼，蓄吸发呼。其主要呼吸形式有自然呼吸、腹式呼吸、提肛呼吸等，可根据姿势变化或劲力要求而选用。但是，不管选用什么样的呼吸形式，都要求松静自然，不能憋气。同时，呼吸的“量”和“劲”都不能太大、太过，以不疾不徐为宜，逐步达到缓慢、细匀、深长的程度，以利身体健康。

五禽戏练习中的“气”要循序渐进。在经过一段时间的认真练习，将五禽戏的动作细化、精化之后，就要注意动作和呼吸的结合，充分理解动作的内涵和意境，真正达到“形神兼备、内外合一”。特别需要指出的是，呼吸的调整要慢，要深入，要循序渐进。练功须由浅入深，由简到繁，逐步掌握。只有这样，才能保证把基础打好，防止出现偏差。

（三）意

这里的意是意志和意念的意思。《黄帝内经》指出：“心为五脏六腑之大主，心动五脏六腑皆摇。”这里的“心”指的是大脑，这说明人的思维活动和情绪变化都能影响五脏六腑的功能。

在五禽戏的练习中，要尽可能排除不利于身体健康的情绪和思想，创造一个美好的内环境。开始练功时，可以通过微想腹部下丹田处，使思想集中，排除杂念，做到心静神凝。练习每戏时，逐步进入“五禽”的意境，模仿不同动物的不同动作。具体操作如下。

（1）练习“虎戏”时，要把自己想象成深山中的猛虎，伸展肢体，抓捕食物。

（2）练习“鹿戏”时，要把自己想象成原野上的梅花鹿，众鹿戏抵，伸足迈步。

（3）练习“熊戏”时，要把自己想象成山林中的黑熊，转腰运腹，自由漫行。

（4）练习“猿戏”时，要把自己想象成花果山中的灵猴，活泼灵巧，摘桃献果。

（5）练习“鸟戏”时，要把自己想象成江边仙鹤，抻筋拔骨，展翅飞翔。

只有做到意随形动，才能做到疏通经络，调畅气血。

（四）神

这里的神是指神韵和神态的意思。养生之道在于“形神合一”。练习五禽戏也应当做到“惟神是守”。只有“神”守于“中”，而后才能“形”全于“外”。所谓“戏”，有玩要、游戏之意，这也是五禽戏与其他健身气功功法不同之处。虎戏要仿效虎的威猛气势，虎视眈眈；鹿戏要仿效鹿的轻捷舒展，自由奔放；熊戏要仿效熊的憨厚刚直，步履沉稳；猿戏要仿效猿的灵活敏捷，轻松活泼；鸟戏要仿效鹤的昂首挺立，轻盈潇洒。

只有牢牢掌握“五禽”的神态，进入意境中，才能显示其神韵。

三、五禽戏的基本动作

（一）基本手型

1. 虎爪

五指张开，虎口撑圆，第一、二指关节弯曲内扣。

2. 熊掌

拇指压在食指指端上，其余四指并拢弯曲，虎口撑圆。

3. 猿钩

五指指腹捏拢，屈腕。

4. 鹿角

拇指伸直外张，食指、小指伸直，中指、无名指弯曲内扣。

5. 鸟翅

五指伸直，拇指、食指、小指向上翘起，无名指、中指并拢向下。

6. 握固

拇指抵掐无名指根节内侧，其余四指屈拢收于掌心。

(二)基本步型

1. 弓步

两腿前后分开一大步，横向之间保持一定宽度，右(左)腿屈膝前弓，大腿斜向地面，膝与脚尖上下相对，脚尖微内扣；左(右)腿自然伸直，脚跟蹬地，脚尖稍内扣，全脚掌着地。

2. 丁步

两脚左右分开，间距10～20厘米；两腿屈膝下蹲，左(右)脚脚跟提起，脚尖着地，虚点地面，置于右(左)脚脚弓处，右(左)腿全脚掌着地踏实。

3. 虚步

以右脚虚步为例，右脚向前迈出，脚跟着地；脚尖上翘，膝微屈。左腿屈膝下蹲，全脚掌着地，脚尖斜向前方，臀部与脚跟上下相对。身体重心落于左腿。

(三)平衡

1. 提膝平衡

以右腿提膝为例，左腿直立站稳，上体正直；右腿在体前屈膝上提，小腿自然下垂，脚尖向下。

2. 后举腿平衡

以右腿后举为例，左腿蹬直站稳，右腿伸直，向体后举起，脚面绷平，脚尖向下。

第七章　高校民族传统体育的搏击运动练习

第一节　散　　打

散打又称“散手”，是指两人徒手面对面地打斗。散打在古时被称为相搏、手搏、技击等，是中国武术的一种主要表现形式，其进攻手段以踢、打、摔、拿四大技法为主。此外，还包括防守、步法等技术。散打是中华武术的精华，是一项具有独特民族风格的体育项目，深受高校大学生的喜爱。

一、散打基本技术

（一）准备姿势

1. 脚的基本姿势

在散打练习中，明确两脚所处的位置是准备姿势的首要步骤。散打练习中所有动作的完成，都要靠脚的支撑蹬地，即所谓“其根在脚”。根据自身左右手的手劲大小，手劲较大的同侧脚放在前面，异侧脚放于后。为了方便练习，可以在地上画一个大“十”字，以左脚在前为例，即左架（图 7-1）。

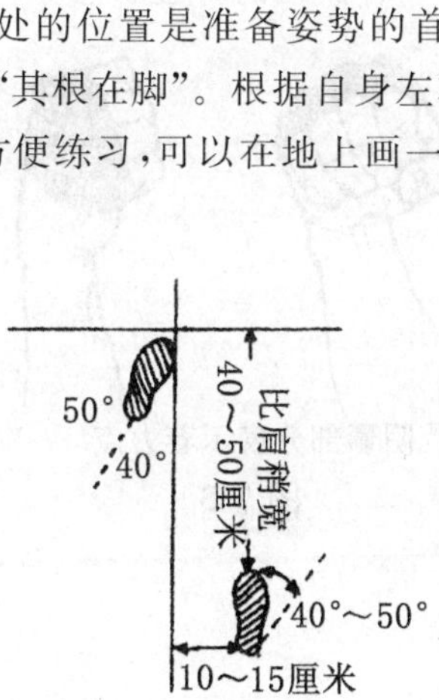

图 7-1

以左架为例，左脚落在右脚前方稍左的位置，也就是在十字两线交点上向左下角引出一条约 40°的斜线，左脚落在斜线上，脚尖内扣约 40°；右脚在后，距左脚约肩宽距离，脚跟微踮起，脚尖指向前方或偏右（40°～45°）。两腿微屈（图 7-2），身体侧向前方。此种站立姿势有利于移动和起腿，也有助于保持身体平衡，最大限度地减少被打击面。同时还应注意，两脚前后不能站在一条直线上，而应左右相距 10～15 厘米，否则会影响横向的移动和稳定性。两膝微内裹，把整个体重均匀地放在两条腿上，以自己感到自然、省力为度。

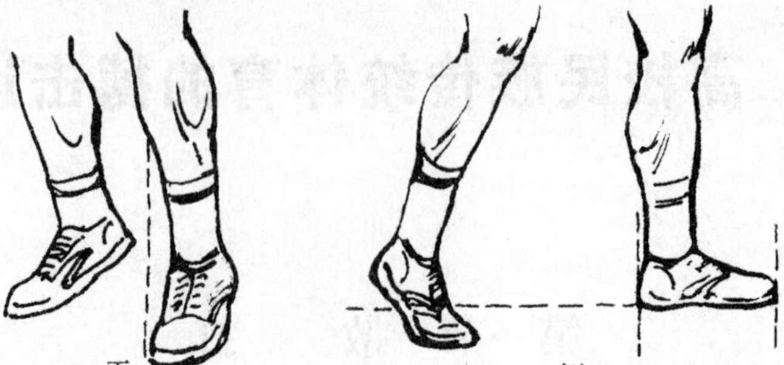

图 7-2

2. 手的基本姿势

两脚的位置站好后，身体很自然地成了被打击面较小的侧向对方的姿势。然后握紧两拳。握拳时食指、中指、无名指、小指并拢卷握，大拇指紧捏在食指、中指的第二骨节上。同时要注意拳面要平，这样打击才有劲(图 7-3)。然后屈曲两肘，左臂在前，肘部屈曲成 90°～110°之间(视身高适当调整弯曲度，个子越高角度越大，反之亦然)。肘尖自然下垂。左肩保护颌部，应略高于下颌位置。由于左手是进攻的前哨，也是防守的第一道防线，因此手的位置不能太低，要能保护下颌，拳心朝斜下。右手是第二道防线，又是出重拳的起点，因此右手臂微屈，屈肘角度应小于 90°，使右拳拳心朝内放在右下颌处，用以防护头部。肘尖自然下垂防护肋部。上体微含胸、收腹，背部不要特别弯曲。头略低，收下颏，使之几乎接近胸部。咬牙闭嘴，用鼻呼吸，眼睛通过左拳盯住目标，使全身处于一种放松的弹性状态。

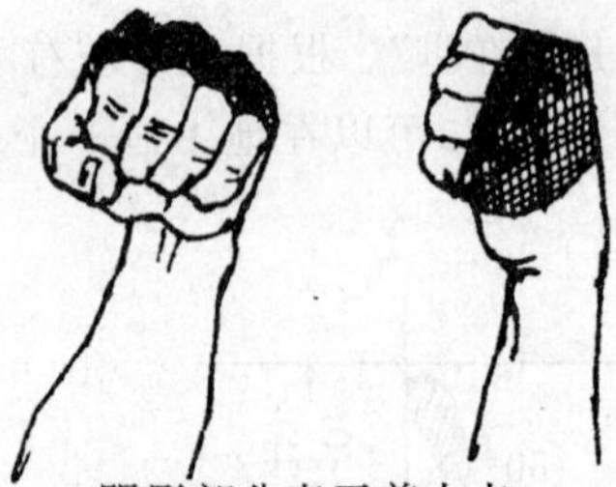

阴影部分表示着力点

图 7-3

(二)基本步法

1. 进步

从准备姿势开始，后脚蹬地，前脚(左脚)先向前进半步，后脚再跟进半步(图 7-4)。

要点：进步步幅不可太大，后脚跟进后的身体姿势不变。进步与跟步越快越好。

2. 跨步

从准备姿势开始，左(右)脚向左(右)侧跨半步，右(左)脚略向左(右)脚靠近，两膝弯曲。同时右臂向斜下伸出，左拳回收至腮旁(图 7-5)。

要点：此步法主要用于侧闪防守，跨步后身体重心下降，以利于反击。两腿要一虚一实，两臂分别防守上下，形成较大的防守面。

图 7-4

图 7-5

3. 退步

从准备姿势开始，前脚蹬地，后脚（右脚）先后退半步，前脚再退回半步（图 7-6）。

要点：退步步幅不宜过大，身体姿势保持不变，退步要快。

图 7-6

图 7-7

4. 垫步

从准备姿势开始，后脚蹬地向前脚内侧并拢，同时前脚屈膝提起（图 7-7）。

要点：后脚向前脚并拢要急速，垫步与提膝不脱节，不停顿，身体向前移动，但勿向上腾空。

5. 闪步

从准备姿势开始，左（右）脚向左（右）侧闪半步，右（左）脚随之向左（右）侧滑步。同时，向右（左）转体约 90°（图 7-8）。此步法也适用于侧闪防守。

要点：转体闪躲。因此，侧闪步的同时要转体，以躲闪对方的正面进攻。

6. 撤步

从准备姿势开始，前脚向后撤一步，成右前左后，左脚跟离地，右脚尖外展，重心偏于右腿（图 7-9）。

要点：撤步不要太大（也可撤半步），重心移动不要明显，两脚要轻灵。

图 7-8

图 7-9

7. 纵步

(1)单脚纵步

从准备姿势开始,一腿屈膝上提,另一腿连续蹬地向前移动(图 7-10a、图 7-10b)。

(2)双脚纵步

从准备姿势开始,两脚同时蹬地,使身体向上或向前、后、左、右跳起,再落地(图 7-10c)。

要点:纵跳时髋关节和上体要保持一定的紧张度,上体保持正直,腾空不要过高。

8. 跃步

从准备姿势开始,右脚蹬地后向前跨跃一步,左脚继而再向前上一步,还原实战势(图 7-11)。

要点:后脚向前跃步与前脚向前上步要连贯、迅速,上体不要前后晃动,身体不要腾空。

图 7-10

图 7-11

(三)基本拳法

1. 冲拳

冲拳又称直拳,属于直线进攻拳法,行走的路线较短,是多种拳法中最优秀的一种,它可直接攻击对手,也可在其他技法的掩护下出击,也可在后退中出击。冲拳分左右,又分为击头和击上体。发拳时可以原地,也可以移动。由于冲拳动作相对比较隐蔽,尤其是后手冲拳力量较大,是重击对手的有效方法。

(1)左冲拳击头部

左冲拳的力量轻,所走路线最短,速度最快,往往也是最易奏效的一种拳法。左冲拳专门对付右拳为主攻手的对手。左冲拳可诱使对手露出破绽,打乱其平衡,再用左腿或右拳猛击之,或发动连续进攻。也可用左冲拳直接攻击对手。

从准备姿势开始,右脚掌蹬地,使重心快速前移到左脚上,身体右转,右脚跟稍向内转一下,在转体同时,探左肩,左臂迅速向前伸出,力量集中在拳头顶部,在击拳瞬间应该感到肩部有催劲。右手防护下颌,肘部防护身体;左手击打完成后应尽快收回成开始姿势(图 7-12)。

要点:出拳时身体重心不能过分前倾,不要翘臂、夹肩,右手不能向后拉。

图 7-12

图 7-13

(2)右冲拳击头部

从准备姿势开始,以右脚前脚掌支撑蹬地,同时脚跟外转,把蹬地力量传至全身。身体随左后转,旋右臂向前沿直线冲出,在接近目标刹那合肩,将拳握紧。随出拳瞬间,重心移在左脚上,全脚着地。右脚微向左脚踵跟进,右膝靠近左膝。收左手防护头及上体(图 7-13)。此拳击打力量大,如能准确地击中对手薄弱点,可使其失去战斗力。

要点:蹬地、前移重心、转脚、屈膝、转体、顺肩、旋臂和出拳动作要协调一致。左膝不能过屈。不能有右拳后撤动作,发拳之前重心不要过早移到左腿上。

(3)左冲拳击上体

从准备姿势开始,重心移至左脚。左脚微向里扣,脚跟微外转,左膝屈成 110°～120°。重心向左脚移动。右脚蹬地,身体随之右转。同时左臂沿直线快速冲出。右手防护不变(图 7-14)。击上体的左冲拳一般用于假动作,打乱对方出拳意图。

要点:头不能超出前脚尖过多。左脚外转与屈膝同时。出拳时上体微向前弯曲,但不能仰头或低头。

(4)右冲拳击上体

从准备姿势开始,重心移向右脚,以右前脚掌为支点,用力蹬地,身体随之左后转;重心前移到左脚,全脚着地。在身体左后转的同时,左膝屈 100°～130°。重心在后脚。于转腰同时,右手臂沿直线向前冲出。左手护头,肘护肋(图 7-15)。可在左拳击出后使用。

要点:出拳的动作与脚的蹬地应协调一致,冲拳时应快出快收,不可停顿。

图 7-14

图 7-15

2. 贯拳

贯拳又称摆拳，是从两侧攻击对手，属于弧线进攻拳法，具有进攻力量大，击得较远等特点。贯拳可以结合身体姿势的高低变化，击打对方的太阳穴、耳门、腮和腰肋部位。贯拳是从两侧攻击对方，其击打力量不小于右直拳，甚至可能超过右直拳。

(1)左贯拳击头

从准备姿势开始，身体重心移至右脚，随之向右转体带臂，左肘微屈，使左拳前送并成横向从左向右摆动。同时左脚蹬地，脚跟微外转，随之全脚掌着地，左膝屈 110°～120°。右手保护下颌(图 7-16)。

要点：以腰带臂。出拳的手臂边前伸，边横摆，以加快速度。

图 7-16

图 7-17

(2)左贯拳击上体

从准备姿势开始，重心右移，两膝微屈，重心下降。同时身体及腰部向右突转带动左手臂(左臂微屈)将拳成横向朝对方上体击出。右手保护头部(图 7-17)。最好结合闪躲使用，边闪边击或闪后击打。

要点：边出拳边抬肘，碾脚，蹬地，转体带臂。

(3)右贯拳击头

从准备姿势开始，右脚尖蹬地，脚跟微外转，身体随之猛向左拧转，右臂由侧横向成弧形摆动。边摆边前冲，再加上肩部动作一起向击打方向送出。身体重心略移到左脚。击打后，身体稍降低，微向左侧偏，以防身体前倾失去重心、暴露弱点。击打的刹那左肩比右肩略低。击打后的右手不要离开身体过远。左手放在腮前，保护好脸部(图 7-18)。

要点：击打时抡臂与转腰同时；拳与肘接近水平，即边出拳边起肘。抬肘不要过高，免得动作僵直缓慢。拳头边出边内旋，击中后就停，用脆劲，以便于收成开始姿势。

图 7-18

(4)右贯拳击上体

从准备姿势开始，上体向右转。同时身体微俯，右拳屈臂横向向左击出。边出拳边抬肘，碾脚，蹬地、转体带臂，重心左移。拳触目标时向里推击，防止对方把腹部绷紧。击后迅速成开始姿势。

要点：重心降低并前移。后腿屈膝，脚跟外展，以利用上全身的劲。摆臂时不要有意抬肘。臂微屈，但要放松。

3. 抄拳

抄拳又称勾拳，具有击打力量较大等特点。抄拳主要分为左抄拳和右抄拳两种，在近战中能发挥威力，可直接攻击对方的头、胸、腹等部位，也可以配合摆拳、蹬腿、弹腿、防守动作出击。抄拳还可防对手进身施摔，也可以在虚摔的掩护下出击。抄拳屈肘在 45°～80°，再远些距离屈肘为 110°～120°。

(1)左抄拳击头部

从准备姿势开始，重心移向左脚，体位微下沉，腰部和左腿瞬间挺直，借挺展力量带动手臂，将拳由下往上抄起。击打刹那间，拳心朝内(图 7-19)。可用于当对方右冲拳击本方头部时，本方向右侧闪，同时用左抄拳击其头部。

要点：抄拳时，动作要快、连贯，用力由下至上。发力短促。

(2)左抄拳击上体

直接击打对手上体；或在防住对手右腿踢后，用左抄拳击其上体；或先用右手做假动作，使身体重心移至左脚，微屈膝，上体微向左转，重心下降，随之左膝蹬直，用左抄拳击对方上体(图 7-20)。

要点：抄拳动作要连贯，发力要快、顺达。身体弯曲度要大。

(3)右抄拳击头部

从准备姿势开始，重心微降，右脚前脚掌蹬地，重心移至左脚。上体略向击打方向伸直，腰微左转、前送，借转体力量带臂(臂屈 45°～80°)将拳自下而上，用挺展力量击出。击打刹那间拳心向内。

要点:右上抄拳时注意脚跟朝外转动,以加大打击力量。右脚蹬地与转脚跟要协调一致。

(4)右抄拳击上体

从准备姿势开始,身体重心移至右脚,体位略下沉。右脚猛蹬地,使腰部突然微左转挺展带动手臂将拳由下向上抄起,击打对方腹部,同时重心移至左脚。一般随出拳向前跨一步(图 7-21)。

图 7-19

图 7-20

图 7-21

要点:要借助右脚蹬地、扣膝、合胯、转腰等力量,由下至上发力,而且要协调、连贯。

4. 鞭拳

鞭拳是横向型进攻动作之一,能借助转体的惯性,动作幅度大,运动路线长,力度较大。用于退守反击时,动作隐蔽、突然。鞭拳分左右,主要是横向击打上盘。

(1)左鞭拳击头

从准备姿势开始,重心前移,上身前探,左臂旋臂前伸,随之以肘为轴,猛甩腕翻拳,用拳背击打对方头部。可与贯拳相连,左贯拳击打落空可顺势反背逆向鞭击头部。也可用于败势退步时,突然左插步向左后转身 180°鞭击对方。或前手佯攻,朝对手方向倒插步转身鞭击头部。

要点:转体要快,以头领先,不能停顿,发劲要快而且有力,使臂部有鞭击动作。臂部放松,勿发僵劲。肘微屈,不要有意抬肘。转身鞭拳应注意插步转体要快。

(2)右鞭拳击头

从准备姿势开始,重心前移,上身前探,右臂旋臂前伸,随之以肘为轴,猛甩腕翻拳,用拳背击打对方头部(图 7-22)。可用于败势时,右脚插步,向右后转身用右拳鞭击对方头部,或前手佯攻,朝对手方向插步转身鞭击其头部。也可在右贯拳击头落空时,顺势反背逆向鞭击头部。

要点:发动要快而有力,使臂部有鞭击动作。臂部放松,勿发僵劲,肘微屈不要有意抬肘。转身鞭拳,注意插步转体带臂要快。双腿支撑要稳。

图 7-22

(四)基本腿法

1. 正蹬腿

正蹬腿是用脚底部位向前直线蹬出，动作略同直拳，具有较大的杀伤力，在实战中实用价值很高。

从准备姿势开始，支撑腿微屈，另一腿蹬地屈膝上抬，脚尖微勾起，展髋向正前方猛蹬冲。同时上体微后倾，髋前送，右脚触及目标瞬间全身肌肉绷紧，力达足跟，再次发力用前脚掌点踏(图 7-23)。

要点：支撑腿微屈，蹬出腿屈膝尽力高抬。猛送髋，大腿发力带动小腿，脚沿直线向前蹬伸，爆发用力。脚跟与前脚掌先后依次发力，要求快速连贯，先蹬再点踏。

图 7-23

2. 侧踹腿

侧踹腿是散打比赛中常使用的腿法之一。容易调整步法，因此，侧踹腿的使用变化较多，它具有速度快、力量大，不易防守等特点，而且配合步法运用，变化多，易于在不同距离上使用。

从准备姿势开始，支撑腿脚尖微外转，腿微屈“侧对对方穿黑背心者为‘对方’，下同”；另一腿屈膝高抬，脚尖自然勾起，脚外沿朝向对方，腿部猛然伸直，用脚掌沿直线蹬踹目标。发力瞬间转髋，加大旋转劲，以助腿部鞭打效果。踹腿时上体自然向相反方向倒体，踹腿越高倒体越大(图 7-24)。

要点：以转髋助蹬踹。踹腿时上体、大腿、小腿、脚掌成一条直线，踹出时要以大腿推动小腿直线向前发力。注意在不断移动中调整距离。

图 7-24

3. 鞭腿(侧弹腿)

鞭腿就是从旁边攻击对方,故又称为“边腿”。鞭腿进攻时膝关节提起,脚出收有一股弹射力量,因此又称为“侧弹腿”。

前脚向前滑动一步,前移 10～20 厘米,带动后脚前移,支撑身体重量。几乎在落步同时,屈膝向斜前抬大腿,带小腿,随之用力拧腰转髋,猛挺膝,横向由外向内用力踢出,力达足背(图 7-25)。一般在移动中起腿。

图 7-25

要点:起腿时,支撑腿微屈,上体向支撑腿一侧倾斜,以维持身体平衡,起腿越高,倒体越大。用鞭击方式发力，踢击后立即收回。

4. 扫腿

扫腿主要包括前扫腿和后扫腿两种，是一种低位攻击型腿法。这里主要介绍后扫腿。使用后扫腿进攻对手时机选择很重要，一是距离要适中；二是对方身体重心在前脚上。脱离了这两个条件使用扶地后扫，则很容易失败。完成动作后，不管成功与否，应迅速站起来，或准备迎击对手反攻。

左腿屈膝全蹲，脚前掌为轴，两手扶地向右后方转体一周，展髋带动右腿向左后方弧线擦地直腿后扫，脚掌内扣勾紧，力达脚后跟至小腿下端背面。

要点：拧腰低身与转体要快速连贯，借以带动扫腿。加快动作速度，增强力度。

（五）基本快摔法

1. 抱腿前顶摔

对方出拳击头部时，本方上左步，下潜躲闪，两手搂抱对方双膝关节处，屈肘用力回拉；同时用左肩前顶对方大腿或腹部，将对方摔倒。主要用于主动进攻或防守反击。

要点：下潜要快，抱腿要紧，两手后拉与肩顶要有力，并协调一致。

2. 闪躲穿裆靠摔

对方左脚在前，用左冲拳或贯拳向本方头部击来。本方迅速屈膝下潜，使对方击打落空。下潜的刹那，上右脚落于对方左脚后。同时用左手抓按对方的左膝，右臂沿对方左腿内侧伸进裆内，别住其右膝窝处，用头顶住对方胸部，上体用力向后猛靠使对方倒地（图 7-26）。

要点：按膝、穿裆同时上步。上体向后靠时，向右后转体。用力要迅速，防止被对方反摔。

图 7-26

3. 抓臂按颈别腿摔

对方用右贯拳或右直拳向自己头部击来，应迅速向左微转体，用左前臂向左上架格挡住，左手下滑抓其腕部，随身体左转上右脚，用右腿别住对方右腿，右臂向左挟拧对方颈部时身体再向左拧转，左手用力向左后拉对方右臂，右臂向左下猛挟拧对方颈部，继续用力使对方倒地(图 7-27)。多用于防守冲拳、贯拳击头部时反击，也可用于主动进攻。

要点：挟颈要紧，转体要快。低头、蹬腿要协调、快速、有力。

图 7-27

4. 格挡搂推摔

对方左脚在前，用左冲拳或贯拳向本方头部击来。本方用右手臂上架来拳，并屈臂顺势向右后经由对方左臂外侧由上往下滑动，用力卡住其左臂。上左腿，右手下滑至对方左大腿时，向回按扒，同时用左手猛推对方左胸部，使其失去重心倒地(图 7-28)。

要点：一拉一推的动作要同步。

图 7-28

5. 插肩过背摔

对方用右掼拳击本方头部，本方立即向前上步，左闪身，左臂由对方右腋下穿过；背右步至与左脚平行，两腿屈膝；同时右手推拍对方左前臂，两腿蹬直，向下弓腰低头，右上臂插抱对方右腋下将对方摔倒。主要用于防守冲拳、掼拳对头部攻击时，闪躲反击。

要点：闪身快，背步、转身协调一致，低头、弯腰、蹬腿连贯有力。

6. 接腿搂颈摔

本方右脚在前，对方起右脚蹬本方上体时，本方用左臂由外向内抓其小腿，右手搂其颈部并外旋。左手猛力上抬对方右腿，右手继续向右后下方边搂边抓压，形成力偶，同时用右脚截其支撑腿使其倒地(图 7-29)。

要点：转体带臂，一抬一压，造成旋转动势而摔倒对手。

图 7-29

要点：向右后转体时，右手向上扳与左肩朝下压腿动作要一致。

7. 抱腿别摔

对方用左边腿击本方上体，本方迅速靠近对方，用右手从上抓其左脚腕，并屈左臂用肘窝夹住其左膝窝。随即躬身用左手由裆下穿，用左手掌扣住其右膝窝，右手往右后扳拉其左脚腕。身体右后转，同时下降重心，右手继续向右后扳拉，形成力偶，迫使对方瞬间失去重心而倒地(图 7-30)。

图 7-30

要点：左别右扳，协调一致，转体与两臂用力一致。

8. 抱腿压摔

对方用左边腿击本方上体，本方迅速靠近对方，用右手从上抓握其左脚踝，并屈左臂用肘窝夹住其左膝窝。右脚向右后撤一步，上体随之右后转并屈膝降重心。左臂夹紧其膝部，右手先向左后拽拉，后向上扳其小腿。左肩前靠，形成力偶，使对方向后倒地(图 7-31)。

图 7-31

9. 夹颈打腿摔

对方用左冲拳击本方头部，本方用右前臂外格对方左臂，顺势抓拿对方手腕部；左手由对方左肩上穿过，屈肘夹对方颈部；同时右脚经左脚向后插步与左腿平行，随即右转体用左小腿向后横打对方左小腿，将对方掀起摔倒。主要用于对手冲拳或掼拳击打时，防守反击。

要点：格挡迅速，夹颈有力，打腿、转身协调一致。

(六)基本防守法

1. 拍挡

从左架准备姿势开始(以下同)，左(右)手以手腕为力点，向里横向拍挡。主要用于防守对方以直线拳法或横向腿法向本方上盘进攻(图 7-32)。

要点：前臂尽量垂直，拍挡幅度小，用力短促。

图 7-32

2. 拍压

从准备姿势开始，左（右）拳变掌，以掌心或掌根为力点，由上向前下拍压（图 7-33）。主要用于防守对方以直线手法或腿法向本方中、下盘进攻，如下冲拳和蹬、踹腿等。

要点：拍压时臂弯曲，手腕和掌指要紧张用力，臂内旋，虎口、指尖均朝内。

图 7-33

3. 挂挡

从准备姿势开始，左（右）手屈臂向同侧头部挂挡。主要用于防守对方以横向的手法或腿法向本方中、上盘进攻，如右（左）贯拳或左（右）横踢腿等（图 7-34）。

要点：上臂与前臂相叠，贴于头侧，垂肘，上体含蓄，防守面要大。

图 7-34

4. 撤步

从准备姿势开始，前脚由前向后收步，接进后脚时脚前掌着地，重心落于后腿。主要用于防守对方以腿法攻击下盘部位。如低蹬腿、低踹腿等。

要点：前脚回收迅速，虚点地面；上体正直，支撑要稳。

5. 里抄

从准备姿势开始，左（右）臂微屈并外旋，紧贴腹前，手心朝上。同时右（左）手屈臂紧贴胸前，立掌虎口朝上，掌心朝外（图 7-35）。主要用于抄、抱对方直线腿法或横线腿法向本方右侧攻击上、中盘部位，如正面的蹬、踹腿和左横踢腿等。

要点：两臂紧贴体前，保护胸、腹部，抱腿时右（左）手掌心朝下与左（右）手相合锁扣。

图 7-35

6. 里挂

从准备姿势开始，以左手里挂为例。左臂内旋，左拳由上向下、向右后斜下挂防，拳眼朝内，拳心朝后(图 7-36)。主要用于结合左闪步防守对方向本方正面或偏右以腿法攻击本方中盘部位。

要点：臂尽量内旋，略屈肘以桡骨侧为力点划挂。幅度要小，同时上体应略向右转。

图 7-36

7. 外抄

从准备姿势开始，左(右)手臂外旋弯曲，上臂接近垂直，前臂近似水平，手心朝上。同时右(左)手屈臂紧贴胸前，立掌，手心朝外，手指朝上(图 7-37)。主要用于接抱对方以横踢腿向本方中、上盘进攻，如右横踢腿等。

要点：两上臂紧护躯干，两手心成钳子状，抱腿时两手相合锁扣。

8. 外挂

从准备姿势开始，以左手外挂为例。左拳由上向下、向后左斜挂，拳心朝里，肘尖朝后，臂微屈(图 7-38)。主要用于结合左、右闪步，挂防对方蹬、踹腿或横踹腿攻击本方中盘以下部位。

要点：左臂肘关节微屈，肘尖里收朝后，左臂向左后斜下挂防。

图 7-37

图 7-38

9. 下蹲躲闪

从准备姿势开始，屈膝，沉胯，缩颈，重心下降，弧形向下躲闪，两手紧护胸部。主要用于防守对方横向攻击头部，如左右掼拳、高横踢腿等。

要点：下潜躲闪时，膝关节、髋关节和颈部要协调一致，目视对方。

10. 提膝闪躲

从准备姿势开始，前腿（左前右后）屈膝提起离地（图 7-39）。主要用于防守对方从正面或横向以腿法攻击本方下盘部位，如低踹腿、弹腿、低横踢腿和勾踢腿等。

图 7-39

要点：重心后移，含胸收腹，提腿迅速，根据对方腿法进攻的路线和方位，膝盖分别有里合、外摆或垂直向上的变化。

11. 掩肘阻格

从准备姿势开始，以左掩肘为例。左臂弯曲，前臂外旋，在腰微向右转的同时向内、向腹下滚掩，拳心朝里，以前臂尺骨下端（小指侧）为防守力点，含胸、收腹、低头（图 7-40）。主要用于防守对方以由下至上的手法攻击本方中、下盘部位，如抄拳等。

要点：上体含缩，两手紧护胸腹，以腰带臂，滚掩如关门闭户。

图 7-40

二、散打基本战术

（一）直攻战术

直攻战术是指在没有虚晃及假动作的掩护下，使用技术方法直接进攻对方的一种战术。掌握好进攻对方的时机与对对手的了解是熟练运用直攻战术的重要影响因素。具体运用直攻战术必须具备以下条件。

（1）当对方的进攻动作不够熟练时。

（2）当与对方的距离能有效地使用进攻动作时。

（3）当对方的反应速度、动作速度、位移速度弱于对手时。

（4）当对方体力不足时。

（5）当对方的防守姿势出现空隙时。

（二）迂回战术

迂回战术是指利用步法的移动从侧面进攻的一种战术。“有力当中上，无力走两旁”。当对方的动作力量大，正面攻击火力强，或者当对方集中注意力进行正面防守时，采用迂回战术，向左右两侧移动步子，既可以避其锋芒，又可以制造战机，“以迂为直，以患为利”。

众所周知，直线比弧线短，动作抵达快。然而散打的弧线动作又可以破直线动作。迂回前进，调动对方随之转动，从而破坏对方的动作习惯以产生空隙，再伺机进攻，即可奏效。因此，移动的方向、角度、距离和进攻时机以及步法的灵活性和身体位移的突变性是迂回移动过程需要注意的几个方面。只有这样才能发挥出迂回战术的重要作用，在赛场上达到战胜对手的目的。

(三)佯攻战术

佯攻战术是指有目的的造成对方的错觉，将对方引入歧途，实现真实进攻的一种战术。在散打比赛中，佯攻是最为常见也最不容易把握和防守的战术形式之一。

散打技术水平的不断提高，使得在对付动作反应快、防范能力强的对手时，直接进攻容易被其防守、截击，而采用指上打下、指下打上、指左打右、指右打左等假动作，可以转移、分散对方的注意力，促使其对虚假动作产生某种反应，再乘机攻击其防守的空当部位，以此来提高进攻的效果。

(四)强攻战术

强攻战术是指硬性突破对方的防守后发出攻击的一种战术。自身身体素质的优势是运用强攻战术的重要条件，因此，运用强攻战术时应具备以下条件。

(1)身体素质好，技术比较全面，但比赛经验不如对方时。

(2)对方的近战能力比较差时。

(3)力量、速度、耐力素质比较全面，但技术不如对方时。

(4)对方的耐力比较差时。

(5)对方的心理素质比较差时。

(五)制短战术

制短战术是集中力量专门进攻对方的薄弱环节，制其所短的一种战术。每一名散打运动员都有自己的长处和弱点。有的运动员基本动作差，有的运动员防拳能力差，有的运动员防腿能力差，有的运动员防摔能力差，有的运动员防上能力差，有的运动员防下能力差，等等。无论是哪种，在比赛前都应充分了解对手的薄弱点，才能在比赛中做到以己之长，攻其之短，取得较为理想的战术运用效果。

了解和掌握对方的短处和弱点是运用制短战术的关键。做到这两点，需要通过比赛前对对方以往比赛情况的回忆，或者借助于对对方同第三者比赛时进行观察，或者通过其他人进行调查，综合各种情况进行分析。除了赛前“侦察”以外，更重要的是在比赛中进行观察，通过几个回合的试探性进攻，对对方的弱点迅速做出判断，及时调整自己的战术手段，攻击对方的弱点。但是应注意避免不断地变换方法，以免对方察觉自己的战术意图。

(六)制长战术

制长战术是采用相应的方法，以制服对方的一种战术意识。对于每一名散打运动员来说，自身所具备的技术专长是得分取胜所依靠的主要手段。而制长战术即针对对方的擅长制订战术，使其擅长不能正常发挥，从而被迫采用其他的动作，这样不仅在技术技能上制彼所长，使其擅长无法施展，而且在心理上还能打击其优越感，迫使其出现失误，甚至败下阵。

运用制长战术时,应具备以下条件。

(1)克制善于用手法的对方。

(2)克制善于用腿法的对方。在多种腿法中,又要区分擅长哪种腿法。

(3)克制善于用重拳、重腿的对方。

(4)克制善于用摔法的对方。

(5)克制善于主动进攻的对方。

(6)克制善于防守反击的对方。

(7)克制能攻能守的对方。

(七)反击战术

反击战术是指待对方发出进攻动作后,在防守的过程中反击对方的一种战术。攻守对抗讲究"后发先至""以静带动"。主动进攻需改变预备姿势,身体的某一部位必定会产生防守空隙和薄弱环节,如能在防守的同时进行反击,就能避免这些弱点,从而取得战机的主动。防守者"以静带动",有思想准备,才能较容易进行反击。

当遇到缺乏比赛经验、性情急躁、喜欢猛冲猛打的对手时,可以运用以反击战术为主,主动进攻为辅的战术。以主动进攻来掩盖自己反击战术的意图,不断刺激对方,使其更加急躁,为反击战术创造有利条件。反击战术的主要手段包括迎击、抓击、挡击、闪击、顺击与钻击等。

(八)多点战术

多点战术是指进攻点立体交叉,全方位地攻击对方的一种战术。如果对方的技术水平较高,采取单一的方法进攻则容易被防范,而应采用上、中、下,正面、侧面,手法、腿法、摔法相结合的多点战术,不断地变化进攻方法,以最大限度地分散对方的防守注意力,牢牢地掌握比赛的主动权。

运用多点战术,要求散打运动员应具备全面的技术,清楚的头脑,以及较好的灵活性和动作转换的协调能力。只有具备这些素质才能在运用多点战术中取得较为理想的效果。

(九)下台战术

下台战术是指利用竞赛规则和擂台等客观条件,采用一定的方法迫使对方掉下擂台的一种战术手段。下台战术的运用比较难,对散打运动员的要求也比较高。按照形式进行分类,可将下台战术分为逼打下台和牵引下台两种。

1. 逼打下台

当对方退到警戒线时,用动作封堵对方的两侧,不让其转移到擂台中央,直接将其打下台或使其无法招架而自己跳下台。这种下台形式要求散打运动员具有灵活多变、速度快的技术运用能力,否则对手很容易破解本方的进攻,甚至还会被对手反逼打下台。

2. 牵引下台

牵引下台必须借用对方的冲力,引进落空。具备较好的视觉判断能力和距离判断能力则是散打运动员运用牵引下台战术的重要影响因素。一般来讲,以擂台上的警戒线为标志,小级别、个子矮的运动员以退到警戒线上使用该方法为宜；而大级别、个子高的宜退到警戒线内侧为佳。

（十）心理战术

心理战术是指通过一些特定的方式和措施，给对方造成心理上的压力，从而取得比赛胜利的一种战术。心理战术不是一种单一的、独立存在的战术，而是一种依附于其他战术上的战术，比赛中的佯攻战术、强攻战术、制短战术、制长战术等，都具有心理战术的因素，其目的就是迫使对方产生紧张、恐惧、气馁等情绪，从而使其对比赛失去信心，导致比赛失败。

心理战术有多种，如露出破绽，造成对方的错觉，激怒对方或松懈对方的斗志等。

第二节　擒　拿

擒拿术是一方与另一方的近身技击技术，具有复杂多变、虚实莫测的特点。它是武术踢、打、摔、拿四大技击术的一个组成部分，其具有十分明显的技击防卫作用。擒拿技术的练习方法主要包括以下几种。

一、旋腕擒臂

擒拿：

甲方正面左手抓住乙方右手腕。

解脱：

乙方迅速撤左步，横屈右肘，右臂从下向上、向外猛旋，使甲方脱落抓握的左手。

反擒拿：

在甲方稍脱落左手时，乙方随势下托右手掌擒住甲方左腕臂。

要点：旋腕快速用力，反擒及时准确。

二、拿腕击胸

擒拿：

甲方站立，乙方上右脚发右手击打甲方下颌时，甲方用左手抓住乙方击出右手腕，紧跟向外、向后、向下拧转，右手由下向上托住乙方右肘，擒住乙方。

解脱：

乙方被擒右臂，迅速降低身体姿势，右脚插步，左臂随屈肘猛向左转体，使甲方两手松脱。

反擒拿：

解脱甲方拿制后，乙方继续向左转体，右手抓拿甲方左手腕，左拳同时击打甲方胸或腹部。

要点：转身屈肘解脱快速，拿制拳击准确及时。

三、旋腕推抓

擒拿：

甲方伸右手抓擒住乙方前伸的右手腕臂。

解脱：

乙方左手成掌由下向上猛翻甩，甲方被迫松脱右手。

反擒拿：

未等甲方动作，乙方左手抓扣住甲方右手背，右手由旋腕顺势抓住甲方右小臂，两手合力反擒住甲方。

要点：翻腕反抓及时，两手反擒动作快速有力。

四、翻腕扭臂

擒拿：

乙方欲出左手击打甲方，甲方迅速用右手扣住乙方左腕，左手同时抓扣乙方手背反拧推击。

解脱：

乙方被抓右手顺势俯身缓解甲方劲力，乘甲方不备，乙方上右脚猛左转身抽脱左手臂。

反擒拿：

甲方欲动，乙方左手翻腕抓住甲方右手腕，右手抓扣甲方左臂猛向内扭，左手同时外扭甲方右腕。

要点：转身抽手突然快速，反抓扭臂及时准确。

五、扣腕撅指

擒拿：

乙方上步欲抓甲方胸腹部，甲方迅速伸出右手抓握住乙方右手腕。

解脱：

甲方欲擒拿乙方，乙方紧接左手扣抓甲方右腕，右手随即翻拧使甲方右手松脱。

反擒拿：

乙方动作不停，右手抓扣甲方右手指，左手同时抓扣其右手指，两手合力猛向前撅甲方被扣抓右手指，使甲方被制。

要点：配合步法解脱抓握后，反扣撅指用力快速。

六、撩踢抓裆

擒拿：

乙方抢先发拳击打甲方胸部时，甲方闪身上伸右手捋住乙方右手腕，乙方欲抽右手，甲方迅速捋抓拧转，左手压在乙方右臂，擒住乙方。

解脱：

乙方被制，向前俯身缓和臂力，左腿支撑，右脚突向后撩踢甲方裆腹或膝部，甲方被击松脱两手。

反擒拿：

乘甲方松脱两手，乙方转身后伸左手抓取甲方裆部。

要点：俯身动作及时发腿撩踢，脱身抓取快速准确。

七、送臂抓发

擒拿：

甲方向前移步时，乙方发右拳击打甲方面部，甲方上抬右手挡抓乙方右腕臂，随即抓住击打的乙方右腕，左手托住乙方右臂，并上左脚擒住乙方。

解脱：

乙方欲动，甲方转身拉直乙方右臂欲扛制，乙方迅速跟进前送右臂，化解甲方动作。

反擒拿：

乙方动作不停，跳起骑在甲方腰背夹紧其腰，左手猛抓甲方头发后拉，反制甲方。

要点：送臂及时消解拿制，反擒抓发力猛后拉。

八、按颈撞头

擒拿：

甲方从左侧上步俯身弯腰抱住乙方左腿。

解脱：

乙方稳定两腿，左手成掌按住甲方头颈，使甲方不能施技擒腿。

反擒拿：

甲方欲动，乙方发出右手猛拍按甲方头颈后部，右膝上提击撞甲方头部，制服甲方。

要点：按颈用力，拍击突然，膝撞协调。

九、砸背按打

擒拿：

甲方上前从正面双手抱住乙方腰部。

解脱：

乙方迅速后撤左脚，左手成掌按住或掐住甲方后颈，右臂上举屈肘向下猛砸撞甲方背部，甲方被击俯身倒地。

反擒拿：

乙方动作不停，乘甲方倒地，顺势屈膝俯身用左手按压住乙方臂部，右手出拳击打甲方。

要点：按压其臂要用力，砸撞及时，俯身按压击打有力。

第三节 摔 跤

一、摔跤基本技术

(一)基本姿势

1. 站立姿势(实战姿势)

摔跤运动员一脚站于另一脚的斜前方，两脚之间的距离约为一脚宽，两膝微屈，上体略前倾，两肘贴紧肋部，前臂向前伸出，尽量使身体重心平均分配在两腿上。

一般来说，根据摔跤运动员双脚放置的位置，可将实战姿势分为平行站立、左式站立、右式站立三种；而根据重心的高低，又可以将实战姿势分为高站立和低站立。

2. 跪撑姿势

摔跤运动员两膝跪在垫子上，两手撑垫，两膝间距离大约与肩同宽，足尖撑地，两手间距离略宽于肩，手与膝肩的距离不得小于 20 厘米，两脚不得交叉。

在摔跤练习中，摔跤运动员在掌握跪撑姿势之后，还应学会如何从跪撑姿势迅速站起来成站立姿势或从跪撑姿势迅速摆脱对方的控制，这对于掌握摔跤运动技术来说十分重要。

(二)抓握方式与步法移动

1. 抓握方式

在抓握对手时，摔跤运动员除单手的正常抓握外，两手的联合(搭扣)一般包括以下三种方式。

(1)两手掌心相对，手指相对并互握。

(2)一手放在另一手上，掌心相接触。

(3)一手握住另一手腕处或小臂。

摔跤运动的抓握动作不采用两手手指相交错的联合，这是因为这种握抱不能迅速及时地分开，而且容易导致摔跤运动员的手指受伤，尤其是由站立倒下时。

2. 步法移动

在摔跤比赛中，比赛双方攻防动作变化较快，这使得摔跤运动员不可能保持静止姿势，必须不停地进行步法移动。

其基本移动步法如下。

(1)上步：摔跤运动员平行站立，左(右)脚先向前迈出一步。

(2)后撤步：摔跤运动员平行站立，左(右)脚向后撤一步或双脚同时后撤一步。

(3)跟步：在上步的基础上右(左)脚立即再上一步。

(4)背步：双方均平行站立，一方右脚先上步至对方右脚前，然后左脚从自己右脚跟后上步至对方左脚前，同时身体左后转，背对对方，重心保持平稳或下降，左脚即为背步。

(三)转移技术

转移是指得分分值小，动作幅度不大，改变身体位置，移动到对手身后把持对方的一种技术。转移是摔跤比赛中常用的站立和跪撑技术之一。

1. 接臂转移

(1)技术动作

如图 7-41 所示，以右实战姿势组合为例，甲左手抓乙右手腕处，用右手从里抓握乙右上臂，并向自己右下方用力拉，同时右脚上步于乙右脚内侧，以右脚为轴，上左步于乙右脚后，左手换抱乙腰部，右手迅速与左手搭扣环抱乙腰，准备使用抱腰过胸摔等其他动作；或是右手继续向右后下方用力拉，整个身体向右后方倒，迫使乙成跪撑状态，甲在乙上面把持住。

图 7-41

(2)防守和反攻

甲使用接臂转移时，乙背左步，左手握住甲手腕处，右肩插入甲右腋下，降低重心，变成“单臂背”，将甲从背上摔出。

2. 握颈潜入转移

(1)技术动作

如图 7-42 所示，甲乙互相搭扣锁颈，或甲右手握乙颈部，左手插捧，乙用右臂锁甲左肩时，甲用左臂上架住乙右臂，右手向右下方拉乙颈部，同时上左脚于乙右脚后，头从乙右腋下潜入，左手握抱乙腰部，迫使乙成跪撑，转移到乙身后把持住。

(2)防守和反攻

甲使用此技术时，乙用力搭扣锁甲颈部，使乙不能下潜或尽量避免与甲互相搭扣。

图 7-42

3. 推臂潜入转移

(1)技术动作

如图 7-43 所示,以右实战姿势组合为例,趁乙向前顶的时机甲身体突然下降,同时左手推乙右上臂,右手抱乙左侧腰部向自己身体方向拉,头潜入到乙右腋下,同时上左步于乙右脚后,左手换抱乙腰部,从后面将乙把持住,迫使乙成跪撑状态。

图 7-43

(2)防守和反攻

甲使用此技术时,乙迅速降低重心,下压被推起的臂阻止甲的进攻。

4. 绊腿接臂转移

绊腿接臂转移为自由式摔跤动作。

(1)技术动作

如图 7-44 所示,双方右势站立,甲左手抓乙右手腕处,用右手抓乙左上臂内侧,并向自己右下方用力,同时右脚上步于乙两脚之间靠近乙右脚内侧,以右脚为轴,身体右转,上左步于乙右脚后,左手换抱乙腰部,右手继续向右后下方用力拉,整个身体向右后方下倒,右腿绊住乙右腿,迫使乙成跪撑状态。甲在乙身后把持住。

图 7-44

(2)防守和反攻

甲使用绊腿接臂转移时,乙用右手反抓握甲右臂,同时身体尽量不左转,借甲后倒之势,身体向下压,并用腿勾绊甲右腿,使甲后倒失分。

(四)站立摔法

1. 过肩摔

过肩摔是指以腰为支点,将对方从肩上摔过的一种技术,它是摔跤中常用的动作之一。

(1)握臂过肩摔

①技术动作

如图 7-45 所示,甲乙右势站立,甲用右臂将乙右臂夹在自己右腋下(或右手握住乙左上臂),上右步于乙右脚前,背右步于乙右脚前(或乙的两脚之间),同时转体屈膝,降低身体重心,右肩插于乙右腋下,将身体贴紧对方,上体前倾,双臂向下拉,向右甩脸,发力蹬双腿,将乙从肩上摔过成压桥状态。

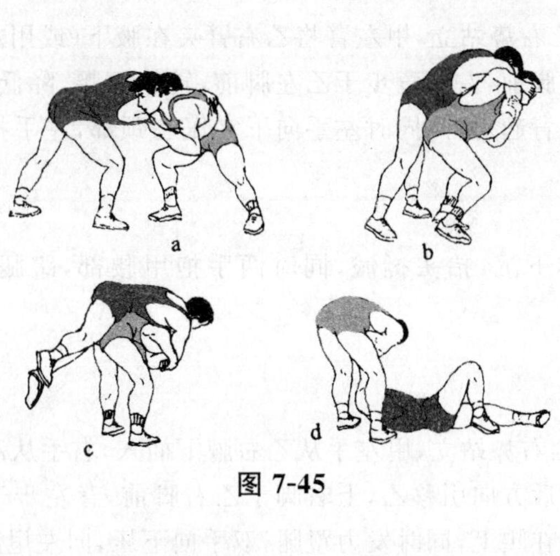

图 7-45

②防守和反攻

使用侧面抱躯干摔来反攻。当甲将右肩插于乙右腋下时,乙用力阻抗并用右手抱住甲腰,与右手搭扣将甲抱起向后摔。当甲插肩时，乙可使用接臂转移或身体下沉，阻止甲插肩并向右下方压，迫使乙放弃单臂背。

(2)钻扛向后摔

①技术动作

如图 7-46 所示，甲左势站立，乙右势站立。甲快速用右手抓握住乙右手腕从胸前拉向自己的右侧，用左臂圈住乙右上臂，并用右侧脸部贴紧乙右胸部，身体先右转，用胸部压挤乙右臂。乙为了不随甲转动，往往会向后挣，甲趁机降低身体重心，右膝跪地，头部潜入乙右腋下，用右臂抱住乙腰，身体先向上再向左后方倒下，将乙摔倒在自己身后并控制住乙。

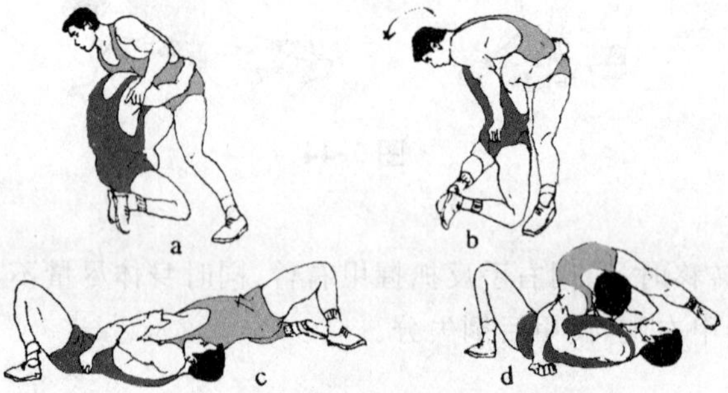

a b c d

图 7-46

②防守和反攻

甲潜入时，乙快速下降身体重心，同时向后下方夹臂而阻止甲的进攻。甲潜入腋下时，乙双腿后撤，右腋向下压迫甲头颈变前抱肩颈滚桥或转移。

2. 过背摔

过背摔是指利用自己的腰部为支点，将对方从背上摔过的一种技术。过背摔动作幅度大，得分分值较高。

(1)握颈和臂过背摔

①技术动作

如图 7-47 所示，甲乙右势站立，甲左臂将乙右臂夹在腋下(或用左手握乙右臂)，右手或臂握乙颈部，上左步于乙左脚前，左脚背步于乙左脚前，转体填腰，降低身体重心，屈膝将乙背在腰上，伸膝蹬双腿、提腰，背起对方，同时左手向下夹压乙颈部，左手拉，向左甩脸，将乙从背上摔出，并控制住乙于垫上。

②防守和反攻

当甲转体时，乙身体下沉，抬头挺髋，同时两手抱甲腰部，蹬腿将甲抱起并向侧或向后摔倒。

(2)抱肩颈过背摔

①技术动作

如图 7-48 所示，甲乙右势站立，甲左手从乙右腋下插入，右手从乙颈部左侧圈住乙头颈并与左手搭扣，甲双手向右后方向引移乙，上右脚于乙右脚前，背左步于乙左脚前，转体填腰，降低身体重心，屈膝将乙背在腰上，同时发力蹬腿，双手向下压，向左甩脸，上体前倾并向左转，将乙从背上摔倒成压桥姿势。

图 7-47

图 7-48

②防守和反攻

在甲要作动作前，乙先抢先一步转体使用抱肩颈过背摔，迫使甲防守并放弃抱肩颈搭扣。

3. 过胸摔

过胸摔是指搂抱对方，将其从胸上摔过的一种技术。一般用在古典式摔跤中，过胸摔技术所占分值较高。

(1)捧臂过胸摔

①技术动作

如图 7-49 所示，甲乙右势互相插捧，甲用左臂将乙的右臂夹在左腋下，用右臂从乙左腋下插出并向上捧，同时甲上右步于乙两脚之间，左脚上步于乙右脚外侧，两膝微屈，右臂猛力向上捧，同时甲主动后倒，两腿蹬地发力，用右侧腹部撞击乙腹部，抬头向左侧后仰挺髋挺胸甩脸，发力将乙两脚捧离地面时向右过胸将乙摔倒。

②防守和反攻

乙重心下降，身体向后挣脱甲的捧臂。乙双手环抱甲腰，乘甲主动后倒时，乙身体迅速下沉，顺势变抱腰折反攻。

(2)正抱躯干过胸摔

①技术动作

如图 7-50 所示，甲乙右势站立，甲乙互相搂抱对方肩颈，甲上右步于乙两脚之间，左脚跟步(或左脚上步于乙右脚外侧)，两膝微屈，两臂勒紧乙上体并将乙的左臂抱住，然后甲主动后倒，同时两腿蹬地发力，用腹部撞击乙腹部，抬头后仰挺胸，当甲后脑部快要着地时，向左转体将乙摔倒在垫上并控制住。

图 7-49

图 7-50

②防守和反攻

当甲要使用此技术时，乙也可提前使用正抱躯干过胸摔进行反攻。甲主动后倒时，乙身体迅速下沉，顺势变抱腰折反攻。

4. 抱绊腿摔

握抱或勾绊对方单腿或双腿，使对方失去平衡而被摔倒的技术为抱绊腿摔。其是自由式摔跤中常用动作之一。

(1)握颈扣异名腿摔

①技术动作

如图 7-51 所示，甲乙右势站立，右手互握颈，甲右手突然向下拉乙颈部，同时身体下沉，上右步，左手握住乙右脚跟，左脚跟步，右手向自己的左前下方猛推，左手向自己的右侧拉，身体向左侧挤压，使乙倒向左侧。

图 7-51

②防守和反攻

在甲下拉扣腿时，乙快速降低身体重心，同时向后蹬右腿。

(2)握颈扣同名腿摔

①技术动作

如图 7-52 所示，甲乙右势站立，甲右手握乙右侧颈部向右下方用力拉，使乙重心移到右腿上，甲迅速降低身体重心，屈膝下蹲，同时左手握扣住乙左脚腕向自己的左上方拉，自己左膝可跪地，同时左手向左下方继续用力拉，上右步，用身体挤压乙，使乙仰倒在垫上。

图 7-52

②防守和反攻

在甲下拉扣腿时，乙向后蹬腿，右手向前推甲。

(3)抱单腿压摔

①技术动作

如图 7-53 所示，甲乙右势站立，甲上右步于乙两腿之间，左脚跟步，双手握抱乙左大腿向上提拉，左脚向右后方撤步，左手下滑握抱乙左脚跟，身体向左侧侧倒，用肩向下压对方膝部，使得身体向左侧倒下，将乙压倒。

②防守和反攻

被抱住腿后，乙转身蹬腿逃脱。在甲抱腿枕压时，乙左转身体同时左腿骑于甲身上。

(4)穿腿前摔

①技术动作

如图 7-54 所示，甲右势站立，左手紧握乙右上臂(或用左臂向上架起乙的右臂)，上右步于乙两腿之间，左脚跟步(也可屈膝跪地)，同时左手向左后下方拉乙右臂，头潜入乙右腋下，右手从乙两腿中穿过抱住乙右大腿跟处并向上撩，蹬两腿，低头将乙摔在自己身体的前方。

②防守和反攻

当甲钻进时，乙及时后撤腿，同时身体向下压。

图 7-53

图 7-54

(5)抱双腿冲顶

①技术动作

如图 7-55 所示，甲乙右势站立，甲上右步于乙两腿之间，左脚跟步，同时两臂分别插向乙的左右大腿外侧，并环抱乙腿部，同时胸部与乙的腿部贴紧，向前方冲顶，在乙仰面倒下的同时，甲向右侧移动，而两手抱甲双腿继续向上提拉，使乙双肩着垫。

图 7-55

②防守和反攻

当甲抱双腿时,乙向后蹬双腿,同时身体向下压甲,迫使甲放弃。

(6)挑腿

①技术动作

如图 7-56 所示,甲乙右势站立,左手紧握乙右臂,右手插于乙左腋下向上捧乙左臂。甲上右步于乙右脚内侧,同时左脚背步于其左脚前,以左脚为轴,转体用右腿插入乙两腿中,向后上方用力挑乙左大腿内侧,左手拉紧乙右臂,右手上捧,向左转体,将乙挑摔在垫子上。

图 7-56

②防守和反攻

当甲转体时,乙快速向左移动身体重心,同时用右腿别住甲右腿,并向后绊。

(7)搂腰扫腿摔

①技术动作

如图 7-57 所示,甲乙右势站立,互相插捧,甲上右脚于乙两脚间,将乙右臂圈在内并使自己两手搭扣,两臂勒紧的同时用左腿从外向内横扫乙右腿,将乙摔倒。

图 7-57

②防守和反攻

乙身体向后，两臂前顶，挣脱甲的搂抱。

5. 抱折摔

(1)抱单臂折

①技术动作

如图 7-58 所示，甲乙右势站立，互相插捧，甲用左臂将乙右臂夹在自己左腋下，用右手换握乙右上臂，成两手握抱乙右臂，然后向右后方用力引牵乙(目的使乙向甲的右后方移动)，双手突然向左前下方用力，使整个身体向下折乙单臂，使乙来不及调整身体重心而向后摔倒成仰卧姿势。

图 7-58

②防守和反攻

当甲使用抱单臂折时，乙一方面尽量保持身体重心，一方面用另一只手环抱甲腰部，使用接臂转移。

(2)抱腰折

①技术动作

如图 7-59 所示，甲乙右势站立，互相插捧，甲右臂插进乙左腋下向上捧，身体突然向下沉，左手插进乙右腋下并与右手搭扣(或从外将乙左臂一起抱住)，上右步于乙两脚之间，左脚跟步，将右侧脸部紧贴乙的胸腹部，两臂环抱乙腰部并用力向前勒腰，头向前下方用力，将乙折成仰卧。

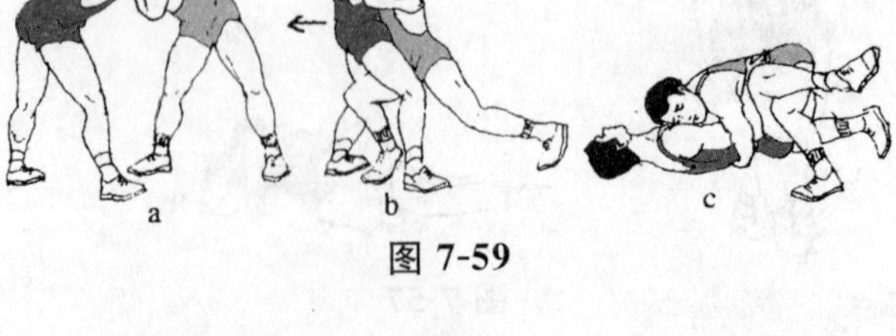

图 7-59

②防守和反攻

当甲抱腰时，乙快速降低身体重心，同时转体使用夹颈背。当甲抱腰时，乙立即使用抱单臂过胸摔。

（五）跪撑技术

一般来说，跪撑技术主要包括摔和翻两种方法。在跪撑技术中，凡是没有用上肢握抱或用下肢勾绊对方腿部的动作，都属于古典式摔跤动作，其他只能在自由式摔跤中才允许使用。

1. 杠杆握颈翻

（1）技术动作

如图 7-60 所示，乙俯撑姿势，甲在后面抱住乙腰部。在控制住乙的前提下，用左前臂压住乙颈部，右手从乙右腋下穿过并握住自己的左前臂，然后左前臂用力向下压乙头颈，右前臂为杠杆向上用力撬乙右上臂，使乙向前翻过去，并控制住乙。

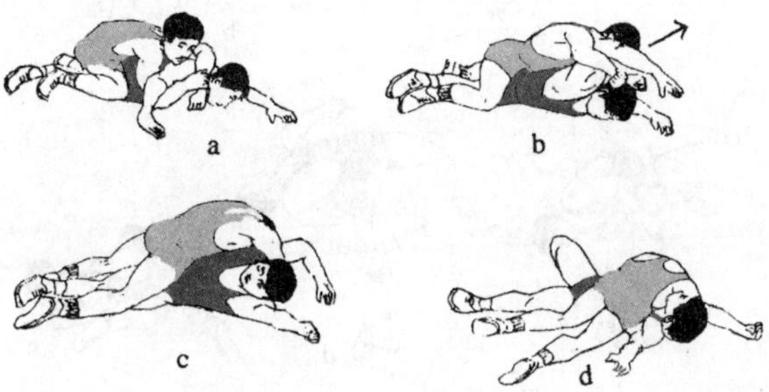

图 7-60

（2）防守和反攻

乙的头部向右侧倒，不让甲从腋下伸进右手。用右手脱下甲的左臂。

2. 正抱提过胸摔

（1）技术动作

如图 7-61 所示，乙俯撑姿势（或俯撑），甲在后面抱住乙腰部，左脚置于乙两脚之间，右脚置于乙右腿外侧，然后甲向上抱提乙腰部，将乙整个身体提起，同时甲左腿从乙两腿之间迈出落下，同时发力蹬腿挺髋，身体转向左后方，成过胸摔将乙摔倒。

图 7-61

（2）防守和反攻

当甲向上抱提时，乙突然性向前后左右方向移动，并尽量将两腿放在甲两腿之间，破坏甲的动作。

3. 反抱提过胸摔

（1）技术动作

如图 7-62 所示，乙跪撑姿势（或俯撑），甲在后面抱住乙腰部，然后甲身体移向乙左侧，左膝跪垫（或两膝均跪垫）顶住乙躯干左侧，双手反抱乙腰部，然后双臂用力向上抱提乙腰部，同时两腿站立起来，蹬腿挺腹，身体转向左后方，成过胸摔将乙摔倒。

图 7-62

（2）防守和反攻

当甲向上抱提时，乙突然性向前后左右方向移动，破坏甲的动作。

4. 后抱腰滚桥翻

（1）技术动作

如图 7-63 所示，乙跪撑姿势，甲在后面抱住乙腰部。甲将右腿放在乙右腿外侧，并将右腹紧靠乙右臀部，两臂抱紧乙腰部，右侧脸部贴在乙的背上，用右肩突然向乙右肩处发力并挤压乙右肩，使乙随着自己向右前方滚去，在甲的头部着地时，两脚撑地，并向头部方向蹬腿、挺腹挺髋成桥，将乙滚翻过去并控制住。

（2）防守和反攻

乙将四肢打开，用力支撑，使甲不能滚动。乙不停地爬动和移动，使甲不能滚动。

5. 反抱大腿翻

（1）技术动作

如图 7-64 所示，乙俯撑姿势，甲跪立于乙身体左侧，用身体左侧压住乙上体，右手从下穿过乙右大腿和左手在乙裆中搭扣，将右腿插入乙左大腿下，用双手向上提乙右腿，同时继续用左上臂和身体左侧压乙上体，蹬腿挺髋，向左后方侧倒，将乙翻转过去。

（2）防守和反攻

乙左腿向左侧蹬出，横跨在甲身上。

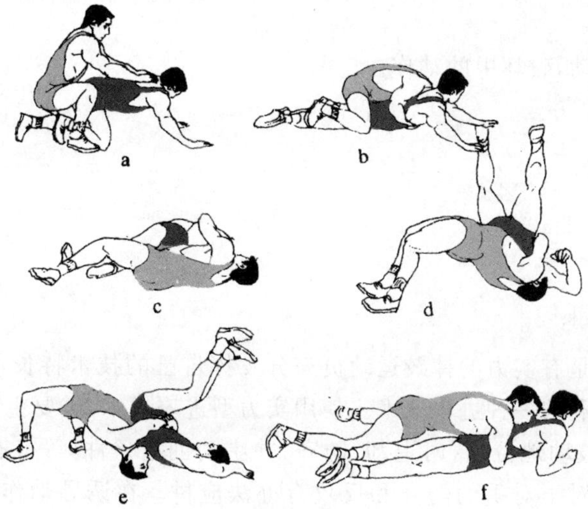

图 7-63

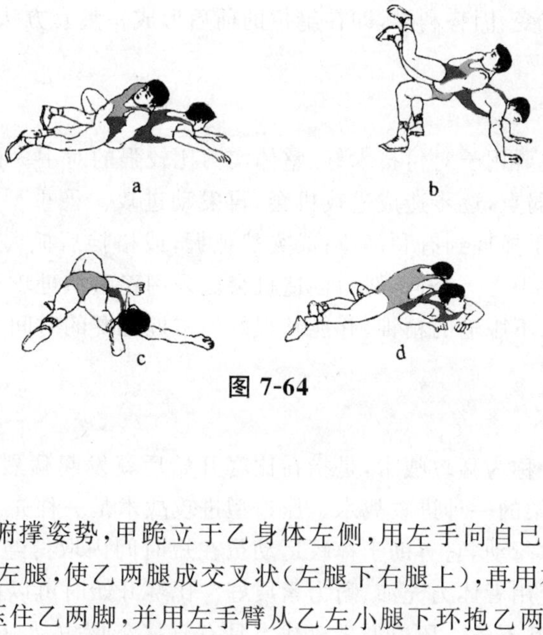

图 7-64

6. 交叉握小腿翻

(1)技术动作

如图 7-65 所示，乙俯撑姿势，甲跪立于乙身体左侧，用左手向自己方向回拉乙右大腿，同时用自己的左臂挤向乙左腿，使乙两腿成交叉状（左腿下右腿上），再用右手从乙两腿之间穿过并握住乙左小腿，用胸压住乙两脚，并用左手臂从乙左小腿下环抱乙两小腿，身体向左侧成桥滚翻，将乙翻转过去。

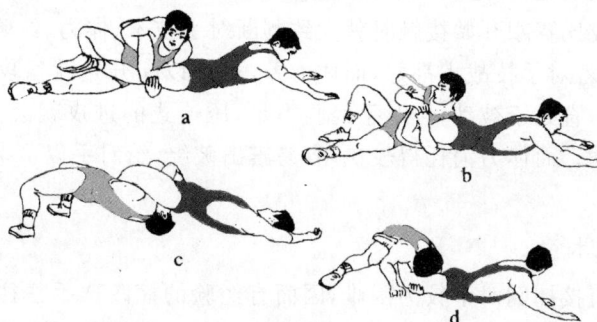

图 7-65

(2)防守和反攻

乙两脚不停地移动,破坏甲的动作。

二、摔跤战术

(一)进攻战术

1. 实力型进攻战术

实力型进攻战术是有实力的摔跤运动员充分发挥自己的技术特长,运用确有把握的绝招以取得最后进攻的胜利的一种进攻战术。使用实力型进攻战术,需要主动创造条件,得到机会就用绝招;或是处于被动地位,暂时退却、防守,并主动创造条件,等待有利时机,一旦机会来临,再用绝招。此外,对于对手的防守和反攻有办法应付。在诱导动作(主要包括推、拉、扭、按、提等)、假动作以及进攻的速度和时机等方面进一步强化每一个环节,在对手的不同防守和反攻方向上都能随机应变、因势利导,即在绝招的前后形成一整套方法来对付对手的防守和反攻,从而掌握比赛主动权。

2. 稳重型进攻战术

稳重型进攻战术主要用于对付技术好、整体实力比较强的对手。稳重型进攻要严阵以待,先试探观察,找出对手弱点,逐步造成进攻机会,再发动进攻。稳重型进攻要求不轻易与对手搂抱在一起,更不让对手抓握到有利部位;或突然抓握,或格挡后抓握,令其抓握时抓不牢,避其锋芒,挫其锐气,使对手无可奈何,努力创造机会。采用稳重型进攻战术,要求摔跤运动员要有稳重的心理素质以及不服输的精神,并能够很好的掌握比赛的时间与进攻的时机,从而取得良好的进攻效果。

3. 压迫型进攻战术

压迫型进攻战术又称为猛攻战术,是指在比赛开始后就发起猛烈进攻,连续使用技术,使对手忙于防守,疲于招架的一种进攻战术。压迫型进攻战术是一种先发制人的主动进攻手段,是有计划有准备的战术行动,它有助于摔跤运动员在短时间内取得绝对胜利或是掌握全场主动权。这种战术要求使用者体力充沛、耐力素质好。比赛开始时可以抢先使用技术,乘对手还未注意而出其不意,攻其不备。压迫型进攻战术具有直接掌握主动权,迫使对方只能招架,没有反攻的机会,处于被动地位,造成对手精神紧张,容易疲劳等优点。使用压迫型进攻战术应在比赛前了解对手,或比赛刚开始接触时就大致判断对手技术、体力、经验等方面都不占优势,自己有获胜的把握。若对手技战术都好,而体力差,也可以一开始就猛攻,不让对手有休息及缓和的机会,而使其一直处于被动;若对手经验不足,压迫式的进攻就会使其得不到镇静和思考的时间,会处处被动。而体力消耗得较快,容易露出破绽,给对手以可乘之机,则是压迫型进攻战术的缺点。

4. 引诱型进攻战术

在摔跤比赛中,直接摔倒对手较为困难,因而有经验的摔跤选手往往采用“声东击西”“指上打下”的战术,以造成对手的错觉,取得进攻的主动。因此,引诱型进攻战术是充分发挥假动作与真动作联合的较好的手段，也是摔跤比赛中最常用的基本战术之一。在摔跤训练与比赛中，一般采用上下动作结合、左右动作结合、前后动作结合的引诱式进攻。一般对手体力好但技术不太全面、方法变化少、战术不灵活，可以使用这种战术。使用引诱型进攻战术时，自己的动作要快，快在对手前面，否则容易失败。

5. 边线型进攻战术

在边线型进攻战术中，自己背对中心圈(在内线)，使对手背对消极区，这样容易掌握主动权，进可以攻，退可以守，进退都有余地。而该战术也存在缺点：防守时后面余地大，对自己不利；若自己背对消极区(在外线)，则采取外线作战的方法，把对手圈在里面，自己靠近边线，虽相对的处于被动地位，但对手进攻时能够反攻则往里摔，否则就防守，若有危险可以退出界外。同时还应注意，在内线或是外线都是相对的，在进攻或防守时都要考虑摔的方向。

6. 散手型进攻战术

自由式摔跤中常常运用散手型进攻战术。在自由式摔跤中，抱腿技术熟练或是力量小而动作速度快的运动员，适合采用散手型进攻战术战术。散手战术必须是进攻的，它与抓握法比较起来进攻性更大些，且这种进攻一般都是奇袭。散手战术的灵活性大，活动范围广。有机会便即刻用这种方法进攻，若不合适就不失时机的迅速移动，充分合理地使用场地。对手主动抓握或进攻时容易使自己陷入被动，而此时也是很好的进攻机会。

(二)防守战术

防守战术往往在对手实力强或掌握了主动权，自己处于被动地位时运用。在防守战术中，要求防守队员积极进行防守，要消耗对手体力，使其疲劳，精神沮丧，丧失信心，暴露弱点，而自己养精蓄锐，以逸待劳；此外，还应积极造成和发现对手的过失，以借机进行反击。

1. 化解防守战术

化解防守战术主要是将对手进攻的方法化解掉，致使其进攻失败。如对方用抱腿本方用下压和向后蹬腿，对方用挑本方就用骑等。每个进攻技术都有防守方法，但是用防守方法时，不能让对手的身法、手法、步法等都到位。自己的反应要快，要事先判断出对手用哪种方法，然后用防守方法走在前面等待其进攻。

2. 阻碍防守战术

阻碍防守战术主要是用格挡或解脱动作，以防对手抓握住自己，使其不能接近，若被抓握住得力部位，则牵制对手的动作，不让对手使出方法。使用该战术时，要求摔跤运动员动作快、手法好，抓住得力部位作支撑推拉动作要求臂的力量大。

3. 移动战术

移动战术主要运用于对手实力较强，或是因为自己判断失误、技术错误，而处于被动地位时，移动战术的主要目的是为了摆脱被动局面，或拖延时间等待时机。

4. 以攻代守战术

以攻代守战术即对手用进攻方法，本方用反攻方法。该战术要求摔跤运动员要具备全面的技术，并事先判断清楚，然后对症下药。

在摔跤战术中，多是进攻、防守、反攻交错进行的。拟订摔跤比赛的战术必须有进攻和防守的措施，其进攻与防守的时机，应根据当时具体的情况与条件而定。摔跤中的各种战术是互相矛盾相互克制的，由于摔跤比赛过程情况复杂、变化多端，对手多种多样，因此，摔跤运动员应根据比赛中随时变化的情况，机动灵活地运用一种或多种综合战术，从而达到预期的比赛效果。

第八章　西南地区高校民族传统体育项目练习

第一节　押　加

押加运动是全国少数民族传统体育运动会的比赛项目，其起源于我国藏族民间，流传于西藏、青海、甘肃、云南、四川等藏族聚居区，已有百余年的历史。

一、押加概述

“押加”又称藏式拔河，有百年的历史。藏语里“押”是“拉”的意思，加是“脖子”，顾名思义，就是“用脖子拔河”。押加是在西藏特殊的自然环境和独特的民族生活基础上产生的，并以独特的形式世代相传，深受广大藏族群众的喜爱，具有深厚的群众基础，因此得以保存、传承和发展到今天。

“押加”也称大象拔河，即在平地上划两道平行线作为河界，两名男子将一条长约 10 米的绳子两头打结，从各自跨下穿过，经腹部套在脖子上，背对背站在河界两边，模仿大象姿势，两手与脚尖着地，以脚、腿、肩、颈的力量发力向前，直至一名运动员把系在绳子中间的红布标志拉过自己的河界，比赛结束。

押加这项传统的民族体育项目被第 1～5 届全国民族运动会列为表演项目，第 6 届全国民族运动会上押加被定为正式竞赛项目。藏区押加比赛开展得很普遍，它由一种带有娱乐色彩的民间体育运动逐步发展成今天对抗激烈的竞技比赛。每到节假日各地都举行押加比赛，平日农牧闲暇时，在牧场上、在田间，人们相互把两条背带或腰带连在一起，以游戏的形式练习和比赛。由于押加的基本技术、比赛规则和场地设备比较简单，因此是一项比较容易开展的民族传统体育项目。此项运动不受年龄和性别的限制，男女老少都可以参与，因此可以吸引更多的群众参加这项运动。

押加在高校是很受学生喜爱的一项民族传统体育项目。学生不仅组织各种规模的押加比赛，甚至在课外活动、课间休息的时间也经常进行押加活动。由于押加可单人、双人或多人进行比赛，对不同参赛人数有不同的要求，但都要求参赛者要快速起动，用腿、手、腰、颈及全身的力量将对方拉到本方一边。这些动作对于发展身体各器官机能、增强体质、促进健康，对锻炼人的力量、速度、灵活及耐力等身体素质，都有良好的作用，同时还可以培养参赛者勇敢、顽强、克服困难的作风和团结协作的集体主义精神。全国民族运动会上，押加比赛按参赛运动员的体重分为 55 公斤、60 公斤、70 公斤、80 公斤和 80 公斤以上 5 个级别进行比赛。

二、基本技术

(一)跪卧式基本方法

参赛者把打好结的绳环套在脖子上，两人相背，将绳子经过胸腹部从裆下穿过，然后趴下，两手、两膝、前脚掌着地，模拟大象的动作，把赛绳拉直，绳子中间标志物垂直于中界。听到预备令后，参赛者两膝离地，整个身体前倾做好准备；当开始口令发出后，参赛者利用颈部、肩部、腰部、腿部及手臂的力量向前爬拉。在比赛中也可站起来向前扯拉，直到将绳上的垂直标志物拉过河界即为胜利。

(二)站立式基本方法

1. 单人站立式

参赛者面对面站立，把打好结的绳环套在双方的脖子上并将绳拉直，绳中间的标志物垂直于中界，两腿可随意站立。听到开始的口令后，双方用颈部和腰腹部的力量向后拉扯，直到把河中央的垂直标志物拉过河界即为胜利。

2. 单人腰力比赛

参赛者面对面站立或背对背站立，把绳环套在双方的腰部，绳中间的标志物垂直于中界，手的位置和下肢的动作不限。当听到比赛开始的口令后，双方参赛者用腰部和下肢的力量拉拖，直到将标志物拉过河界为胜。此项比赛面对面站立时，不能用手抓握绳。

三、训练方法

(一)押吞练习

(1)2 名练习者相对坐在平地上，把环形布带套在颈部，双脚相抵，练习双方以颈、肩、背力，尽力将对方拉向自己一侧。哪方臀部离地或绳环中心线偏向对方，即被视为失败。

(2)2 名练习者面对面站立，把环形布带套在颈部，用颈、肩、背、腰、腿等力量往后拖拉，谁能把赛绳中间的标志物拉过河界即为胜。

(二)格吞练习

是一种腰、腿部力量的角力。2 名练习者把绳环或环形的布带套在腰部进行拔河的练习。练习同样要在平地上划线为界，练习者可选择面对面站立或背对背站立两种形式(面对面练习时，不能用手抓练习绳，背对背练习时，可以用手抓练习绳，如同拔河一样)，练习中谁将标志物拉过河界谁获胜。

(三)喇吞练习

(1)练习者各自五指交叉，相互套握进行拔河的练习。

(2)借助绳子进行拔河的练习。

上面两种练习又可分为单人项目和集体项目。

四、比赛规则

(一)比赛方法

(1)比赛礼节:比赛开始前和比赛结束后,双方参赛者应相互握手,并与场上裁判员握手致意。

(2)比赛姿势:四肢着地,带子两端的圆环分别套在双方参赛者的颈部,带子经胸前和两腿中间经过。双方参赛者身体距中线最近点的距离应该相等,参赛者向各自的前方用力。

(3)比赛时间:每局比赛以一方获胜为结束,但在一局比赛中如遇双方相持达 90 秒仍不能决出胜负,则暂停比赛,休息一分钟后重新开始比赛。

(4)比赛胜负:带子中间坠条垂直于中线,裁判员发令后比赛开始,以坠条拉过一方的决胜线者为胜方。

(二)规则简介

正式押加比赛是由两名参赛者按照竞赛规则,在比赛场地上,将一条长绸布带做成的圆环分别套于颈部(带子从两腿间通过),四肢着地并背向对方,向自己的前进方向用力,以一方将置于两者之间的坠条拉过自己一侧的决胜线为胜利。

出现以下情况者视为犯规行为。

(1)故意延误比赛者。

(2)双方参赛者双手着地后,若未经裁判员允许,而自行站起者。

(3)运动员自行在比赛场地或鞋底涂抹用于增加摩擦力的非大会提供物品者。

(4)比赛进行中,单手或双手离地超过 3 秒。

(5)比赛进行中,教练员或助手干扰比赛。

(6)比赛进行中,在处于不利情况下而要求暂停者。

(7)比赛进行中,参赛者做了不尊重裁判员的行为。

(8)比赛进行中,有意进行非真实比赛者。

(9)比赛进行中,参赛者身体任何部位触及边线及边线以外地面者。

(三)竞赛制度

(1)比赛采用淘汰制或循环制,无论采取什么办法,均采用每场三局两胜制判定胜负。

(2)比赛前,裁判员召集双方参赛者挑选场地,第二局互换场地。如第一局、第二局赛后双方成绩相等,第三局须重新挑选场地后继续比赛。

(四)年龄和级别

(1)参赛者年龄不受限制。

(2)参赛者体重分 5 个级别:55 公斤级、60 公斤级、70 公斤级、80 公斤级、80 公斤以上级。

(五)称量体重

(1)参赛者在第一天比赛开始前 2 小时称量体重。

(2)参赛者称量体重时,应赤身或穿短裤,如果参赛者体重低于或超过原属级别的重量,并在规定时间内不能达到原属级别重量的按弃权论。

(六)场地器材

比赛场地为长方形,长 8 米、宽 2 米(图 8-1)。比赛场地有明显的界线,长边是边线,短边是端线。线宽均为 6 厘米,界线外至少 3 米以内不得有任何障碍物。中线和决胜线在两条边线的中点,画一条与端线平行的线为中线(又叫中界)。在中线的左右各 1 米处,画一条与中线平行的线为决胜线(又叫河界)。比赛器材带子由长 6 米、两头有圈的彩色绸缎制成,绸缎带中间有一坠条,作为判定胜负的标志。

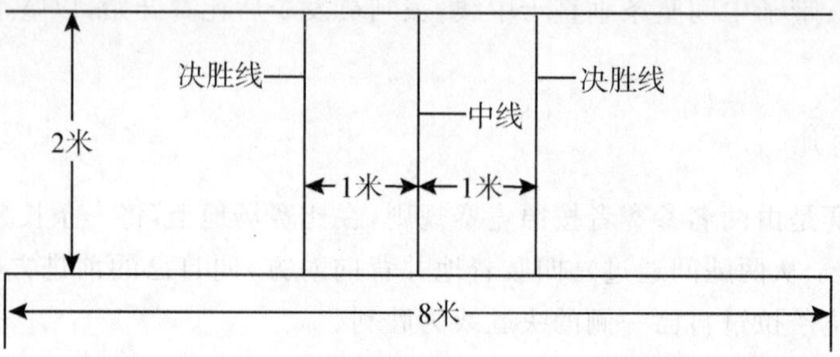

图 8-1

第二节　朵　加

朵加是藏族人民所独有的一项民俗体育活动,这项传统体育活动是藏族人民群众在生产实践中创造出来的。

一、朵加概述

朵加意即抱石头,是一项集技巧型和力量型相结合的体育活动,据传源于松赞干布时期。据《贤者喜宴》记载:吐蕃赞普赤松德赞时,有大力士将一头牦牛举起。7 世纪第 34 代赞普芒松芒赞时期(公元 650—679 年),臣民们从四面八方汇集在一起,举行了声势浩大的角力大会。松赞干布时期朵加活动就已经广为流传了。到了 15 世纪,五世达赖规定男子必须具备"九术",朵加就是其中之一。闻名中外的大昭寺、桑耶寺、布达拉宫等寺庙壁画中,都记载了朵加这一传统体育活动,抱石者均为彪形大汉,威风凛凛,全身装束是:长发梳辫,身穿长袍,下着长裤,腰间系带,足穿翘头鞋,从起抱到石头上肩,全部过程及人的神态,描绘得栩栩如生、十分逼真。

解放前拉萨历次举办的朵加比赛，是每年藏历正月十八日在大昭寺松曲绕瓦进行，石头是经过挑选的，重量达 300 斤左右，呈椭圆形。赛前给石头周围涂上油脂，使之十分光滑，给参赛者增加难度。比赛的规则是抱起石头后，绕过场子对面大杆走一个来回，距离约 10 米，然后将石头放回原处，就算成功。但也有个别大力士竭尽全力将大石头抱(举)上肩，并绕赛场一圈。后来拉萨一带统一规定了比赛办法：即原地双手抱起石头，当高度达到腹前时，再将石头从左或右腋下放于后背上，走完规定的圆圈后，扔石落地。那曲、昌都等地多是抱石头上肩，向后摔出，即为成功。裁判员按抱石头的动作质量和走圈的速度，评定成绩。如脱手坠地者判为失败，当场围观者马上喝彩起哄。因此没有一定力气和经验的人，是不敢轻易上阵的。

西藏和平解放后，朵加这项民间体育活动焕发出勃勃生机，从城镇到乡村、牧区，喜庆节日、劳动闲暇或赛马会上均要举行朵加比赛，大力士们大显身手，试比高低，勇夺武士之胜。而在藏北草原，在物资交流会上，将抱石头演变为抱沙袋石很有情趣。1982 年西藏自治区召开的第 4 届体育运动会，已将抱石头列为西藏民族传统体育表演赛项目。比赛方法基本上是沿袭以往，而略有革新，比赛的石头呈椭圆形，重量分 150 斤、200 斤、250 斤、300 斤四个量级，采取先抱轻、后抱重，从易到难的办法，四个量级必抱。现在比赛所抱的石头一般不涂油脂，但在牧区比赛时仍用酥油涂抹石头，以增加难度。比赛时裁判员根据质量，打分评定成绩列出名次。

朵加能发展体能，增进健康。经常参加朵加运动，能有效地增强骨骼、肌肉、肌腱和韧带的运动机能；提高内脏器官特别是心血管系统和呼吸系统的机能；同时中枢神经系统的机能也在运动中得到了相应的改善。另外，还能有效地发展人的力量素质。这些均提高了机体对外界环境的适应能力和对疾病的抵抗能力，从而起到增进人体健康，增强体质，提高工作能力的作用。另外，朵加还能锻炼人的意志品质。一般人练力量，要反复举起或搬运较大的重量，特别是经常坚持力量练习，需要有坚强的毅力才能持之以恒。运动员从事力量训练参加比赛，则更需要坚强的意志。所以参加朵加运动可以培养勇敢、顽强、果断、不怕艰苦和勇于克服困难的优良的意志品质。

二、基本技术

朵加技术主要就是抱举大石的技术，包括预备姿势、开始抱石、发力、后抛石头等。

(一)预备姿势

预备姿势两脚要注意近站，使小腿靠近或贴住石头，目的是使石头和身体共同重心线接近支撑面中心，这样支撑稳固，抱石头才好用力。

眼视前下方，两腿屈膝下蹲，两臂自然伸直打开，尽可能抱住石头，五指自然分开，扣紧石头，以免石头上因涂抹酥油容易滑落。臀部要低于肩而高于膝。臀位的高低是由伸膝、伸髋力量的大小和体型特点来决定，伸髋力量强而躯干又短的采用高臀位有利，而躯干长、伸膝力量强的人可采用低臀位，由于臀位低，上体前倾角度小，这对缩短阻力臂、减轻腰部的负担和充分发挥伸膝力量有利。

(二)开始抱石

在准备姿势中，整个身体是比较放松的。伸髋肌和伸膝肌都处于被拉长的状态，腰背肌处于适度的紧张状态，为抱石时更好地发挥力量创造了良好的条件。调整呼吸，先呼气，然后再吸大半口气，在吸气的同时，开始收紧腰背部的伸脊柱肌肉，这样可使肩胛骨固定，加强抱石时两臂的牵引作用，又可使脊柱固定，从而加强躯干的支撑作用。吸气和收缩腰背肌在时间上要配合协调，随着腰背肌的收紧，腿部伸肌也开始用力收缩，臀部上抬，两臂抱石随臀部的提起而升高。

(三)发力

发力是在开始抱石的基础上，引膝动作结束的瞬间进行的，发力的任务是在很短的时间内，充分发挥出肌肉的最大力量，使石头获得向上运动的最大速度以便上升到必要的高度，用力顺序是以快速蹬腿和伸髋为基础的。

(四)后抛石头

当运动员把石头抱举起时，顶髋，利用腰背肌的力量同时双臂伸直后摆，以尽可能快的速度把石头掷出，出手角度约45°角，这样石头运行的轨迹为抛物线，以使石头运行距离远。

三、训练方法

(1)卧推：杠铃置于胸上，向肩带上方推起至两臂伸直。这个练习可以躺在不同角度的斜板上进行。

(2)直臂前上举：身体直立，两臂下垂抱住重量略轻的石头，直臂前上举。

(3)直臂扩胸：身体直立，两臂前平举，手持哑铃等，做扩胸动作。

(4)颈后臂屈伸：身体直立，两臂上举反握(或正握)杠铃或抱石头，做颈后臂屈伸。

(5)负重腕屈伸：前臂放在凳上或膝上，两手抱住石头作腕屈伸。

(6)体转：身体直立，两脚开立与肩同宽，肩负杠铃或抱石头做体左右转动。

(7)体回环：两脚开立与肩同宽，两手抱石头或杠铃做回环动作。

(8)腿屈伸：坐在凳上，脚挂上壶铃或重物，做腿屈伸动作。

(9)后抛实心球或铅球：两脚开立，后抛实心球或铅球，逐步加大重量。

(10)引体向上：两手握杠，身体成悬垂姿势，屈臂引体向上至颈部靠近单杠，也可用窄握、宽握、正握、反握、颈前或颈后等各种不同做法。

在进行抱举技术练习时，还要注意以下几点。

第一，在抱石头或举装满沙子的皮袋时应接近垂直方向向上运动，并使石头或皮袋的重心和身体重心的垂线尽量接近。任何物体都有重心，物体与身体越接近，两个重心也就越近。这样，肌肉工作的阻力臂短，就省力。但这两个重心还必须与两脚所构成的支撑面重心的垂线接近。因为它既是重心的稳定点，又是力的作用点，离开这点就会重心不稳，甚至动作失败。

第二，在抱石头的过程中，应尽可能加快石头的运行速度，在发力阶段达到最大加速度。

第三，在抱石头的过程中，应尽可能缩短抱石头的距离。因为用同样的力量，抱石头的距离越短，抱的重量就越大。

第四，在抱石头的过程中肌肉的用力应最有成效并具有最大的协调性。

四、比赛规则

朵加运动不分重量及级别，大力士不分年龄、体重，只要把事先规定的石头抱举即可。这样，有时产生的大力士太多，很难分出胜者。为了一决胜负，抱举石头的规则、形式越来越丰富、复杂，难度上了一层。形成了后来的抱石走步、先抱后抛、抱石至肩转颈等项目。

(1)抱石头比赛的第一种形式是参赛者须将重达150公斤的石头或装满沙子的皮袋提起，扛至肩上或移到背上，然后按规定路线走圆圈，以走的圈数多者为胜。

(2)抱石头比赛的第二种形式是先把重约100公斤的石头抱至肩上，然后从肩部向后抛，以抛得远者为胜。

(3)第三种形式是比赛时选择一个重约150公斤的椭圆形石头，在石头上遍抹酥油，以加大抱举难度。赛手先躬腰抓握石头，然后逐级抱到双腿、腹部、肩膀上，要求身子挺直，不得晃动，然后把石头稳妥地放回地面，即为成功，最后以抱举的高度决胜负。

(4)第四种形式是选择一个重约100公斤的石头，赛手把石头抱至左(右)肩膀上，然后把石头通过颈部移到右(左)肩膀上，再抱回胸部，接着转颈，按转的次数多寡定胜负。

第三节　赛龙舟

赛龙舟在我国南方开展得十分广泛，在江苏、浙江、福建、湖南、湖北、四川、云南、贵州、广东、广西等地都很盛行，有广泛的群众基础，深受各族人民的喜爱。

一、赛龙舟概述

赛龙舟又叫龙舟竞渡、划龙船，是我国一项独具风格、别有情趣的民俗体育活动，历史悠久，源远流长。据传说，赛龙舟起源于纪念楚国的爱国诗人屈原。据南朝梁吴均《续齐谐记》载："楚大夫屈原遭谗不用，是日(指农历五月五日)投汨罗江死。楚人哀之，乃以舟楫拯救。端阳竞渡，乃遗俗也。"宗懔《荆楚岁时记》也有类似的说法："五月五日竞渡，俗为屈原投汨罗日，伤其死，故并命舟楫以拯之。"其实，我国很早以前就出现了划龙舟的习俗，近代著名学者闻一多先生《端午考》中说："端午节本是吴越民族举行图腾祭祀的节日，而赛龙舟便是祭祀中半宗教、半娱乐性节日。"按照这一说法，当时生活在图腾社会的水乡部落人民，常年受到蛇虫和疾病的侵害以及水患的威胁，为了抵御这些天灾，他们尊奉想象中的具有威力的龙作为自己的祖先兼保护神(即图腾)，并把船建造成龙形，画上龙纹，举行竞渡，以表示对龙的尊敬。这便是赛龙舟运动的起源。赛龙舟自成习俗后，历代都在端午节举行这一活动。南北朝时发展到南郡、襄阳一些地区，后经唐代文人的文学渲染，纪念屈原的赛龙舟更是广泛流传，到了宋代，赛龙舟已传入宫中，那时皇帝亲临现场观看，场面十分宏大，达到了封建社会的鼎盛时期。新中国成立以后，赛龙舟得到发展，并且在1953年11月第1届全国民族形式体育表演及竞赛大会上，赛龙舟作为表演项目，深受全国人民的喜爱；1991年第4届全国少数民族运动会把赛龙舟定为正式比赛项目，现在世界上越来越多的国家和地区也开展了此项运动，特别在东南亚一带比较盛行，已经成为国际性的比赛项目。

龙舟竞渡作为民俗体育活动，在民间也很盛行，如汉族的赛龙舟，在每年的“端午节”举行，船的长度为20～30米，每艘龙船上约坐30名水手。傣族的赛龙舟于每年傣历六七月（清明节前后10日左右）的“泼水节”举行，据云南、广西出土的铜鼓上龙舟竞渡船纹及傣族的记载推定，这项活动至今已有2 000年的历史。傣族龙舟与内地龙舟有很大的差异：用木头制成，长约40米、宽1米，两头尖尖地翘起，每船50人，分两排坐定，4名舵手和4名引道手。比赛时，由一人敲锣指挥，赛手们按鼓声节奏划桨前进，你追我赶，两岸群众不断发出加油声，船上和岸边一片欢腾，龙船便在欢呼声和加油声中冲向终点。傣族赛龙舟以前均为男运动员参加，自1974年的泼水节之后，妇女便开始参加赛龙舟。

苗族的赛龙舟于每年农历五月二十四至二十七日的“龙舟节”举行，此项运动历史悠久，据清乾隆时期徐家干著《苗疆闻见录稿》记载：“苗民好斗龙舟，岁以五月二十日为端节，竞渡于清水江之处，龙舟身长七丈，宽三尺，由三枝笔直粗大的杉树挖成槽形捆绑而成的三只独木船，中间较长的称母船，两侧的为子船，龙头龙须都由一根七尺长的水柳木雕刻而成，上涂金、银、红各色，每只船约有30名水手，一名长者任敲夫，一名男扮女装的儿童任锣手，比赛时，炮三声响后，数条龙舟在浪上疾行，并按鼓点划桨前进，两岸群众欢呼助威，场面壮观。”

二、基本技术

（一）技术简介

赛龙舟运动由划手、鼓手、锣手、舵手组成，每人的姿势各不相同。划手的姿势大概可以分为坐姿划、立姿划、单腿跪姿划，鼓手的姿势可分为站立打鼓、坐着打鼓、单腿跪姿打鼓，锣手的姿势可分为站立打锣、坐着打锣，舵手的姿势有站立把固定舵、站立把活动舵和坐着把活动舵。

（二）基本动作

1. 握桨

右排坐姿的握桨是左手在桨把的上端，掌心紧贴桨把，四指并拢从外向内弯曲握住，拇指从内向外握住桨把；右手在桨的下端（桨叶与桨把的交界处），四指弯曲并拢从外向内，拇指从内向外握住桨把，划行时要自然放松。左排坐姿的握桨要领与右排一样，只是左右手上下位置相反。通常把握在上端的手叫“上手”或“推手”，握在下面桨柄处的手叫“下手”或“牵引手”，上手臂的肩叫“推肩”或“上肩”，下手臂的肩叫“牵引肩”或“下肩”。

2. 坐姿

髋关节紧贴船舷，外侧腿紧蹬前隔舱板底部，这样可充分发挥腿部大肌肉群的力量。转体直臂后拉是靠有力的蹬腿将力送上去的，外侧腿若不蹬住前隔舱板底部，动力在传递过程中就会有损耗，内侧腿弯曲后收于坐板下隔舱板，前脚掌紧抵船舱底部，臀部坐在坐板的前沿上，这样做可固定臀部的位置，并有利于传递动力，避免动力损耗，这是因为臀大肌有缓冲作用。其次在训练中不至于因反复摩擦，导致臀部受伤。

采用转体技术划法，在划高桨频时，内侧腿放前、放后、放内侧均可；而采用下腰技术划法时，若内侧腿放在前面，在划高桨频时，身体重心则会往上抬，不利于发力。而采用转体转髋加下腰相结合的技术划法时，则增加船速。但某些龙舟因设计和制作问题，船舱隔板位于坐板的后部，缩小了腿部活动空间，无法采用蹬腿技术，可不采用蹬腿技术，躯干直立放松。在停止划行时，养成良好习惯，桨叶平贴水面，双手横握划桨平桨，避免风浪，保持平衡和两边划手的重量，保证安全。

右排坐姿是左脚在前，全脚掌踏实在舟板上，左腿半屈；右脚在后，位于臀部下方，前脚掌踏在舟板上，脚跟提起，大腿和臀部的外侧紧贴在舟的内沿。左排坐姿的技术方法和要求与右排坐姿相同，只是左右腿动作相反。

3. 划桨技术

(1)插桨

如图 8-2 所示，双手松弛握桨，桨从前方队员腋下伸出，低位手尽量地向前伸直，向左转体送右肩。高位手屈肘握桨于头正前靠右上方，外侧腿弯曲，此时背阔肌已充分拉开。从侧面看，桨杆紧靠船舷与水平面成 45°角入水。从前往后看，桨杆略微朝里倾斜。划手眼睛应向前看，头略向外偏。从上往下看，桨叶与船舷为 90°角，这样桨叶形成最大的对水面积，水不会流失。身体成这种姿势时，有助于抓水，增加划水距离。桨入水要感觉像从洞中插入一样，水至桨颈处即可，身体重心通过高位手往下压在桨柄上，使桨稳稳抓住水，避免划漂桨，同时亦可使船略微上抬。划距的长短决定于转体的幅度，或身体前倾的角度以及桨入水的角度。

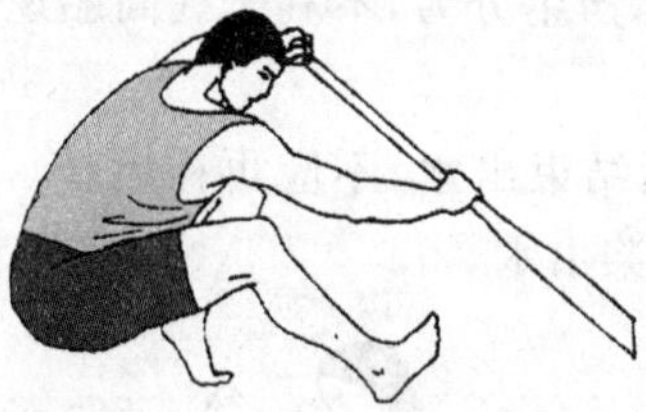

图 8-2

桨入水有三种技术：第一种技术以转体为主，前倾为辅，这种技术适合划短距离或者是在划高桨频时采用；第二种技术是以前倾为主，转体为辅，这种技术适合划长距离或是在拉大划距时采用；第三种技术是二者的结合，这种技术适合划中距离或者是中桨频时采用，但这种技术划起来运动员感到比较吃力，呼吸感到困难，外侧腰腹感到难受。

插桨动作要求找准下桨点。尽可能前伸，抓满桨水。插桨动作的易犯错误有：若高位手太直太僵，使桨入水角度大，严重影响桨叶下水的最佳角度，抓水效果不佳。如果插桨时低位手弯曲，高位手伸直将会缩短划距，拉桨无力。另外，桨拍水，溅起水花大，带入气泡多，会产生一个向上的分力。高位手没压住桨，抓不住水。桨抓水过浅，没有抓到深层水。桨叶与船舷的角度没有形成 90°，桨杆朝舱内倾斜太多。

(2)拉桨

如图 8-3 所示，发力应从腰开始，高位手应保持稳定支撑，用适度的力往下压，使桨稳稳抓住水。低位手的中指、无名指、小指开始紧握桨杆，直臂拉桨。拉桨发力时桨叶与水平面的角度成 50°～52°。腿要同时配合发力，用力的大小与拉桨用力的大小应协调一致，这样可充分发挥腿、腰、背、肩及两臂肌肉群的合力，通过蹬腿把动力送上去。拉桨紧靠船舷，与前进方向一致。弯曲的高位手随着躯干的抬起往后走，而不是向前下方推。低位手拉至膝盖后即可。在拉桨过程中应始终保持对水面积最大和越拉越快。分力越少，有效距离越长，速度就越快。桨叶在水下运动的轨迹呈小弧形。

图 8-3

拉桨动作要求插桨与拉桨应衔接紧凑，不能有丝毫脱节动作。高位手要压住桨柄。拉桨速度要快，否则桨背就会挡水。桨要稳稳抓住水，不能划漂桨。在抓水与拉桨过程中，每个划手的感觉要好，也就是水感要好。每划一桨是否抓到水、桨叶对水的角度如何、是否带入气泡、拉桨速度与船速的快慢，都要能感觉到。其易犯错误有：先屈臂拉桨，这样只使用了小肌肉群的力量，大肌肉群的力量没用上。在拉桨的过程中抓水。高位手没有压住桨，拉桨时桨叶发漂。拉桨时高位手向前下方推，使桨叶对水面积减少，桨叶面与运动方向不垂直。拉桨时没有使用躯干的力量。拉桨时划八字，产生分力，不利于提高船速。

(3)出桨

如图 8-4 所示，桨拉至膝盖后结束出水，不应再往后拉。双手向上提桨出水同时，高位手向上、向内、向前随着身体转动提桨出水。

图 8-4

出桨动作要求拉桨与出桨要连贯、迅速、简捷、干净、协调，顺手自然，提桨出水。拉桨完毕不能在水中停留，否则桨背挡水，形成阻力。高位手切勿往前下方推和低位手向上挑桨出水，扬起水花，这样会影响后面的队员，并且增加分力，影响船速。拉桨完毕瞬间，腿、腰、背、肩及臂都要处于放松状态。桨出水时，躯干稍前倾，这时全身肌肉都处于放松状态。其易犯错误有：最常见、最突出的毛病是桨出水时向后上方挑，扬起水花，影响后面的队员正常发挥。或足往后拖，这都将产生较大分力，近似刹车动作，使船速减慢。桨出水慢，双手僵硬。躯干没有处于放松姿势，肌肉始终处于紧张状态。桨未完全提出水面。出桨时，桨与躯干的转动、放松配合不协调。

(4)回桨

如图 8-5 所示，出桨之后，双手松弛握桨，腿、腰、背、肩、臂都要放松，桨下缘贴近水面，桨叶外侧边朝侧前方，向前呈小弧形到达插桨位置。双手在空中运行路线和桨叶在水面运行路线都应以最短路线到达插桨位置。在回桨过程中，蹬直的腿随着身体的转动或前倾又恢复弯曲状态。桨叶下缘贴着水面移桨，躯干与肩随回桨动作，向船内转动，向前倾。桨叶面应根据风向确定朝前还是朝外，逆风朝外，顺风朝前，这样逆风可减少阻力，顺风可借助风力。或是根据桨频快慢确定向前还是向外，转体、转肩、吸气，为下一个动作做好准备。

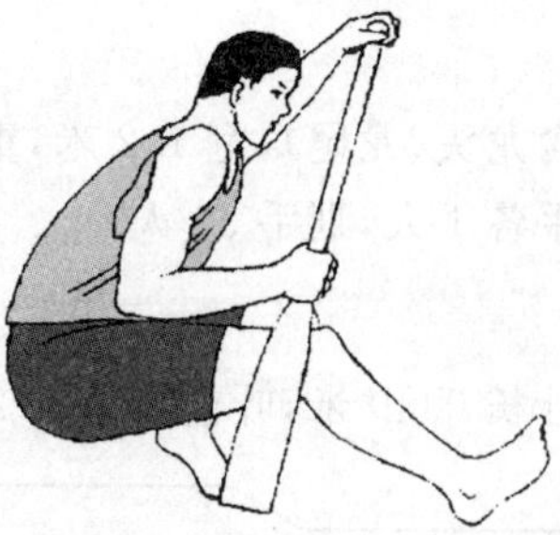

图 8-5

回桨不要提得太高，或者弧度太大。要将放松摆在与发力同等重要的位置上，一个划手能不能做到放松，可体现他的耐力水平。柔韧、协调的练习同样也很重要，平时陆上训练课应加强这方面的训练。如遇风大浪高，可适当提高回桨高度。回桨易犯错误有：双手仍然紧张握桨，肌肉得不到放松。回桨弧度太大。躯干没有放松。摆动不以桨叶边朝侧前方，空气阻力增加。

4. 集体配合

赛龙舟很讲究集体配合，要求握桨的技术动作一致、入水角度一致、入水深浅一致和用力均匀协调一致，全体参赛者要服从指挥，随哨声或鼓声划行，其节奏是咚(鼓声)、喳(划水声)，划桨动作要与呼吸协调配合，起桨时吸气，划桨时呼气。

三、航道器材

(一)航道

(1)比赛场应设在静水水域，航道要直。起航线与终点线必须平行，并与航道线垂直。

(2)航道最浅处水深不得小于 2.5 米，航道内不能有水草、暗礁和木桩，航道外 5 米内应无障碍物，在航道一侧应设 20～30 米宽的附航道。

(3)根据参赛队数和场地条件设 6 或 8 道，每条航道的宽度可按 9 米、11 米或 13.5 米布置，航道的编号按距离终点裁判位置最近的为第一道，次近的为第二道，依此类推。

(4)航道浮标间距不得大于 50 米，离航道末端 100 米内的浮标全部使用红色，间距不得大于 12.5 米。起点线和终点线两端的延长线必须设有明显航道标志杆。最后一个浮标设在终点线内 2 米处，各航道终点线外 2 米处靠近终点台一侧的航道延长线上设置高 0.8～1.00 米白底黑字的三角航道牌。

(二)器材

1. 小型龙舟

(1)龙舟的规格：长 15.5 米(不含龙头、龙尾)，宽 1.10 米，重 0.9 吨(最重的不超过 0.95 吨，最轻的不低于 0.85 吨)。

(2)人数规定：舵手、锣手、鼓手各 1 人，划手 20 人。

2. 中型龙舟

(1)龙舟的规格：长 21 米(不含龙头、龙尾)，宽 1.2 米，重 1.5～1.6 吨。

(2)人数规定：舵手、锣手、鼓手各 1 人，划手 30 人。

3. 船桨和划桨

(1)船桨：总长 1.55 米，其中叶长 0.40 米，叶前沿宽 0.24 米，上端长 0.22 米(图 8-6)。

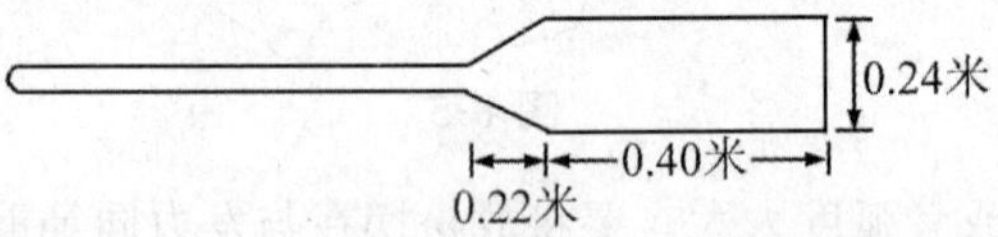

图 8-6

(2)划桨：总长为 1.05 米、1.15 米和 1.25 米的三种通用。其中叶长均为 0.38 米，叶前沿宽 0.18 米，上端长 0.16 米(图 8-7)。

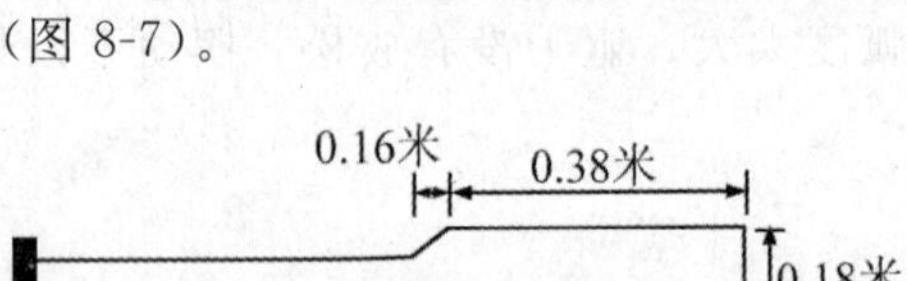

图 8-7

四、比赛规则

赛龙舟分为正式比赛和民间比赛。

(一)正式比赛

正式比赛按照竞赛规则的要求：龙舟长 11.59 米、宽 1.07 米、高 0.64 米，人数(包括鼓手和舵手)不得超过 23 人。比赛设有男女 400 米、500 米、600 米、800 米、1 000 米直道竞速。比赛在静水水域(航道是直的，起航线与终点必须平行，并与航道线垂直)进行，每队登舟队员为

23 人，包括舵手、锣手、鼓手各 1 人，划手 20 人。比赛采用两船一组对抗赛的传统竞赛方式，分为预赛、复赛、决赛三个赛次，最终以时间先后顺序来判定名次。

(二)民间比赛

民间比赛按照竞赛规则的要求：龙舟的龙头、龙尾都装饰成龙的形状，其大小因地而异，龙船的形状、重量也不一样，比赛时，以龙头的颜色和划船者的头巾与服装的颜色为准分为黑龙、黄龙、白龙、青龙、红龙，比赛距离根据场地情况由组织者确定，在规定的距离内，以先到达终点者为胜。

第四节　霸王鞭

霸王鞭舞在我国流传很广，不仅在北方地区，而且在边远的云南少数民族地区也有着广泛的群众基础。

一、霸王鞭概述

“霸王鞭”又名“连厢棍”“花棍”“金钱棍”，用于舞蹈伴奏，是一个有着悠久历史的民间优秀文艺节目。它集舞蹈、武术、体育于一身，以节奏明快、粗犷豪放、铿锵有力、欢乐祥和的独特风格，受到人民群众的喜爱。

剑川白族民族民间舞蹈的百花园里的霸王鞭舞，尤为引人注目。每当春节、二月八、本主会、石宝山歌会等传统民族节日里，剑川的白族群众，就要穿上节日的盛装，结集到古街场戏台、兴教寺、本主庙、石宝山歌会上，举行各种民族文化活动，霸王鞭舞总是少不了的一种舞蹈样式。其中，剑川白族的霸王鞭舞，动作典雅优美，套路丰富，表演形式灵活多样，不受年龄、性别等条件的限制。可以群舞，亦可独舞。

“霸王鞭”具有鲜明的群众体育性质。当一对对男女表演起鞭舞来，全身及肢体各个部位都在运动，自然而然地起到锻炼身体、增强体质的作用。另外，霸王鞭还可以锻炼和增进表演者的搏击能力。正如传说的那样，在过去从事武术的人，很喜欢舞弄鞭杆这一套拳术。如今霸王鞭的许多动作，就是从武术鞭技中演变而来的。因此，久练霸王鞭，可以锻炼身体，提高自身的防卫能力。由于霸王鞭具有以上一些特点和功效，千百年来，深受群众的喜爱。

二、基本技术

(一)基本步法

霸王鞭舞的基本步法有立、跪、蹲、坐、卧、行进、停留、跳跃等。

(二)技术动作

以鞭杆顶端磕打自身四肢为基本动作。往日传统打法多为“八点法”:一点磕左手,二点磕右肩,三点磕左肩,四点磕左大腿,五点磕左小臂,六点磕右大腿,七点磕右腿,八点磕左脚掌。后来又发展为“四十点法”,即在原“八点法”的基础上,又加了三个“八点”,两个“四点”。磕打的位置不只限于四肢,还可磕打手腕、腰、腿外侧、后肩等部位,还有双鞭互磕、触打地面等。

在进行这一运动时,一手的手指上扣着绣有各种图案的方巾,另一只手执鞭的中端,也有双手各执一鞭的。舞起来时,以鞭击打或碰击臂、腿、肩、腰、背、脚心、膝、胯、肘、手掌等部位或地面,两人以上舞蹈时常常互相对敲,随着跳动的节奏,这些器械发出整齐而又节奏悦耳的响声。

三、训练方法

(1)基本功训练:压腿下腰练习;基本脚步手位练习。

(2)舞蹈分解动作教授与练习。

(3)配合舞蹈节奏、音乐进行自行分段练习。

(4)在连贯整个舞蹈动作以后,再次讲解动作要领。

(5)成品舞蹈练习。

四、比赛规则

(一)参加人员

霸王鞭舞参加者的人数不限,可一个人打,男女双打,也可集体分组对打。参赛者按一定套路有规律、有节奏地挥舞击打,形成一套跳跃、舞打的连续动作。一般女的舞霸王鞭,男的舞“金钱鼓”和“双飞燕”,从两人到十几人均可,但要组成双数。

(二)场地器材

(1)场地。霸王鞭舞不受场地的严格限制。

(2)器材。所采用的霸王鞭长约三尺,用比拇指稍粗的香丝竹制成,其鞭的中部刻有九个长方形的孔,每个孔的中间用钉串上几枚铜钱,打起来可发出“哗哗”的清脆响声。鞭体上还用彩漆涂饰,两端再扎上花穗彩绸,极为漂亮。

五、注意事项

(1)在舞蹈的训练过程中,注意要选择有效的训练步骤。教授一个新的动作往往要经过若干步骤。逐步过渡到完成,要经过一个由简至繁,由易到难的过程。

(2)教授新动作时应先解说动作,然后解说节奏,也可以由教授人员口数节拍让学员进行练习,然后再配上音乐进行练习。某些难度较大的技巧,可先不配音乐,待达到一定水平后再配音乐练习。

(3)在教授霸王鞭舞时除了必要的讲解外,应较多地采用示范法去指导和启发学员。舞蹈艺术除要求舞姿造型、动作幅度、技巧规格外,还必须使舞蹈动作富有浓郁的风格和韵律,以及轻重缓急的节奏变换,强弱不同的力度等。

第五节　苗　　鼓

苗族鼓乐称为鼓舞,有很强的地域性。在我国民族传统体育中,苗族鼓乐最具有舞蹈特色,其是音乐、舞蹈的完美结合。

苗鼓舞表现出了深厚的苗族文化、历史与审美。苗鼓舞多通过叙事性的表演方式,构成了湘西苗族鼓乐的独特个性;通过一个个生动的舞蹈动作,再现了湘西苗族人民生活、劳动的图画,可以说它是一幅湘西苗族人的历史画卷。

石启贵在《湘西苗族实地调查报告》中写道:“苗人在环境上,苦于种族、政治、经济之压迫,无以进展,故文化知识较落人后,而所居之地,又在荒山峡谷之间,出作入息,少与汉人接近。”“若不寻求一种娱乐,则不足以资人生乐趣、提高思想、活跃精神、促进健康,而有裨益于人身者,仅鼓乐一项。”这段论述在一定程度上体现了苗鼓的其社会功利作用。下面对苗族的各项鼓舞类活动进行简要论述。

一、木鼓舞

木鼓的形制可分为两类,一种是用整段原木挖制成鼓,如佤族的木鼓。另一种,把整段原木挖空作鼓膛,两端或一端蒙以牛、羊皮制成木鼓。双面的木鼓,苗族称作“略斗”,用楠木挖制。

木鼓舞为贵州省台江县苗族群众所喜爱,主要有反排木鼓舞和施洞、革东木鼓舞两大种类,其中以反排木鼓舞影响较大。它分布于贵州台江县城东南方 26 公里处的反排村,村中居民皆为苗族。

传说远古时候,反排村苗族的始祖“放耶古”原来住在东方,遭受其他部落的攻击,全族几乎覆灭。他的儿子勇耶古和女儿仰妮耶古双双逃散来到反排这块地方,过着野人般的生活。由于长年生活在深山里,劳动之余,兄妹俩常以虫鸣鸟叫为管乐,手舞足蹈,自娱自乐。他们听了蝉鸣就学蝉歌,看见虫在水里兜圈,也跟着虫转,见到蜜蜂飞舞,也学蜜蜂舞蹈。有一次,他们听到啄木鸟发出“多—多”的声音,节奏明快,清脆悦耳。遂缘木而上,发现此树原来已经空心,击之能出共鸣响声。于是砍倒制成木鼓,为作舞蹈的伴奏乐器。某年,勇耶古和抑妮耶古为使失散的族人团聚,他们举行了斗牛赛活动,请大家观赏,并将斗败的牛宰杀来祭祖和款待大家。酒饱饭足之后,又将他们平时在深山学得的舞蹈动作传授给大家,全族人舞蹈狂欢,庆贺团聚。由此,反排木鼓舞诞生,并在反排村世代相袭。

木鼓是选用一截 50～60 厘米珍贵的楠木挖空树心后,两头钉上好的生牛皮制成的。每年农历2月2日抬出来起鼓(又叫开鼓),人们踏着鼓点(即节奏),跳起木鼓舞,活动为期3天。

跳木鼓舞的运动量很大,动作古朴粗犷,洒脱奔放,层次有序,节奏明快,以头、手、脚变动的幅度越大越舒展为最佳。其动作内容依次是:第1段是“略古陶”,苗语的意思是起脚鼓;第2段是“古陶大”,意思是划地归己,第3段是“略渣厦”;第4段是“查厦露”;第5段是“厦蒂福”,都是庆祝丰收的意思。主要是表现方白村苗族祖先迁移、定居、开荒、播种和收获的情景及心理。这一具有明显体育特点的古老舞蹈,在20世纪50年代,方白村的代表就在北京向首都人民做过汇报表演,受到热烈欢迎,也多次在全国少数民族传统体育运动会上献艺。

二、跳鼓

跳鼓是苗家最普遍最富有民族特色的传统体育活动的一种形式,也是一种民间艺术形式。此项活动历史悠久,形式多样,内容丰富,对增进身体健康大有益处,深为苗家所喜爱,在湘西苗区尤为盛行。跳鼓表演脚跳手击腰旋体转,多用内功,讲究气质,体力消耗颇大,是一项全身运动的体育活动形式,且其只有动作上的高难简易之分,而无神态上的喜怒哀乐之别,只要求套路准确,技术熟练,气质刚毅,功夫精深,而不加任何感情色彩。因此,它属于少数民族传统体育项目。

苗家跳鼓特点讲究鼓点节奏和步法,其鼓点节奏有单点鼓、双点鼓和三点鼓、五点鼓、九点鼓以及行步鼓、转身鼓等。其步法有走三步、走三步踩三角和滚步翻身等。

跳鼓的设备很简单,只需鼓、鼓架、鼓槌以及一块较宽的露天平场和室内平场即可。鼓用木板制成圆桶形,腰大而两头略小,两面生牛皮,直径60~70厘米,腰长120~150厘米。鼓架即支撑横放的木架子,高60~70厘米。鼓槌即打鼓的圆木棒,长15~18厘米,直径约3厘米,以击鼓时手握中间两头可打为宜。

三、拉鼓

拉鼓是苗族的一种鼓名。这种鼓专用于民众进行类似拔河运动的竞力活动,所以称之为“拉鼓”。这种拉鼓是用一段挖空心的杉树,两端蒙上牛皮,涂上色彩,再系在一条拔河绳的中间,这就是拉鼓专用的运动器械。绳子的长度有严格规定:如果两个村寨或是两个乡有传统的拉鼓比赛活动,那么以每两届中间相隔的年限为依据,相隔一年,拉鼓的长绳要增长1米,相隔两年,则增长2米。

传统的表演和比赛,是在人员均等的两队之间进行的。拉鼓前,男女青年在激昂的芦笙和鼓声伴奏下,围着拉鼓跳起苗族舞蹈(又称“踩堂”),舞蹈结束后,号笙(用芦笙发号施令的人)站在两队之间,催促队员“做好准备”和“进入比赛”,酷似拔河的一场紧张激烈的“拉鼓”赛开始,最后一队获胜,得到大家称赞,成为拉鼓的主人。

四、猴鼓舞

猴鼓舞的苗族名字叫“大愣燧”,流传于贵阳市南郊的花溪、孟关、青岩、湖潮等地,以青色服饰和以绣花服饰为特征的两个苗族支系中。

猴鼓舞来源于“洪水朝天”的神话传说。古时一次洪水淹没了大地，伏羲兄妹钻进一段空心大树中并用兽皮封住两端，他们在洪水中漂流了很久。后来昏昏沉沉的伏羲兄妹被一阵“咚咚”声吵醒，他们戳破兽皮钻出来，才发现洪水已经消退，几个猴子正在击打绷紧了的兽皮。他们以为，猴子敲响蒙皮唤醒他们是老天的意愿。后来，伏羲兄妹相互配婚并繁衍了人类，人类才重新兴旺起来。

临死之时，他们嘱咐子孙记住：鼓和猴曾使人躲过灭绝的厄运。伏羲氏死后，他们的子孙就一代一代学猴子的动作，击鼓舞蹈来祭奠去世的老人。开始人们是纪念本民族的始祖，随着时光的流逝，就衍变成纪念先祖与祭奠过世长辈的民俗活动。

贵阳地区有如下几种猴鼓舞。

(1)一鼓一笙。青岩一带的苗族所跳的传统猴鼓舞多为“一鼓一笙”。舞者两人，一人击鼓，一人持笙，皆为男性。它是由两个独舞相互伴合而成的舞，鼓声一响，乐声“和”之，有时芦笙为“鼓舞”伴奏，有时击鼓者为芦笙独舞伴奏；跳到高潮时，两舞者都拿出看家本领来使两种舞蹈浑然一体。吹笙者有时为了表现自己的技能，还在丧家院中摆上一张大桌，他时而围着大桌跳，时而滚上大桌在桌面上跳……这种“一鼓一笙”的猴鼓舞，不但是一种致哀的礼节舞蹈，还带着一定的演技性和自我表现性。其气氛热烈，演技不凡。舞者以青色服饰为特征，着黑色长纱巾(约 3 米)缠头成圆盘形，上穿蓝布(或绸)大襟长衫，腰扎黑色长纱腰带(约 3 米)；下穿便裤，脚穿布鞋。

(2)一鼓二笙。一鼓二笙猴鼓舞的舞者三人，一人击鼓，两人持笙跳舞相伴，皆为男性。这是一种传统致哀的猴鼓舞，多由年长的人跳。击鼓者多以各种姿态固定击鼓的一面，两芦笙舞者在鼓的左前及右前随鼓点跳传统的芦笙舞。其气氛肃穆，舞姿凝滞。舞者服饰特征、音乐特征、动作特征、舞蹈跳法都与一鼓一笙猴鼓舞相近，只是在跳猴鼓舞时，吹笙者以一人为主(另一人随他)，有时两人动作对称，有时两人动作相同。

(3)一鼓四笙。湖潮一带苗族所跳的猴鼓舞多为一鼓四笙，这也是一种传统致哀的猴鼓舞，多由中年人跳。舞者五人，一人击鼓，四人持笙而舞，皆为男性。舞者以身着绣花彩片服饰为特征。

(4)一鼓多笙。这是孟关苗族在新中国成立之后，由传统猴鼓舞逐渐衍变出来的一种具有娱乐性的、有女性参加的广场集体舞。此舞只在节日和集会场合中表演。舞者 20 来人，一人击鼓，人数不限的男女青年舞蹈。表演时，除一中年人击鼓外，其余舞者皆是男女青年。男子吹笙，女子持彩巾舞蹈。击鼓者仍着传统服饰。男青年用黑色长纱巾(约 3 米)缠头成圆盘形，右耳边伸出约 15 厘米的纱巾头。上装穿蓝布大襟长衫(经济条件好的则为缎子料)，颈饰为银项圈和银锁，腰用黑色长纱腰带(约 3 米)缠数层，腰带宽约 20 厘米。下装穿便裤，布鞋。女青年头戴如“笔架形”的双尖彩帽，以紫色或黑色布料制成并以绣花彩条固定；前面尖上系 3、5 束彩色丝线，长度不定，以戴帽者戴上后到眉毛处为宜。颈饰为银项圈与银锁。上装穿无领开襟衣，紫色布料，贴花；贴花位置在袖筒和后边臀部，衣片前短后长。下装穿便裤，外穿黑纱两逗折裙；上层折疏，下层折密。穿布鞋。腰饰为：先用黑色长纱巾(约 3 米)缠紧折裙，在外面穿上绣花围腰。

第六节　苗　拳

苗拳是广西少数民族拳种之一。上古时代的“角抵”与“五兵”可视为其源。苗人先民极喜并擅长角抵活动，随着战争及狩猎的需要，角抵被赋予了攻防格斗的内容，进而发展成为内容丰富、实战性极强的苗拳。南朝梁任日方著《述异记》载：“今冀州有乐名蚩尤戏，其乐三三两两，头戴牛角而相抵”。另据《管子·地数篇》载：“蚩尤受庐山之金而作五兵”。“五兵”，据《苏氏演义》《中华古今注》《武梁祠后石室所见黄帝蚩尤战图考》等资料所注，含戈、矛、戟、弩、剑。这些史料亦证明蚩尤为苗人先民之首领，不仅善于角抵，而且发明了兵器，说明苗族武术的雏形始于蚩尤时代的角抵与五兵。

苗族民间武术包括拳、刀、棍、耙、叉、铛、流星锤等。这几种武术活动历代均有流传，成为群众喜爱的体育活动。两三苗族村寨中便有一名武术好手，青年前去拜师学艺。民间把集体学习武术称为“教堂子”，每一堂只教一项武艺，这种传授武术法，至今仍然盛行。

苗族武术分花手、择手两大类。花手动作优美连贯一气，多作表演项目或作强身防病的锻炼；择手表演动作不讲究连贯，一个动作是一个内容，常用于击搏中的攻击、擒拿、防身，动作灵活、准确、稳健、凶猛。历代苗族击搏技均为密传。新中国成立前，有时为了护卫民族利益，以求民族生存和安全，也公开设立“教堂子”，组织苗民习棒练棍。清末乾嘉苗民起义和民国时苗民的神兵起义，几乎村村寨寨都公开设立教练武术的堂子，因而苗族武术在民间广泛流传。

苗族武术套路广，招式不一。如拳术以动作来分，分为八大神拳、十六大拳手、三十二拳手、七十二拳手；按套路来分，分为四门拳、八合拳、猴儿拳、猫儿拳、花手拳、断手拳等。棍术按表演形式分为策棍、花棍、单头棍、双头棍；以套路分为小四门、大四门、单六合、双六合、八卦棍、猴儿棍、雪花盖顶、朝天一炷香、一棍打九州、古树盘根棍、老牛摆尾、黄龙缠身等。刀术按刀的不同分为大刀术、钩钩刀术，手法近似拳棍术；大刀术以砍、劈、削、刺为主；钩钩刀术则以砍、拖、拉为主。钩钩刀使用起来方便灵活，两三个敌手不能近身。新中国成立前流传有“不怕枪来不怕炮，只怕苗家钩钩刀”的谣谚。

苗族民间武术流传广，流派多，种类繁多。但以拳术、棍术最为盛行，矛、刀、剑、耙次之，流星鞭、铛、尺流行不很广。此外，苗族会武术的人中常用“棒棒烟杆”作为武器。平时可以吸烟，搏击时作为武器使用，其威力如锏，使用方法与锏略同。这种“棒棒烟杆”短小玲珑，适用于短兵相接，用其攻击，使对手防不胜防。

苗拳近似南拳风格。特点是拳势刚烈，步法稳健，手法多变，发劲有力，发力有声，声法俯仰吞吐，含胸拔背。此外，还具有独特的民族风格和地方特色。即拳打“四门”脚踩“品”，进退走“之”似蛇行；胸消腹实膝要紧，步活桩稳手要狠；立足之地能伸展，打穴击要鬼神惊。苗拳多采用“矮桩”为练功方法，即两腿分开屈膝合蹲，站最矮的马步桩和“走套路桩”，按套路中的手型、手法、步型、步法、身型、身法在矮桩中反复练习，练至身灵捷活即为功成。

苗拳练桩要诀是：“练拳先练桩，打拳不晃荡”，并有“马步马步，一马两步；箭桩箭桩，进击有方；前弓后箭，发劲顺强”。其练眼要诀：“眼似铜铃视行，风吹雨打不瞬”。其身法要点：身正颈直，沉肩垂肘，含胸拔背，俯仰吞吐，靠崩回转，灵活多变，手脚齐进身相随，上下一致劲力顺。

其临阵要诀:“一打心沉,二打胆量”。

新中国成立后,苗族武术作为中华民族武术中的一个支系,受到人民政府的重视,得到继承和发展。“文化大革命”动乱中,民族体育中断。20世纪70年代末至80年代初又得以恢复发展。1983—1984年,县体委组织了两次表演赛,各区乡镇均选派代表参加,对发展民族体育、振兴民族武术起了促进作用。

今流传广西苗族的苗拳,主要为中华民国初年桂北苗族拳师梁怀显,从其祖上世代口授身传的拳谱记述的内容,又吸取了北拳中红拳的技击,猴拳的身形步法,丰富了苗拳的内容,形成了当今桂北苗拳。今流传于湖南的苗拳套路有:保寨出寨拳、保峒出峒拳、飞山走石拳、矮罗巡山拳;棍术有撑门棍、深山牛摆尾棍、连环下山棍、两节棍等;刀术有马叶子、双刀、郎刀;苗凳有护主板凳、驱客板凳;苗钯有太子打猎;枪有将军拦路等。此外还有铁尺、纳耙、火流星、飞标弩、环刀(已失传)等。

第九章 中东南地区高校民族传统体育项目练习

第一节 抄 杠

一、抄杠概述

抄杠源自畲族古时的自卫强身活动，是畲族重要的传统体育项目之一。在旧社会，畲族是一个弱小民族，畲民不仅遭受历代统治阶级的欺凌、压迫，还遭受自然灾害和豺狼虎豹的无情袭扰，但勇敢坚强的畲族人民不畏强暴，勇敢地与大自然以及反动统治阶级、外来侵略者进行不屈不挠的抗争。在抗争过程中畲族人民意识到，必须要有强健的体魄和过硬的功夫才能克敌制胜。畲民大多深居山中，扁担、柱棒是他们的日常生产工具，也是他们自卫防身的武器。空闲时他们经常聚集一起，用柱棒、扁担、竹杠、木棍等物对顶、对拉、对推、对拧以此提高自身上下肢和腰腹力量，增强自卫能力。久而久之，这种活动便成为畲民喜爱的传统体育活动。从20世纪80年代开始，体育工作者开始对该活动进行挖掘整理和改进，使此活动形式方法、规则更加完善合理，并将其正式定名为“抄杠”。

抄杠运动是一项集健身、竞技、娱乐、观赏于一体的体育活动，抄杠动作简单易学，形式多样，不受场地、器材限制，适合不同年龄、性别的人操练。抄杠项目在全国第4～6届少数民族传统体育运动会上获表演赛银奖，在全国第7届民运会中获铜奖。

二、基本技术

抄杠运动是以木棒、竹杠、长板凳为主要器材，两人或多人在凳上持杠采用推、拉、拧、顶、拨等运动方法，进行各种形式的对抗活动。抄杠运动的基本技术主要包括以下几个。

(一)弓步抄杠

弓步抄杠是指两名练习者各持杠一端在长凳面上，以弓步姿势对抄的方法。它分为迎面抄杠和背面抄杠两种。

1. 迎面抄杠

迎面抄杠是指两练习者迎面弓步站立抄杠的方法。

技术要领：一手持杠端，一手叉腰，左(右)前弓步站在凳面上，两脚趾用力抓地，重心稳定，保持身体平衡，裁判下令后，持杠手用推、拉、拧等方法向对方使力，力争将对方抄下凳。

2. 背面抄杠

背面抄杠是指两名练习者背向弓步站立抄杠的方法。

技术要领：背向弓步站立在凳面上，一手持杠端，另一手叉腰，脚趾抓地，保持身体平衡，裁判下令后，用腰、腹和上下肢力量，力争将杠拉过中线。

（二）马步抄杠

马步抄杠是指两练习者在凳上以马步姿势对抄的方法。

技术要领：练习者马步姿势站立侧向对方，一手持杠端，另一手叉腰间，裁判下令后，持杠手臂，开始用力，用拉、推等办法使对方失去平衡下凳。

（三）蹬腿步抄杠

蹬腿步抄杠是指两练习者在凳上，连续做蹬腿步，同时抄杠的方法。

技术要领：练习者一腿全蹲，一腿前伸，一手持杠端，裁判下令后，两腿开始做连续的蹬腿步（两腿交替做蹬伸腿）动作，同时持杠手臂开始使力，用推、拉等办法，使对方蹬腿步失败（停止）或下凳。

（四）"金鸡独立"抄杠

"金鸡独立"抄杠是指两练习者在凳上，以单腿支撑姿势对抄的方法。

技术要领：练习者右（左）腿提膝，成左（右）腿支撑，面向对方，一手持杠端，另一手叉腰间，裁判下令后，持杠手臂开始用力，用推、拉、拧、拨等方法，使对方队员失去平衡，双脚落地或下凳。

（五）肩抄杠

肩抄杠是指两练习者在凳上，以肩部顶杠的底部对抄的方法。

技术要领：练习者用一手持杠端，同时将杠的底部顶在肩关节部位，裁判下令后，开始使劲，主要用肩顶、腿蹬以及全身的协调用力，将对方顶下凳或过中线。

（六）腹抄杠

腹抄杠是指两练习者在凳上（也可在地面上）以腹部顶住杠底部对抄的方法。

技术要领：练习者一手持杠端，同时将杠的底部顶在腹部的位置。裁判下令后，开始使劲，主要靠腰、腹、髋、腿部以及持杠手臂的力量，将对方顶下凳或过中线。

（七）"十"字抄杠

"十"字抄杠是指 4 名练习者分别持十字形的一杠端对抄的方法，"十"字抄杠分为对面抄和背面抄两种。

1. 对面抄

对面抄是指 4 名练习者面向中间，用双手抄杠的方法。

技术要领:练习者用双手持杠端(或一手持杠,以杠的底部顶在腹部),两脚前后开立或弓步站立。裁判下令后,开始使劲,主要用手臂、腰、腿部力量将中点的物品捡起。

2. 背面抄

背面抄是指 4 名练习者背向站立,用单手拉杠的方法。

技术要领:练习者单手持杠端,背向站立。裁判下令后开始拉杠,力争将前方的物品(小圈)捡起。

三、练习方法

(一)弓步抄杠练习

(1)徒手模仿弓步抄杠动作练习。

(2)徒手弓步背拉练习。两人一组,成弓步背向站立,分别用右(左)手拉对方右(左)手。

(3)徒手弓步推掌练习。两人一组,在平地上以弓步相对站立,分别用右(左)手立掌推对方右(左)手立掌。

(4)在地面上做弓步迎面抄杠和背面抄杠练习。

(5)在凳上进行弓步迎面抄杠对抗练习。

(6)在凳上进行弓步背面抄杠对抗练习。

(7)在凳上做弓步迎面互推掌和背拉手练习。

(二)马步抄杠练习

(1)徒手模仿马步抄杠动作练习。

(2)手马步推掌练习。两人一组,在平地上以马步相对或侧对站立,分别进行单、双手的对推练习。

(3)在地面上做马步抄杠练习。

(4)在凳上做马步抄杠练习。

(5)在凳上做马步推掌练习。

(三)蹬腿步抄杠练习

(1)单人做有扶持的连续蹬腿步动作练习。一手扶固定支撑物,如栏杆、球门柱等,一腿全蹲,另一腿向前伸直,脚跟着地。然后迅速蹬起,在蹬起的过程中,两条腿完成姿势的互换。如此连续练习若干次。

(2)单人做无扶持的连续蹬腿步动作练习。

(3)单人或双人在凳上做连续的蹬腿步动作练习。

(4)双人配合的蹬腿步练习。两人一组,相对手拉手,全蹲,做连续的蹬腿步练习。

(5)双人在地面上做连续的蹬腿步抄杠动作练习。

(6)双人在凳上做连续的蹬腿步抄杠动作练习。

(四)"金鸡独立"抄杠练习

(1)徒手模仿"金鸡独立"抄杠动作练习。

(2)徒手做单腿站立推掌练习。两人一组,在平地上以单腿支撑相对站立,分别用右(左)立掌推对方右(左)立掌。

(3)在地面上做单腿站立抄杠练习。

(4)在凳上做单腿站立抄杠练习。

(5)在凳上做单腿跳练习。

(五)腹抄杠练习

(1)做直体仰卧起坐练习。平卧,以髋为轴,直背起坐,当上身抬起与地面呈约45°角时,极力收缩腹肌,同时呼气,做至力竭。主要用以提高腹部肌肉厚度、增强腹部承受力。

(2)做拍打腹部练习。一开始用手掌由轻到重地拍打腹部,后改用木板、木棒等适度击打腹部,主要提高腹部顶、推时的承受力。

(3)双人在地面上做有护垫的腹顶杠练习。两人一组,相对站立,每人在腹部围一加厚腰带,在杠两端加护垫(可采用皮革、布料、海绵等多层叠加制成),进行顶杠练习。

(4)双人在地面上做无护垫的腹顶杠练习。

(5)双人在凳上做无护垫的腹顶杠练习。

(六)肩抄杠练习

学习肩抄杠技术的方法与步骤与学习腹抄杠技术基本相同。

(七)"十"字抄杠练习

"十"字抄杠动作较为简单,且在平地上进行,所以在教法上不做赘述,但要求练习者加强力量素质训练。

四、竞赛规则

(一)弓步、马步抄杠竞赛规则

(1)场地。长8米、宽6米的无障碍平地。

(2)器材。板凳长3.4米、宽0.28米、高0.3米、木棍长1.3米、直径0.04米。

(3)比赛采用淘汰赛,3局2胜制。

(4)比赛时,练习者必须单手持杠的一端,不得滑动,不得中途换手或脱手,否则判失败。

(5)比赛时,练习者必须按照规定步法站立,不得任意移动(弓步背向抄杠不受此限制),否则判失败。

(6)如两人同时失败,重赛,直到决出胜负。

(二)蹬腿步抄杠竞赛规则

(1)～(4)条同弓步、马步抄杠竞赛规则的(1)～(4)条。

(5)比赛时,必须做连续的蹬腿步动作,一旦停止,则判失败。

(6)做蹬腿步时,必须一腿全蹲,一腿伸直,如不规范,裁判先予以警告一次,如再犯,则判失败。

(7)如两人同时失败,重赛,直到决出胜负。

(三)"金鸡独立"抄杠竞赛规则

(1)～(4)条同弓步、马步抄杠竞赛规则的(1)～(4)条。

(5)比赛时,练习者必须单腿站立,可移(跳)动,但不得换腿,如双脚触地,则判失败。

(6)比赛时,双方练习者不得有身体接触,如主动接触对方,则判失败;如属无意中接触对方,应马上分开,继续比赛。

(7)如两人同时失败,重赛,直到决出胜负。

(四)腹、肩部抄杠竞赛规则

(1)场地。长 8 米、宽 6 米的平坦地面。

(2)器材。板凳长 3.4 米、宽 0.28 米、高 0.3 米、木棍长 2.5 米、直径 0.08 米。

(3)比赛采用淘汰赛,3 局 2 胜制。

(4)比赛时,练习者必须单手持杠的一端,不得滑动,不得中途换手或脱手,否则判失败。

(5)练习者必须将杠的底部接触规定的身体部位,不得任意离位,否则判失败。

(6)练习者站立姿势不限,可在凳上移动或跳动。

(7)练习者不得在顶杠部位(包括杠的底部和身体部位)加垫任何妨碍竞赛公正的防护用具。

(8)如两人同时失败,重赛,直到决出胜负。

(五)"十"字抄杠竞赛规则

(1)场地。长、宽各 8 米的正方形平坦地面。

(2)器材。用 4 根长 1.5 米的木质或金属材料加工而成,要求坚固耐用。如用木质材料加工,中间的连接部位必须采用金属部件。

(3)比赛采用一局定胜制。

(4)对面抄杠,练习者必须用双手持杠;背面抄杠,运动员必须用单手持杠。

(5)竞赛中,练习者不能故意松手,如无意脱手,应马上将杠抢回继续比赛,直至裁判鸣哨,宣布该局比赛结束为止。

(6)比赛中,如多人拾到标志物,应以先拾到者为胜。

五、注意事项

(一)运动前准备活动要充分

抄杠是一项对抗性很强的激烈运动,而且主要动作都是在长板凳上完成。因此在学生上凳抄杠前，必须做好身体各部分的准备活动，特别是对手腕、脚踝等关节要充分活动开。

(二)教学要因地制宜，因人而异

传统的抄杠运动竞赛主要是在长板凳上进行，但在基层教学时，或不具备必要的器材设备时，也可在平坦的地面上进行练习活动。所谓因人而异，是指抄杠动作要根据教学对象不同而要有所选择，如腹、肩抄杠主要是供具有一定身体素质的成人操练，而不适合未经专门训练的少年儿童练习。

(三)练习内容要由易到难，循序渐进

抄杠运动形式多样，动作难易不一，刚开始练习要从简单易学动作开始，待掌握一定技巧后，逐步学习难度大的动作。

(四)注意安全

抄杠运动的主要特点是两人持木杠一端，进行对推、对拉、对顶等，在激烈的对抗中，难免会有一方脱杠现象，从而使持杠方失去控制(如：木杠往两旁挥出)，所以教师在教学中一定要加强对学生的安全教育。要求学生练习时要思想集中，杠要握紧，还要有自我保护意识；旁观者或等候的学生要在离抄杠者 2 米以外的地方。另外，还要注意选择的场地要平坦、空旷。板凳安放要平整、稳固等。

第二节　抢花炮

一、抢花炮概述

抢花炮是在侗族、壮族、仫佬族等民间流行的一项具有浓郁的民族特色的民间传统体育活动，深受广大民族同胞的欢迎，是一项勇敢者的运动。据考证，抢花炮活动已有 500 多年的历史。由于它具有强烈的对抗性、娱乐性、竞争性和独特的民族风格，在湘、桂、渝、黔等省、市、自治区边境地区有着雄厚的群众基础，深受该地区少数民族同胞的喜欢，所以，数百年来常盛不衰。随着抢花炮运动规则的逐步完善，技战术不断发展，对抗竞争的激烈程度有增无减，为了更具观赏性和公平竞争，抢花炮这项民族传统体育运动与现代竞技体育运动逐步接轨，有人称之为中国式的“橄榄球”。

湖南通道侗族自治县的岩坪一带，抢花炮已有 160 多年的历史。过去抢到花炮圈就象征着村寨五谷丰登、人畜两旺，并可得到主持这项活动的村寨颁发的奖品：一头染红的大肥猪、一包银元、几个镜屏等。大家在抢花炮圈时，激烈紧张，拼命地互相抢夺，但人人都严格遵守传统的不成文的规则，即不打人、不踏人、不弄虚作假，以力量和速度取胜夺魁。

在广西壮族自治区，抢花炮的送炮器形状最为美观，外形为六角柱形，六边饰有图案花纹，共分三层，底层为六角柱，柱角镶有桂花边，中层腰较细，上层为喇叭状开口。按民间传统，只燃放三炮，每炮必抢，抢得头炮，人财兴旺；抢得二炮，五谷丰登；抢得三炮，吉祥如意。表达了壮族人民追求美好生活的愿望。广西三江侗族自治县《民国志卷二・赛会娱乐篇》记述：“花炮会，届时男女成集。其竞赛以冲天铁炮内装铁环，若实弹然。燃炮后，铁环直冲霄汉，观众闻炮声，即以铁环为目标蜂拥争取，以夺得铁环者按头、二、三炮依次领奖，其友族皆簇拥庆贺，欢声若雷。”

抢花炮活动由各村寨每年轮流主持。凡主持抢花炮的村寨，事先要请编织手艺高的人用青细竹篾或藤条编织3～5个茶杯口大小的圆圈，外面用红、绿丝线扎牢。到了吉时良辰，主持人宣布抢花炮开始，并将花炮圈放在铁炮的炮筒口上，然后点燃放炮的引线放炮，花炮圈被射向高空。当花炮圈下落时，各村寨的选手争相抢夺，顿时全场欢声雷动。花炮圈有时落地，有时也可能落在水塘里或悬崖上、屋顶上、树枝上。但不论落在哪里，大家都争先恐后地跳进塘里，爬上悬崖、屋顶、树上去寻找，个个奋不顾身，人人勇往直前。抢到花炮圈后，还要在争抢中“过关斩将”，将花炮圈送到庙里的裁判台上才算获胜。当选手把花炮圈送到裁判台后，庙里就会响起钟声和鼓声，并鸣铁炮三响，表示头炮胜利结束。一般抢一炮需要争夺两个小时左右。接着还要进行二炮、三炮的拼抢，有的还可以抢四炮和五炮。凡是抢到头炮花炮圈的村寨，来年的抢花炮活动由其按传统和惯例筹办。特别值得一提的是，来年举办抢花炮活动的村寨到时候也要准备一头染红的大肥猪和一些其他奖品，这在传统中称为“还炮”。

传统的抢花炮不限人数，也不分队数，每炮必抢，三炮结束。场地通常设在河岸或山坡上，无一定界线，这就对抢花炮者提出了更高的要求，参赛者必须具备健强的体魄、顽强的意志、坚韧不拔的毅力和快速反应的能力，这样才有机会一举夺魁。

现代抢花炮运动是全国少数民族传统体育运动会的竞赛项目之一。党的十一届三中全会以后，在国家体委和国家民委有关领导的关怀和重视下，对抢花炮进行了挖掘、整理，在保留其民族特点的基础上，对传统抢花炮进行了适当的改革。1982年在呼和浩特举行的全国第2届少数民族传统体育运动会上，抢花炮被列为表演项目。1986年在乌鲁木齐把抢花炮列为全国第3届少数民族传统体育运动会的竞赛项目，并制订了《抢花炮竞赛规则》。1987年10月18—23日，在广西壮族自治区举行了九省、区抢花炮邀请赛，有湖南、四川、广东、贵州、河南、广西等8个运动队参加，抢花炮运动被广泛地推广普及。经过十多年的实践，规则逐步发展和完善，比赛变得更加激烈，娱乐性和观赏性大大增强，极大地推动了这个项目的发展和运动水平的提高。

过去抢花炮运动不限场地器材的做法被修正，要求场地是一个长60米、宽50米的平地，并被画上边线、中线、发炮区、炮台区、罚炮区；对器材花炮、发炮器、花篮架、花篮有了非常详细的规定；特别是将过去那种所有的人一窝蜂拼抢改为分两队比赛抢花炮，规定一场比赛有两个队参加，每队上场人数不得多于10人，其中一人为队长；比赛分上半场和下半场，每半场20分钟，全场40分钟，中间休息10分钟，进炮、犯规、违例等裁判员鸣哨但不停表；比赛用投币方式选定场地后，裁判员带领双方参赛者入场，比赛双方参赛者站在发炮区外等候比赛开始；当司炮员在炮区中心点响炮时，比赛开始；抢得花炮的队可用传递、掩护、假动作、奔跑等方法带花炮进攻对方炮台区，另一方可用拦截、拉手、抱腰等方法试图抢到花炮或阻止持花炮的参赛者前进；当持花炮的参赛者越过端线进入对方炮台区，把花炮投入花篮即得分；每投进一次得一分；在比赛时间内，得分多的一队为胜队。

二、基本技术及练习方法

抢花炮的基本技术包括进攻技术和防守技术两类。

(一)进攻技术及练习

1. 持炮

持炮是指握炮的方法与技巧，分为单手握炮和双手握炮两种。

(1)单手握炮技术

五指自然张开，将花炮贴于掌心，拇指紧贴外侧，其余四指弯曲内扣握住炮的下沿。其优点是握炮稳，跑动中不易掉炮；缺点是动作慢，不便于快速交手与传、接炮。

(2)双手握炮技术

两手掌五指自然张开，并交叉将花炮压在两手心内。其优点相对于单手来讲握得更加牢固，不易脱落，但缺点是奔跑慢。

2. 传炮

传炮是抢花炮比赛中运用最多的技术动作之一。根据抢花炮运动的比赛特点，抢得花炮后不能暴露，否则对方几个人，甚至更多的人会跑来争夺花炮，因此传递炮时要巧妙，有假传递、真传递，也有假接炮、真接炮，以迷惑对方，争取胜利。根据传炮的不同方式，分为肩上传炮、体侧传炮和低手传炮。

(1)低手传炮(以右手为例)

右手将炮持于体前，先向后预摆，然后向接炮人方向挥臂、拨腕、挑指将炮传出。炮的飞行弧度稍大，根据接炮人的距离远近，炮的落点尽量控制在接炮人的胸部高度。

接住炮后，右手随缓冲动作持炮后引，并根据传抢方向的需要，决定伸踏的方向，重心移到屈膝的后支撑腿上，上体转动，左肩对准抢的方向，头保持正直，两眼正视目标。传炮时，后脚蹬地，重心前移，带动转腰送胯与摆臂，右臂经体侧前挥时肘应前引，前臂伸展约与地面平行，并伴以挑腕外旋将炮传出，炮在空中呈平旋飞行。由于体侧传炮横向打击时角度大，所以挑腕外旋务必对准目标，以免左右偏离太多而造成失误。

(2)肩上传炮

肩上传炮不但传炮有力、准确，而且动作符合人的生理结构，肩臂不易受伤，它是参赛者最基本、用得最多的传球方法。

面对传炮目标，两腿前后开立，约同肩宽，膝部微屈，右手拇指从前往回扣，其余四指及掌心紧贴花炮。传炮时，后脚稍用力蹬地，借助转体带动肩、肩带动手臂加速前挥，身体重心前移，向传炮目标屈腕，扣指将炮传出，头部始终保持正直，目视目标。出手后炮的弧线不要太大，尽量控制炮的落点，以在接炮队员的胸部高度为宜。

(3)体侧传炮

当接住低于腰部的来炮时，传炮距离较近，此时可用体侧传炮，它是参赛者在场上快速改变位置的重要方法，也是比赛中运用最多的一种移动方法。抢花炮比赛场上的跑具有快速多变的特点，一般常用的有：起动、后退跑、变向跑、侧身跑、急停急起和变速跑等。

3. 接炮

根据接炮的方式不同，可分为单手接炮和双手接炮两种。

(1)单手接炮

首先判断炮的飞行情况，确认落点，然后快速移动，面对来炮，向前上方伸出右手，以虎口迎炮，当炮接触虎口时，手指迅速向内扣握，并顺势屈臂缓冲。

(2)双手接炮

首先判断落点，然后两手自然张开迅速移动至持炮人所持炮的位置，当炮触及手掌时，两手迅速向内扣握并顺势屈臂缓冲收至腹前，同时原持炮人松手即可。这种接炮技术动作重心稳、伸展幅度大，接炮后转入传炮最为便捷，对于初学者或高水平运动员来讲都同等重要，因此，成为比赛中最基本、最常用的接炮方法。

4. 抱摔

抱摔是抢花炮比赛中堵截进攻队员的主要技术之一。通过抱摔，可阻止持炮人进攻，从而为同伴抢炮创造时机。

(1)搂抱

防守队员可以从任何方向搂抱进攻队员的身体，搂抱时一手握成拳，另一手扣在握拳手的腕关节处，搂抱部位在肩以下、膝以上。

(2)摔法

根据规则规定，摔法只能采用自己先倒地的方法。因此，在使用摔法时，防守队员只能先降低重心并后移，然后用膝顶住进攻队员的膝关节，顺势后倒将进攻队员摔倒。

(二)防守技术及练习

1. 抢断炮

抢断炮指防守队员抢断进攻队员之间的传递炮。首先判断攻方队员会向哪一位同伴传炮或炮会飞向哪个方向，以便提前移动，抢占有利位置；然后根据炮的飞行方向跳起，尽量拍打花炮或拍打攻方队员接炮的手，使攻方队员接不住花炮。

2. 抢夺炮

首先判断花炮在哪一位攻方队员手中，然后通知队友协同抢夺，即抱腰、拉手，将花炮抢夺过来。在不犯规的前提下以多防少，尽量不让进攻方将炮传出。

3. 拦截

不让攻方队员进入罚炮区，破坏攻防队员的掩护或战术配合。

4. 抱腰

抱腰是防守技术中较难掌握的一个动作，当拦截对方进攻时，只要他持炮进攻，就可抱腰防守，为队友抢花炮创造条件。

三、竞赛规则

(一)场地

1. 比赛场地

表面平坦的长方形草坪或土地，长 60 米，宽 50 米，场地边线外 2 米、端线外 4 米以内不得有任何障碍物。

2. 接炮区

以场地的中心为圆心，画一条半径为 5 米(从外沿量起)的圆圈为接炮区。

3. 炮台区

在距离端线中点两侧 4 米处各画一条长 4 米与端线垂直的线为炮台区边线，再画一条线将其两顶点相连，与端线平行为炮台区端线，该区域为炮台区。

4. 罚炮区

以端线中点为圆心，以 11 米为半径，画一条弧线与端线相交，弧线区域为罚炮区。参见花炮比赛场地示意图(图 9-1)。

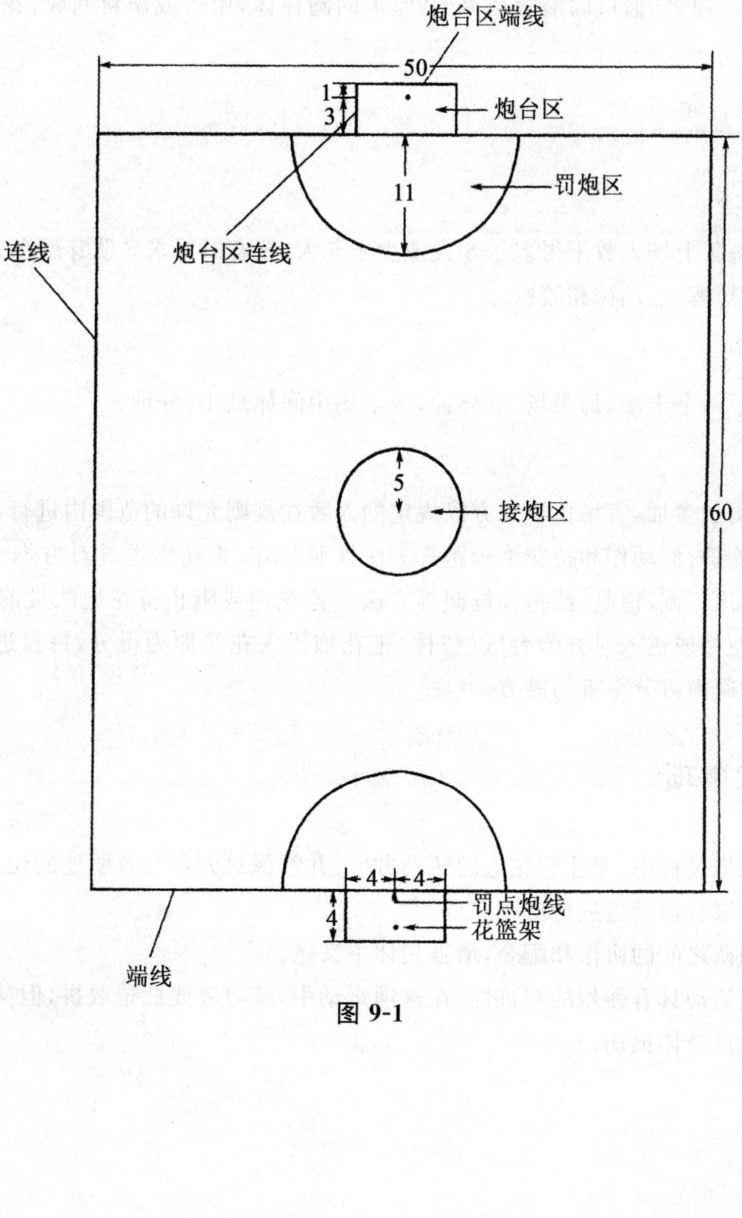

图 9-1

(二)器材

1. 花炮

花炮为直径14厘米的彩色圆饼状,用橡胶制成,外圆成轮胎形,厚2.5～3.0厘米,重220～240克。

2. 送炮器

能将花炮向前上方发射至10米以上高度,并落在接炮区域内,同时发出响声的发射器。

3. 花篮

花篮为高30厘米,篮口内沿直径为40厘米的圆柱体,用竹或塑料制成,花篮固定在花篮架顶端。

(三)竞赛方法

1. 人数、服装

每场比赛每队上场人数不得多于8人或少于5人,比赛时要求各队穿颜色、款式统一的长袖运动衣、运动短裤、运动袜和胶鞋。

2. 比赛时间

比赛分上下两个半场,每半场20分钟,两半场中间休息10分钟。

3. 得分

比赛是由男子参加,每场比赛双方以规定的人数在规则允许的范围内进行,控制花炮的一方,可用传递、掩护、假动作和持花炮奔跑等方法摆脱防守,将花炮送进对方炮台区,并投进花篮;防守一方可用拦截、追赶、搂抱和抢截等方法争抢花炮或阻止持花炮队员前进。持花炮队员将花炮投进花篮或进入对方炮台区(整体)把花炮投入花篮即为得分,每投进一次花炮得1分,在规定的时间内得分多者为胜方。

四、注意事项

(1)在抢花炮过程中,要注意花炮的转动方向,并掌握对方参与者所处的位置,及时作出准确判断,能够采取合理措施进行应变。

(2)注意团队之间的协作和配合,增强集体主义感。

(3)抢花炮运动具有强烈的对抗性,在这项运动中,练习者要敢抢敢拼,但又要注意遵守比赛规则,避免造成身体损伤。

第三节　抛绣球

一、抛绣球概述

抛绣球的历史可追溯到 2 000 多年前，抛绣球是壮族人民喜闻乐见的传统体育项目。当时用以甩投的是青铜铸造的古兵器“飞砣”，并且多在作战和狩猎中运用。随着社会的进步，物质生活的提高，飞砣也逐渐发展成现在的绣花布囊，即绣球。

关于绣球的起源，在广西还流传着一段美好的传说。据说，在 800 多年前的广西桂林靖西县旧州古镇的一个小村庄里，居住着一户贫寒人家。他家的儿子阿弟爱上了邻村的姑娘阿秀，美丽漂亮、生性善良的阿秀也深深地爱着诚实、勤劳、勇敢的阿弟。有一年春天，阿秀在一次赶圩时，被镇上一个有钱有势的恶少看上了，要娶阿秀为妻，阿秀以死相威胁，坚决不从。当恶少得知阿秀深深地爱着邻村的阿弟时，为了让阿秀死心，他贿赂官府，以“莫须有”的罪名将阿弟关进地牢，并判了死刑，于秋后问斩。阿秀听到这个消息后，整日以泪洗面，哭瞎了双眼，但她坚持为阿弟一针一线地缝制着绣球。针扎破了手，血浸红了绣球，但绣球上的花更艳了，叶更绿了，鸟更鲜活了。经过九九八十一天，满载阿秀对阿弟深深的爱恋，浸透了阿秀鲜血的绣球做好了。于是，阿秀变卖了自己的手饰，买通了狱卒，在家人的陪伴下，在阴暗潮湿的地牢里见到日思夜想、却已被折磨得骨瘦如柴的阿弟时，阿秀绝望了，她从身上取出绣球戴在了阿弟的脖子上。这时，只见灵光一闪，阿秀、阿弟和家人便飘然落在远离恶少的一处美丽富饶的山脚下。后来，阿秀和阿弟结了婚，生了一儿一女，靠着自已勤劳的双手，过上了幸福的生活。美丽的传说一传十，十传百，传遍了壮乡。渐渐地绣球就成了壮乡人民的吉祥物和壮乡青年男女爱情的信物。现在，壮族男女青年就靠互传绣球来传情达意。

按壮族的习俗，在每年春节、中秋节举行的歌圩活动中，男女青年在各自的布棚里，用各种做工精致的绣球互相抛接，绣球抛到对方小伙子场内时，小伙子们必须眼明手快、准确无误地接住，接过绣球的小伙子将绣球欣赏一番后，又向姑娘抛去，经过几次往返抛接，如果小伙子对姑娘有意，就会在绣球上系上礼物抛赠给对方。若小伙子连续三次接不住就要被罚唱山歌答谢众人。因此，常常出现抛绣球的忙乱场面，引得人们捧腹大笑。这项活动在西南地区的苗、白、瑶、傣等少数民族青年中也广为流行，历史悠久。清代编撰的《贵州通志》中记载：“取彩巾结为小圆球，名曰花球，视所欢者掷之。”《云南游记》中也说：“夷女二三月抛球，见美少年击之，中则成夫妇”，这些都表明了绣球成为青年表达友谊和爱慕的信物。

抛绣球活动简单易行，不但具有社交娱乐作用，而且能锻炼身体，提高身体素质，培养果断、坚毅、自信和积极向上的高尚品质及情操。经常参加这项活动，能促进人们相互了解，起到传播友谊的作用。现在经过加工整理的抛绣球活动已成为一项由“抛”改为“投”的少数民族传统体育项目。

二、基本技术

(一)技术分析

抛绣球比赛是在无防守、无进攻的情况下进行的,常常要求绣球要抛过规定的高度,甚至在规定高度上还会安置一个彩环,要求比赛选手将球抛过彩环,因此抛球的准确性就显得十分重要。运动员除了具有很好的个人技术之外,还必须具备良好的心理素质和准确的判断力。抛绣球时通过手握提绳转腕,使球获得一定的初速度,速度由慢到快,当达到最快的匀速状态时,手臂大绕环一周,根据自身与木杆间彩环的距离、位置,选择合适的出手角度,伸臂,抖腕,顺着球的惯性,送球出手。绣球只有获得合适的速度和角度才能以抛物线的轨迹,顺利准确地穿过所设置的彩环。

(二)技术方法

抛绣球的基本技术包括持球、摆球、抛球三个部分。

1. 持球

右手持绣球底部的绸带,两脚侧对抛球圈,目视前上方。

2. 摆球

摆球的方法有三种。第一种:两脚平行站立,重心在右脚上,左手持绣球的上端,右手持绣球底部的绸带,两手向右侧上方前后转动。第二种:持球,重心在左脚上,右手向左侧上方前后转动。第三种:持球,左脚在前,右脚在后,重心在右脚上,右手持球底部的绸带,向右侧上方前后转动。

3. 抛球

目视绣球圈,持球从上向下经体后继续向上至肩上方时抛出,或双手上抛。

三、练习方法

(一)基本技术练习

(1)教师将完整的动作示范、讲解与看图片、录像相结合。练习时,两人一组,相距 5 米进行摆球、对抛、对接练习,待动作熟练后,逐步增加相距距离。

(2)采用对墙瞄准抛球的练习方法。侧位站立,左肩对着墙,在墙上画一个相当于比赛时彩环直径的圆圈或画一个直径更小的圆圈,进行抛球练习。掌握技术动作后再增加难度,背对抛球方向进行背向抛球练习。

(3)对于初学者要反复进行绕球、抛球的训练,抛球动作技术的正确与否直接关系到动作的完成质量。进行基本动作练习时,要遵循抛球高度由低到高,抛球距离由近及远的原则。

(二)身体素质练习

抛绣球对身体综合素质要求较高,比赛前,应该进行协调性、灵敏性的训练,例如,多练习一些动作变化多、频率变化快,需要上、下肢协同配合的动作和左右不对称的动作。

此外,还应对肩部进行单独的、有针对性的拉伸练习,基本训练方法有压肩、肩绕环等。

四、竞赛规则

(一)场地

抛绣球比赛是在长 26 米、宽 14 米的场地举行。场地中间画有中线,中线、端线之间有一条与中线平行的抛球控制线,抛球控制线到端线之间的区域为抛球区和得分区,在中线的中心有一根高 9 米的杆,杆顶竖装一个直径 1 米的环形抛球圈。比赛时运动员在某一方向的得分区内,将绣球抛向球圈,穿圈而过,使球落入另一方向的得分区内,每落 1 次得 1 分。

(二)器材

1. 抛球圈

在中线的中心处竖一根高 9 米的杆,杆顶安一个直径为 1 米的圆圈作为抛球圈。

2. 绣球

抛绣球比赛使用的球与民间传统的绣球略有区别。比赛的球是用结实耐磨的绸布或花布作外层,内装沙石,直径为 5～6 厘米,重约 150 克,球体系一条长 9 米的绳子作抛球引绳,绳子的尾端系着 3 片长 4 厘米、宽 0.5 厘米的布条,球下部系 5 片长 5 厘米、宽 0.5 厘米的布条作为球穗。比赛时需准备 5 种不同颜色的绣球各 3 个。

(三)比赛方法

1. 比赛类型

比赛分为团体赛和男、女个人赛。团体赛、个人赛均分上下两个时段进行。团体赛的上下时段各为 10 分钟,上半时段上场的是 5 名女学生,下半时段上场的是 5 名男学生。在每场比赛的规定时间内,将 10 名学生抛球中圈次数累计相加即为全队的总得分。比赛时,学生将球抛出之后,要迅速跑向落球区,拾球进行反向抛球。抛球时如踩或越过控制线,或影响别的学生抛投 1 次,均判为犯规,罚扣 1 分。个人赛双方各派 1 人参加,共进行 5 轮比赛,上下时段各为 5 分钟,其规则与团体赛相同。

背篓投绣球比赛是一种团体项目,比赛用球是用礼品绣球,直径为 6 厘米,重约 80 克,所系引绳长度不限。比赛在相距 15 米处并分别设有投球限制线和接球限制线的场地内进行,限制线外分别设宽 2 米的投球区和接球区。比赛时间为 3 分钟,分男子和女子比赛。比赛时每队可上 5 名学生,其中 4 名为投球手,每人限投 6 球,1 名为接球手。投球手在投球区内向另一端的接球区投掷球,接球手必须身背竹背篓,背向投球手在接球区内将球接入背篓内,姿势不限，每接 1 个球得 1 分，在规定时间内得分多者获胜，如得分相同，则以用时少的队名次列前。比赛时投球手踩线或越出投球区投球，接球手踩线或越出接球区接球均判犯规，为无效球。在 3 分钟比赛时间内 4 名投球手必须将球全部投出，超时判犯规。

2. 比赛方法

由裁判员发给学生绣球，练球 1 分钟后，学生分别站在两边的抛球区内。裁判长鸣哨开始比赛，学生投圈后飞快地拾起自己专用的球反向抛圈，中圈一次得 1 分，如果抛球时学生踩到控制线、越出抛球区或拿别人的球抛，一次扣 1 分，比赛胜负以得分多少来判定。

3. 名次确定

比赛中如果抛球得分相等，加赛 1 分钟，抛中多者为胜；如果仍相等，再加赛 1 分钟，直至决出胜者为止。比赛结束后，按得分多少排列团体（10 人得分相加）和个人名次，得分多者名次列前。

五、注意事项

(1)比赛前要做好准备活动，防止运动损伤。

(2)比赛前有 2 分钟的试抛练习，以便掌握好抛绣球的力度，以及接绣球的准确性。

(3)比赛中抛绣球者应做好抛绣球的预备姿势，抛绣球时做到上下肢动作一致，做到向上方协调用力。注意抛绣球的力度，最好刚刚超过规定的高度。

(4)比赛中接绣球者应做好接绣球的预备姿势，接绣球时做到身体动作一致，全身协调用力。

(5)绣球有一定重量，因此抛接绣球时要注意安全，避免受伤。

第四节　跳竹竿

一、跳竹竿概述

跳竹竿也叫竹竿舞，因其独特的民族风情被称为“世界罕见的健美操”。这项运动已有数百年的历史，盛行于海南岛五指山区。

在 2002 年 4 月中旬的博鳌亚洲论坛首届年会上，竹竿舞备受青睐。众多与会嘉宾政要在开会之余，与姑娘小伙共跳竹竿舞，成为年会上一道亮丽的风景。

“跳竹竿”原是黎族一种古老的祭祀方式。数百年前，黎家人经过辛勤耕作换得新谷归仓时，村里男女老少就会穿上节日盛装，家家户户炊制新米饭，酿造糯米酒，宰杀禽畜，祭祀祖宗和神灵。酒酣饭饱后，众人就会来到山坡上，点燃篝火，跳起竹竿舞。竹声叮咚，庆祝稻谷丰登，祝愿来年有更好的收成。“跳竹竿”每年从开春之日起，直至元宵，几乎夜夜篝火通明，欢跳不息，热烈气氛充溢着山坡村寨。

随着时代的变迁“跳竹竿”习俗在黎族中逐渐流传演变，如今它的祭祖色彩逐渐消失，已成为一种带有民族文化色彩的体育健身活动。过去那种只限“女打男跳”的习俗如今也换成“男女混合打跳”。小小竹竿为男女青年架起“鹊桥”。

现在，“竹竿舞”不但跳遍大江南北，也引起越来越多的国外游客的兴趣。他们盛赞跳竹竿为“世界罕见的健美操”。不少外国旅游者专门来到黎村，向黎族青年学跳竹竿舞。

跳竹竿活动有着浓郁的乡土气息，以海南盛产的毛竹、金竹做器材。比赛时 8 名击竿者分成 4 人一排，相向蹲在竹竿的外沿，两两相对，每人两手各握一竿，在锣鼓的伴奏下，相对的两人按照节拍、鼓点，不断地将手中的竹竿一分一合、一高一低地击打、滑动，发出“呱哒、呱哒”的声响，跳竿者 4～8 人随着竹竿的高低分合，有节奏地跳跃其间，并做出磨刀、筛米、穿门、鹿跳等各种姿势。

跳竹竿活动方式多样，种类繁多，有单人表演、双人表演和集体表演。主要动作有单腿跳、双腿齐跳、分腿跳和翻跟斗等，动作敏捷大方、优美舒展、节奏分明、风格突出，它还要求跳竿者具备一定的舞蹈技巧。经常参加此项活动，有利于锻炼身体，增强体质，并能增强灵巧性、敏捷性、协调性和耐久力等身体素质。此外，这项活动对场地、器械的要求简单，也不受年龄、性别等条件的限制，因此，便于普及和开展。

二、基本技术及练习方法

跳竹竿分为打竿和跳竿两部分。

(一)打竿

打竿者一般为 8 人，在表演时分成两排，面对面相距 4 米左右，平行地站立或蹲或坐于粗竹竿的外边，双手各持一根细竹竿，由队长或打竿队员之一用口令或哨子指挥，整齐地按一定的节拍使竹竿相碰，发出铿锵清脆的响声。

(二)跳竹竿

跳竹竿动作有单腿跳、双腿齐跳、转体单腿跳、分腿跳和翻跟斗等，再结合手上舞姿，按不同的节奏在不断开合的细竹竿空隙中左跨右跳，时而腾空，时而停于细竹竿间，既不能踩着竿，也不能被细竹竿夹着，否则表演失败。若要跳得轻松欢快，则以前脚掌着地为佳。

1. 2 拍跳法

单腿跳进：左脚前跳 1 拍，右脚越竿前跳 1 拍。

单腿进退：左脚前跳 1 拍，右脚越竿前跳 1 拍。左脚越竿前跳 1 拍，右脚越竿后跳 1 拍。

转体 180°跳进：左脚跳进 1 拍，右脚越竿跳进同时左转 180°。右脚跳进 1 拍，左脚越竿跳进同时左转 180°。

2. 3 拍跳法

交换腿法（以二合一开为例）：左脚跳进 1 拍，右脚原地跳 1 拍。左脚越竿跳进 1 拍，右脚越竿跳进 1 拍。左脚原地跳 1 拍，右脚越竿跳进 1 拍。

单脚连跳(以一合二开为例):左脚跳进1拍,右脚越竿跳进1拍,右脚原地再跳1拍。

单双腿交换跳(以一合二开为例):左脚跳进1拍,双脚越竿、原地各跳1拍,双脚原地跳1拍。

分腿跳(以二合一开为例):双脚跳进1拍,双脚分腿原地跳起1拍,左脚越竿跳进1拍。

3. 4拍跳法

踢腿跳:双脚跳进1拍,原地右踢腿跳1拍,双脚越竿跳进1拍,原地左踢腿跳1拍。

脚跟点地跳:双脚跳进1拍,右脚原地跳。1拍同时右脚跟右前点地,上身右倾。双脚越竿跳进1拍,左脚原地跳1拍同时左脚跟左前点地,上身左倾。

4. 7拍跳法

以开合一合开开合为例,左脚跳进1拍,右脚越竿跳进1拍。左脚跳进1拍,右脚越竿后跳1拍。左脚原地跳1拍同时右脚尖越竿点地收回。右脚越竿后跳1拍,右脚原地跳1拍。

5. 集体跳法

跳竹竿的集体跳法以个人动作为基础,要求队员整齐一致,以下介绍两种集体跳的方法。

(1) 并排式

并排式是以2人、3人、4人等形式手牵手同时跳进,跳的过程中可牵手向前摆,也可举于头上左右摇摆。

(2)纵向排列式

队员成一路纵队排好,先由排头者跳出,然后后面的队员一个接一个地整齐跳出,出竿亮相后转身在竿外依次排回队尾。

三、竞赛规则

(1)如果有参赛者在比赛途中失败,所以出发的参赛者必须再回到起点重新过竿。在过竿途中每一个竿的空隙至少要跳一次,如出现空竿越过的必须回到起点重新过竿。

(2)在音乐响起一个8拍内必须击打节奏,击竿者节奏一定准确,如出现节奏不准,每一次扣0.1分,教练不得指挥。

(3)参赛者必须按节奏一次性过竿,每出现一次夹脚扣0.1分,失败后回到起点再接着比赛。在规定时间内必须完成一种规定动作和一种创新动作,如在规定时间内没有完成,扣0.5分,如在规定时间内完成,且得分一样,按完成动作的时间长短定胜负,音乐开始计时,到最后一人完成动作停止计时。

四、注意事项

(1)跳竿时,练习者的踝关节缓冲不要过大,稍紧张些,前脚掌触地时间要短。

(2)要重视和加强基本步伐的练习,在此基础上才能学好跳竹竿。

(3)跳竹竿的基本动作简单易学,掌握了基本动作后,可加大各种步伐的难度,增加动作的变化,从而提高跳竹竿的练习效果。

第五节　土家摆手舞

一、土家摆手舞概述

摆手舞是土家族流传久远的民族传统体育舞蹈形式，又名“舍巴舞”，汉语意为“甩手”或“玩摆手”的意思。摆手活动是以欢乐的歌舞来祭祀祖先，祈求人寿年丰的一种艺术化的风俗或风俗性的艺术。是土家族历史生活的缩影，是表现土家族历史生活的绚丽画卷。

据同治本《来凤县志》卷三十二转载《湖广通志》记载说：五代时，“施州漫水寨有木名普舍树，普舍者华言风流也。昔覃氏祖于东门关伐一异木，随流至那车，复生根而活，四时开百种花。覃氏子孙歌舞其下，花乃自落。取而簪之。他姓往歌，花不复落，尤为异也。”这生动地记述了一千多年前，漫水土家人围着普舍树摆手的情景。它是来凤土家族摆手舞最早见于史书的记载。

关于土家摆手舞起源的说法很多：一说由宗教祭祀活动而来。土家人尊敬祖先、热爱自己的领袖人物，为不忘祖先的功绩，便创造了纪念他们的摆手舞。这在来凤等摆手舞流传区域仍保存着摆手祭祀的习俗，祭祀对象除个别地方祭八大神外，大部分祭土司王，如彭公爵主、田好汉、向老官人，这都是五代至宋朝时期土家族有名的人物，“生而为英，死而为灵”。《蛮书校注》卷十载：“巴氏祭祖，击鼓而祭”，以此认为摆手舞是土家人祭祀祖先的一种舞蹈。二说由白虎舞、巴渝舞演变发展而来。《华阳国志·巴志》载：“巴师勇锐，歌舞以凌殷人。前徒仰戈，故世称之曰武王伐纣，前歌后舞也。”专家考证，这武主伐纣的歌舞即巴渝舞，而白虎舞乃是巴渝舞的前身。摆手舞“甩同边手”的特点是出于对“龙行虎步”的模拟，其基本动作是表现白虎的。又说杜佑《通典》所载巴渝舞曲中的“矛渝”“弩渝”，与摆手舞中的“披甲”“列队”“拉弓射箭”等军事舞蹈如出一辙，故推断摆手舞与巴渝舞同源异支，当起源于周代。三说起源于战争。这在民间有多种传说，大体是说彭公爵主率部征战，为振奋军威，激励士气，遂令部下以歌舞诱惑敌人，或以摆手唱歌驱赶思乡之情。战斗凯旋后，这种摆手舞就流传到了民间。四说土家人生性喜爱唱歌跳舞，摆手舞纯粹是土家人自我娱乐的一种艺术活动。五说是古代土家先民为了征服自然，抵抗外族入侵，便用一种“摆手”来健身壮骨，逐渐演变成后来的摆手舞。六说恩施州鹤峰县铁炉坪宋代墓葬中，出土一陶缸的口沿上，塑有十二个舞佣，有的屈蹲，有的左右摇摆，有的舞动长衫大袖。舞姿与现存的摆手舞的单摆、双摆、回旋摆、同边摆十分相似。说明在宋代，土家的摆手舞已十分成熟，并且是群舞。沿袭到清代，鄂西的《来凤县志》，湘西的《龙山县志》《永顺县志》及文人诗词，都有对土家跳摆手舞的详细记录和实况描述。以上观点都能在一定程度上说明摆手舞的历史相当悠久。从摆手舞的内容和特征上看，摆手舞应起源于劳动和社会实践。这是古今中外的艺术共同遵从的规律。

中东南地区作为土家族重要的聚居区之一，为更好地保存与传承摆手舞这一民族艺术瑰宝，也为响应国家全民健身纲要的精神，进行了较大力度的推广普及工作。近年来，石柱、黔江、酉阳等县市区都已将摆手舞列入全民健身计划。黔江地区成立了摆手舞推广办公室，负责收集、整理、创新和推广摆手舞。每天早晚都有众多市民聚集在广场上跳土家摆手舞。该区通过创新的摆手舞还在第7届全国农运会上荣获了一等奖。石柱将摆手舞列入全民健身计划，投资数百万元建立的少数民族传统体育项目训练基地，主要进行摆手舞、竹铃球等项目的训练。酉阳土家族摆手舞的推广力度更大。在1999年该县推出《酉阳广场摆手舞》，成为该县极具土家民族特色的群众性广场舞蹈。每天傍晚都会有很多群众聚集在广场进行摆手舞的表演。酉阳县城郊的旅游景点桃花源内，每晚也都有土家摆手舞的表演。2002年，酉阳被命名为“中国土家摆手舞之乡”。2004年酉阳二中的学生开始在课间操跳摆手操。2005年酉阳土家族健身摆手舞荣获全国全民健身项目一等奖。据了解，目前酉阳土家族的摆手舞的普及工作已深入千家万户，普及率达80%以上。

二、土家摆手舞的开展

(一)活动规律

大部分地区均在正月初三至十七之间举行摆手舞，且大多在夜晚。有的地方将举行摆手活动的时间定于二、三月或五、六月进行，称为“三月堂”或“五月堂”，永定的土家族人则在农历“六月六”举行。

摆手舞活动短则三天，长则可达七天。酉阳、龙山、保靖的土家族人在农历二月初七举行，称为“社巴日”。摆手活动一般在“摆手堂”或“摆手坪”或“土王庙”举行。凡百户之乡，皆建有摆手堂，有的还建有排楼、戏台等。来凤舍米湖、大河以及酉阳县等地现有摆手堂遗迹。清乾隆二十八年编修的《永顺府志·风俗篇》载：“各寨有摆手堂，又名鬼堂，谓是已故土官阴司衙署。每岁正月初三到十七日止，男女聚集，跳舞唱歌，名曰摆手，此俗犹存。”清同治九年编修的《龙山县志》也记载说：“土民赛故土司神，旧有堂曰摆手堂，供土司某神位，陈牲醴，至期既夕，群男女并入。酬毕，披五花被锦帕首，击鼓鸣钲，跳舞唱歌，竟数夕乃止。其期或正月，或三月，或五月不等。歌时男女相携，翩跹进退，故谓之摆手。”可见古时摆手舞是有相对固定的表演时间和场地的。

(二)表现形式

1. 舞蹈内容

摆手舞反映土家人的生产生活。如狩猎舞表现狩猎活动和模拟禽兽活动姿态。包括“赶猴子”“拖野鸡尾巴”“犀牛看月”“磨鹰闪翅”“跳蛤蟆”等十多个动作。农事舞主要表现土家人农事活动，有“挖土”“撒种”“纺棉花”“砍火渣”“烧灰积肥”“织布”“挽麻蛇”“插秧”“种包谷”等。生活舞主要有“扫地”“打蚊子”“打粑粑”“水牛打架”“抖蛇蚤”“比脚”“擦背”等十多种。以前还有军前舞和酒会舞，现在其动作已经失传。

2. 表演方式

举行摆手活动时，人们扛着龙凤大旗，打着灯笼火把，吹起牛角号、唢呐、咚咚喹，点燃鞭炮，放起三眼铳；抬着牛头、粑粑、刀头(即大块的熟肉)、米酒等供品，浩浩荡荡涌进摆手堂。

先举行祭奠仪式，由一位有声望的土教师带领众人行过叩拜礼后，便在供奉的神像下面边跳边唱神歌。唱的内容多是颂扬土王及祖先的恩德和业绩，表达土家人的无穷怀念之情。还要象征性地恭请土王和祖先前来参加摆手盛会，与民同乐。

祭奠完毕，土教师则带领众人来到堂外的坪坝，在一棵挂满五颜六色小灯笼的大树下依次围绕，随着锣鼓的节奏起舞，“男女相携，蹁跹进退”。

摆手舞以打击乐伴奏，打击乐器有大鼓、大锣各一面。牛皮大鼓一个，鼓槌一对，大锣一面，锣槌一根。鼓的直径 0.6～0.85 米不等，高 0.65～0.85 米。大锣直径 0.65～0.85 米不等，凹凸深度 0.04 米左右，鼓槌、锣槌视鼓锣大小相应配置。

演奏时，一人或两人在摆手堂中心击鼓叫锣以指挥全场。常用的曲牌有单摆、双摆、磨鹰闪翅、撒种等。节奏平稳，强弱分明，雄浑深沉。

摆手舞是歌舞浑然一体的综合艺术，其歌叫《摆手歌》。来凤土家现在跳摆手舞时，一般不唱，但传说很早以前有摆手唱歌，现流传保存下来的摆手歌有两首，一首为摆手时穿唱的山歌《要吃饭就要挖土》，另一首为《点兵歌》，歌词固然简单，但却透出了朴实的生活哲理和英雄崇拜的理念。

3. 动律特点

摆手舞其身体动作主要取材于生产劳动、日常生活和战斗。有“单摆”“双摆”“回旋摆”等。经过长期发展变化，在各地不完全相同，但其基本特点却是一致的，即顺拐、屈膝、颤动、下沉。顺拐是摆手舞最主要的特征，即甩同边手，它要求手脚配合默契，动作一致，以身体的律动带动手的甩动，手的摆动幅度一般不超过双肩，摆动线条流畅、自然、大方；屈膝要求膝盖向下稍稍弯曲一下，上身摆正，脚掌用力，显得敦实、稳健；颤动是脚部与双臂略带小幅度抖动，给人一种有弹性和韧劲的感觉；下沉是指在伴奏重拍时身体有一种向下的感觉，动作沉稳而坚实。这些扭、转、屈、蹲等动作组合需要全身各部位的肌肉的紧张、松弛交替转换与协调用力和上下肢的密切配合。因此，摆手舞对身体的协调性要求较高。

4. 服饰道具

摆手舞活动是土家族人缅怀祖先、追忆民族迁徙的艰辛、再现田园生活的恬静的大型舞蹈史诗，其服装和道具也蕴涵着本民族的文化元素。各式各样的民族服饰和道具将摆手堂装饰得隆重而热烈。摆手场上插着许多幡旗，人们手举龙凤旗队(用红、兰、白、黄四色绸料制成)，身披“西兰卡布”(花被面)，捧着贴有“福”字的酒罐，担五谷、担猎物、端粑粑、挑团馓、提豆腐，手持齐眉棍、神刀、朝简，扛着鸟枪、齐眉棍、梭镖等道具，吹起牛角、土号、唢呐，点响三眼铳，锣鼓喧天，歌声动地，男欢女乐，舞姿翩翩，气氛非常热烈。正如一首土家族竹枝词描写的那样：“福石城中锦作窝，土王宫畔水生波。红灯万盏人千迭，一片缠绵摆手歌。”

5. 音乐乐器

舞蹈与音乐是密不可分的，跳摆手舞也不例外。摆手舞的音乐很有特色。摆手舞进行时，由梯玛(土语意为巫师)，用土家语演唱摆手歌(即舍巴歌)，舞蹈者和观众合唱。土家诗人彭勇行的《竹枝词》：“摆手堂前艳会多，姑娘联袂缓行歌。咚咚鼓杂喃喃语，煞尾一声嗬也嗬。”就是对这种一人领唱众人和唱场面的描绘。这种唱腔多为喊腔，旋律性不强，但颇有声势，能表现强烈的欢乐情绪。摆手舞的伴奏乐器比较简单，以锣和鼓为主，通过锣、鼓的节奏来控制舞蹈队形和动作的变化。不同的舞蹈内容有不同的节奏。表现战斗动作时，节奏高亢激越；表现追忆祖先动作时，节奏舒缓而庄重；表现生产劳动时，节奏快慢有致；表现生活时，节奏轻松活泼。锣鼓声伴随着众人发出有节奏的“嗬也嗬”的和唱声，营造出一种刚劲而稳健、热烈又庄重的氛围。

第六节 高脚竞速

一、高脚竞速概述

高脚竞速，原称高脚马，是湘、鄂、渝、黔四省边境各县市广大土家、苗寨盛行的一项民间传统的体育活动。以前叫作“竹马”或“骑竹马”。现在的高脚马可用竹子、木或其他硬质材料制作而成，是土家族、苗族人民在雨天或穿越浅滩溪流时的代步工具。随着社会不断发展，特别是解放后，各族人民生活水平得到不断提高，高脚马作为交通工具的功能逐渐被作为游戏、娱乐、健身、竞技的功能所代替，并得以广泛流传。

高脚竞速是我国湖南省湘西地区少数民族群众广为喜爱的体育活动，最早是少数民族群众在下雨天为防止泥水打湿鞋袜，作为走村串户的代步工具，后来成为学生雨天上、下学的“交通工具”并逐步发展成为少数民族在节庆活动中进行竞速、对抗的传统体育比赛项目。1986年湖南省有关民族体育工作者开始对高脚马活动进行挖掘、整理、改进工作，并制订了竞赛规则，将“高脚竞速”列入该省竞赛项目，使高脚马得到飞速的发展。在随后的几届比赛中，这一项目不断得到规范和改进。每届比赛都有高脚竞速和对抗两个项目，分别进行竞速和对抗两类比赛（图 9-2、图 9-3）。

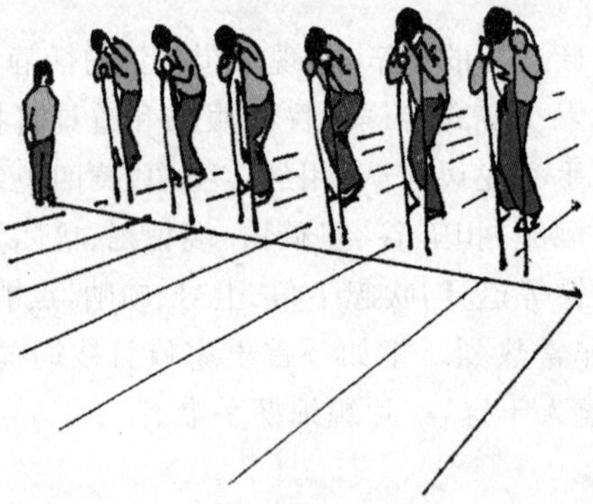

图 9-2

图 9-3

2001 年，国家民委、国家体育总局正式将高脚竞速列为第 7 届全国少数民族传统体育运动会的竞赛项目。

高脚竞速是由练习者双手各持一杆，同时脚踩杆上的脚踏蹬，在田径场上进行的比赛，以在同等的距离内所用的时间多少决定名次，是练习者在高脚马上进行速度的比赛。规则规定：练习者在比赛过程中，如果出现脚触地，须在落地处重新上踏蹬继续比赛。

第7届全国少数民族传统体育运动会高脚竞速的项目有男子、女子200米和2×200米接力以及男、女4×100米混合接力；第8届全国少数民族传统体育运动会又增设高脚竞速男子、女子100米，使高脚竞速项目增至7个。

高脚竞速场地及器材：场地为标准田径场。场地线宽均为5厘米，跑道分道宽2.44～2.50米。接力比赛的接力区：接力区中间画一条宽为5厘米的虚线，前后5米处各画一条直的实线。“高脚马”器材为高脚杆用竹、木或其他硬质材料制成。高脚杆高度不限，从杆底部向上30～40厘米处加制踏蹬，踏蹬高度的丈量从杆底部至杆支点的上沿距离为准。

高脚竞速运动是一项竞技性、健身性、娱乐性、观赏性很强的民族传统体育活动，深受广大青少年喜爱。经常参加高脚马练习能明显提高人体的力量、速度、耐力、协调性等身体素质，有效提高健康水平和培养意志品质。

二、基本技术

高脚竞速运动是一项技术性较强的比赛项目。比赛中参赛者要双手握住马杆，双脚踏在马镫，同侧手脚配合运动。因此，应根据其项目特点和表现形式，总结出项目的规律性，从中发现其技术重点与技术关键，通过高脚竞速运动的技术学习和训练，在身体素质协调发展的基础上，促进高脚竞速运动成绩的不断提高。

高脚竞速运动是200米及200米距离的接力项目，其运动属极限强度运动，供能方式是以无氧代谢为主。高脚竞速的运动技术学习与掌握是以运动技能的形成规律和人的认识规律为依据的。高脚竞速技术主要包括上下马、走马、跑马和交接马四部分。

(一)上下马

上下马是指运动员上高脚踏蹬和下高脚踏蹬的方法。

1. 上马动作

两脚开立，将高脚杆立于体前，两杆左右距离比肩稍窄，两手虎口朝上，拇指分开，其余四指并拢，两手紧握高脚杆上端。然后提左(右)脚踏入踏蹬，紧接着右(左)脚快速蹬离地面，踏上踏蹬，上马后双手紧握高脚杆，身体保持平衡并稍前倾。

2. 下马动作

下马时仍握紧高脚杆上端，两脚依次下踏蹬，两腿撑地后身体保持平衡。

(二)走马

走马是指运动员上高脚竞速行走的方法，它是高脚竞速运动的最基本技术。

双手紧握高脚杆上端，不让脚杆产生旋转或晃动，保持身体平衡直立或稍前倾，两眼向前平视，双腿轮换抬起前迈和支撑，双臂配合上提、下放，同侧腿的上抬和臂的提拉协调一致。在练习大步走时，要注意摆动腿尽量向前上方高抬，小腿自然前伸，支撑腿用力向后下方蹬直，加大步幅，上体不要左右摆动。

(三)跑马

跑马是指运动员高脚竞速快速奔跑(竞速)的方法。完整的高脚竞速技术可分为起跑、起跑后的加速跑、途中跑和终点冲刺四个部分。

1. 起跑

起跑的任务是获得向前冲力,使身体尽快摆脱静止状态,为起跑后的加速跑创造有力条件。高脚竞速运动比赛规则规定:运动员各就位时必须将两根高脚杆立于起跑线后,杆底部不得触及或超过起跑线。运动员听到"预备"口令后以任何一只脚蹬上踏镫,另一只脚必须立于起跑线后的地面,作好起跑的最后准备。运动员听到"鸣枪"后,另一只踏地的脚方可踏上踏镫向前跑进。目前,起跑的预备姿势约有三种:接近式、普通式和拉长式(图 9-4)。

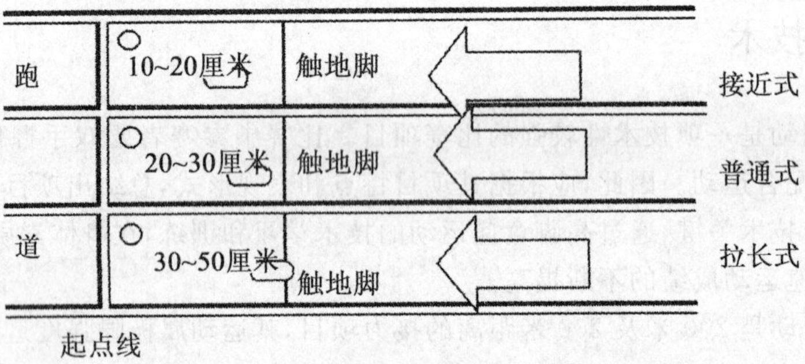

图 9-4

高脚竞速的起跑技术包括"各就位""预备""跑"(鸣枪)三个技术环节。

(1)"各就位"

运动员听到"各就位"口令后,手持高脚竞速轻快地走到起跑线后,两脚距起跑线 40 厘米左右,将两高脚杆的底端放到起跑线后,两脚杆间距离左右比肩稍窄。两手紧握高脚杆上端,身体自然直立,两眼向前平视,静听"预备"。

(2)"预备"

听到"预备"口令后深吸一口气后,从容地将一只脚踏上踏镫,踩稳后身体稍前倾,重心前移,体重主要放在踏上踏镫一侧的腿上。另一腿仍立在地面,集中注意力听枪声。

(3)"跑"

听到枪声后,立在地面的脚迅速蹬离地面,踏上踏镫,并向前上方提起前迈,同侧臂协同配合用力向上提拉,向前跑出。

2. 起跑后的加速跑

起跑后的加速跑是指向前迈出的高脚杆着地,到进入途中跑前这一段距离。其任务是在较短时间内尽快发挥较快速度,迅速转入途中跑。

起跑后向前迈出的第一步不宜过大,否则会造成身体重心靠后,不利于第二步的前迈。加速时两腿交替用力后蹬和前摆,同时两臂协同配合用力向前上提拉,两支高脚杆的落地点由与肩同宽至逐渐合拢在一条直线上。逐步加快步频,加大步长,当加速到较高速度时即转入途中跑。

3. 途中跑

途中跑是高脚竞速全程跑中距离最长、跑速最快的一段。其任务是发挥并保持高速度跑。途中跑技术包括两腿、两臂动作和身体的姿势。

因为高脚竞速中抬腿后蹬动作和同侧臂的提拉下压动作是一致的，所以一定要注意腿、臂的协调配合。摆动腿尽量高抬，同时同侧臂尽量上提高脚杆，支撑腿要用力后蹬，尽量减少高脚杆与地面的夹角，缩短腾空时间，减小身体的上下起伏，同侧臂要配合用力后蹬、下压。跑时要注意两手抓紧高脚杆，防止脚杆的旋转晃动，保持身体稳定。上体要正直或稍前倾，不要弓背、不要低头，眼睛要向前平视。跑弯道时，由于身体在离地 40 厘米的踏镫上，重心较高、离心力较大，所以要控制好高脚杆和身体向内倾斜的度，以获得合适的向心力和稳定的跑动速度。

4. 终点跑

终点跑是指全程跑最后 20 米左右的一段距离。它的任务是保持途中跑的正确技术，发挥全部力量，以最快速度冲过终点。

终点跑的技术与途中跑基本相同，但由于体力关系，快到终点的这段距离一般都会减速，要想尽力保持途中跑的速度，必须要加强两腿抬腿蹬地和两臂的提拉下压力量，并适当加大身体的前倾，并保持最快速度跑过终点线。过线后缓冲跑速，以防跌倒。

(四)交接马

交接马是指两名练习者在接力区完成高脚马交接的技术。

接马练习者两手臂自然向侧后伸出，手臂与躯干成 40°～45°角，掌心向后，拇指与其他四指自然张开，虎口朝下；交马练习者在接力区内下马之后，双手沿高脚马主杆下滑约 40 厘米，将高脚马由下向前上方送入接马练习者手中，完成高脚马交接。

三、练习方法

(一)速度练习

速度训练是高脚竞速练习者最主要的专项身体素质之一。发展专项速度的训练可采用下列三种方法与手段。

(1)平跑练习：采用各种专项距离跑发展速度。

(2)持杆跑练习：采用各种专项距离跑发展专项速度。

(3)局部或单个的练习：采用发展与专项密切联系的辅助手段和专门练习，提高局部或环节动作速度。

(二)力量练习

高脚竞速运动是周期性速度力量项目，因此专项力量训练必须处理好肌肉的负荷、动作速度、重复次数与休息之间的关系，提高力量训练的效果。专项力量练习有以下两类。

(1)发展腿部肌肉力量。

(2)发展躯干肌群力量和摆动肌群力量。

(三)协调与灵敏练习

高脚竞速练习者的协调与灵敏训练不仅可以加大运动幅度，使动作协调和优美，而且为增加动作力量创造有力条件，同时也会减少受伤的可能性。其主要练习方法和手段如下。

(1)肩关节柔韧性练习方法：持马杆压肩、转肩等。

(2)结合专项练习上下台阶的高脚走、斜向走等。

(3)下肢柔韧性练习方法：前后劈腿、前压腿、后压腿、侧压腿、前摆腿、后摆腿、侧摆腿等。

(四)专项练习

高脚竞速练习者的耐力训练主要是发展有氧耐力和速度耐力。有氧耐力可以增大吸氧量，改善运动员的心血管系统功能。

高脚竞速练习者的协调与灵敏训练不仅可以加大运动幅度，使动作协调和优美，而且为增加动作力量创造有力条件，同时也会减少受伤的可能性。

四、竞赛规则

(一)场地

在标准的田径场上进行。场地线宽为 5 厘米，跑道分道宽为 2.44～2.50 米。接力比赛的接力区：接力线宽 5 厘米(虚线)，前后 5 米处各画一条直线(实线)。

(二)器材

(1)高脚杆(简称杆)为竹、木或其他硬质材料制成。

(2)高脚杆高度不限，从杆底部向上 30～40 厘米处加制踏镫，踏镫高度的丈量从杆底部至踏镫与杆支点的上沿距离为准。

(三)竞赛形式

竞赛形式分个人赛和接力两大类。

(四)竞赛方法

(1)比赛中，参赛者应自始至终在各自分道内跑进。

(2)比赛方法

①起跑口令

“各就位”：参赛者上跑道将两根高脚杆立于起跑线后，杆底部不得触及或超过起跑线。

“预备”：参赛者以任何一只脚上踏镫，另一只脚必须立于起跑线后的地面，作好起跑的最后准备。

“鸣枪”：参赛者听到枪声后，另一只踏地的脚方可踏上踏镫向前跑进。

②途中跑

参赛者在比赛过程中，如果出现脚触地，须在落地处重新上踏镫继续比赛。

③终点撞线

以高脚或参赛者身体任何部位抵达终点线后缘垂直面瞬间为止，参赛者的身体和高脚杆须全部通过终点线后才能分离。

(3)接力赛

接力区：每个接力区长度为10米，在中心线前后各5米，交接的开始与结束均从接力区分界线的后沿算起。要求：

①接力赛采用一副高脚杆进行比赛，参赛者交接高脚杆后继续跑进。

②混合接力赛的1、4棒为男队员，2、3棒为女队员。

③参赛者必须在接力区内完成交接。

④完成交接的参赛者应停留在各自的分道或接力区内，直到跑道畅通方可离开。

⑤参加接力赛的参赛队须在上一赛次前上报运动员接力顺序。

⑥每队服装必须统一。

(五)犯规与判罚

出现下列情况之一，取消参赛者的比赛资格。

(1)抢跑：鸣枪前立于地面的脚离地。

(2)窜道：参赛者在比赛过程中跑离本跑道。

(3)掉杆：比赛中参赛者脚触地，未在原地上踏镫。

(4)人杆分离：参赛者抵达终点线时，身体或高脚杆的一部分仍未过线，脚与踏镫分离。

(5)接力赛中：参赛者在接力区外交接高脚杆；在退出接力区时，阻挡或妨碍其他参赛者跑进。

五、注意事项

由于高脚竞速属于持器械运动，参赛者在跑动中易摔倒。因此，在训练中应注意防止伤害事故的发生。

第七节　打陀螺

一、打陀螺概述

打陀螺，又称“抽陀螺”“赶老牛”“拉拉牛”“打猴儿”等，是瑶族、佤族、壮族、哈尼族、拉祜族、基偌族等一项极有特色的传统体育项目。

关于陀螺的起源，据麻国钧等所著《中华传统游戏大全》考证，在北宋时已出现这个项目。

宋人周密的《武林旧事·小经纪》记载:“若夫儿戏之物,名件甚多,尤不可悉数,如……千千车、轮盘儿。”清人翟灏的《通俗编》有:“宋时儿戏物有千千,见《武林旧事》,……皆陀螺之类。”另外,古代宫廷妇女喜欢玩耍的“妆域”之戏,亦与陀螺颇相关联。从上面的记载来看,“千千车”“妆域”等旋转类玩具,都是陀螺的前身。到明代时就有了“杨柳活,抽陀螺”的习俗,一些古籍上也记载着陀螺的制作方法、形状、材料及游戏方法的介绍。

早在10世纪以前,我国的这种民间体育游戏就传到了朝鲜、日本等国,并流传至今。新中国成立后,在党的民族政策和民族传统体育方针的指引下,陀螺游戏在各民族地区广泛开展,成为学校体育和群众文化娱乐活动的重要内容。在第1～4届全国少数民族传统体育运动会上都把它作为表演项目,1995年在云南昆明举行的第5届全国民运会上陀螺被列为正式比赛项目。

由于各地风俗不同,打陀螺也有着不同的玩法和开展形式。如:在我国北方地区此项活动一般在冬春季进行,是用鞭子连续抽打陀螺,使之在冰面或平滑地面上不停地旋转或相互碰撞,以旋转的时间长短判定胜负;而在我国南方地区,是将一陀螺旋放后,其他人站在一定距离之外,用旋转着的另一陀螺去击打它,看谁打得准,并看谁旋得时间长。瑶族人民在每年十月到次年二月的农闲暇日,都要开展各种形式的打陀螺活动,其中以正月十五元宵节举行的打陀螺最为热闹。比赛方式是一队队员旋放陀螺,另一队队员在一定距离之外以陀螺击打对方旋转的陀螺,如果击打的一队没有人击中对方的陀螺,判定为负,如果击中对方陀螺中的一个或几个,则以击中和被击陀螺旋转时间的长短判定胜负,然后判罚负的一队旋放陀螺,胜的一队击打之。佤族、拉祜族也非常喜爱这一民族传统体育活动,每逢新米节和春节期间,都要举行打鸡枞陀螺的比赛。他们在地上画两条线,分前、中、后三场,前场为旋转陀螺区,中场为打陀螺区,后场为甩陀螺区,参加活动的人轮流旋转陀螺和打陀螺。拉祜族人的打陀螺很有意义,传说拉祜族人种的棉花不结桃,先祖要他们打陀螺,把陀螺打开花,棉花也就开花结桃了,为了祈求棉花丰收,拉祜族就兴起打陀螺,每逢节假日,都要举行对抗性的打陀螺比赛。此外,打陀螺也是苗族儿童所喜爱的一种活动,苗族地区有两种比较特殊的陀螺,一种是大陀螺,直径20厘米,用于比赛碰撞;另一种是两头尖的陀螺,两头都可以旋转站立。比赛时,用鞭抽陀螺,使其旋转,双方陀螺相撞,被撞倒者为负。

打陀螺运动是一项集对抗性、技巧性、趣味性为一体的综合性体育活动,它对场地器材要求不高,比赛可在平整无障碍物的平地上举行,比赛要求两队在场上必须按守、攻顺序进行互换。双方遵照规则,从守方放陀螺开始,由攻方将自己的陀螺抛掷,触击守方陀螺,将守方陀螺击出场区或与守方陀螺在场区内比赛旋转时间的长短。比赛只计攻方得分,以当场比赛的累计得分决定该场胜负,得分多的队为获胜队。经常参加打陀螺运动,能够提高各组织器官、系统的机能水平,培养健康的心理状态,树立良好的集体主义精神,促进人全面、协调的发展。通过打陀螺比赛,可以增进友谊,交流技艺,丰富人们的文化生活。

打陀螺也是侗族少年儿童游戏竞技项目。陀螺用坚硬的茶油树削制成,呈圆锥形,用绳索或棕叶丝缠绕,然后猛地拉放于地,让其旋转。再用专制的打螺杆抽打,使其旋转不止。打螺杆系竹竿,顶部系有破成细丝的棕叶片,柔软而又有韧性。可以单独玩耍,亦可以两人互斗,双方使劲抽打己方陀螺,使其以高旋速向对方陀螺冲去,两者相碰,直到有一方陀螺被撞倒,不再旋转,认输为止。赛时双方均可大声吆喝呼喊,以壮声威,气氛非常激烈。此项活动可以锻炼少年儿童的臂力、反应能力和判断能力。

二、基本技术

打陀螺的技术可分为放陀技术和攻陀技术两种。

(一)放陀

1. 缠绕陀螺与持握陀螺(以左手为例)

左手握陀螺顶部,拇指在陀螺脚槽处压住鞭子尾尖部,右手持鞭向内缠绕,并用鞭压其尾端,不使其松脱。鞭子缠绕要紧密,鞭头缠在右手上,拉紧鞭绳,同时右手拇指压在陀螺顶部,食指、中指托住陀螺侧下方,无名指和小指握住鞭绳并顶在陀螺侧面。缠绕陀螺的关键在于鞭子要缠得紧密整齐;持握陀螺的关键在于拉紧鞭绳,拇指压实,防止绳子松脱或脱手。

2. 旋放陀螺

将缠好的陀螺持握好,身体右侧对着旋放区。放陀前两膝随上体转动屈伸调整身体重心,左手持陀向左侧方引臂,右手持鞭随摆,重心随之移到左脚上,左膝稍屈,维持身体平衡,保证掷陀有较长的工作距离。引臂后,利用左脚蹬地和向右转体,带动左臂向前挥摆,使力量通过手臂和手指作用于陀螺,使陀螺平头朝上、锥尖朝下向旋放区飞出。右手持鞭顺势前摆,当陀螺飞到旋放区上方、距地面 20 厘米左右,右脚用力蹬地向左转体,右手持鞭向左猛力回拉,使陀螺的旋转获得更大的动力,同时将向前飞旋的陀螺回拉而平稳地落于旋放区内。

(二)攻陀

1. 缠绕陀螺与持握陀螺

攻陀技术与放陀技术在缠陀、持陀、持鞭的方法上是一样的。

2. 攻打陀螺

攻方瞄准守方陀螺后,利用右脚蹬地,身体左转,带动右臂向前快速挥摆,至肘关节伸直时将陀螺掷出手,使陀螺平头朝上、锥尖朝下对准守方陀螺飞出。陀螺出手后,右臂随势向左斜下摆动,腿屈膝维持身体平衡,防止踩越攻击线。这时,左手随即持鞭顺势左摆,用力拉动鞭绳,当鞭绳全部拉完后,陀螺即沿鞭绳拉力结束时的即时速度飞向守方陀螺。鞭绳拉完后迅速收回,防止鞭绳触及守方陀螺或鞭杆触及比赛场区。

三、练习方法

(一)抽陀螺竞时赛

每人分得一个陀螺和一根绳鞭。第一种是练习者拿一陀螺,双手旋转陀螺使之在地上转动起来,再用鞭子抽打陀螺使之平稳转动。在陀螺即将停止转动时,再用鞭子抽打,周而复始,一直让陀螺保持转动状态,看谁的陀螺旋转时间长;另一种方法是将鞭子缠绕在陀螺上(缠两、三圈)，然后将陀螺放在地上，用力快速抽拉鞭子，靠鞭子的拉力使陀螺在地上旋转，接着用鞭子不断地抽打陀螺，使它不停地旋转，以转动时间长短决定胜负。

(二)陀螺角斗

一方先旋放抽击陀螺，少顷，另一方也旋放抽击陀螺，双方各自抽打旋转的陀螺去撞击对方的陀螺，看谁能把对方的陀螺撞倒。撞倒后的陀螺，如果能用鞭子“救起”，使之继续转动，那么角斗继续进行，如果被撞倒的陀螺无法“救起”，则判为失败。

(三)抽陀螺竞速赛

在启动区内当听到枪声，开始将陀螺发转(方法不限)用鞭子抽打陀螺，迫使陀螺向终点方向移动，直至终点，先到者为优胜。

(四)陀螺渡河

在地上划一块长、宽各5米的正方形场地，中间取2米各画一条线为河。练习者站在自己的区域内活动，不得过对方半场。用一个陀螺，把陀螺一次抽到对方半场并过中间的河，往而复始：把陀螺抽出边线或者没有渡过河的为负一局。

(五)抽陀螺接力

练习者分成人数相等2～4路纵队，听裁判口令出发，每队队员抽本队的陀螺向前跑动，绕过10～20米处的若干障碍物返回，再把自己的陀螺交给下面队员，先完成的队为胜。

四、竞赛规则

(一)场地

打陀螺比赛需要在平整无障碍物的地面上进行，场地包括比赛场区和无障碍区。比赛场区为长25米、宽15米的长方形，四周应有2米以上的无障碍区。参见陀螺比赛场地示意图(图9-5)。

1. 攻方预备区

在场地边线外记录台一侧底线外无障碍区内画一个长4.5米、宽2米的长方形区域为攻方预备区。

2. 守方预备区

在场地边线外记录台一侧距底线7.5米的无障碍区内，画一个宽2米、长4米的长方形区域为守方预备区。

3. 死陀置放点

死陀置放点是由底线中点并垂直于中点，向场内9米处画出的一个半径为0.05米的圆。

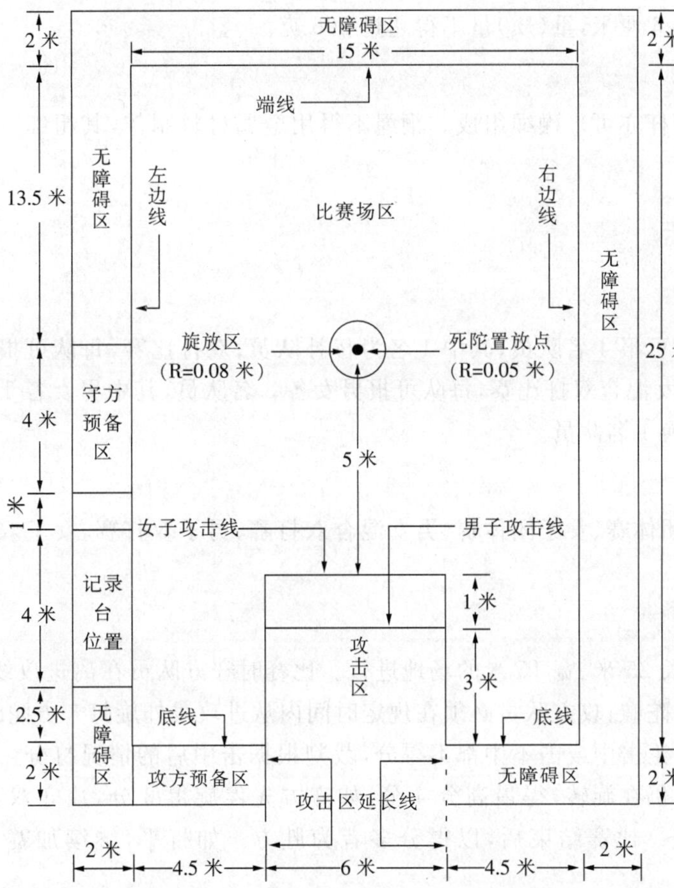

图 9-5

4. 旋放区

旋放区是以死陀置放点中心为圆心，以 0.08 米为半径画的一个圆。

5. 攻击区

攻击区以旋放区圆心垂直底线为中轴，以中轴为轴心线，从底线起向场内 4 米处，设间距为 6 米的两条平行线，以此构成的区域为攻击区。攻击区可向底线外无限延长。

6. 攻击线

攻击区内设攻击线。男子攻击线距旋放区圆心 6 米，女子攻击线距旋放区圆心 5 米，场地线宽以内沿计算为 2 厘米，攻击线宽以外沿计算为 5 厘米。

(二)器材

1. 陀螺

比赛一般采用木质平头陀螺。陀螺不得上色，除锥尖可装置直径不超过 4 毫米的铁钉外，不得填充、装饰金属或其他材料，陀螺直径为9～10厘米，高度（含铁钉高度）为10～12厘米，陀螺圆柱体高度5～6厘米，重（质）量不得超过900克。

2. 鞭

鞭由鞭杆（无鞭杆亦可）、鞭绳组成。鞭绳不得用金属材料制作，其粗细不限，长度不得少于2米。

（三）竞赛方法

1. 比赛人数

团体比赛，每队可报4名队员，其中1名为替补队员；双打比赛，每队可报3名队员，其中1名为替补队员；男女混合双打比赛，每队可报男女各2名队员，其中男女各1名为替补队员。一场比赛只允许替换1名队员。

2. 比赛形式

比赛可设男子团体赛、女子团体赛、男女混合双打赛、男子双打赛、女子双打赛、男子个人赛和女子个人赛。

3. 比赛方法

比赛是在一个长25米、宽15米的场地进行。比赛时守方队员在离进攻线6米（女子为5米）的旋放区内旋放陀螺，攻方队员必须在规定时间内从进攻线外旋打守方陀螺，击中得分，击不中不得分，守方无论击中或击不中都不得分，裁判根据击中后的情况打分。如击中后，守方陀螺立即停旋，攻方仍在旋转，得最高分4分；如守方先停旋得3分，攻守双方同时停旋得2分，攻方先停得1分。比赛结束后，以得分多者为胜方。如打平，继续加赛1分，直至决出胜负。

五、注意事项

（1）放陀作为防守技术，只有做到既准又旋，才能避免攻方得高分为本方致胜打下基础。同时放陀技术又是攻陀技术的基础，因此在教学训练的初始阶段应加强放陀技术练习，注意动作的正确性，强调准确性和旋转强度。

（2）在练习打陀螺中，贯彻“从简到繁”“从准到旋”的原则。一般应先练习短鞭绳、少缠绕的放陀练习，再进行长鞭绳、远距离的放陀练习；先求动作放松，姿势正确，用力顺序正确，每次都放得准，再求大力掷陀，猛力回拉，既准又旋；先进行没有场地限制的练习，再进行在半径0.08米的旋放区内的练习。

（3）应进行顺、逆时针不同缠绕方向的放陀练习和进行左、右手掷陀（右、左手拉陀）的放陀练习，提高对放陀技术本质的理解和技术熟练程度，以适应激烈的对抗比赛。

（4）为提高放陀技术，加强防守能力，应多组织放陀比赛。

（5）实践中，放陀技术应与攻陀技术交替进行，每次课都有放陀和攻陀的技术练习。

第八节　板鞋竞速

一、板鞋竞速概述

板鞋竞速运动是广西河池地区壮族民间传统体育项目。相传明代瓦氏夫人领旨率兵赴沿海抗倭，为让士兵步调一致，令 3 名士兵同穿一副长板鞋齐步跑。长期如此训练，士兵的素质大大提高了，斗志高涨，所向披靡，挫败了倭寇，为壮乡人民立了大功。后来，南丹县那地州壮族人民效仿瓦氏夫人练兵法，在田头地角、房前屋后开展 3 人板鞋竞速活动自娱自乐，相袭成俗，流传至今。

板鞋竞速运动历史悠久，器材简单，因地制宜，不受年龄、性别、条件的限制，深受壮族人民的喜爱。每逢喜庆节日、假日，板鞋竞速成为壮族体育爱好者、学校学生开展健身活动的项目之一，吸引各族的群众参与，对民族团结、民族体育的发展起了巨大的促进作用。板鞋竞速是一项集群众性、娱乐性、竞速性于一体的民族传统体育，同时也是一项非常独特的健身娱乐活动。

二、基本技术

板鞋竞速的基本技术有预备姿势、原地踏步—向前走—快速跑、弯道走—弯道跑和终点冲刺技术。

(一)预备姿势

3 人将脚套进板鞋的鞋套，第 2 名和第 3 名队员分别扶在前 1 名队员腰部或者肩部。

(二)原地踏步—向前走—快速跑

3 人都穿好鞋后，1 人或一齐喊口令“1—2—1”或“左—右—左”原地踏步，步调一致。熟练后，自然向前走，再慢慢过渡到自然跑、快速跑，提高速度。

(三)弯道走—弯道跑

以左转为例，保持身体重心，克服转弯时的倾斜度，走动时整个身体稍向内倾斜，右臂摆动幅度稍大且稍向外，左臂摆幅稍小，右脚前抬时稍向内扣，用前脚掌的内侧扣紧板鞋，左脚稍向外，脚外侧稍用力。自然向前走，再慢慢过渡到自然跑、快速跑，提高速度。在转弯后整个身体逐渐过渡到正常姿势，快速向前跑。

(四)终点冲刺技术

板鞋竞速接近终点时目视前方，上体要稍前倾，两小腿惯性前摆，积极带动两脚前抬加大幅度，快速向前摆动，冲过终点线。

三、练习方法

(一)力量练习

力量是基础。几乎所有的竞技性体育项目都离不开基础力量的训练。在板鞋竞速运动的力量训练中，教员要把一次性力量练习(爆发力)和多次性力量练习(专项力量能力)有机地结合好。具体到训练的方法手段上可以采用的有：橡筋摆腿、负重高抬腿、100～200 米跨步跳等。

(二)速度练习

速度是核心。所谓速度能力，即是保持速度的能力，板鞋竞速可采用以最大强度或者是接近最大强度来完成的 100～150 米跑，特点是重复次数不多，间歇时间较长，强度大。

(三)技术练习

(1)模拟穿板鞋踏步练习，体会原地踏步、攀肩、扶腰、摆臂动作。

(2)3 人板鞋配合踏步向前走练习，体会动作整齐划一。

(3)3 人板鞋配合练习，整齐向前走，体会步调一致。

(4)3 人板鞋竞走比快练习，体会不脱板的踏步向前走。

(5)3 人板鞋分组竞速比快练习，体会竞赛中提高竞速速度。

(6)结合板鞋进行弯道走、弯道跑、转弯跑的基本技术练习，提高全程竞速速度。

(7)根据练习的要求变化形式，手持器械(球或其他物品)进行趣味性的对抗练习，提高动作的灵敏性，培养良好的心理素质。

四、竞赛规则

经民族传统体育协会组织专家和学者对这一项目进行挖掘和整理，第 8 届全国少数民族运动会上，3 人板鞋竞速被列为正式比赛项目。板鞋竞速是由多名运动员一起将足套在同一双板鞋上，在田径场上进行的比赛，以在同等的距离内所用的时间多少决定名次。按照板鞋竞速竞赛规程，竞赛项目包括男子 60 米、100 米，女子 60 米、100 米，以及 2×100 米混合接力等。

板鞋竞速场地及器材：是在标准的田径场地上进行，场地线宽均为 5 厘米，跑道分道宽 2.44～2.50 米。比赛器材，板鞋以长度为 100 厘米、宽度为 9 厘米、厚度为 3 厘米的木料制成。(以 3 人板鞋为例)每只板鞋配有 3 块宽度为 5 厘米护足面皮，分别固定在板鞋规定的距离上，护皮以套紧脚面为宜。第 1 块护皮前沿距板鞋前端 7 厘米，第 2 块护皮在第一块护皮与第 3 块护皮的中间，第 3 块护皮后沿距板鞋末端 15 厘米。

板鞋竞速竞赛办法：以第一名学生身体躯干任何部位抵达终点线后沿垂直面瞬间为止，学生的身体和板鞋须全部超过终点线后才能分离。学生在比赛过程中，如果出现某一学生脚脱离板鞋脚触地或摔倒，须在触地（落地）处重新套好板鞋继续比赛。

五、注意事项

（1）穿稳板鞋，先掌握原地踏步技术，再过渡到向前走、快速跑。

（2）如果有学生摔倒，要快速互相扶起后再向前走。

（3）教师抓好学生穿板鞋原地踏步和同伴步调一致的基本技术练习。

（4）板鞋竞速快速走。跑是高强度练习，尤其是对抗性练习，注意充分调动积极性，努力培养顽强的意志品质，提高全队的战斗力。

（5）注意易犯错误有穿板鞋不稳，左、右脚节奏性差，抬脚高度不够，步伐不整齐，转弯时重心不稳，起步不统一，造成队员脱板或摔倒。纠正方法为思想集中，1 人或 3 人一起喊"1—2—1"或"左—右—左"，全板队员动作协调、整齐划一。加速和转弯时队员之间要相互暗示。出现脱板时要互相鼓励，全队队员要充满信心，争取胜利。

第十章　西北地区高校民族传统体育项目练习

第一节　叼　羊

一、叼羊概述

叼羊运动是牧区游牧民族传统的体育游戏，是集勇猛、顽强和机智于一体的马背体育竞赛。我国的许多民族都非常喜爱这一运动项目，如蒙古、哈萨克、柯尔克孜、塔吉克、乌孜别克和维吾尔等兄弟民族。另外，每到节日或喜庆聚会时，都会进行叼羊比赛，如每年的内蒙古"那达慕"大会及新疆的古尔邦节日等。

关于叼羊的起源，有很多种说法，但大多数都认为是起源于新疆。但是，不同的民族对叼羊的起源问题也有不同的观点，有的认为叼羊起源于玛纳斯时代的战争，有的认为起源于新疆少数民族的婚礼，等等。最为客观的说法是：当时游牧部落十分痛恨在草原上逞凶的恶狼，一旦捕获了狼，牧民们便将狼驮于马上奔跑，争相抢夺，以示庆贺。后来逐渐发展成了一项专门的娱乐活动，并由叼狼改为叼羊，多在喜庆的日子举行。有分队和不分队两种形式，大家骑马争夺一只割去头的小羊，有时为了方便也用一张羊皮代替，以最后夺到羊并放到指定地点者为胜。这项运动争夺激烈，对抗性强，体现了草原牧民勇猛豪放的性格。叼羊比赛一般按两组进行。每组先出一人，在角力过程中出场人数逐渐增多，最后谁把羊抢到手谁获胜。叼到羊的人把羊扔到哪家，就表示给这家带来幸福吉祥，这家人当晚便宴请所有参加叼羊的骑手，祝愿吃到羊肉的人能除病消痛，交上好运。如果在叼羊比赛中获得胜利，就会被誉为"草原上的雄鹰"，并且受到族人的尊敬和爱戴。

1986 年 8 月在新疆举行的第 3 届全国民族运动会上，新增了叼羊比赛项目，成为民族体育项目中充满竞技意义的项目。

经常参加叼羊运动，不仅有利于人的顽强意志的培养，提高与困难作斗争的勇气，而且还能够使身体的协调性与灵活性得到有效的加强，进一步促进集体主义精神等的培养。

二、叼羊的基本技术

叼羊是对抗性很强的激烈运动，既是气力与抑制的较量，也是机敏与智能的竞争，而且勇敢和骑术也是重要的较量内容。叼羊的基本技术主要包括速度技术、抓羊技术、持羊技术、抢夺技术、队友配合。

（一）速度技术

在冲刺抓羊、持羊返回以及追赶对手时都需要骑马快跑，因此速度是对叼羊选手的基本要求。快跑时要求骑乘者身体前倾，坐时臀部要略微离开马鞍，以减轻马背的负重，这可以让马跑得更快。注意骑马者必须使自己的身体随着马匹的前进节奏而移动。速度技术是叼羊运动中最基本的技术，因此，要想取得较好的叼羊比赛成绩，一定要首先掌握速度这一技术。

（二）抓羊技术

要采取镫里藏身的技术方法，注意抓羊时要抓准。由于速度很快，往往稍有差错就会失手，最好抓羊的腿，并要注意下手的时机，避免抓其他异物划破手。

（三）持羊技术

抢到羊后要把羊搭在马鞍前放稳，用身体半压住并保护好羊。避免用手提羊，若露出羊腿、羊头等，就很容易被对手抢走。持羊后还要通过各种变向、假传、虚晃来诱骗对方，以便更好地保护自己，使对手无法抢夺。

但是，在持羊时，为了防止对方将羊抢走，要注意以下几方面的事项：第一，面对堵截时，摆脱对手的动作要快、要突然，假动作要逼真；第二，向目的地冲刺时要发挥控制骑乘速度和自由变换方向的能力，尤其不要减慢速度。除此之外，还要求视野要开阔，眼睛不要只盯着羊，要看到整个比赛场地（尤其是远端）的情况以及同伴的位置等，否则就会对持羊这一技术的发挥产生一定的影响作用，避过对方阻截的难度也会加大。持羊技术主要适用于技术基础较好的选手。

（四）抢夺技术

抢夺技术就是要把对方手中的羊抢下来，需要在瞬间判断出持羊者及同伴的意图，大胆抢羊。由于持羊者要躲避对手的抢夺，在持羊飞奔的过程中常会利用身体掩护羊或变换骑行方向，所以追赶时要不断调整位置，以寻找合适的抢羊时机。在运用抢夺技术时，要想取得更加理想的技术运用效果，就要更加重视这几个方面的事项：第一，要观察持羊者的运动方向，积极抢占有利位置，掌握好出手时机，看准目标，果断、准确地出手，切忌盲目出手；第二，最好抢夺羊的腿、头或脖子等部位；第三，保持好自身平衡，抢夺成功后要立即调整骑乘步伐，迅速离开。只有这样才能够取得较为理想的抢夺效果。

（五）队友配合

在集体叼羊比赛中，取得比赛胜利的条件主要有两个，一个是队员对各项技术的熟练掌握，另一个则是队员之间的配合要非常默契。否则，往往就不会取得理想的集体叼羊比赛成绩。冲夺羊时同伴之间要互相掩护，通过阻挡等方法为夺羊者创造出一条安全道路，以便最先接近目标。另外，集体比赛时为躲避对方抢夺，经常会在同伴之间传接羊。这项技术要求找准时机和位置，利用胳膊力量将羊送到同伴手中。传接配合要选好时机再进行，判断要及时，动作要果断，扔羊的线路要短，方向要准，避免对手趁机抢夺。接羊者要对准同伴抛出的方向，及时伸手接住羊。

三、叼羊的练习方法

良好比赛成绩的取得，与积极的练习是分不开的。叼羊技术的好坏主要取决于人与马的配合程度，因此，可以将叼羊的练习方法大致分为两个方面，一个是针对马匹的练习方法，另一个则是针对骑手的练习。具体的练习方法如下。

（一）针对马匹的练习方法

草原上的人们常说马的良好配合是骑手辛勤训练的结果，骑手要下好几年的苦功夫才成。比如哈萨克族人就特别重视驯养赛马，在他们看来，不仅要选好马种，还要重视驯马的技巧，只有这样才能够有可能取得较为理想的比赛成绩，取得比赛的胜利。对马匹主要是训练马的体力、持久力、速度等基本技能，能够配合人参加叼羊比赛的马必定是训练有素的良马，该马能奋力急驰并按照骑手的指向追赶目标或躲避堵截。这些默契的配合必须是人马之间长期训练的结果。

（二）针对骑手的练习方法

人与马要配合默契，最主要的是要有一个技术全面，经验丰富的骑手。不仅要在身体重心上保持人马合一，更要在心理意念上保持人马合一。由于马在运动中，身体重心处于不断移动变化状态，骑手要想保持自己在马上的驾驭地位，就必须不断调整自身的重心，使之与马体重心的变化节奏合拍。要做一名叼羊高手，骑乘时还要做到人马心理合一，马在感知骑手的身体重心和心理意念变化后，会做出主动配合，只有双方都有共同的心理愿望，才能更默契的配合。当人马骑乘配合达到一定程度时，就有可能产生互动关系。

要想从整体上提高叼羊的技术水平，从而取得比赛的胜利，必须达到这两方面的练习效果都非常好，并且能够达到相互配合的程度。除此之外，叼羊参赛各队内部要有明确的分工，有负责叼抢的，有负责掩护的，有负责围堵的，全队的密切配合也是取得比赛胜利不可缺少的重要因素。

四、竞赛规则

（一）叼羊比赛通则

1. 比赛的准备工作

叼羊比赛开始时，先由长者祈祷，参加叼羊的人则在马上向长者祝福。然后选两岁左右的山羊一只，宰杀后把血放尽，把羊的头、蹄割去，用细绳结扎食道与血管。有的放在水中浸泡，有的还往羊肚里灌水。然后用青布包好羊的颈部刀口，以防血污染衣服。最后由长者将其放在预先指定的位置（高岗处或开阔平坦的草原上）。

2. 比赛过程以及计胜方法

参加比赛的选手们整装待发，在起跑线上乘马一字排开。号角一鸣，骑手们便策马加鞭，争先抢羊。先抢到羊者，把羊提起夹在镫带下或驮着羊飞马疾速向终点冲击。此时，其他骑手齐追持羊者，追之夺之，互夺互抢，场面激烈。小羊在技艺娴熟的骑手们手上来回抛传，得羊者忽而镫里藏身，忽而侧身伏鞍，阻截者则快马加鞭，或如鲤鱼打挺，或如鹞子翻身，各施绝技，奋力争夺。以夺得羊者冲过重重阻截，最后到达终点为胜利。这时，草原上一片呐喊，人声沸腾，歌手们为优胜者唱起赞歌，姑娘们为"草原上的雄鹰"起舞祝贺。

3. 比赛场地、器材和人数的规则

叼羊比赛场地没有严格的限制，每队参加人数也不固定，5～8 人不等。

叼羊比赛中往往伴有节奏强烈的音乐，一般是以手鼓和笛子吹奏不同的曲调，用以烘托场上气氛，激励骑手，使争夺更加激励。

不同民族的叼羊活动略有区别。哈萨克族的叼羊比赛一般分两队进行；塔吉克族的叼羊比赛多在节日或婚礼上举行，也是分两队，而且要奏乐；维吾尔族、乌孜别克族的叼羊比赛也是大致相同的。

(二)原地叼羊的比赛规则

就是把羊放在地上，两人等距离奔跑争夺羊只；或者是一人持羊，二人抓住羊，裁判令下后，三人互相争夺拼抢，谁能叼到羊为胜。可见，叼羊比赛形式多样。

(三)单骑式叼羊的比赛规则

比赛在平坦的草原上举行，参加叼羊的人分成两组，每组各出一人一起对叼，由代表本单位的两个单骑从马背上开始叼夺。先出场者两手抓住羊的后腿压在马鞍上，对方抓住羊的两个前肢用力拽拉。这就要求人力和马力的有机配合，谁的力量强，叼夺得法，就会将羊抢走而获胜。也可以由一人把羊拿起，让两个单骑者抓好。发出开始的口令，谁的力气大，加之马好，谁就能夺得。叼夺者不得奔跑，比赛在两三个篮球场大小的范围内进行。这种方法可视参加人数的多少，确定采用淘汰制或循环制。

(四)追击叼羊的比赛规则

追击叼羊主要见于哈萨克族。哈萨克族有个风俗，胜利者把叼来的羊扔到谁家，就是向谁家祝福，这家主人就要欢欢喜喜设酒宴款待。按照当地的习俗，当天晚上，获胜者及毡房的主人会高兴地宴请大家。将羊当场烤熟，请众骑手共享，称为"幸福肉"，吃了这只羊的肉，能祛病，而且会交好运。

(五)牦牛叼羊的比赛规则

牦牛叼羊主要见于新疆，是塔吉克族同胞常做的游戏，规则与骑马叼羊差不多，就是骑上圆鼓鼓的牦牛相互争抢叼羊，别有一番风趣。

(六)集体叼羊的比赛规则

难解难分时，会有数百骑手围成一团，左拥右挤。一旦本组人夺得羊，同组人便为其打掩护。当叼羊者在掩护者的配合下把羊叼出人群时，同组的骑手就把羊接过来策马飞奔。另一组人立即从后方追上阻挡，于是又一场争夺开始了。这样几经反复后，当力战群雄的骑手持羊跑远，另一组人赶不上时，比赛就算结束，持羊一方获胜。为赢得比赛，事先要结成十数人一伙，商定去向，分头进行冲群叼夺、掩护、驮遁和追赶阻挡等。负责叼夺的人马一般都是力量大的，一旦叼夺者在掩护下把羊叼出人群，驮遁者立即接应上去，接过羊继续执行任务。这样反复叼夺，最后谁把羊叼到手，不被别人追上，也不被别人发现，把羊带给哪个毡房，则哪一方就是最后的胜利者，这只羊当然也是属于他们的。有的地方规定把羊扔到指定的毡房后，叼羊比赛才算结束。

五、注意事项

通过不断的科学的练习，往往能够取得较为理想的叼羊比赛成绩。但是，叼羊成绩的好坏，在很大程度上取决于以下几方面内容。具体的注意事项如下。

（一）比赛环境和场地要适宜，以避免人和马出现损伤

要选择空气新鲜、风景宜人、安全人少的比赛环境。比赛前一定要观察好路况和周围的环境，场地太滑或地上有坑、洞、凹陷处、石头、杂物等都可能会造成马失蹄而落马，或者马急停而落马，所以不熟悉的要先将比赛的场地走一遍。

（二）比赛前对相关设备进行检查，确保没有损伤

叼羊前要检查马匹器材是否有损坏，避免造成不必要的伤害。事先检查马具，带好嚼子和缰绳，检查是否松弛、是否有断开的地方。

（三）比赛前要对马进行必要的整理，避免影响马的发挥

马的鬃毛和尾巴必须用各种颜色的布条编起来或绑扎在一起。这样做，既可使马鬃和马尾巴不会影响马在奔跑中的视线和速度，还可以作为识别标记。

（四）要尽量的“轻装上阵”，减轻马的负担

叼羊比的是速度，比赛时为减轻马的负荷量，大都不备马鞍，参赛者不穿靴、不穿长衣，人马披彩挂红，在起点处集合，听令声或看令旗开始比赛。

第二节　走　　马

一、走马概述

“走马”是中国传统体育跑马活动中的一个项目，由于地域和民族习惯的差异，走马在民族间的形式也不尽相同，如柯尔克孜族的走马有羊式走马、驼式走马、碎步走马和跑式走马等。

但是，总的来说，走马总有一定的相通之处。通过文献检索和实践观察，我们认为，所谓走马，指马匹经过训练之后的一种独特的步法，让马走对侧步（即前后蹄一顺交错前进），也就是马的交叉肢，如左前肢和右后肢同时落地、同时腾空。

走马是一项集竞技性、趣味性、娱乐性为一体的民族传统体育项目，深受各民族群众的喜爱，具有广泛的群众基础，各个民族每逢喜庆节日或重大活动，如婚嫁、喜庆、祈祷、圣祭之时，大都要举行有骑马的比赛。

如今的赛走马则是比马的速度、耐力、稳健和美观。参赛的马多用 5 岁以上的成年马，骑手也以成年人为主。比赛时，要求骑手有高超的骑术，能够驾驭好马，使其既走得快、稳、美，又不能跑起来。

走马在哈萨克族中开展也相当普遍，哈萨克族人民长期从事放牧，擅长骑术。旧时，哈萨克族各部落经常在“古尔邦”节和“肉孜节”集中在一起举行赛马。在这些活动中，赛走马，是很重要的一项赛事，骑手为成年人，比赛时骑士扬鞭策马，群马疾走，奋力争先，要求有极高的骑术操控掌握马匹。

二、走马的基本技术

走马的基本技术主要是指骑手对马的驾驭能力。通过长期对马匹的技术能力以及与人的配合能力进行训练，达到让马奔跑时对侧步（即前后蹄一顺交错前进），也就是马的交叉肢，如左前肢和右后肢同时落地、同时腾空。有秉赋，又要经过训练，懂得用这种步伐行走的马匹，在崎岖道路可以如履平地，经得起长途跋涉，即使长期日夜兼程，也能保持一定的速度。现在，走马比赛中，决定比赛成绩的因素有很多，主要包括马的速度、耐力、稳健和美观。

三、走马的练习方法

比赛之前，有经验的骑手都要调教参加比赛的马匹，一般要进行数月的“吊马”（即把马拴在木桩上）。从清晨吊到下午，然后骑马练跑，使其大量排汗，牵回刷洗干净之后，夜间喂以青草精料。吊马主要是驯服马的野性，使其失去桀骜不驯的狂躁，同时锻炼马匹忍饥挨饿的能力和储蓄精力，使马匹对于长时间的奔跑做好充分的准备。对于走马的练习方法可以根据目的的不同大致分为两个方面。

（一）提高走马专业技术水平的练习方法

走马的训练，训练量大，功力深，骑练久，必须聘著名骑手作为驯马师，至少每隔 3 天训练一次，主要训练奔跑技艺。具体来说，马的奔跑技艺主要通过步伐、跑技、骑术以及马上设备的选择等因素综合体现出来。首先，主要对走马的步伐进行练习，要求不疾不徐，有固定的节奏，每天上下午，责成专人牵马穿行梯架，使马的前蹄拔高，近于胸腹部。待步子功力足、突然起跑稳、跑技熟。其次，要对跑技与快速并重的骑术进行有针对性的练习，对马在竞走中如何加鞭超速以战胜对方的灵性进行重点培养，训练时，一般采取直线奔袭目标的方法，骑手操纵缰绳，控制马匹奔走的节奏和步幅大小，双脚要随着马匹步伐的行走而稳定，不能夹紧马匹，也不能松垮，只要保持马匹的步伐平稳，步伐交叉有序，而不是跃跳即可。再次，马的鞍鞯的配备要非常的讲究，如美观华丽的鞍子，所谓“人要打扮，马要鞍装”。总之，走马的训练，是一个长期进行的过程，往往需要花费一年以上的时间才能够训练好参赛。

(二)增强人与马配合默契度的练习方法

要在了解坐骑习性的基础上达到人马合一，这绝对不是一件简单易行的事。数百匹马中，好走马不过一两匹，而且还得由经验丰富的骑手来训练，这要求人与马要有相当的默契，学会走马的技术，一匹马得经过数年的磨炼。比赛时，选手装束精干，马尾巴绾起绣球，马头挂着彩带，显得威武矫健，比赛过程中群马奔驰，蹄声隆隆，甚是壮观。比赛优胜者到达终点时，观众鼓掌祝贺，并由裁判授以哈达等奖品。

四、竞赛规则

(一)竞赛项目

依据中国马术运动史记载，目前我国已经基本形成了包含速度赛马、走马、跑马射击、跑马射箭、跑马拾哈达等五个单项竞赛项目。

(二)关于马的规则与要求

比赛的马匹不分品种，分组抽签，分道按时间录取，骑手只准一人一马，没有特殊情况不准换马。参赛马必须是国产，赛前要经过调教等制度。

(三)关于马步的规则与要求

在走马比赛中，经过特殊训练之后的参赛马匹，在比赛奔跑时必须一直维持一种独特的步法，最先圆满地到达终点的才可以算胜利。现代走马主要有两种类型：(1)马匹在行进过程中以一侧的前后肢同另一侧的前后肢交替迈步。(2)处在交叉位置上的前后肢同时起地，而后又同时着地交替迈进。两种类型蹄音皆为两声两节奏，在此规则之下力求快速而争得优胜。

(四)关于走马距离与跑道的规则

1. 走马距离

走马距离为：900 米、2 000 米、5 000 米。

2. 走马跑道

比赛分为直线跑道和圆场跑道，比赛时不准用马鞭抽打别人的马匹，骑手落马允许再上马继续比赛。跑对侧步的马匹比赛，主要比马匹在骑手的驾驭下所走出步伐的稳健、快速、美观，走马运动不仅要求马匹要具备优良的速度和耐力，骑手的驾驭能力也是取胜的关键。

五、注意事项

(1)要充分做好赛前的准备工作。注意充分做好准备活动,使身体各关节、韧带得到充分活动,特别是腰、髋、腿、肩等关节、韧带。防止运动损伤的发生。另外,准备活动的强度要适当大一些,这样才能保证在比赛开始后,能充分发挥水平。

(2)要以自身情况为主要依据,来将训练的时间和练习强度科学、合理地确定下来。只有适宜的运动时间和运动强度,练习起来才能够取得事半功倍的效果。

第三节　木　球

一、木球概述

木球运动是宁夏、湖南、北京等地一项具有民族特色和别具风格的民族传统体育项目,是我国少数民族传统体育运动会的竞赛项目之一。在宁夏回族中称大吉子、打毛球;湖南称木球、木棒球;北京称木球。

木球运动的特点主要表现在以下几个方面,一是身体接触多、对抗性强、激烈程度高;二是比赛形式变化多端、胜负难测,场面极具戏剧性;三是基本技术动作较难掌握,战术运用的成功率忽高忽低,戏剧性和趣味性较强;四是观赏性较强。

据传在清初流行于民间,至今已有三四百年的历史。由于各地区地理环境、风俗习惯和风土人情的差异,这种民间游戏形成了诸多传统打法和地方特色,例如打铆球、赶木球、抢夯、打圈杠等,其中赶木球是宁夏地区流行较广的一种游戏。

关于木球起源的说法有很多种,其中,比较认可的说法主要有以下几种。首先,是在湖南的一种说法,这种活动起源于清代顺治年间,传说在一次瑶族欢度传统节日时,有几个坏蛋向聚会庙堂里乱扔石头,有位老者忍无可忍,举杖还击,将石头一一击了回去,打得坏蛋抱头鼠窜而去。从此瑶族人认为杖击石头很有用,于是便纷纷练习,后来演变成为有攻有守的游戏,石头也演变为用茶树削制而成的圆木,并正式取名为木球。其次,是关于宁夏回族的一种说法,认为这项运动在宁夏有100多年的历史,是回族青少年喜爱的一项运动。在回族的主要聚居地宁夏回族自治区,人们的主要生产方式是放牧牛羊,放羊的孩童为了节省体力,经常用小石头砸头羊和离群的羊,行进的时候,就用手中的木棍打起地上的石头来管理羊群。大家在一起休息的时候,就互相打,看谁打得又远又准,进而衍生出了木球运动的雏形游戏。另外,还有一种较为普遍的说法,认为木球运动起源于北京,是由清朝民间盛行的“打卯球”发展而来。相传是在清朝乾隆年间传入承德地区回民居住的地方,后来为各族人民喜爱,得到了广泛开展。20世纪30年代至40年代,隆化县卜克川和围场县的孟奎川还有“打毛球”的习俗。在春季牛脱毛之际,少年儿童用小石块沾水在牛身上滚动,边滚边沾水,待滚成拳头大小,既成为一个圆形牛毛球,用来做游戏。

木球运动具有复杂多变的特点,因此,对木球队员提出了思想高度集中,需要具有快速反应、准确判断和协调配合的能力的要求。木球运动的技术动作比较复杂、全面,主要由跑、蹲起、击打、闪躲等基本技能组成,因而长期进行木球运动,能对耐力、速度、力量、灵敏等身体素质的全面发展起到积极的促进作用。

二、木球的基本技术

(一)传球技术

传球是利用手臂和腰部力量,由向后预摆开始,转腰发力,继而挥臂使击球板向前将球击送出去,是组织进攻、变换战术和创造射门机会的有效手段。木球的传球技术主要包括正手传球、反手传球、传腾空球等。

1. 正手传球

传球时,两脚前后站立或平行站立,膝关节微屈,双手或单手持握击球板,上端对准球或来球方向,以肩为轴,由下往后上方向前下方挥摆击球板将球传击出去。击球时,用击球板弯头处击球的后中部。击球后,手持握板要有忽停动作。还需要注意的是,由后上方往前下方挥摆击球板时,肩关节要放松,对准球的后中部。另外,为了取得较为理想的传球效果,有忽停动作是关键性的因素。

2. 反手传球

反手传球的动作方法与正手传球基本相同,不同之处在于对运动中来球判断迟缓,易造成使用反手传球动作较慢,从而在一定程度上影响击球的准确性。

3. 传腾空球

根据来球的运行路线准确确定击球点,身体面对击球方向,支撑脚上一步,脚尖朝向出球方向,然后以肩为轴双手或单手持握击球板向着来球方向由前往前上方摆动击球的中部。在击球时,眼睛始终注视球。运用这一技术时,为了避免造成击球失误,一定要注意放松肩部,以使挥摆板的速度不会太慢。除此之外,对球的运行路线及击球点的准确判断也是非常重要的,一定要注意。

(二)接球技术

接球是指运动员有目的地用击球板的合理部位,将运行中的球停挡在自己的控制范围内。接球是为传球、运球、过人和射门服务的。木球的接球技术主要有正板接球、反板接球两种。

1. 正板接球

接球前,两脚前后站立,支撑脚正对来球方向,膝关节微屈,身体重心放在支撑脚上,上体稍前俯;双手或单手持握击球板,使击球板弯头处与地面成一定角度,当球滚到支撑脚前内侧踝骨附近时,用击球板的弯头处挡压球的中上部,将球停在自己的身体前面。需要注意的是击球板触球一瞬间的停球动作一定要标准,否则就会对接球的效果产生一定的影响,严重的话,还有可能导致接球失败。

2. 反板接球

反板接球的动作方法与正板接球基本相同,不同之处在于持板压球时击球板的方向。

(三)运球技术

运球技术的主要目的也是为射门创造有利机会。但是,由于运球在木球竞赛中的控制难度较大,因此运用得很少,所以,只有掌握好运球技术,才能够达到改变进攻速度,调节比赛节奏,积极摆脱和突破对方的密集防守,创造传球和射门的时机的重要目的。运球技术主要包括两种,即推球运球和拨球运球。

1. 推球运球

准备推球运球时,跑动时身体自然放松,上体稍前倾,双手或单手持握击球板,膝关节弯曲,向前跑进,运球时用击球板弯头处正面底部向前推球。运用推球运球时,为了取得较为理想的运球效果,不仅要注意击球板弯头处底部应始终触球,而且还要注意身体重心随球前移,否则就会对运球效果产生一定的影响。

2. 拨球运球

运球时,支撑脚稍向前跨,落在球的侧前方,膝关节稍弯曲,上体前倾向里转,随着身体的向前移动,单手或双手持握击球板稍提起,用弯头处内侧拨球的中后部。击球板始终触及球,眼睛看前方,用余光看球,是这一运球技术取得理想技术运用效果的关键。因此,不仅要正确运用拨球运球技术,而且还要随时观察场上情况,寻找适合射门的机会或将球传给位置有利的队友。

(四)抢截球技术

抢截球是转守为攻的重要手段,是防守技术中的主要技术动作,在木球运动中占有重要地位。用击球板抢截球是抢截的有效方法,所有队员(包括守门员)均可使用。通常情况下,抢截球技术主要包括勾球抢截、戳球抢截两种形式。

1. 勾球抢截

两脚前后开立,两膝微屈,重心落在两脚之间,面对对手。当对手运球靠近自己时,支撑脚立即用力蹬地,同时迅速伸出击球板,准确用击球板弯头处迅速有力地将球勾抢过来,并把球控制好。运用这一技术时,如果掌握不好抢球时机,就勾不到球;勾球动作不迅速就会造成让对手突破的失误。因此,勾球动作要突然、有力,判断要准确。

2. 戳球抢截

在与对手并肩跑动中或是在对手附近时,当对手向同伴传球时,降低重心,同时迅速跟上,用击球板将球戳住并把球控制好。运用戳球抢截技术时,一定注意上前或移动动作迅速,抢截的时机要准确,否则就会抢不到球。另外,为了能够更好地控制球,在抢截球时还要特别注意身体重心要跟上。

(五)射门技术

射门是一切技战术配合的目的。掌握快速准确的射门技术,养成良好的射门意识,是木球比赛取胜的基础。要想取得较为理想的射门效果,取得比较理想的比赛成绩,射门的突然性、准确性是得分的关键。通常情况下,木球比赛中远距离射门较难得分。射门技术主要包括两种形式,即击射和扫射。

1. 击射

保持运球的正确动作,当出现射门空当时,持握击球板的手腕向后上方用力翻起,使击球板离开运行中的球,突然向前下方用力敲击运行中球的中下部位,使球射向球门。在运用击射技术时,一定要注意手腕发力的突然性,这是取得理想的击射技术的关键。

2. 扫射

两脚前后开立,膝关节微屈,上体稍前倾,重心在两脚之间,面对来球的方向,当球到射门一侧支撑脚的附近时,单手或双手持握击球板,用弯头处将球向球门扫射。运用扫射时,一定要注意判断准确,挥摆击球板及时,动作果断有力。否则,就会造成击球失误,从而最终导致射门失败,造成比赛失败。

(六)守门员技术

守门员是全队的最后一道防线,他的任务主要包括两个方面,一个是不让球射入本方球门,另一个则是要善于观察全局,指挥本队的进攻和防守。因此,一定要掌握好守门员技术,否则,也会在很大程度上影响比赛的成绩。一般来说,守门员技术包括选位、准备姿势、移动、半分腿挡球、双腿侧躺挡球、用板挡球等。

1. 选位

选位是指守门员首先要选择正确合理的位置。位于射门点与两球门柱连线形成的角的分角线是比较合适的选位,具体可以根据场上的实际情况,随时对位置进行适当的调整。

2. 准备姿势

两脚左右开立,约与肩宽,两膝自然弯曲稍向内扣,脚跟稍提起,重心落在前脚掌上,上体稍向前倾,两臂自然垂于体前侧,持握击球板,两眼注视来球。守门员左右调整位置的移动,一般采用侧滑步、交叉步、并步和滑步等。

3. 半分腿挡球

当球射来的瞬间,一侧腿向来球方向用腿外侧沿地面侧向滑出,接着小腿外侧、大腿外侧和臀部依次着地,用侧伸的腿挡住对方射门的球。

4. 双腿侧躺挡球

身体重心先移向来球的异侧,同时双脚用力蹬地向来球一侧滑出,身体展开,随着大腿、臀部、手臂和上体外侧依次着地,手掌撑地,接着用双腿侧躺挡住射来的球。

5. 用板挡球

两脚自然开立,两膝稍弯,重心在两脚间,两眼注视球的运动方向。当球射向球门时,双手或单手持握击球板用正手或反手将球挡住,击球板触球后主动后撤,将球控制在体前侧。

三、木球的练习方法

(一)传球技术的练习方法

传球技术是木球中非常重要的技术之一，具体可以根据以下几种练习方法，来提高传球技术水平。

1. 模仿练习

3 人一组，1 人脚踩球，1 人模仿传球动作，另 1 人在侧面观察击球板挥摆击球的动作和击球部位是否正确。

2. 两人对传球

2 人一组，轻轻对传空中球。先将球向空中垂直抛起，当球下落到一定高度时挥举击球拍将球击出，双方对传。

3. 两人连续对传

由相距 30 厘米距离开始，边传边后退加长传距，退到适当位置后再边传边向前缩短传距。

4. 连续传球

一人在圆圈中间向站在圆周的人做连续改变方向的传球(圆圈的半径可定为 2.5 米)。

5. 定时传球

分成 3 人或 4 人一组，定时按顺序传球，看哪一组传球次数多。

6. 移动对传

2 人一组，轻轻对传定位球或对墙练习。掌握动作后，可在移动中传各种不同方向、不同性质的球。

7. 传球射门

练习者将球传给站在罚球弧附近的同伴，然后立即插上射同伴传来的球。

8. 运球射门

运球至罚球弧内射门。

9. 点球射门

在球门柱中点处竖一标志绳或杆，分组(也可不分组)进行每人罚 10 次点球的射门比赛，射进两侧有标志的小门内得 1 分。

(二)接球技术的练习方法

接球技术的练习方法主要有两种，具体如下。

(1)持握击球板进行正、反手接球的模仿动作练习。主要体会接球的动作方法和部位。

(2)2 人面对站立。1 人传滚地球，另 1 人迎上接球。要求掌握接球时击球板触球后控制球的动作。

(三)运球技术的练习方法

运球技术的练习方法主要有以下几种，通过科学的练习，能够大大提高运球的技术水平。

1. 运球躲人

把全班学生分成若干组，两人一组，无球人在设定的圆圈内自由移动，持板人在圈内运球时躲过无球人的干扰。做1～2分钟练习后交换。持板人遇到无球人时注意躲闪，有意识控制直线球或曲线球，控制好运球的速速和方向。

2. 拨球练习

拨球练习时，用击球板弯头处内侧连续向里侧转圈拨球，也可用击球板弯头处外侧（反手持握）连续向外侧转圈拨球。身体重心随球转动，一步一拨球，球沿小圆圈行进。

3. 综合技术练习

反复练拨球运球过人、推球运球过人等练习，逐渐加快运球速度。

4. 拨球与推球交替

排成两列横队，两臂间隔散开。练习时，第一排直线拨球运球15米，返回时改用推球运球，到达起始线后换第二排运球。在慢跑中控制好球，逐渐加快运球速度。

5. 运球绕杆射门

在中圈附近，沿球门方向竖起3～5根竹竿。球员从中圈开始依次运球过竿。过完最后一竿后射门。不能漏竿，如果漏竿应返回漏竿处重做。

(四)抢截球技术的练习方法

提高抢截球技术的练习方法主要有以下几种。

(1)2人一组，1人控球，1人勾球，交替进行练习。

(2)2人一组，1人运球，1人防守，在攻防中防守者练习勾抢球。

(3)3人一球，2人相距6～8米传球，1人在接球者附近或身侧，上前做跨步接球抢截练习。

(五)射门技术的练习方法

通常情况下，按照以下几种练习方法进行练习，往往能够有效提高射门的成功率，取得较好的射门效果。

1. 两人对击

2人相对站立，相距5～6米，用击球板对击球。

2. 直线运球击射

2人一组，相距5～6米，平行向前运球，做击射球练习。

3. 扫射

2人一组，1人在球门前8米处站立，扫射不同方向传来的球。

4. 绕杆运球击射

从中线向球门中点线方向设置木杆，间隔 1.5～2 米，练习者从中线绕杆运球至最后一杆时向球门击射练习。

（六）守门员技术的练习方法

提高守门员技术水平的练习方法主要有以下几种。

（1）在球门前移动进行各种挡球练习。

（2）2 人一组，间距 3～5 米，相互进行传、挡球。要求判断准确，挡球果断，控制好球。

（3）2 人一组，相距 3～5 米，1 人做手势，另 1 人按手势规定做挡球。半分腿挡球、双腿侧躺挡球等技术动作。

（4）集体做原地半分腿和双腿侧躺滑出动作。

四、竞赛规则

（一）比赛场地

比赛场地为平整、无障碍物的长方形场地，可以是人造草地，也可以是土场，长 40 米、宽 25 米，中间有一条中线，两边地线中间各有一个 1.2 米宽、0.8 米高的球门，门后有网。比赛场地有明显的界线，长边叫边线，短边叫端线，线宽均为 10 厘米，场地四周至少 3 米以内不得有任何障碍物。整个场地分为四区、四线、三点。四区为开球区、球门区、罚球区和角球区；四线为中线、球门区线、球门线（两个球门柱内沿之间的连线，内沿与端线内沿重叠）和罚球区线；三点为开球点、罚球点和发球点。参见木球比赛场地示意图（图 10-1）。

（二）运动器材与设备

1. 球

球体长 9 厘米，圆周长 18 厘米。球体两端呈半球形，中间为圆柱体，两端顶部距圆柱平面 2 厘米，球体内部为木质圆柱体，外部用软海绵和橡胶在外层做了双重防护，球体重 50～60 克。木球的颜色鲜明，与场地、器材有明显的区别。

2. 击球板

击球板用较硬并有一定韧性的木质或非金属合成材料制成，全长为 70 厘米，由板柄和板头两部分组成。上端手握部分叫板柄，下端击球部分叫板头，板头应缠裹胶带或其他非金属保护物品，以防击球板断裂。

3. 服装

比赛双方应穿着颜色有明显区别的服装，每队场上队员 5 名，服装统一，且上衣前后都有号码，颜色与衣服颜色有明显区别，其中前胸号码高不少于 10 厘米，背后号码高不低于 20 厘米。必须穿运动胶鞋，戴护膝、护袜、护腿板和手套，不得佩戴可能伤害其他队员的物品。

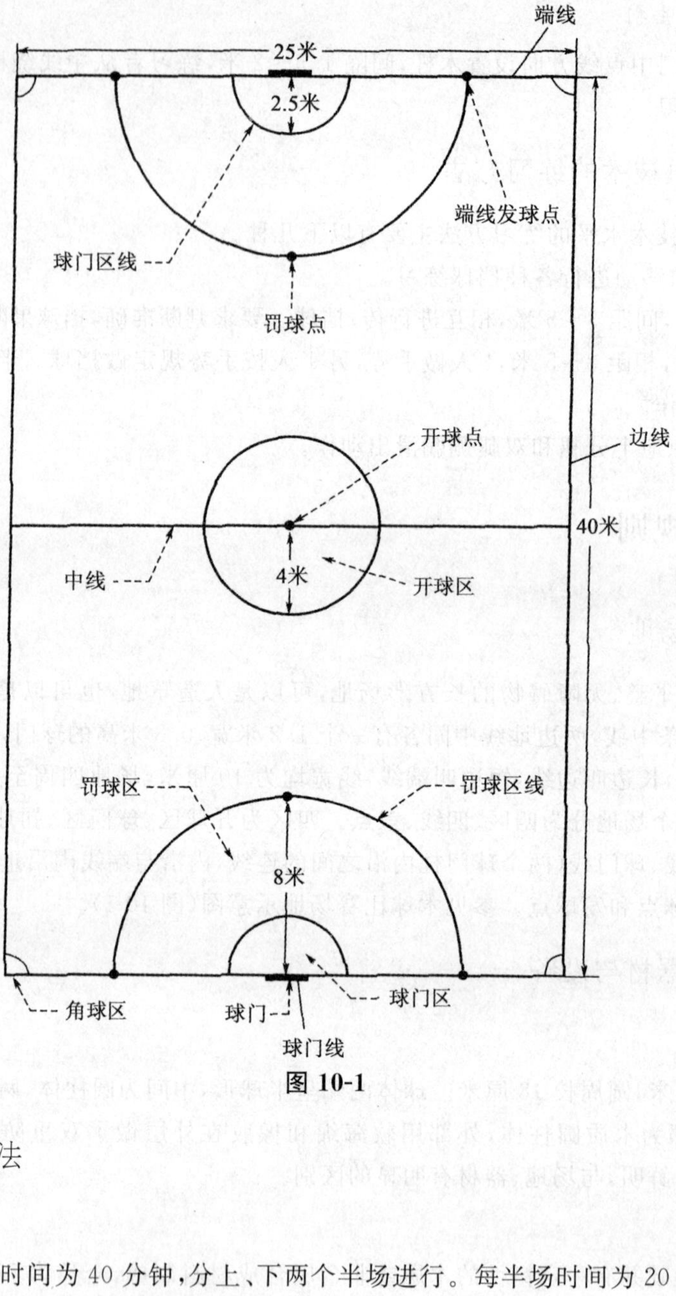

图 10-1

(三)竞赛方法

1. 比赛时间

木球全场比赛时间为 40 分钟,分上、下两个半场进行。每半场时间为 20 分钟,上、下半场中间休息 10 分钟。当下半场比赛结束,两队比分相等时,进行加时赛,时间为 10 分钟,分上、下两个半场。每半场 5 分钟,中间不休息。

2. 队员及计胜方法

每个队由不超过 10 名运动员组成。比赛时每射中一次球门得 1 分,最后以得分多者为胜。

五、注意事项

(一)比赛之前的准备活动一定要做充分

木球作为一种球类运动,其运动的强度是比较大的,为了避免运动损伤的发生,运动前的准备活动是非常有必要的。

(二)在进行练习时一定要遵循循序渐进的原则

在技术训练过程中,要注意运动负荷的选择,从小负荷练起,逐渐增大运动负荷,并且能够根据实际的训练水平进行适当的调整,从而达到最佳的训练效果。

(三)练习技术动作时要做到准确、到位

尤其是初学者,在进行木球的训练时,一定要保证动作的准确到位。

第四节　且里西

一、且里西概述

新疆维吾尔族的摔跤称为“且里西”,新疆摔跤的历史约从公元7世纪就已经普遍流行了。据1983年新疆考古工作者在喀什地区巴楚县乔提废墟中挖掘的史料证明:“在公元7到10世纪,且里西已相当普遍,其技术动作也达到了较高水平。”11世纪著名学者马赫穆德·喀什噶尔完成的古典巨著——《突厥语大词典》就收录了许多有关摔跤的专业用语。元代时,在西域曾设立“校署”,管理各民族部落的摔跤活动。《新疆图志》还记载:男孩四、五岁行割礼,诸亲友相率馈物致贺,为赛马斗跤之乐,于是摔跤逐渐发展成为喜庆节日的主要活动项目。清代维吾尔族的摔跤活动日渐经常,成为人们喜闻乐见的趣事活动。

且里西充满着浓郁的草原生活气息和民族风情。辽阔的草原、独特的民族风情,使新疆少数民族体育粗犷、豪放、热烈而富有激情。且里西就是一种民族色彩浓郁、个性鲜明、充满情趣的角力活动。且里西多在维吾尔族人民的传统节日古尔邦节、肉孜节时举行。婚礼、割礼、农闲和赶集时等,也常以摔跤助兴。摔跤一般在松软的土地上进行,不分体重级别,无统一服装要求,无时间限制,多推举德高望重的长者担任裁判。

且里西这一维吾尔族人们非常喜爱的民族传统体育项目,主要是从人们的生产劳动中发展而来的。维吾尔族人民生活在祖国的边疆山区、草原之中,以畜牧业为主,过着“逐草随畜,射猎为生”的游牧生活。所以,他们的生活方式都来源于自然生存环境。他们为了扩大居住的环境,改善生活质量,必须以坚韧不拔的毅力,非凡的智慧,不断地向大自然进军,在与大自然的长期较量中,维族人民面临着各种不同形式的自然难题需要克服,而克服自然难题的过程就是形成生产、生活内容和生活方式的过程。在同大自然的生死搏斗中也就自然产生了不同类

型的斗技和自卫术。摔跤就是在这种条件下逐渐孕育产生的，摔跤运动能充分体现出草原人民粗犷、豪放、热烈、好胜的性格，而广阔无垠的大草原又为他们提供了最好的摔跤场所。在这样得天独厚的优越条件下，且里西这一传统运动项目逐渐形成了，并且以其独特的魅力深深地吸引着维吾尔族人民，融入到维族人民的生活之中，成为他们不可或缺的体育娱乐活动。

但是，维吾尔族的这一摔跤形式的发展并不是一帆风顺的，与其他民族传统体育一样，都遭受了战争等社会因素的影响和制约。我国各少数民族无论人口逾百万还是人口数千的都走过一个从分散到独立，从战争到和平的历史发展过程。维族传统体育也深深印刻着这一历史痕迹。历史上，突厥语系的各民族游牧生活总是伴随着军事战争，为满足战争的需要，他们往往挑选善于格斗之人和善跑之马。摔跤、骑射等本领的高低甚至成为选拔部落首领的重要条件之一。这种历史背景使民族体育项目诸如摔跤、套马、赛马、马术、骑射等无不与战争有关。史籍记载，出身于沙陀部的后唐庄宗就很喜欢摔跤，并大力发展摔跤运动。

维吾尔族传统体育与祖国命运联系在一起，1840 年以后，中国社会沦为半殖民地半封建社会，在近代西方资本主义列强对新疆的侵略中，沙俄首当其冲迫使清政府签订了《伊犁塔尔巴哈台通商章程》，继而又迫使清政府签订了《勘分西北界约记》，割占中国西北边疆 44 万平方公里的领土，激起了各族人民的反抗。1855 年爆发了新疆各民族大起义，充分发挥了民间传统体育骑射、套马、摔跤、武术等技艺，抵御外强侵略，写下了可歌可泣的爱国主义篇章。

趣味横生、形式多样、刚中带柔是维族摔跤比赛的一个鲜明特征。在摔跤比赛场上，人们既可以看到众多人参与、场面壮观、竞争激烈的场面，也能欣赏到情意绵绵、浪漫诙谐的表演性娱乐场景。维族摔跤比赛规则简便，胜负判别分明，易于观赏和接受，把人摔倒在地便取胜。在摔跤比赛中，没有表演者和观众之分，没有专门的表演舞台，它不同于现代竞赛项目，只有少数人能够参加，而是每个成员只要愿意就都可以参与竞赛，人人都是演员又都是观众，既是向别人展露自已，自己又去欣赏别人。

新疆地域辽阔，维吾尔族由于所处地域的不同，摔跤方式也随地区而有别。具体来说，且里西的形式主要有两种，即分喀什噶尔式摔跤和吐鲁番式摔跤。下面就详细介绍这两种摔跤的主要方法和技术动作。

喀什噶尔式主要在南疆喀什噶尔、阿克苏、阿图什、和田、库尔勒等地区非常流行。属于站立式摔法。具体摔跤方法是：摔跤前，双方腰间各系一根长 2 米、宽 20～30 厘米的蓝色棉布腰带，供以抓握，双方运动员必须抓好对方腰带，裁判员发令后比赛即为开始，在比赛中，运动员双手均不得离开对方的腰带去抓握对方的其他部位，比赛中运动员单手离开腰带抓握其他部位应判为技术犯规。比赛以摔倒对方使之肩、背或体侧着地则为胜一跤，即一局胜利。进攻者头、肘、膝着地，进攻有效，反攻者亦同，比赛继续进行。如一方把对方摔至膝盖着地或用手支地为不得分比赛，则不予判分，比赛亦继续进行。如双方运动员同时倒地，分不出先后，则判无效，互不得分。一般为一跤定胜负，根据参加人数的多少而产生冠军数量，一般一人连续战胜 3 至 5 人即为冠军。

吐鲁番式摔跤主要在新疆吐鲁番、鄯善、托克逊和哈密一带比较流行。具体的摔跤方法是：比赛前双方右大腿根各系一条毛巾供对方抓握。比赛中若毛巾松弛下滑，则立即停止比赛，待系紧后再继续比赛。评定胜负仍以肩背着地为准，如果对方倒地后肩背未着地，双方还可以在地上翻滚角力，直到使一方呈肩背着地为止。比赛一般采用团体三人擂台对抗赛。若其中一人首先接连战胜对方三名选手，则为获胜。一场比赛中，负者输一跤即被淘汰，胜者继续比赛，比赛直到一方将对方最后一人战胜为止。比赛获胜者，常奖给牛角上挂着红绸子的一个大牛头，获牛头者高举牛头向众人示意致谢。牛头由获胜一方的三名选手共同享受，红绸子则由战胜对方最后一名选手的队员获得。

除了以上两种比较流行的摔跤形式之外，抱腰、抱腿、缠腿等摔跤方式在南疆喀什巴楚、英吉沙等地也非常流行。不管是哪种摔跤形式，都充分展示了维吾尔族人们自由、奔放、不受约束的个性。

二、且里西的基本技术

且里西是一种强调技巧和灵活的对抗性运动，是力量与技艺完美结合的运动项目。因此，有时瘦小的小伙子也能摔倒力大如牛的壮汉子。由此可以看出，这也是这项运动项目的魅力所在。

由于在进行且里西比赛时，规则要求在比赛过程中双手不得离开对方的腰带部位，运动员相互抓着这条带子用力下压，脚下腾挪使绊，让对方上体先着地者（肩胛骨、侧身、臀部）获胜，不用再与对手进行跪撑或寝技。因此，手上动作较少，只要求紧紧抓住对方的腰带即可，而对脚上的技术动作要求则较高，不仅要求运动员较好地掌握内勾、外勾腿等基本技术，而且还要求通过训练不断地提高自身力量，提高把对手进行背、抱、扛、卷等的技术运用能力。这种技术动作与国际摔跤、柔道技术相比较很有相似之处。因此，维族人民为我国培养出为大批优秀的摔跤运动员、教练员，至今还能在国际赛场上看到他们活跃的身影。

三、且里西的练习方法

为了更好地提高运动员的摔跤技术水平和灵活运用能力，需要掌握以下几方面的基本技术，从而达到熟练掌握的水平。

（一）基本的倒地方法

由于且里西是两个人的身体接触对抗，目的是将对手摔倒，为了避免受伤情况的发生，就必须先练习倒地的各种方法。基本的倒地方法主要包括前倒、后倒、侧倒、各种滚翻。

（二）基本的站立姿势

运动员两脚左右开立，约与肩同宽，一脚前出约半脚远，两膝微屈，上体微向前倾，身体重心主要在后腿上。两肩微屈，前手抓握对手前腰带，后手抓握其后腰带；目视正前方；全身肌肉处于自然放松状态。跤架分为右架和左架。右脚、右手在前方为右架；左脚、左手在前为左架。跤架在摔跤中具有非常重要的作用，甚至还能够在一定程度上影响着比赛的胜负，因此，在练习摔跤时，一定要保证跤架的正确性。

(三)基本步法和身法

学习上步、背步、跟步、与对手接触时要求要与对方身体部位合严。

(四)主要攻守方法

在且里西中,不仅要熟练掌握积极的进攻技术,防守的技术也是非常重要的,具体的练习方法主要包括以下两种。

1. 抱腰折

两手抱住对方腰部,一腿上步于对方两腿之间,将脸部紧贴对方的胸腹部,两臂环抱其腰部并用力向前勒腰,头向前下方用力,迫使其向后倒地。需要注意的是,练习时一定要让头紧贴在对方的胸部,脚部要及时地跟上。

2. 抓带过腰摔

右(左)抓住对方后腰带,左(右)手抓住对方前腰带上提,然后用倒步或盖步、移腰屈膝进胯,以臀部抵住对方小腹、扎头、伸膝、提臀,将对方从腰上摔下。需要注意的是,在练习时要做到进胯、蹬腿、扎头、提、拉,另外还要注意身体重心的移动,转体也要准确到位。

四、竞赛规则

(一)且里西的比赛场地及设备

1. 比赛场地

正式比赛是在直径为 9 米的圆形场地上进行,分为比赛区和保护区两部分。

比赛场地由 72 块海绵(棕)垫子组成,垫子四周可用帆布包裹,用木框或绳子加以固定,垫子上铺一块 12 米见方的帆布盖单,盖单上画出直径为 7 米的圆,作为中心比赛区。在中心比赛区外有 1 米宽的红色消极区,在消极区外有 15 米的保护区。

2. 比赛设备

选手们必须身着维吾尔族跤衣,脚穿高靴,软底而且没有金属和后跟,摔跤腰带为红、蓝两色,用长 2 米、宽 0.7 米的棉布折叠而成,并且要随身携带一块小手帕。

(二)且里西的比赛办法

比赛不分年龄,以体重为主要依据,可以将且里西的等级分为 5 个级别,即 52 公斤级、62 公斤级、74 公斤级、90 公斤级和 90 公斤以上级。比赛采取三局两胜制。

双方运动员必须先抓好对方腰带,裁判员发令后,比赛即开始。在比赛中,运动员双手均不得离开对方的腰带去抓握对方的其他部位。运动员可用扛、勾、绊脚等动作将对方摔倒(肩胛骨着地,侧身着地或臀着地)为胜。

五、注意事项

(1)要注意技术动作要准确。尤其是初学者一定要保证动作的准确到位。

(2)由于且里西是一项运动强度比较大,对抗比较激烈的运动项目,因此,一定要做好充分的准备活动,使身体各关节、韧带得到充分活动,特别是腰、髋、腿、肩等关节、韧带。防止运动损伤的发生。另外,准备活动的强度要适当大一些,这样才能保证在比赛开始后,能充分发挥竞技水平。

第五节　赶羊跑

一、赶羊跑概述

赶羊跑是由回族传统体育项目"打卯球"发展而来,赶"羊"人双手持棒赶羊上路,羊始终在木棒控制下跑动,羊进入接力区,将羊赶进圈后即可传棒给同队队员,进行接力,4 人依次跑完全程。此项运动要求在规定的接力区内传递,"羊"始终在木棒控制范围内,是比拼速度的一项集体项目。赶羊跑在回族受到人们的广泛喜爱与青睐,尤其深受青少年的喜爱。

此项目要求运动员之间有高度的灵敏、协调性和良好的速度能力,必须使球始终在木棒的控制下前行,因此在训练时应抓住技术、速度核心,达到事半功倍的效果。另外,需要指出的是,这个项目对培养队员的相互合作、协调一致有积极作用,并能使运动员的各项身体素质得到很好的发展。由此可以看出,长期进行赶羊跑运动锻炼,不仅对高校学生敢于竞争、团结奋进的精神的培养有积极的促进作用,而且还能够在一定程度上提高青少年身体素质,从而使他们之间的合作、人与人之间的交流、利用集体的力量战胜对方的精神意志和集体主义精神也得到较大程度的提升。这一点也是我国民族精神的突出体现。

1995 年,赶羊跑运动由北京回民学校整理、定型,列为第四届北京市民族传统体育运动会比赛项目。

二、赶羊跑的基本技术

赶羊跑是由回族传统体育项目"打卯球"发展而来的,"赶羊跑"是一项 4×50 米接力跑的比赛,它采用的比赛场地可选择 200 米跑道(跑道宽 1.22 米)的田径场。

具体来说,赶羊跑的基本技术为:运动员利用手中的"羊铲"灵活地控制"羊",用拨、推、贴、挑等技术将"羊"(球)推动向前快速行进,到羊圈时,将"羊"挑赶进圈内。在运动员快速奔跑中始终将"羊"控制在"羊铲"下,一起前进。

三、赶羊跑的练习方法

“赶羊跑”是比速度的一项集体项目。它是靠运动员的快速奔跑能力和队员之间的相互配合共同完成的运动，两者有着十分紧密的联系，这是取胜的关键所在。因此，在训练时，一定要注意将这方面作为重点。

（一）以提高速度为目的的练习方法

（1）徒手模仿练习、手持木棒的技术练习、快速跑动中手持木棒的摆臂练习等。

（2）采用（70％～80％）×50 米徒手技术练习或完整技术练习；（80％～90％）×50 米的徒手或持器械的完整技术练习；（90％～100％）×50 米的徒手或持器械的完整技术练习。

（3）4×100 米或 4×400 米接力。

（二）以提高队员之间的默契度为目的的练习方法

在平时的训练过程中队员之间可以交流经验，这样可以加强队员与队员之间的感情，加深相互间的了解，给以后的配合打好基础。

（三）以提高人与工具契合度为目的的练习方法

首先，对于此项目的技术练习要从熟悉工具开始，如比赛时用到的赶羊铲以及球也就是运动员赶的“羊”，可以根据队员习惯选择如何持棒，固定自己的方式方法，加强练习，通过反复的训练，找到棒与球之间的配合，使人持棒赶球一体化。

四、竞赛规则

（一）比赛场地

“赶羊跑”是一项 4×50 米接力跑的比赛，它采用的比赛场地可选择 200 米跑道（跑道宽 1.22 米）的田径场。比赛用的“羊”可用一枚 1 公斤重的实心球代替；赶羊铲即木球棒，长为 70 厘米，击球处叫板头，形状似马蹄，底宽为 8 厘米，手握部分叫板柄，宽为 3 厘米，板厚为 2 厘米。还有用宽 50 厘米、高 30 厘米、长 30 厘米的木料制成的羊圈。

比赛的接力区共设三个部分，每个部分的接力区为 5 米。第一接力区设在距起点线 45～50 米处，第二接力区设在距离起点线 95～100 米处，第三接力区设在距起点线 145～150 米处。

（二）器材与设备

比赛时用的器材是由大会统一备制的，各队和运动员不允许将自备的器材带入比赛场地。对参加比赛的运动员应着装整齐，便于运动，胸前要佩戴单位或号码标志，参赛者不允许穿跑鞋参加比赛。

(三)竞赛规则

1. 比赛的组别

男子组、女子组和混合组。

2. 比赛方法

分组进行。根据参赛者的多少可分为预赛和决赛或预赛、复赛和决赛。可采用田径接力跑项目的运动员分组、名次判定和录取方法进行编排。

赶羊人听到枪声后即可双手持棒赶羊(球)上路,必须在自身跑道内前进,羊(球)始终在木棒的控制下跑动,羊(球)进入接力区,将羊(球)赶进圈后,即可传棒给同队队员。第二人接过棒即可赶羊上路,依次类推 4 人跑完全程。倘若在接力区内未将羊(球)赶进羊圈,还可重新赶羊进圈,之后方可传递木棒。

3. 计分方式

比赛成绩的计取,枪响开表,人到表停为该队的成绩,最后一棒队员必须较好的控制球,不可击球过远,使木棒与羊(球)失控。

4. 比赛中对取消比赛资格的判罚

在赶羊跑的比赛中,如果出现以下这几种情况中的任何一种,即可被判罚为取消参赛者的比赛资格。

(1)羊(球)被赶出自身跑道。

(2)羊(球)未进入羊圈。

(3)第一棒队员抢跑 2 次。

(4)未在接力区内完成传递任务。

(5)羊(球)出跑道并且影响他人。

(6)棒与羊(球)失控。何为不失控,即木棒与羊(球)始终保持不脱离,应粘贴在一起。

(7)赶羊人未把羊(球)赶进羊圈,而由接棒人协助完成赶羊进圈者。

(8)最后一名队员击球远离木棒,造成未赶羊而人向前、空棒徒手跑进。

(9)由于其他队的失误而使正常比赛受影响的运动队,应立即向裁判员报告,待裁判员写出书面报告,经裁判长批准,受影响者可重新参加比赛。

五、注意事项

(一)比赛前的准备活动一定要做充分

首先,要充分做好比赛前的准备活动,使身体各关节、韧带得到充分活动,特别是腰、髋、腿、肩等关节、韧带。防止运动损伤的发生。其次,要准确把握准备活动的运动强度,准备活动的强度要适当大一些,以运动员所能承受的范围为准,只有这样才能保证在比赛开始后,能充分发挥竞技水平。

(二)要以自身情况为主要依据进行练习

首先,比赛前应按比赛项目要求进行练习,提高技术动作的准确性和赶羊动作的控制能力。除此之外,平时练习时,应以个人的特点为主要依据,有针对性地选择合理的动作力度和节奏。

第十一章　东北及内蒙古地区高校民族传统体育项目练习

第一节　秋　千

一、秋千概述

秋千，也称“打秋千”“荡秋千”，属于少数民族传统体育项目，历史悠久，主要在我国北方地区和西南少数民族区域流行，在我国朝鲜族、满族、蒙古族、白族、壮族、苗族、哈尼族、阿昌族、维吾尔族等少数民族地区的秋千活动已经成了固定的节日或节日里固定的活动项目。

目前常见的秋千可以分为两种。一种是以朝鲜族秋千为代表的单一踏板秋千；另一种是南方少数民族地区常见的圆形多个踏板秋千，如“轮子秋”“八人秋”。

荡秋千活动在我国具有悠久的历史，《古今艺术图》记载：“秋千，北方山戎之戏，……齐桓公伐山戎还，此戏始传中国。”秋千在春秋时代已有出现，也有相传是汉武帝为求千秋之寿而逐步形成的游戏。荡秋千风俗曾盛行唐宋，唐代有《秋千词》说：“长长丝绳紫复碧，袅袅横枝高百尺。少年儿女重秋千，盘巾结带分两边……”到了明清仍有其游戏可见，《济南府志·风速考》说，“清明，插柳、簪柳、妇女归宁作秋千之戏”。秋千也曾是宫廷中的一项娱乐活动，刘若愚的《酌中志·明宫史》说：“三月初四日，宫眷内臣换罗衣。清明，则‘秋千节’也，戴柳枝于鬓。坤宁宫后及各宫，皆安秋千一架。”后来，最初在宫廷仕女中所流行的秋千，慢慢传至民间。

新中国成立后，荡秋千成了一种群众性的娱乐体育活动，得到了迅速发展，且已成为我国传统体育的一项竞赛项目，它在朝鲜族荡秋千的基础上，进行规范，制订了较为完善的竞赛规则，并且保留了传统习俗，只限女子参加。1982年，在内蒙古呼和浩特举办的第2届全国少数民族传统体育运动会上，朝鲜族秋千作为表演项目进行了展示，得到了观众的好评。此后，秋千技术和运动成绩也有迅速提高。1986年，新疆举办的第3届少数民族传统体育运动会将秋千列为正式比赛项目。

荡秋千运动具有一定的惊险性，设备简单，场地要求不高，经常参加此项运动能锻炼运动员勇敢顽强的意志品质，发展腿力、臂力与握力，使身体迅速适应各种不同位置的变化，从而提高人体的协调能力，达到锻炼身体的目的。

二、秋千的基本技术

在日常生活中,可经常看到以下几种不同的秋千运动姿势,如坐式荡秋千、半蹲式荡秋千和站立式荡秋千等。

进行坐式荡秋千时,练习者应坐在秋千的踏板上,两腿前伸,两臂屈肘,两手紧握秋千绳。摆荡秋千时,两手腕前压、后拉用力,并运用身体与坐板之间的角度来增大预摆的力度。在坐式荡秋千时要注意重心要随着身体的前荡后摆自然移动。

进行半蹲式荡秋千时,练习者半蹲在秋千的踏板上,两臂屈肘,两手紧握秋千绳,利用屈膝时对木板的蹬力来增加前后摆荡的力度和高度。在半蹲式荡秋千时,蹬腿的幅度要大,要充分利用身体的重力和腿的蹬力使预摆力增大,蹬腿的时机要掌握在秋千从最高点下降的那一瞬间。

目前秋千比赛中,参赛者都采用站立式荡秋千的姿势。参与者使用这种姿势进行秋千运动时,需要站在秋千的踏板上,目视前方,屈肘,两手紧握秋千绳,利用腿的蹬力,膝关节稍弯曲按惯性方向向前摆荡。要着重注意的是参与者在站立时,要保持重心的平稳,腿部动作要协调有力。下面将按照站立式荡秋千的基本技术介绍荡秋千的技术要点。

从技术结构上进行划分,荡秋千技术主要分为:握法与站位、起荡、前摆、后摆、触铃、停摆等六部分。

(一)握法与站位

荡秋千的握法包括绑系安全带方法、脚站位和手握绳高度三个部分。

(1)绑系安全带方法:所使用的安全带,最少应可以承受100公斤的拉力,安全带由一条宽幅的长布两头打结后连成环状,两头分别套在秋千绳和运动员的手腕上。

(2)脚站位:系好安全带后,练习者单腿站立,前脚踏在脚踏板上,后脚提踵用前脚掌支撑在起荡台上,脚、背、颈部自然放松,两臂、两膝微屈,调整好呼吸,向裁判员示意准备起荡。

(3)手握绳高度:双手用拇指压住食指和中指,牢牢地握住秋千绳。套上安全带后,手抓握秋千绳的高度一般在胸至髋关节处之间。

(二)起荡技术

运动员听到出发令后,做吸气动作,双手用力向后向上拉绳,后脚快速用力蹬离起荡台,同时前脚向后上吸提,拉板做“吸板”动作,使身体重心尽量上升,提高起荡瞬间的身体重心高度。后脚蹬离起荡台后,积极上抬与前脚并拢,放置在脚踏板上,人体在脚踏板上,屈腿成半蹲姿势。然后两腿用力向前向下蹬,推出脚踏板,同时双手推绳,使身体向下方运动,以获得较大初速度,开始第一次前摆。

(三)前摆技术

后脚蹬离起荡台后,两脚踏在秋板上或后摆至最高点时,屈膝、双手向后拉绳、两肩充分拉伸、身体后移、身体重心下降成半蹲姿势,下坠秋千绳;随着秋千绳的摆荡,双腿积极快速地向前下方蹬踏脚踏板，加快秋千的前摆速度，与此同时，身体重心也随着双腿的蹬伸而继续下坠秋千绳，完成前摆时的第一次蹬伸。接着在秋千绳靠近垂直面之前，双手用力拉绳，腰腹用力，两腿屈膝，使身体重心前移第二次成半蹲姿势；当秋千绳靠近垂直面时，双手用力上拉使双手和秋千绳靠近体侧，双脚的前脚掌向下向后用力蹬板，与此同时，腰腹用力，向前挺膝、送髋、挺腹、挺胸、抬头屈肘，身体完成挺身起的波浪式动作，当秋千绳前摆至最高点时，要充分伸展身体，完成前摆时的第二次蹬伸。在身体将要接近最高点时，两臂用力向体侧打开，完成"分绳"动作，身体积极前移至秋千绳前方，空中形成两臂侧下举直立姿势。

预摆中，当后摆至最高点后，屈膝、双手向后拉绳、身体下降成半蹲下坠秋千绳，开始完成前摆技术动作，动作要点同第一次前摆的要求。

(四)后摆技术

当身体摆至前摆的最高点后，身体随秋千的回摆，双手紧握秋千绳，两臂由分绳的打开回收至腰侧，双腿屈腿半蹲成空中半蹲姿势；然后，两臂向前上推秋千绳，双腿同时向前上蹬脚踏板，完成伸肘、含胸，屈腹、屈髋、伸膝、臀部下坐、躯干成弓形，下坠秋千绳，使身体重心尽量下降，形成空中的悬垂举腿姿势。下坠秋千绳主要有两个目的：一是减少了阻力，二是对秋千绳产生向下、向后的拉力，因此身体重心的投影点应尽量低于脚踏板和远离秋千绳；随秋千绳后摆，将要靠近秋千架时，双手用力拉绳，屈膝、两前脚掌向下、向后压板、小腿向后回收完成双腿向后的"吸板"动作，成空中上体稍后仰的屈膝半蹲姿势，接着，在接近垂直面时，双手用力向后、向上拉绳，双腿向后蹬踏脚踏板，腰腹同时用力，身体在空中完成挺身起动作；当人体接近后摆最高点时，两臂用力外展，完成"分绳"动作，身体在脚踏板上，秋千绳后的两臂侧下举直立姿势。

(五)触铃技术

单人触铃技术主要包括手触铃和脚(脚踏板)触铃两种动作。

(六)停摆动作

高度比赛中触铃成功后或触铃比赛中听到"时间到"的敲锣声时，双手抓稳秋千绳，站立或坐在秋板上随秋千绳自然摆荡，当秋千绳的摆动幅度小于30°角时，可以随秋千的摆动惯性跳下秋千跑出场地或等待秋千自动停止后跳下。

三、秋千运动的练习方法

在秋千的摆荡过程中，应尽可能地利用物体摆动原理，加大摆动势能，获得更大的摆动动能。除此之外，保持良好的直线性，防止秋千向左或向右的倾斜或出现两条秋千绳相互缠绕情况的出现，是保证秋千越荡越高的基础。需要注意的是，秋千运动项目的比赛是室外运动，风力和风向都对秋千摆荡的速度和直线性有一定影响，学习和掌握利用身体用力和身体姿势的变化来及时调整秋千摆荡方向的技术显得十分重要。

(一)秋千技术练习

1. 预摆基本技术练习

(1)起荡技术练习和起荡接第一次预摆技术练习。

(2)不同摆荡高度和摆荡幅度的预摆练习,体会不同摆荡幅度下的身体用力感觉和用力节奏。

(3)板感练习:队员站在秋千板上,两手迅速侧平推绳,利用重心升高时脚掌吸板,脚吸上板后两手松绳屈肘,脚往下踏,重复若干次,认真体会脚掌与踏板间粘连的感觉。

(4)坠秋练习:队员将秋千荡至一定高度,进行坠秋,体会小臂借用安全带力量,重心远离秋千板的感觉。

2. 连续触铃练习

(1)长时间的摆荡练习,练习时间为10～15分钟。

(2)要求用最少的预摆次数摆至预定高度,完成触铃动作后,接连的触铃摆荡中,在保持摆荡幅度不变的基础上,提高摆荡速度。

(3)变速摆荡练习,提高摆荡的专项耐力。起荡后加速摆荡至预定触铃高度后放松摆荡,当摆荡高度低于触铃要求时,再加速摆荡至预定高度,连续反复。练习时间可根据练习要求,从5～15分钟不等。提高预摆力量和连续摆荡能力。

(4)正式比赛项目的模拟练习。目的是达到最少预摆次数的最多触铃次数。

3. 高度触铃练习

(1)从起荡台上开始摆荡至不同的预定高度后,放松摆荡,直至与起荡台高度相同,再加速摆荡至预定高度,反复练习,提高预摆中的力量。

(2)利用粗麻绳增加秋千摆荡中的力量,提高摆荡力量。

(3)要求用最少的预摆次数摆至不同的触铃高度,完成触铃技术。

(二)专项素质练习

1. 力量练习

在力量练习中,最大力量强度一般为75%左右,负荷数量做50%强度20次,每增加5%的强度,重复次数减少2次;间歇时间一般为负荷越大,持续时间越长,间歇时间越长。快速力量强度在30%～100%均可,负荷量大组数小,一般每组练习重复次数为1～5次;组间休息时间为1～3分钟。根据秋千运动项目的特点,应适当采用轻器械进行力量耐力练习,以提高肌肉长时间持续工作的能力。发展力量耐力,一般采用低于50%负重量的负荷或不负重完成各种练习。

各种练习手段包括手指撑地做俯卧撑,持哑铃手腕绕环,引体向上,俯卧两头起,跪跳起,肋木举腿,爬绳,负重深蹲走练习,仰卧挺髋,长时间的跳绳练习,哑铃的上举、侧上举、扩胸、摆臂等练习发展上肢力量,负同伴深蹲起,蹲跳,杠铃抓举、挺举、高翻(提铃至胸)等练习,肩负杠铃半蹲、坐蹲、深蹲练习,双杠臂屈伸,全身波浪起等垫上体操练习。

2. 速度练习

加强速度练习，提高爆发力和加速起荡时的肌肉力量。常用的练习手段主要包括不同距离的全速跑、变速跑、加速跑、追逐跑、上坡跑等。

3. 爆发力练习

提高爆发力的练习方法主要包括深蹲跳起摸高，跳栏架，负重沙袋蹬跳，立定跳远、立定三级跳、立定五级跳远和十级跳远，30～50 米跨步跳、单足跳，连续 10～50 米蛙跳，原地徒手或负重纵跳摸高，跳台阶练习，上坡跑，跳深跳练习。

4. 耐力练习

触铃比赛要求运动员在 10 分钟内连续完成约 90 次的深蹲起练习，不仅要求运动员具有良好的肌肉连续用力能力，同时还要求运动员具备长时间保持高强度比赛所必须的良好的能量供应能力。耐力练习一般可采用长时间的跑、跳和荡秋千练习来提高。常用的练习手段主要包括各种形式长时间的跑步，如越野跑、定时跑、变速跑、"法特莱克"跑等；长时间的游泳、滑雪、滑冰、划船、爬山、自行车等；长时间的打篮球、踢足球以及排球运动等球类练习及游戏；长时间的荡秋千练习。

四、竞赛规则

(一)竞赛方法

1. 竞赛项目

比赛只设女子项目，比赛时可穿紧身运动服，不得佩戴超长装饰品。

2. 高度比赛

单人比赛有 4 次试荡，双人比赛有 3 次试荡，铃杆的起荡高度为 6 米，每一次的试荡高度必须符合规定的升高幅度，单人赛 6 米以下，双人赛 8 米以下，每次最少升高 50 厘米；单人赛 6～7 米以下，双人赛 8～9 米以下，每次最少升高 20 厘米；单人赛 7 米以上，双人赛 9 米以上，每次最少升高 10 厘米。单人或双人比赛时应在每次试荡结束后的 3 分钟内，向裁判员报一次试荡高度。在任何试荡高度上凡连续失败 3 次即失去继续比赛的资格。高度比赛中，名次的判定以试荡成绩的高低决定，单人或双人比赛都是以最好的一次试荡成绩作为决定名次的依据。

3. 触铃比赛

铃杆高度规定单人为 6.3 米、双人为 7.2 米，触铃比赛只荡 1 次，限时 10 分钟。比赛中名次的判定是依据单人或双人在规定时间内，触铃次数多者名次列前。

(二)场地器材

1. 场地

比赛场地为平坦的长方形土地或草地，长 20 米、宽 8 米，场地上空距地面 15 米高的空间内不得有任何障碍物。

2. 器材

(1)秋千架

用钢管或相应的坚固材料制成。两根立柱下端之间的距离不少于 3.5 米,上端之间的距离为 2 米,两立柱顶端为第一横杆,距地面高度为 12 米,往下 1 米处为第二横杆(图 11-1)。

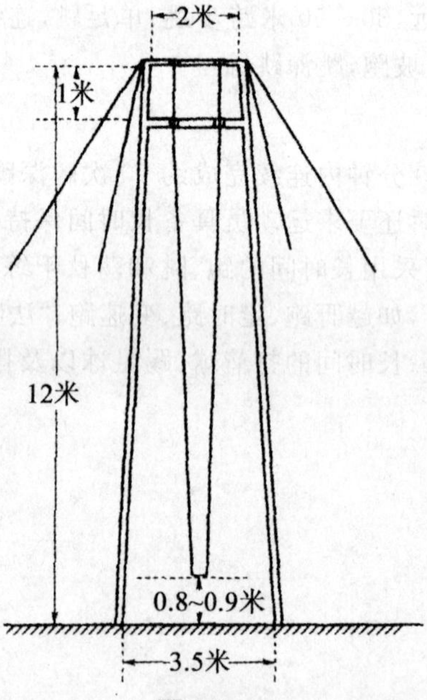

图 11-1

(2)秋千绳

使用伸缩性小的麻绳、棕麻绳或尼龙绳,直径为 2.5~3 厘米。先把绳的两头分别系在第一横杆上,两绳之间的距离为 1 米(从内沿丈量);再在第二横杆上向系铃架方向缠绕一圈垂落下来;然后在封闭的下端安置脚踏板,其下沿距地面为 80~90 厘米。

(3)脚踏板

单人脚踏板长 30 厘米、宽 10 厘米,双人脚踏板长 40 厘米、宽 10 厘米,踏板厚度均为 2.5~3 厘米。

(4)起荡台

供运动员开始试荡时上脚踏板用的台子。台面是长 1 米、宽 1 米的正方形。

(5)系铃架

与秋千架平行,并可随意升降、前后移动的系有铃铛的架子,是高度比赛和触铃比赛判定成绩的标志(图 11-2)。

(6)安全带

每条安全带都应至少能承受 100 公斤的拉力。两条腕部安全带的两端,分别套在秋千绳和运动员的手腕上。

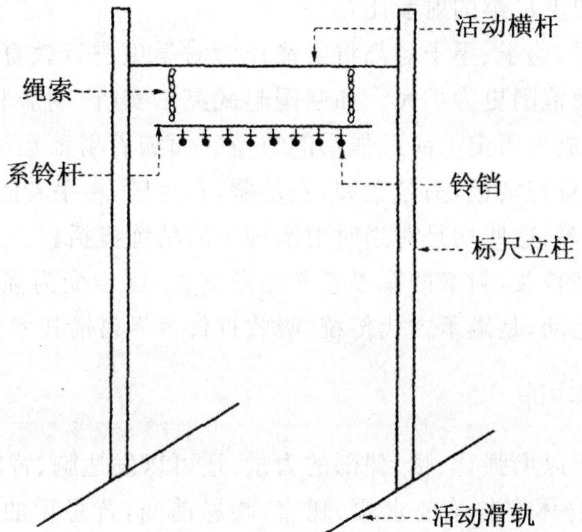

图 11-2

五、注意事项

(1)比赛前应做好充分的准备活动,特别是肩、腰、下肢各关节肌肉、韧带应活动充分,防止受伤。

(2)上起荡台做准备时,应确保安全带牢固地绑好,确保安全。

(3)比赛当天如出现身体不适、饥饿或过饱时都不能上秋千架。只要上秋千架练习就一定要系好安全带。摆荡过程中应做到注意力集中。

(4)秋千比赛中,必须保证秋千架、秋千绳以及安全带的牢固、稳定。秋千摆荡过程中,场地上应保证无障碍物和其他人,防止摆荡中出现碰撞等情况。

第二节　射　箭

一、射箭概述

(一)射箭运动的历史发展

在传统体育运动项目中射箭运动是一项相当古老的项目之一。早在远古时期,我们的祖先就发明了弓箭,成为狩猎必不可少的工具,同时也是抵御野兽侵袭和抵御外来势力侵犯的自卫武器。在距今 28 000 多年前的山西峙峪人文化遗址中发现磨制的石箭头,表明当时已经使用弓箭了。由石制箭矢到金属箭矢的变化是在商周时代,由于青铜箭簇的大量使用,进一步提高了当时的射箭水平。周代,射箭活动在生活中的地位进一步增强,《周礼》中记载的六艺“礼、乐、射、御、书、数”,将射箭列入其中。当时进行射礼比赛时要有饮酒、奏乐等一系列繁杂的礼仪,这可以说是世界历史上最早的射箭比赛。

春秋战国时期,孔子、荀子、墨子等都将射箭作为对学生进行教育的主要内容之一。而由于战事频繁,射箭的普及范围更为扩大。如赵国赵武灵王实行"胡服骑射"的改革,引进胡服,鼓励骑射,使国力大盛,成为历史上尚武强兵的典范。而随着射箭运动的普遍开展,不少射箭理论也被总结出来,如"身若戴板,头若激卵,左足蹉,右足横,左手若附枝,右手如抱儿"(《吴越春秋·勾践阴谋外传》)等,这些均是对当时射箭理论的精练概括。

清末,现代火器逐渐普及,射箭的军事意义逐渐消失,逐步变为强身健体的民族传统体育项目,我国现代的射箭运动,是继承古代传统、吸收近代世界射箭技术而发展起来的。

(二)射箭运动的功能

(1)从事射箭运动可以增强臂、腰、腿部的力量,还可以发达胸、背肌肉,锻炼目力。射箭从站立开弓到撒放,整个身体姿势均要求腰、腿直,腰忌前凸,背忌后曲,臀部后坐,头宜正视前方,瞄准时转向左视,口与下巴不能扬起。这些动作要求对于身体内部各器官都没有压抑,符合人体生理学的要求。

(2)经常从事射箭运动可以促进运动器官的发展,加强新陈代谢,促进肌肉性能有很大的提高。它可以使肌纤维增粗、肌肉体积增大,因而肌肉显得发达结实、匀称有力。肌肉收缩能力有显著提高,肌肉本身由于血液供应增加,对蛋白质等营养物质的吸收与贮存能力增强。通过系统练习还可以提高神经系统对肌肉的控制能力,具体表现在对肌肉的反应速度、准确性和动作的协调性都有提高。

(3)射箭动作要求用力平和,柔中有刚。几十磅的弓不能用狠力拉开,而要柔缓用力开弓拉满,开满弓后身体要稳如泰山,全身用力均匀而不僵硬。这些都需要身体完成比日常生活更艰巨复杂的动作,使中枢神经系统迅速动员和发挥各器官系统的机能,以便协调和适应肌肉活动的要求。所以,经常参加射箭运动,能使大脑神经细胞的工作能力提高,神经系统的兴奋性和灵活性得到改善,对外界刺激的反应更快、更准确。

(4)在射箭的瞄准和撒放过程中,为保持弓身的稳定和静止的状态,尤其是要控制呼吸的频率和深度,这对呼吸器官的机能发展有良好的作用:一是使肺活量增加,胸廓的活动范围增大。二是使呼吸深而慢,使呼吸器官有较多的时间休息,不易疲劳,也不会因轻度运动而气喘。所以,经常参加射箭运动对呼吸系统机能的提高是大有益处的。

(5)经常从事射箭运动可提高射手的动作速度、反应速度和周期运动中的位移速度。耐力是人体能长时间进行肌肉活动的能力。也可解释为人体对抗疲劳与疲劳后快速恢复的能力。射箭运动的特点是比赛的持续时间长,动作重复次数多。因此,经常进行射箭练习,可以提高力量耐力、速度耐力、呼吸耐力等。

二、射箭的基本技术

(一)基本技术

射箭的基本技术包括八个(即站立、搭箭、推弓、勾弦、举弓与开弓、瞄准、撒放、暂留与收势)基本动作组成一个完整的、规范的、协调一致的、节奏鲜明的发射动作(图 11-3)。

图 11-3

(1)站立:射手站在起射线上,左肩对目标靶位,左手持弓,两脚开立与肩同宽,身体重量均匀地落在双脚上,并且身体微向前倾。

(2)搭箭:把箭搭在箭台上,单色主羽毛向自己,箭尾槽扣在弓弦箭扣上。

(3)推弓:左臂内旋前撑手腕直,只需桡腕撑点一线直,手接触弓面积尽量小,施力集中最重要。

(4)勾弦:三指勾弦力不均(中指力量大些),箭在食指和中指的缝间,勾弦用力在手指,小臂手腕放松要平伸,大小拇指不参与,自然弯曲在掌心。

(5)举弓、开弓、靠弦:三直(弓垂直于地面,持弓臂直,躯干直),一屈(勾弦臂弯屈),一靠(拉弦时手靠下颌),紧背、胸肩平、箭平、推拉平。

(6)瞄准:用优势眼进行瞄准,头部要正,眼睛通过弓弦的一侧,使准星和靶上的黄心相吻合,形成三点一线,瞄准应在弓的平面进行。

(7)撒放:满弓后要捕捉撒放时机,继续加力。深勾弦手指用滑弦方式撒开。撒放时勾弦手和拉弓臂不动,只是弦滑离三指。

(8)暂留与收势:保留正确姿势在两秒左右,收弓成原站立姿势。

(二)技术特点

射箭运动是一项比赛准确性、动作技巧要求很高的运动项目,因而要求动作必须具备高度的一致性、稳定性与协调性。在起射过程中用力要流畅,并且具备鲜明的快节奏感。其主要特点有以下几个方面。

(1)应花最小的力量,在最短的时间之内,完成有效的射箭动作。

(2)在射一支箭的全过程中,每一步动作环节都必须有固定的标准,使动作像机器运转一样准确无误,循环往复。

(3)每一支箭的动作程序必须十分流畅,在任何环节上都不可稍有迟疑。

(4)简化动作程序,去掉不必要的动作,使完整的动作一气呵成。应运用身体最适当的部位,并将运用部分减少到最低限度。作动作时力求自然,不做勉强动作,在转换动作时应自然流畅,尽量利用惯性和自然力。

三、射箭的练习方法

(一)练习要求

(1)在练习中,不论采用什么内容的练习方法和手段,基本动作、规格要求应该是一致的。如拉弓、近程撒放、射草靶、射环靶、考核等练习中,对技术规格和时间节奏的要求应该是严格一致的。

(2)在起射过程中,两手、两臂的各种动作都应同时开始,同时向相反的方向做相应动作,并同时结束。

(3)射箭运动练习是一个人的单独练习过程。射箭动作虽然简单,但对精确度的要求却是极高的。因此,在完成练习的过程中,要求运动员有强烈的“质量意识”,具备自觉的、严格的、高标准的要求自己的基本素质。

(二)技术练习方法

1. 站立

(1)对着镜子做站立姿势。

(2)身体背靠立柱站立,稍前倾。

(3)肩负重站立练习。

2. 搭箭

一定要精心放置,反复练习,不可大意,否则易犯主负羽颠倒错误。

3. 推弓

(1)先在轻弓把上练习推弓动作。

(2)利用皮条体会推弓动作。

(3)直接进行推弓练习。

4. 勾弦

(1)手指模仿勾弦动作。

(2)手勾弓弦轻拉,体会手指动作。

(3)勾弦拉轻弓。

5. 举弓、开弓、靠弦

按规范要求进行操作,不能脱离射箭面。

6. 瞄准

(1)前撑后拉做模仿撒放动作。

(2)利用皮条等做撒放练习。

(3)拉轻弓体会撒放动作,着重体会后背肌群用力。

7. 撒放

(1)前撑后拉做模仿撒放动作。

(2)利用皮条等做撒放练习。

(3)拉轻弓体会撒放动作,着重体会后背肌群用力。

8. 暂留与收势

(1)专门练羽举弓暂留姿势。

(2)开始练习时反复做暂留动作。

(3)收弓使身体还原站立姿势。

四、竞赛规则

(一)射箭运动的比赛规则

(1)比赛项目:分男子组、女子组,单轮和双轮。男子组的项目有 90 米射准、70 米射准、50 米射准和 30 米射准,女子组的项目有 70 米射准、60 米射准、50 米射准和 30 米射准。

(2)比赛方法:单轮比赛每一运动员每一射程 36 支箭,4 个射程共射 144 支箭,在两天或一天内进行完毕;双轮比赛分前、后两个单轮,每个射程射 72 支箭,4 个射程共射 288 支箭,在四天或两天内进行完毕。90 米、70 米、60 米为远射程,先进行比赛。

(3)比赛顺序:比赛开始前,运动员按照分配的靶位站到各自的起射地点,可在比赛用的箭靶上试射两轮 6 支箭。远射程每个运动员射完 6 支箭,近射程每个运动员射完每轮 3 支箭后,听信号(红灯亮)统一到靶前等候检查、记录,经允许后方可拔箭。

比赛时,每一射程的 36 支箭,分为 12 轮进行,每轮 3 支箭(必须在 2 分半钟内射完,每射到 2 分钟时,要发出还剩最后半分钟的警告信号)。计时信号用灯光加声响表示。

红色为停射信号,时长 20 秒,声响二声。

绿色为发射信号,时长 2 分钟,声响一声。

橙色为最后半分钟信号,时长 30 秒,无声响。

(4)成绩计算:以个人和团体得分分别决定个人和团体名次。

个人名次的计算:按单轮单项、双轮单项成绩(即 36 支箭或 72 支箭所得分数)和单轮全能、双轮全能成绩(即 144 支箭或 288 支箭所得分数),得分多者列前(单轮单项成绩或单轮全能成绩,取前后两单轮中任一单轮单项或单轮全能的最高分数。在四项射程中,如缺一项,不计全能分数,只记单项纪录及成绩)。如遇分数相同,中靶箭数多者列前,若仍相同,以射中 10 环的箭数多者列前;再相同以射中 9 环的箭数多者列前;再同,名次列前。

团体名次的计算:各单位只限报男、女运动员各 4 名参加团体赛,其名次按参加团体赛队员中男、女全能得分最多的前三名运动员成绩的总和,决定团体的名次,分数多者名次列前;如遇两单位团体分数相同,则将个人全能冠军所在的单位名次列前,若仍相同,把单项成绩第二较多的单位名次列前;类推至第三名,仍相同,名次并列。

(二)射箭运动的场地

射箭运动场地要求平坦,无障碍,全长约 120 米,后设挡墙。两侧离最外靶架至少 10 米处画上白线,设上“危险”“禁止穿行”的标志。

每个射程的距离都是从起射线外沿,量至各距离靶线的外沿为止,各条线宽不超 5 厘米。先画起射线,再测量直角距,画出各靶线。然后在起射线上对准箭靶中心画一条直线,长 1 米,称为中心线。两靶画一箭道线,宽 5 米,也可把 1 个或 3 个靶画在一起。在距起射后最少 5 米处画一条线,称为限制线,也叫候射线。执行裁判人员不得入内。

(三)射箭运动的器材

1. 弓

“弓”由一个弓把、弓面及一对顶端带环扣的弹性弓翼组成。弓上可安装可调箭台、各种可扭动的按钮、扣点、剪床和可使用一个发出声音的或看得见的张弓指示器,但不能是电动的,也不能有助于瞄准,扣点只能装在离弓的握把口(轴点)最远 4 厘米处。

弓弦是由数股选用的涤纶线或其他材料合成,中段缠上线。弓弦上缠线部分在拉满弓时,不得超过射手本人的鼻尖。

2. 箭

箭包括箭头、箭杆、箭扣和箭羽。运动员在同一组比赛中所使用箭支的样式、箭扣、箭羽和颜色必须相同。每个运动员的每支箭上,都要标明自己的姓名和单位,以示区别。

3. 箭靶

箭靶有方行和圆形两种,边长和直径不得少于 124 厘米,厚度不限,重量适中,便于移动。支撑箭靶的架子称为靶架,用木料或竹料制成,要求坚实耐用。箭靶应倾斜地放在终点线上,要求与地面垂直线的夹角约 15°。各环靶中心的高度,力求在一条直线上。

环靶为圆形,有三种规格。远射程(90 米、70 米及 60 米)使用直径 122 厘米的环靶;近射程(50 米、40 米、30 米和儿童的 25 米)使用直径 80 厘米的环靶;青少年乙组的 25 米、18 米和儿童的 18 米都使用直径 60 厘米的靶纸。环靶,均自中心向外分别为黄、红、浅蓝、黑、白五种不同颜色的等宽同心圆区,每一色区间又以一条细线分为两个同色的等宽区,即每种颜色占两环,共十环。每环标有数字,从中心向外依次为 10、9、8、7、6、5、4、3、2、1,射中几环得几分。

可以使用其他用具如指套、手套、护手皮片或胶布带,但不能有助于引弦和撒放的作用。可以使用普通眼镜、射箭眼镜、太阳镜,但都不得装有微孔棱镜等类似的装置,也不能标出有助瞄准的记号。

五、注意事项

(1)赛前做好准备,仔细查看器材。

(2)保证睡眠和饮食,调整好心理准备应战,让运动员以轻松、愉快乐观的情绪投入比赛。

(3)在射箭场上要严格遵守场地的要求与规定,不得擅自行动,在非练习场地进行练习时,要注意安全。

(4)箭的初速度非常快,可以很容易贯穿铁制的平底锅。它不但是一种打猎的工具,也是一种武器,足以伤人。因此将箭头指向对方或是向空中射箭都是严格禁止的。

(5)比赛时要加强运动员的自我调节能力,随气候变化改变自己的瞄准点练习,如顺风时瞄目标上沿,左侧风时瞄目标左沿,右侧风时瞄目标右沿等,以便在比赛中取得好成绩。

(6)高度集中注意力,把正确用力感觉落实到射每一支箭的过程中。

(7)射箭比赛:射靶赛使用的弓射出的箭,飞行距离大约为200～300米;射远赛所使用的弓最远能射800～900米。因此每一位射手在射箭时都必须特别注意并严格遵守射箭安全守则。

第三节　狩　猎

一、狩猎概述

狩猎也就是我们俗称的打猎,它是融合了我国古代的身体、技术、战术练习等内容的一项体育活动。早在西周时期,就有在农闲时进行狩猎练习的制度,人们将春猎称为“搜”,夏猎称为“苗”,秋猎称为“狝”,冬猎称为“狩”。因冬季打猎最为广泛,所以通称打猎为狩猎。《淮南子·本经训》:“焚林而田,竭泽而渔。”春秋战国时期用以练兵习武,通常规模很大。《史记·魏公子列传》:“公子与魏王博,而北境传举烽,言赵寇至……复从北境传言曰:‘赵王猎耳,非为寇也。’”《老子·道德经·检欲篇》云:“驰聘田猎,令人心发狂。”其中,“狂”字抒发了田猎者酣畅淋漓的轻松愉快心情。唐代著名诗人杜甫曾用:“春歌丛台上,冬猎青豆旁。呼鹰皂枥林,逐兽云雪岗。射飞兽纵鞚,引臂落秋鸽”的佳句颂田猎。

满语中的“阿巴兰比”之意为“狩猎”。狩猎是满族人民在欢歌狩猎胜利后的娱乐活动项目之一。狩猎运动以源于生活,高于生活的艺术手法创编出具有民族特色的仿捕捉野兽的体育项目。双方争将小动物模型投到对方的小篓中多者为胜。由于比赛在固定的场地进行,队员们通过奔跑、追逐、躲闪,传递模型(用布制成的沙袋状动物模型,称为猎球)等技术,力争将“兽”投入背篓中,形成了对攻、联防、掩护多层次的战略战术。使狩猎这项运动超出了表演的范围,进入了竞赛体系。在活动方法上、器材以及服装上都具有浓厚的民族特色。

比赛分成两队进行,每队3人。双方队员穿不同颜色服装,背不同颜色背篓(塑料篓),分站在15米×15米的正方形场地中线的两侧。宣布比赛开始后队员可在场内任何地方站立或活动。持猎球(沙袋模型)的一方通过传递等方式,力图将猎球投入对方的背篓中,而对方则力争得到对方投出的猎球,向对方反攻。投中得1分,投中后由不得分的一方从背篓中取出猎球,力争将猎球投入对方篓中。每场比赛20分钟,中间休息5分钟。终场时,以得分多少判断胜负。

二、狩猎的基本技术

狩猎运动技术有着自身的特点，它是由不同的单项技术构成的。其主要包括以下几种技术。

(一)移动技术

移动是狩猎比赛中队员为了改变位置、方向、速度等所采用的各种脚步动作方法的总称。移动是狩猎运动的基础，它对掌握与运用进攻或防守技术，都有着密切的关系。在进攻中运用移动的目的，是为了选择有利位置、把猎球投入对方篓中。在防守中运用移动的目的，阻挡对手的移动，破坏对方的进攻。移动的动作结构主要是以踝、膝、髋关节为轴的多个运动动作合理组成的。移动主要由准备姿势和身体协调用力两个环节构成。移动的主要动作方法包括以下几点。

1. 起动

起动是运动员获得位移初速度的过程。它从基本站立姿势开始，在起动时，身体重心向跑动方向移动，以后脚(向前起动)或异侧脚(向前起动)的前掌突然有力地蹬地，同时上体迅速前倾或侧转手臂协调地摆动，充分利用蹬地的反作用力迅速向跑动方向迈出。起动技术在狩猎中尤为重要，它不仅要掌控起动技术，还要对起动的时机进行很好的把握。

2. 跑

跑，是指运动员在运动场上改变位置，发挥速度的重要方法，也是比赛中运用最多的一种移动动作。在狩猎运动中是达到最终比赛结果的基础能力，也是必须不断提高的能力。在比赛中经常运用的跑主要包括以下几种。

(1)侧身跑：是运动员向前跑动中为了观察球场上的情况，侧转上体，进行攻守行动的移动方法。

(2)变速跑：是运动员跑动中利用速度的变换来争取主动的一种方法。

(3)变向跑：是运动员在跑动中突然改变方向摆脱进攻或紧追对手的一种方法。

(4)后退跑：是运动员在运动场上背对前进方向的一种跑动方法，是为了观察场上的攻守情况。

3. 跨步

跨步是一种起步的方法。做跨步的动作时，以一脚为中枢脚，另一脚向前或向侧跨出，以便衔接其他动作。

4. 急停

急停，是指运动员在跑动中突然制动的一种动作方法。它也是各种脚步动作的衔接和变化的过渡动作。比赛中急停更多的是与其他移动技术结合在一起运用。

(1)急停侧闪：是队员在跑动中突然制动而且突然向两侧改变方向的方法。动作方法是队员先跨出一大步用脚跟先着地过渡到全脚掌着地，迅速屈膝，同时身体微向后仰，后移重心。然后，在跨出第二步，脚着地时，脚尖稍向内转，用脚前掌内侧蹬住地面，两膝弯曲，两脚同时向后脚侧用力，带动身体向后脚侧偏移，转向后直接向前跑出。

(2)急停转身：是运动员在跑动中突然制动而且突然向后改变方向的方法。动作方法是队员先跨出一大步用脚跟先着地过渡到全脚掌着地，迅速屈膝，同时身体微向后仰，后移重心。然后，在跨出第二步，脚着地时，脚尖稍向内转，用脚前掌内侧蹬住地面，两膝弯曲，两脚同时用力带动髋、上体向后转，直到转至原前进方向的反方向。

5. 攻击步

攻击步是运动员突然向前跨出的一种动作。攻击步的方法是利用后脚蹬地，前脚迅速向前跨出，逼近对手。

6. 滑步

滑步是防守移动的一种方法。滑步易于保持身体平衡，可向任何方向移动。滑步可向侧、向前和向后进行滑动来阻截对方的移动。

7. 交叉步

交叉步是移动的一种方法。向右移动时左脚前脚掌内侧用力蹬地从右脚向右侧横跨出，同时右脚碾地，上体随之右转。

8. 后撤步

后撤步是变前脚为后脚的一种起步方法。运动员为了保持有利的位置常用后撤步移动，并与滑步、跑等结合运用。

(二)传猎兽技术

传猎兽，是狩猎比赛中进攻队员之间有目的的转移兽的方法，是进攻队员在场上相互联系和组织进攻的纽带，是实现战术配合的具体手段。传猎兽的方法很多，但主要包括持球手法和传猎兽动作。

1. 持球手法

持球手法又分为两种，即单手持球方法和双手持球方法。

(1)双手持球方法：双手自然张开，手指稍错开，把猎球抓在手中，肘关节稍屈在胸前。

(2)单手持球方法：手指自然分开，把猎球紧紧抓在手中，放在身边有利的位置。

2. 传猎球方法

传猎球动作是由下肢蹬地，全身协调用力，最后通过上肢的动作把球传到想要传的位置。传球时，应根据接猎球队员的位置和移动速度，决定传球的用力大小和用力方向。主要的传球方法包括以下几种。

(1)单手体侧传猎球：单手持猎球向体侧后面拉，通过蹬地、转体，带动手臂向前挥出。

(2)单手胸前传猎球：单手持猎球屈肘在胸前，身体稍向持球方向转。通过蹬地、转体、肘关节的前伸，最后通过拨指把猎球传出。

(3)单手头上传猎球：单手举手过头，身体向持球手侧的后方反拉成弓状，通过蹬地、转体，带来上肢向前挥出。

(4)单手下手传猎球：单手持球在体侧，两膝稍下蹬，持猎球手向后面拉，然后后脚向前蹬地，身体向前送，手臂随之向下、向前摆，把猎球传出。

(5)单手胯下传猎球：上身稍向前倾，单手持球把球从体前经胯向后扔出。

(6)双手头上前传猎球：双手持球向后拉，然后蹬腿、收腹、上体带动上肢向前挥，最后利用摔腕的力量把球抛出。

(7)双手头上后传猎球：双手持球在体前，蹬腿、展腹带动上肢，从下、前、向后挥，把球扔出。

(8)双手胸前传猎球：双手持球在胸前，身体重心稍向后移，然后蹬腿，重心前移，双手同时向前用力，用力拨指把球拨出。

(9)双手胯下传猎球：双手胯下传猎球与单手胯下传球基本相似，只是利用双手用力。

(三)接猎球技术

接球是获得球的关键，是猎球中的主要技术之一。接球有双手接球和单手接球两种，不论哪种接球，接球时眼睛要注视球，肩、臂要放松。接球方法主要包括以下几种。

(1)单手接胸前猎球：当来球的高度是胸前附近时，五指自然张开在胸前，掌心朝前，主动迎接球，抓住球后迅速回收。

(2)单手接头上猎球：当来球的位置较高时，接球队员踮起脚跟或者跳起，接球手尽量向上伸，主动去迎接球，用五指把球抓在手里。

(3)单手接体侧猎球：一只手可以接同侧或异侧的来球。手臂伸向体侧，五指自然张开，掌心向前，主动迎接来球。

(4)单手接下手球：当来球较低时，双脚向下弯曲，双手自然张开，伸在胯下，掌心向前，主动应球。

(5)双手接头上球：当来球的位置较高时，接球队员踮起脚跟或者跳起，接球的双手尽量向上伸，双手呈球状，主动去迎接球，用双手十指把球抓在手里。

(6)双手接胸前球：当来球的高度是胸前附近时，五指自然张开在胸前，两手腕靠拢，掌心朝前，两手呈球状，主动迎接球，抓住球后迅速回收。

(7)双手接下手球：当来球较低时，双脚向下弯曲，双手手指自然张开，两手手掌的小指侧靠拢，伸在胯下，掌心向前，双手的手指呈半圆状，主动迎接球。

(四)抢猎球技术

抢球是从进攻队员手中夺取球的方法。抢球时，首先判断好时机，在持球队员思想松懈或没有保护好而使球暴露比较明显时，迅速把球抢过来。

(五)投猎球技术

投猎球，是指进攻队员为了将球投进对方队员的篓子而采用的各种专门动作方法的总称。投猎球是猎球的主要进攻技术，是得分的唯一手段。投猎球技术可以分为以下几种。

(1)单手肩上投猎球：单手持球屈肘在脸前，通过蹬腿、抬臂、伸肘、拨指把猎球投出。

(2)单手下手抛投猎球：单手持球在体侧，通过蹬腿、摆臂、伸肘、手指动作把球向前抛出。

(3)双手胸前投猎球：双手持球在胸前，利用蹬腿、伸肘的力量把球投出。

三、狩猎的练习方法

狩猎球要练习的内容很丰富，主要包括技术练习、战术练习以及身体素质练习等内容。以下对技术练习进行重点分析。

(一)移动技术的练习

移动技术练习主要包括起动、跑、急停以及各种步法的练习。

1. 跑的练习

(1)原地放松跑。

(2)小步跑。

(3)高抬腿跑。

(4)后踢腿跑。

2. 起动练习

(1)从基本站立姿势开始，听信号或看信号向不同方向起动快跑。

(2)在场内根据手势或其他信号做侧身跑、变速跑、变向跑、后退跑练习。

(3)自己或另一个人(先近后远)抛球，球离手后起动快跑接猎球，不让猎球落地。

(二)急停练习

主要包括急停侧闪练习和急停转身练习。

1. 急停侧闪练习方法

(1)脚稍分开跑，脚掌向对侧斜上方用力。

(2)每隔 1.5 米放一标志杆，队员绕过标志杆做蛇行跑。

2. 急停转身练习方法

(1)在慢跑中做突然转身的练习。

(2)听到口令或信号突然停下，立即向后转。

(三)传猎球练习

传猎球的方法很多，有单手的传猎球，有双手的传猎球；有头上传猎球，有下手传猎球。各种传球的练习方法有不同的特点，但基本练习方法有以下几种。

(1)徒手模拟各种传猎球的练习。

(2)持球在原地做各种传球的练习。

(3)持球在跑动中做各种传球的练习。

(4)多个队员一起做各种传球的组合练习。

(四)接猎球练习

接猎球的练习方法与传猎球的练习方法一样，接猎球的方法也很多，有单手的接猎球，双手的接猎球；有头上接猎球，下手接猎球。各种接猎球的练习方法也有各自的特点，但基本的练习方法都相似，主要有以下几种。

(1)徒手模拟各种接猎球的练习。

(2)一人传球，另一队员在原地做各种接球的练习。

(3)在跑动中做各种接传来球的练习。

(4)多个队员一起做各种接传球的组合练习。

四、竞赛规则

(1)参赛人数：每个队由六名队员组成，比赛时每次上三个，另三个作为替补。

(2)比赛要求和方法：比赛由两个队之间进行。每队三人。双方队员穿不同颜色服装，同队队员的服装相同，背不同颜色背篓（塑料篓），分站在15米×15米的正方形场地中线的两侧。宣布比赛开始后队员可在场内任何地方站立或活动。持猎球的一方通过传递等方式，力图将猎球投入对方的背篓中，而对方则力争得到对方投出的猎球，向对方反攻。投中得1分，投中后由不得分的一方从背篓中取出猎球，力争将猎球投入对方篓中。每场比赛20分钟，中间休息5分钟。终场时，以得分多少判断胜负。

(3)暂停：每队每半场允许暂停3次，每半场没有用完的暂停权不能挪到下半场。

(4)换人：换人的次数不受限制，但只有在对方出现违例或犯规时才允许换人。

(5)违例：中场开球时身体某一部位接触中、端、边线或对方半场地面；在比赛过程中身体接触边线或端线；用脚踢球或传球；在比赛过程中把球传出比赛场地外面的地方；20秒违例，即有球权的一方在20秒内没有让猎球触及对方的篓子，而仍然持有球在手等。

(6)违例罚则：在中场开球，由违例的对方队员进攻。

(7)犯规：犯规的情况分为侵人犯规和技术犯规。

①侵人犯规主要有：在比赛过程中推人；在比赛过程中拉人；在比赛过程中用肘顶人；在比赛过程中用脚绊人；在比赛过程中撞人；在比赛过程中阻挡对方队员。

②技术犯规主要有：公然顶撞或蔑视裁判的判罚；向对方队员吐口水或出恶语伤人。

(8)犯规罚则：由犯规的对方队员距离犯规的队员4米投篮，投中得1分。任何队员侵人犯规五次以上被取消比赛资格，技术犯规两次以上被取消比赛资格。

五、注意事项

(1)制订统一的竞赛规程，竞赛组织及各参赛队按竞赛规程办事。

(2)要有专门的组织来组织比赛，处理有关比赛的各种事宜及组织裁判的培训。

(3)竞赛机构要认真组织裁判的培训，统一裁判尺度。在比赛过程中，裁判员处理出现的各种违例犯规的情况，做到“公平、公正、准确”。

(4)在比赛时要保证安全，不能出现重大事故。

(5)各参赛的运动员要赛出风格，赛出水平。做到友谊第一，比赛第二。在比赛中服从裁判的判罚。

第四节　珍珠球

一、珍珠球概述

(一)珍珠球的起源与发展

珍珠球满族语叫“尼楚赫”。采珍珠是古代满族的传统生产方式,佩戴珍珠是古代满族人的习俗。满族人在陆地上以体育游戏的方式模仿在水中捞取珍珠的情形,满足自己的娱乐需求,创造了采珍珠游戏。后来随着满族人的入关,采珍珠这项游戏被带到了汉族和其他少数民族聚居的地方。

1984 年经过北京市民族传统体育协会的挖掘整理,珍珠球运动成为了北京市第 1 届、第 2 届、第 3 届民族传统体育运动会的比赛项目之一。并且在新疆举行的第 3 届全国少数民族传统体育运动会上,珍珠球作为表演赛项目,受到观众的热烈欢迎。1991 年被列为第 4 届全国少数民族传统体育运动会的正式比赛项目。同年 5 月,国家体育总局、国家民委在承德市召集专家、学者重新编写了珍珠球规则。

随着国家对珍珠球运动的越来越重视,国家体育总局、国家民委还专门开设了珍珠球裁判员、教练员学习班,这也为珍珠球运动成为第 4 届全国民族运动会的正式比赛项目打下了坚实的基础。同时,第 3 届全国珍珠球邀请赛也相继举行。2001 年 6 月国家体育总局、国家民委为了完善珍珠球规则,迎接第 7 届全国民运会的召开,在沈阳举办了第 6 届全国珍珠球邀请赛。比赛期间,教练员、裁判员对比赛规则的进一步修改进行了研讨。并于 2002 年正式出台了全国统一的规则。时至今日,珍珠球运动的日趋规范和完善,使它在全国得到了迅速的发展,参与珍珠球运动的人群也越来越多。

(二)珍珠球的特点与价值

1. 珍珠球比赛的特点

(1)珍珠球比赛的借鉴性

在珍珠球运动中,有很多技战术可以借鉴其他类似的球类运动,例如篮球、手球等。并在借鉴的同时,可以根据珍珠球运动自身的特点来进行改编和精练。珍珠球运动由于其场地器材比较简单,比赛竞争激烈,可操作性和观赏性都比较强,有一定篮球和手球运动基础的人很快就能够进入角色,因此,深受接触过此项运动的人士喜爱。

(2)珍珠球比赛的激烈性

在珍珠球比赛中,攻强守弱的特点给水区的防守队员提出了较高的防守要求。为了在激烈的比赛中稳固好本队的后方,水区的防守队员必须提高防守能力,扩大防守面积,来限制对方进攻队员的行动。这种局面就造成了珍珠球整个场区的攻、防对抗更加激烈,使比赛更具有精彩性和观赏性;同时也对队员的身体素质、心理、智能和技战术素养提出了更高的要求。

①攻、防转换的快速性

抄网队员活动范围大、抄球点广、得分机会多,使得水区投球手感好的队员可以在后场得球后直接投球得分,促使比赛的攻、防次数增加,节奏加快。

②队员个人作战能力的重要性

珍珠球比赛有明确的位置和区域分工,其胜负取决于各区域队员的作战能力。如各区域队员的技术、战术素养,身体、心理素质等。尤其是抄网队员的个人能力,因为全队许多战术行动及配合是根据抄网队员的能力而设计的。

③比赛得分的双重因素性

在珍珠球比赛中,抄网队员活动区域的广泛性决定了其得分入球点的多变性,这也是与篮球、手球等球类项目比赛不同的关键之处。其得分主要取决于水区队员的投球和得分区持网队员的抄球两方面的因素,尤其是抄网队员的能力是球队获胜的关键。

2. 珍珠球运动的价值

近些年来,随着人们对民族传统体育项目的越来越重视,珍珠球运动也得到了非常大的推广,在很多普通院校的公共体育课中,珍珠球运动已经被作为选修课的内容在学校中开展。珍珠球运动对人的身体素质要求比较全面,需要良好的力量、速度、耐力、灵敏素质和弹跳力。因此,通过参加此项运动,能够增强呼吸和循环系统的功能,提高速度、弹跳及力量素质,同时,其独特的运动形式能够提高人的观察、判断、反应和协作能力,培养参加者勇敢顽强的意志品质和集体主义精神。

二、珍珠球的基本技术

(一)珍珠球的进攻技术

1. 移动技术

移动技术是在珍珠球比赛中,运动员的位置、方向、速度变化时所运用各种脚步动作方法的总称,它是珍珠球比赛的基础。在珍珠球比赛的进攻中,移动技术的主要目的就是为了摆脱防守去接球、选择位置、牵制对手,或是为了合理而迅速地完成运球、传球、突破、投球等各种进攻行动。防守时运用移动技术则是为了抢占有利位置,防止对手摆脱或及时、果断、准确地抢球、打球、断球。

在珍珠球比赛中,由于队员区域和分工的不同,表现出各个区域队员脚步移动的差异性。水区队员的脚步可以采用篮球运动的移动技术及其练习方法,得分区和封锁区队员的脚步移动由于规则和场区的限制,主要采用前滑步、后滑步、交叉步、急停急起、急停起跳、侧跨、后跨、后仰起跳以及组合脚步移动技术。

2. 运球技术

运球是持球队员用手对地面反弹起来的球进行连续按拍的动作。它是珍珠球运动中进攻的基本技术之一。它是个人进攻的重要技术,也是组织全队进攻战术配合的重要手段。运球技术掌握的熟练程度如何,在一定程度反映了运动员控制球和支配球的能力,而且这种能力的提高，有助于其他基本技术的掌握和提高。

在珍珠球比赛的运球过程中，要注意运球的基本姿势，运球的手法，触球的部位，运球的速度，运球手臂的挥动以及运球时手、脚的配合等。

3. 传接球技术

传球和接球是比赛场上4名队员之间联系的桥梁和纽带，是实现战术、组织配合的具体手段。传接球技术的好坏和熟练程度直接影响着进攻队员之间的联系和战术质量的高低，乃至于比赛的胜负。而且也标志着一个队水平的高低，因而它是珍珠球运动中一项重要而基本的技术。

珍珠球运动在传球时，要注意传球的时机、角度，并根据防守队员的情况（身高、能力等）选择传球方式，做到隐蔽、及时、快速、到位。接球时，接球队员应根据场上情况，合理选位，为下一个进攻动作做好准备。因此，要做到摆脱防守、上步卡位、伸手迎球。

4. 持球突破技术

持球突破是持球队员运用脚步动作和运球技术超越对手的一项攻击性技术。比赛中，掌握好突破时机，合理地运用突破技术，既能直接切入得分，又能打乱对方的防守部署，创造更多的攻击机会，增加对手的犯规，给对方防守造成较大的威胁。如能把突破与投球、分球结合运用，进攻就会更加机动灵活，效果更为显著。

5. 投球技术

投球是进攻队员为将球投向抄球网而采用的各种专门动作的总称。由于珍珠球体积小，抄网队员活动范围大（得分区、端线及其边线以外的空间），使得水区队员的投球点多面广，方式多样，从而创造了更多的得分机会。但是由于有2名持拍队员防守1名持网队员，所以，水区队员投球的弧度、速度、节奏和球的落点以及抄网队员抄球的时机、角度和抄球点等将直接关系到比赛的胜负。

6. 抄网得分技术

抄网得分是珍珠球运动中的基本技术之一，是手持抄网的队员将水区中队员投出的球抄入抄网的技术。对抄网队员来说，应尽可能是一名左手抄网手，以便与水区队员形成更大的抄球空间和面积。抄高抛球时，采用侧身站立，使抄网面与来球成直角，并抄球的低点；若来球是低弧度球或球的落点在得分区时，采用排球扣球技术抄球的高点；抄快平球时，应掌握好时间差和空间差，向前平伸抄网引导投球队员将球抄中；抄反弹球时，应与水区队员建立目光和信号联系，使网面朝下抄反弹球。

（二）珍珠球的防守技术

1. 防守对手

防守对手是指防守队员合理地运用各种防守动作，积极抢占有利位置，阻挠和破坏对手进攻，以争夺控制球权为目的的动作方法。一般将防守对手分为防守无球队员和防守有球队员两种。在教学练习中，重视个人防守技术的练习，提高个人防守的能力，有利于促进集体防守与进攻技术、战术的学习与提高。

2. 抢球、打球、断球技术

抢球、打球、断球是攻击性很强的防守技术，是积极防守战术的基础。它需要很强的观察能力和判断能力，要在运动中保持清醒，看清对手进攻的意图和路线，抓住机会将球主动权夺回。

3. 封锁区技术

封锁区的防守是防守队员用球拍封锁住球，不让对方把球投入抄球网内。封锁区的队员不仅要把球封锁好，还要在得球后迅速、准确地发动快攻，起到助攻的作用。封锁区的防守包括选位、准备姿势、移动、持拍封锁。

三、珍珠球的练习方法

(一)各种跑的练习方法

1. 起动和跑的练习

(1)基本站立姿势(面向、背向、侧向)，听或看信号做起动跑的练习。

(2)各种情况和状况下(蹲着、坐地、原地各种跑动中、原地向上、向侧跳起时、滑步中、急停以后)，听或看信号向不同方向起动的练习。

(3)自抛或别人抛球后，迅速起动快跑，把球接住。

(4)原地运球，听或看信号做起动快速运球的练习。

以上练习要结合观察、判断和反应能力的练习，并把起动和侧身跑、后退跑、变向跑和变速跑结合起来。

2. 滑步练习

(1)三角形滑步练习。

(2)根据教练员手势的方向完成各种滑步练习。

(3)全场一攻一守防无球队员练习。

3. 急停练习

(1)走、跑中看信号进行各种急停练习。

(2)结合接球、运球进行急停练习。

4. 转身练习

(1)原地做徒手和持球的各种转身练习。

(2)一人持球，一人抢球，持球人利用转身保护球练习。

(二)接球技术练习方法

(1)两人一组，原地传接球练习。

(2)行进间两人(或三人)传接球练习。

(3)四角传接球练习。

(4)全场移动传接球练习。

(三)运球技术练习方法

1. 原地运球

根据哨音或手势,做各种方式运球。掌握按拍球的动作和增强手对球的控制能力。如高低运球、左右手交替横向运球、前推后拉运球以及两手同时运两球等。

2. 行进间运球

(1)在两端线间,根据教练员的手势信号,进行各种运球练习。

(2)将高运球、低运球、运球急停疾起和变向运球等结合在一起,按一定的顺序和路线进行组合练习。

3. 对抗运球

全场一攻一守运球练习。

(四)持球突破技术练习方法

(1)原地持球练习交叉步突破和顺步突破的动作。

(2)向前、侧方抛球,然后起动,跳步急停接球后练习不同的突破技术方法。

(3)结合假动作,做不同的突破技术练习,提高运用动作的变化能力和动作的变化速度。

(4)两人一组,一攻一防做原地持球突破。

(五)抄网得分技术练习方法

(1)无防守的原地练习。

(2)二人一组,一人投不同高度、不同方式的球,另一人练习抄网得分技术。

(3)有防守的原地练习。三人一组,一人投不同高度、不同方式的球,一人在中间持拍防守,另一人练习抄网得分技术。

(4)移动中抄网得分技术练习。二人一组,在移动中,一人投球,一人练习抄网得分技术。

(5)有防守的移动抄网得分技术练习。三人一组,在移动中,一人投球,一人持拍封锁防守,另一人练习抄网得分技术。四人一组,在移动中,一人投球,两人持拍封锁防守,另一人练习抄网得分技术。

(6)实战中,练习抄网得分技术。

(六)防守技术练习方法

(1)无球队员防守练习。

(2)两端线间一攻一守的攻防练习。

(七)封锁区技术练习方法

1. 移动练习

(1)原地向左右两侧做左、右滑步的移动练习。要求身体重心要平稳,移动中始终保持准备姿势。

(2)原地做左、右跨步和上步的移动练习。要求做动作前身体保持正确的防守姿势,两脚不停地做小碎步,以便起动。动作要突然、快捷。

2. 选位练习

水区内队员快速转移球,封锁区防守队员根据球的移动方位做选位练习。要求封锁区防守队员移动速度要快,要使自己始终在正确的位置上。

3. 封锁区持拍封锁防守技术练习

(1)封锁区防守队员原地站立或左右移动,教练员传投不同方向、不同高度的球,让封锁区防守队员根据来球的方向、高度用不同的持拍封锁防守技术防守来球。

(2)在消极进攻的情况下,让封锁区防守队员采用不同的防守技术防守来球。

(3)在积极进攻的情况下,让封锁区防守队员根据来球的方向、高度,采用不同的防守技术来防守来球。

(4)采用一些辅助练习,来练习封锁区防守队员持拍封锁的速度和反应。

四、竞赛规则

(一)珍珠球比赛场地及器材

1. 比赛场地(图 11-4①)

(1)球场是一个长方形的坚实平面,无障碍物。

(2)场地长 28 米、宽 15 米,场地的丈量是从界线的内沿量起。

(3)界线外至少 3 米内不得有任何障碍物(包括球队席全体人员),场地上空最低障碍的高度至少 7 米。

(4)场地长边的界线叫边线,短边的界线叫端线。设有中线、中圈及罚球点。

(5)场地内要设有得分区、封锁区、限制区、隔离区及水区。

(6)得分区与端线相邻、平行,并与两边线相连,宽度 0.8 米。

(7)隔离区位于得分区和封锁区之间,并与两边线相连,宽度 0.4 米。

(8)封锁区与得分区相隔、平行,并与两边线相连,宽度 1 米。

(9)限制区与封锁区相邻、平行,并与两边线相连,宽度 0.8 米。

(10)中圈画在球场中央,直径 3.6 米;中线连接两边线的中点并与两端线平行。

(11)罚球点为直径 10 厘米的白色实心圆点;罚球点的中心距端线内沿 7 米,距边线内沿 7.5 米。

(12)场地的所有界线为白色;所有线宽 5 厘米;除限制线、中圈线、中线包括在所限定的区域范围内外,其他各线均不算在场地各区域的尺寸范围内。

2. 球

(1)外壳用皮革或橡胶制成,内装有球胆,表面应为珍珠(白)色。

(2)球的圆周长 54～56 厘米,重量 300～325 克。

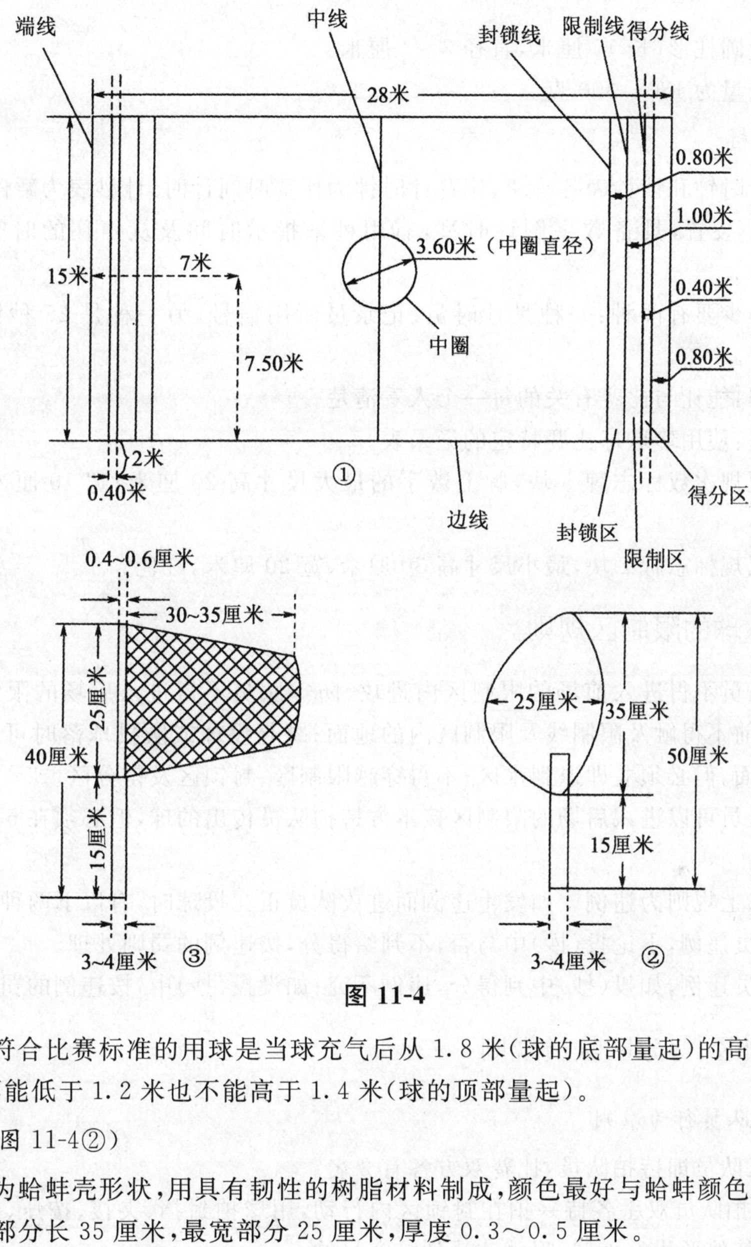

图 11-4

(3)一个符合比赛标准的用球是当球充气后从 1.8 米(球的底部量起)的高度自由落地,反弹起的高度不能低于 1.2 米也不能高于 1.4 米(球的顶部量起)。

3. 球拍(图 11-4②)

(1)球拍为蛤蚌壳形状,用具有韧性的树脂材料制成,颜色最好与蛤蚌颜色相仿。

(2)球拍部分长 35 厘米,最宽部分 25 厘米,厚度 0.3～0.5 厘米。

(3)球拍边缘要用橡胶或软质材料包裹,宽度不超过 0.4 厘米,厚度不超过 0.2 厘米。

(4)拍柄为椭圆柱形,长 15 厘米,最大直径 4 厘米。

(5)球拍总长 50 厘米,重量 390～410 克。

4. 抄网(图 11-4③)

(1)抄网兜口为圆形,网圈用圆形金属条制成。圈条直径 0.4～0.6 厘米,兜口内径 25 厘米。

(2)网兜用细绳或尼龙绳织成,网深 30～35 厘米,网眼为 3～3.5 厘米见方。网兜颜色应为深色。

(3)网柄为圆柱形,长 15 厘米,直径 3～4 厘米。

(4)抄网重量为 180～300 克。

5. 专用器材

(1)比赛计时钟和计秒表各一块;比赛计时钟为比赛时间计时,计秒表为暂停计时。

(2)25 秒钟装置,具备数字倒计时型,有用秒来指示时间及从停住的时间继续计时的功能。

(3)信号至少要有两种:一种是计时员、记录员所用信号,另一种是 25 秒钟计时员所用信号。

(4)记分牌:能让与比赛有关的每一个人看清楚。

(5)记录表:使用珍珠球比赛特定的记录表。

(6)队员犯规次数标志牌 5 块,牌上数字的最大尺寸高 20 厘米、宽 10 厘米。1～4 为黑色,5 为红色。

(7)全队犯规标志牌 2 块,最小尺寸高 30 厘米、宽 20 厘米,红色。

(二)珍珠球的限制区规则

(1)进攻队员不得进入前场的限制区内进攻,防守队员不得进入后场的限制区内进行防守。原地或跳前不得触及限制线及限制区内的地面;跳起投球或防投球落时可以触及限制线及限制区的地面,但必须立即退到水区;不得穿越限制区、封锁区及得分区。

(2)进攻队员可以进入后场的限制区接本方持拍队员传出的球,但必须在 5 秒钟内离开限制区进入水区。

(3)违反以上规则为违例。如发生违例而进攻队员正在投球时,有以下两种情况。

①进攻队员违例,不论投(抄)中与否,不判给得分,按违例的罚则处理。

②防守队员违例,如投(抄)中判得分,违例不究;如没投(抄)中,按违例的罚则处理。

(三)封锁区、得分区队员规则

1. 封锁区队员行为准则

(1)封锁区队员即持拍队员,比赛双方各有 2 名。

(2)2 名持拍队员双手各持一拍在封锁区内行动,用球拍封挡、夹接、按压、挑拨由水区队员投来的球或其他形式的来球,阻截球达到防守目的。

(3)队员身体的基本姿势应正对或侧对水区(不允许面对持网队员),转身或移动的过程中亦不许将身体的正面朝向持网队员。

(4)持拍队员的防守行为受封锁线、隔离区和边线的限制,违者视为“越区”。

2. 持拍队员规定

(1)持拍队员不得用手、臂及膝以下部位主动触球。

(2)获球后或将球封挡在封锁区后应在 5 秒钟内将球用球拍抛传给限制区或水区内的同队水区队员;或起跳前脚不得踏及封锁线或进入限制区内,但可以在封锁区用球拍触及处于限制区内的球(包括封挡、夹接、按压、挑拨);如落地时踏及封锁线或进入限制区应迅速返回封锁区。

(3)踏及隔离区或进入得分区内,身体的任何部位或球拍均不得越过隔离区的垂直面,更不能进入得分区或越过得分区的垂直面触及进入得分区内的球;但在不影响持网队员抄球动作的情况下,可以在封锁区用球拍触及飞越封锁区处在隔离区垂直面上的球。

(4)不得在脚踏及边线或以外的地面时进行防守和触及球,运动员可以在封锁区内起跳封挡球后落到边线外,但向边线外起跳,如果身体与器械接触,双方的器械被看做是双方身体的一部分。

(5)比赛中持拍队员一旦处于不正常的位置上必须迅速返回封锁区。

(6)罚则:如果只是越区或越区触球为违例。对方如抄(投)中,判给得分,违例不究;如对方没有抄(投)中,按违例的罚则处理。如越区并与对方持网队员发生了身体接触为犯规,按犯规的有关罚则处理。

3. 得分区队员行为准则

(1)得分区队员即持网队员,比赛双方各有1名。

(2)持网队员手持一个抄网在得分区内行动,用抄网抄(采)从水区投来、防守队员(指水区和持拍队员)未触及的球,同时双脚停在得分区内,球抄(采)入网即得2分。

(3)抄中经持拍队员身体(含器械)挡碰的球,也可在得分区内起跳腾空抄球后落在场外,此时除器械外身体任何部位都可以触及场外,只要球保持在网中即得1分。

(4)持网队员的抄(采)球行为受隔离区、端线和边线限制,违者视为"越区"。

4. 持网队员规定

(1)持网队员身高不得超过1.9米(违反此规定以弃权论)。

(2)持网队员不得用手(持网手除外)、臂及膝以下部位主动触球。在得分区内,如不能一次抄(采)球入网,可用抄网的任何部位(含持网的手)连续触球,以控制球并抄(采)入网。

(3)脚不得踏及隔离区或进入封锁区内,原地或跳起抄(采)球前后身体的任何部位或抄网均不得超过隔离区的垂直面,更不能进入封锁区或超过隔离区的垂直面触及处在封锁区内的球,但球远离持拍队员的情况下(一臂加抄网的距离以外),可以在得分区抄(采)飞越封锁区处在隔离区垂直面上的球。

(4)脚不得踏及边线或端线及其以外的地面,可在得分区内起分线延长线的限制。

(5)原地或跳起抄(采)球前后不得越过隔离区的垂直面与对方持拍队员发生身体接触(双方器械被看做是双方身体的一部分)。

(6)不得推撞对方持拍队员去抄(采)球。

(7)罚则:如只是越区或越区触球为违例,不论抄(采)中与否不算得分,按违例的罚则处理;如越区并与对方持拍队员发生身体接触为犯规,抄(采)中不算得分,按犯规的有关罚则处理。

五、注意事项

(1)准备活动应充分。在运动前应做好一般性准备活动,应将肩关节、肘关节等部位的肌肉、韧带充分活动开，以防止伤害事故的发生。

(2)投球手与抄网手之间应注意配合的默契程度，并认真体会技术动作。

第五节　赶老窖

一、赶老窖概述

“赶老窖”是满族的一项传统球类运动项目。它起源于金代，是一种以打穴得分的竞赛项目。从古代的一些文献记载和诗文、雕塑、绘画中经常发现有关赶老窖的描述。

赶老窖主要包括个人单打赛和团体赛两种。个人单打赛适合不同性别、年龄、体态、体能状况者，是运动创伤较少的运动项目。单从技术上说，运动员掌握打好各种“技术球”的能力，应当达到炉火纯青的地步才能以不变应万变。赶老窖这项古老的体育运动之所以能够保留下来，主要是因为其团体赛具有独特的风格和趣味，在比赛中要经常地变换使用各种不同的技术动作，以高水平的技术、技巧进行竞争和对抗。而这些技术和技巧主要是靠双手操纵一根球棒来完成的。虽然这个项目与足球运动有很多相似之处，但是用手去掌握技术、技巧，比用脚要更具灵活性。

赶老窖运动对于锻炼上肢、下肢、躯干和全身肌肉具有良好的作用，可有助于促进身体的全面发展，特别是在提高心理素质和集中注意力的能力方面有着良好作用。还可改善和调节中枢神经系统机能，提高人的协调性、准确性和自我控制能力，能够培养人的机智、沉着、果断、顽强及集体合作精神等优良品质。赶老窖运动寓锻炼身体于娱乐之中，能起到陶冶情操、提高学习和工作效率的良好作用。

二、赶老窖的基本技术

(一)基本握棒法

正确的握棒手法是较好地掌握各种技术的关键所在。不同的技术动作，握棒手法也不相同。以下主要介绍基本的、常用的握棒方法。

左手在上棒柄的顶端握紧，左手虎口正对球棒。为了转动方便，左手食指在转动时顺贴棒柄伸直，使球棒不要握爪过紧。以左手为转动轴，右手为转动支点，使球棒随左手的转动而自然旋转。握棒时两手间距不是固定不变的，根据击球方式、推球、停球、运球、挑球的不同动作而随之变换和调整。

(二)推球

推球是快速、简练、平稳而又准确的传球动作，有利于同伴之间的协作配合。推球有大力推球和轻推球之分，除了用力大小不同以外，其他方面是完全一致的。因为推球没有预备动作，也不需要事先挥摆球棒，所以推球技术不仅速度快，而且具有突然、隐蔽以及方向多变的特点。

1. 推球的握棒

如同击球的握法。左手抓握棒柄的末端，留出一个拳头的位置，右手在左手下方，两手拉开距离，相距 30～35 厘米。两手都要抓紧，左手虎口要对准棒头。在运动中，基本上在击球握法的基础上，加大两手间的距离，就可以完成推球动作。

2. 推球的姿势

两脚平行叉开，略比肩宽，重心平分在两脚上。左肩正对出球方向，双膝弯曲，上体前屈。推球时，球棒的棒头紧靠球，向前推转球，球滚转 5～10 厘米，然后两手同时发力，右手向前猛用力，左手则向后用力，形成杠杆运动，同时右腿用力蹬地伸直，顺势转体，面向出球方向，身体重心移到左脚，并配合腰部的转动，使力量过渡到棒叶上，球突然滚出，完成推球的动作。推出的球沿地面滚转，既平稳又快，方向准确，具有一定的速度和力量。

(三)击球

严格意义上来说，击球主要分为轻击球(前臂击球)、重击球(大力击球)和反手击球。

1. 轻击球

轻击球时，两手也要紧靠在一起，抓握在离棒柄末端 1/3 的位置上。轻击球挥棒动作快，摆动幅度小，灵活自如，力量并不小。

(1)轻击球的姿势：如同重击球，但比重击球要灵活一些，两脚可前后也可平行站立。

(2)球的位置：球的位置在两脚前，也可偏后一点。挥摆球棒时，不需要配合身体的转动，主要靠小臂的力量和腕力。两膝屈蹲的幅度稍大一些，上体适当前屈。

2. 重击球

(1)握棒方法：左手在上，抓握棒柄末端，留出一拳头的位置上，左手的虎口正对棒头。右手在左手下方，两手靠近，抓实。

(2)击球姿势：原则上向哪一侧击球，哪一侧脚位于前方。通常重击球都是从右侧摆棒向前方或向左前方及左侧击球。常右脚在后，左脚在前，成“L”形，两膝稍屈。开始摆棒时，重心基本平分在两脚上，随着向前挥棒的动作，重心逐渐转移到左脚上。接触球的刹那间，身体自然前倾，右腿蹬直。不宜前倾过大，不要以身体的移动来带动棒球，而是随着球棒的摆动顺势移动重心，上体随着球棒的运动而自然前倾或转体。击球时，球棒不要离地面过高，防止抢空或只打球的顶部，太低，棒就会打在地面上而削弱击球的力量。

(3)球的位置：击静止球时，球应放在距左脚横向 30～35 厘米处，向前不超越左脚。球棒接近垂直于地面时击触到球最有力量，并能较好控制出球的方向。

跑动中大力击球时，也要把球调整到身体前方或右前方，如同静止时的位置。

3. 反手击球

反手击球是从左向右击球，左手向外翻转。

(1)站位方法：右脚在前，两脚前后叉开。摆棒时上体向左转，右肩对着出球方向。

(2)球的位置:放在左前方离右脚30～35厘米处,可超过右脚水平线。也可把球放在正前方,只是两脚要平行叉开。

(3)击球姿势:击球时,球棒从左向右摆动,两臂要放松,摆动自然,主要靠前臂和腕用力,少用腰腹背的力量,应尽量使棒叶的最大面积接触球。

三、赶老窖的练习方法

(一)对抗性练习

(1)一对一:控制球,运球过人、假动作、大幅度摆脱等形式,可以没有进攻方向,计控制球时间或连续接触球的次数;可以抢到球后,双方互相争夺再抢。

(2)二对一:两人的协作配合,接应、跑位、摆脱、换位、变换各种方向传球等,可以限制个人运球,不准个人运球等;可以限制持球者在三次触球后必须传球,增加传球难度。

(3)二对二:持球一方相互配合、交叉换位、掩护接应、拉开空当来完成对球的控制和组织有效地向前推进。可以规定进攻方向,引进规则。

(二)单人练习

(1)个人练习基本手法和手感,原地正反拨转球,左右前后拨球。

(2)个人对墙练习,可用正反手的方法来接反弹回来的球。

(3)个人运球练习,推地滚球、直线运球或曲线运球。

(4)一个三步的推击,瞄球时先在球的前面插上一个球标,让棒头瞄准球标并击球滚过它。先忽视窖,只注意球和中间目标,如此击出十几个球,然后再注视窖,但仍然瞄准中间目标击球。当可以准确地击球进窖的时候,把中间的球标拿走,只注意窖,但仍感觉是瞄向中间目标的,可增加入洞的比率。

(三)双人练习

(1)两人对传,两人相距10米左右,对面击球,要求击球动作标准。

(2)两人相距3～5米,相互之间直接将球击传回去,力求长时间对敲不失误。

(3)跑动中传接球:两人相距10米左右,其中一名球员将球以一定角度传给跑动中的另一名球员,另一名球员接球后再传回给跑动中的传球球员,如此循环。

四、竞赛规则

(一)赶老窖运动的比赛方法

赶老窖主要包括个人赛和团体赛两种。

1. 个人赛

个人赛参加人数不限。每人轮打5次,以入窖得分多者名次列前。余者以得分排列名次。

在置球点上放一个实心球。准备就绪，裁判员宣布比赛开始（抽签决定击球顺序）。击球员必须分3次将球赶入"窖"内（第一窖），然后沿逆时针方向，赶球进入二窖、三窖。赶入1次得2分，得满分后，再将球放到置球点，继续赶球入窖得分。出现失误与违例，停止赶球，则由下一队员赶球。每人赶5次，得分多者名次列前。如遇得分相等者，加赛一次，直至决出名次。

2. 团体赛

团体赛每队3人，按场次进行比赛。采用两队对抗或循环比赛的方法，决出名次。各队用传、运等技术进行配合，突破对方的防守，将球赶入"窖"内，以终场所获得分来决定胜负。

获得开球权的一方，将球放在圆心点上，用球棒将球击传给本方队员，比赛旋即开始。比赛分为上半场和下半场。每半场15分钟，半场结束后交换场区，进行下半场的比赛。前半场结束后，可休息5分钟再进行下半场的比赛。以终场得分多者为胜。打成平局，采取罚点球的办法，决出高低，凡有故意撞、打人行为均判罚点球。

（二）赶老窖运动的场地与器材

1. 场地

（1）单人比赛场地

选一平坦地段或草坪，长10米，宽2米。在场地的前端挖3个直径为10厘米，深为10厘米的穴（窖），按三角方位排列。距头一个穴10米处，画一条长1米，宽5厘米的限制线。在线的中间画一置球点，点上放一实心球（图11-5）。

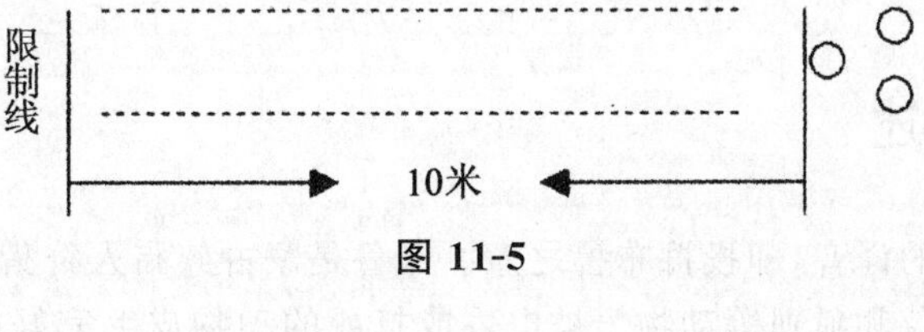

图 11-5

（2）集体比赛场地

场地长20米，宽10米。距两端线2米，边线5米的交点上各挖一深15厘米、宽15厘米的窖穴。于场地中心画一个半径1米的圆为开球区（图11-6）。

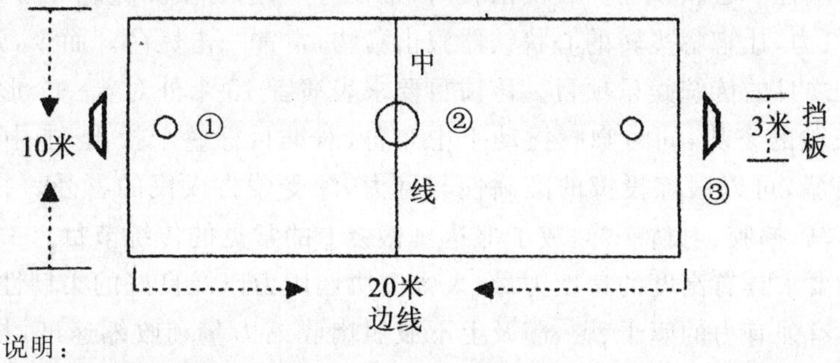

说明：

①窖穴深15厘米，窖口直径15厘米。

②开球区圆的直径1米，置球点直径0.1米。

③挡板高0.3米，长3米，厚0.5米，用木托固定。

图 11-6

2. 器材

(1)球:用石或砖块磨制而成。亦可用小垒球、门球代替。球的周长 15～21 厘米。球的直径为 5 厘米。

(2)球棒:长 60～70 厘米,呈拐子状或上圆下扁刀状。

五、注意事项

(1)检查是否对准目标方向。许多短距离推击的失误都是由于没有对准目标方向导致的,一开始就没有准确地瞄准方向,所以球没有按自己的意愿滚进穴。

(2)注意下杆的加速。短距推击失误的另一个原因是尝试性的击球。往前推击的时候,浅尝辄止导致减速,从而带来挥杆的多余摆动,最后导致推击失去准头,而且最大的可能是距离不够。

(3)赶老窖运动的技巧性高,对抗性强,体力消耗大,同时要注意集体的协同配合。

(4)消除紧张心理。心理紧张会导致动作变形。如果打球时肌肉发僵而不能做到尽量放松,就不可能使动作的每一个环节连贯顺畅地衔接,挥杆动作也不可能圆顺。

第六节　打布鲁

一、打布鲁概述

打布鲁是蒙古语的译音,即投掷布鲁之意。布鲁是蒙古族猎人狩猎的工具和防身武器,可以打击飞禽、野鸡、野兔和狐狸等动物。被击昏或打死的动物皮毛完好,单人狩猎时和数人围住动物时使用。

蒙族游牧的工具布鲁,俗称撇拉棒子。一根坚硬的木棍二尺有余,头部弯如镰刀,刀头钻孔,穿一皮绳,绳端拴一心状铁器。牧民出牧时,带在身上,遇有狼獐兔鹿等兽,驰马穷追,同时摇转布鲁,运足气力,让嗯嗯飞转的心状铁器狠击猎物,常常一击毙命。而今,蒙族同胞把打布鲁变成一种喜庆之日的传统娱乐项目。该项目要求表演者 15 米外对着一个形如兔子的目标,作出如在马上飞驰的姿势,同时嗯嗯摇动手中布鲁,对准目标整个投出,击中目标即算获胜。这种游艺象征狩猎,可以锻炼投掷的准确性与臂力,深受蒙古人民的喜爱。打布鲁已与俗称“男儿三艺”的赛马、摔胶、射翁一样,成了那达慕盛会上的常见的传统节目。

打布鲁运动要求具有高度的速度力量、大幅度协调用力以及良好的柔韧性等。因此,打布鲁运动员必须具有强有力的躯干、腰、髋及上下肢肌肉收缩力量和收缩速度,技术动作是在幅度大、协调性和灵活性高的情况下完成的。所以,对打布鲁运动员的手腕、肘、肩、胸、腰、髋的柔韧和灵活性有较高的要求。因此打布鲁(即投掷能力)也是一种相当成熟的运动能力。这是当平衡能力、协调能力、上下肢以及腰腹部力量发展到一定水平后,相应发展起来的一种全身性的运动能力。

打布鲁运动具有简单易学、适宜人群广泛的特点。相对射箭和射击运动来说，打布鲁运动有为静态瞄准，肌肉伸张到一定程度后保持静止，毛细血管不扩张，长期运动有可能形成职业病。而打布鲁运动过程中有动的部分，也有静的部分，它对锻炼人的臂力和灵巧等身体素质有一定的作用。打布鲁运动可以活动指、腕、肘、肩关节和三角肌、肱三头肌、指部肌肉等，锻炼眼力；要求眼睛节奏性的瞄准、放松，对于放松眼睛，缓解眼肌的疲劳有一定好处；运动量不大；打布鲁运动既是一项竞技性、对抗性很强的运动，同时又具有休闲性和娱乐性特点。既可以使身体得到锻炼，还有助于消除疲劳。经常参加打布鲁活动，可以调节人的心理，提高人的身体素质与心理素质。

二、打布鲁的基本技术

(一)原地投掷动作

右手握布鲁，后斜下举，右脚在后，左脚在前，两腿分立于投掷线一步左右。然后转体尽量向右下弯，右腿半屈，重心落在右脚上，身体左侧正对掷出方向，右脚尖亦转向右方，左脚点地，右手握布鲁尽量下举与地面接近，左手自然侧上举，左脚提起离地，旋以左脚前踏，两脚尖为轴，急速转体向前(掷出方向)，左臂用力往后，并利用腰部扭转力量拉动右臂，使布鲁从肩上向前掷出，左手往后，右手也往左腰隙带出，右脚顺势提起跟进往前踏出一步，掷出后身体微向左转，以避免冲出界线，同时左脚向后举起，以维持身体的平衡。根据抛物线的原理，布鲁应从45°角掷出，才能创造出最好的成绩。

(二)助跑投掷动作

1. 交叉步式

助跑方法如前，唯开始进行交叉步时，左脚前踏一步，同时身体向右转体后倾，左侧朝掷出方向，左臂微屈上举，上体后倾倒，左臂用力后摆，右手握布鲁后下举，随即右脚在左脚前或后交叉一步，左脚再前踏一步，急速转体向前倾，并利用转体及腰部力量，拉动右臂将布鲁从肩上掷出，同时右脚再向前踏一小步，左腿后举，停止身体前进，并略向左转，以免触及投掷线。

2. 垫步式

右手握布鲁，后下举，助跑至最后几步，右脚落地时，身体向右侧转，左侧朝掷出方向，左臂微屈上举，上体后倾，左脚前举横踩一步，右脚横步向左脚横踩位置靠近，转体尽量向右下弯，右腿半屈，重心落在右脚上，身体左侧正对掷出方向，右脚尖亦转向右方，左脚点地，右手握布鲁尽量下举与地面接近，左手自然侧上举，左脚提起离地，旋以左脚前踏，以两脚尖为轴，急速转体向前(掷出方向)倾倒，左臂用力后摆，并利用腰部扭转力量拉动右臂，使布鲁从肩上向前掷出，左手后摆，右手也往左脚隙带出，右脚顺势提起跟进往前踏出一小步，掷出后身体微向左转，以避免冲出投掷线，同时左脚向后举起，以维持身体的平衡。

三、打布鲁的练习方法

（一）动作模仿练习

动作模仿练习多在徒手练习的基础上进行，这种练习方法的主要目的是为了体会打布鲁动作的发力过程以及如何规范地使用技术动作。要求两臂挥至前额上方即停，用以练习出手时机。

（二）发展上肢力量

1. 双手用力推墙壁

面对墙壁，距离约1米，两脚前后开立，两手指相对撑于墙壁上。要求两臂弯曲并猛力推墙，身体自然后退。两手推墙时，由手掌迅速过渡到指尖用力。

2. 低支撑俯卧撑屈伸

臂与肩同宽，用手撑在平地上，两脚并拢伸直放在台阶上，台阶可一级或二级，全身挺直成斜俯卧低支撑姿势。然后两臂尽量弯曲，肘高于臂部，胸部接触支撑面后用力撑起，还原成开始姿势。要求两手撑地手指相对，伸臂用力要快。

（三）增强臂、肩带、胸部及躯干的力量

在进行手臂、肩带、胸部及躯干力量练习时，可手持5公斤哑铃进行练习，主要的练习方法有以下几种。

(1)两脚左右开立，两手屈臂持哑铃于肩上，连续快速向上方推举。

(2)自然站立，两手持哑铃前平举向两侧做摆振阔胸练习。

(3)两脚前后开立，右手持哑铃做引转“满弓”的练习。

(4)两脚前后开立，两手持哑铃于头后，向斜上方振举。

(5)两脚左右开立，两手持哑铃于体侧，右臂向上提拉，同时上体向左侧屈，左右交替进行。

(6)两脚前后开立，两手屈臂持哑铃于胸前，连续快速向前上方推举。

（四）发展腰腹肌力量

(1)双手持轻杠铃垂于体前，两脚左右开立，做转体运动，同样姿势做腹背运动。

(2)两脚左右开立，肩负轻杠铃做转体、体侧屈、单腿下蹲后，再做展体、蹲起、蹲跳等练习。

(3)两脚左右开立，连续推举轻杠铃，仰卧推举、斜仰卧推举杠铃。

（五）发展身体协调性

(1)双人抛接沙袋练习：两人面对站立，相隔2～3米，甲用手将沙袋由下至上向右后下方绕摆一周至体前，向乙的右肩上方抛去。抛的同时，后脚向前上一步，乙右手接袋后，顺沙袋力量，也向右后方绕摆一周，至体前时，再向甲的右肩抛去，抛时后脚也上一步。

(2)集体抛接沙袋练习：方法与双人相同，练习时，可根据人数多少，站成圆圈或两列横队（面对面）互相抛接。

(六)发展快速力量

在进行打布鲁的快速力量练习时，主要是针对运动员手臂、腰腹肌和腿部的力量练习，常见的练习方法有单手或双手推、抛实心球练习。

(1)双手向前推实心球，两脚前后开立成半蹲，两手持球于胸前，肘部抬起稍低于肩，将球向前上方推出，推出时手用力拨球。要求推球时两腿用力蹬地，上体伸展，上、下肢配合协调。

(2)原地侧向推实心球，动作技术同推铅球，要求体会下肢用力的动作。

(3)双手持实心球举起向下抛球。

(4)双手头后向前抛球，两脚前后开立，重心落在后腿上，两手持球于头后，上体尽量后屈，然后用力将球由后向前抛出。

(5)双手向后抛实心球，两脚左右开立成半蹲，两手持球体前屈，然后用力将球向后上方抛出，抛球时两腿用力蹬地，上体抬起后仰，同时两臂伸直挥臂。

(6)持球仰卧或俯卧练习，练习者仰卧或俯卧在跳箱上，双手持实心球进行练习。

(七)击打木桩

击打木桩练习方法主要是帮助掌握打布鲁的投准技巧，它的方法是把木桩作为击打目标，可以单个摆放，木桩击中后再换一木桩，也可以将多个木桩依次排列，待每组击打完毕后，再将击倒的木桩重新摆好。

四、竞赛规则

(一)打布鲁运动的比赛方法

比赛主要包括两种形式：投远和投准。在正式比赛中，不论是投远还是投准，每人均以 3 次为限，每次投掷时间不得超过 30 秒，投掷的姿势不受任何限制。

投远是一种赛距离的形式，与投掷手榴弹方法相同，有助跑投掷和原地投掷两项比赛，投得最远的人为胜。

投准是一种击木桩和击地环靶的比赛。按年龄分青年、少年、儿童等组，距离也是因年龄而异。在投掷线前方规定的距离处设 3 个相间 10 厘米的小圆木桩，木桩高 50 厘米，木桩上端直径为 4 厘米，下端为 6 厘米，立在投掷线外 30 米处。木桩的间隔为 10 厘米。比赛将布鲁向木桩投去，以击中木桩多少计分。一般成年女子组为 25 米，男子组的距离为 30 米；少年男子组为 28 米，女子组为 25 米；儿童组均为 10 米。

(二)打布鲁运动的计分方法

投远以所投距离远近来分出名次，投准则以得分多少决定胜负，即比赛将布鲁向木桩投去，一次直接投中 3 个木桩得 10 分，一次间接投中 3 个木桩得 8 分，一次直接投中 2 个木桩得 2 分，一次间接击中 1 个木桩得 1 分。满分为 30 分，最后按得分多少决定名次。

(三)打布鲁运动的场地与器材

1. 比赛场地

投准的场地为250平方米的长方形平坦场地,在场地一端画一条投掷线。投准的目标为圆形木桩三根,桩高50厘米,木桩上端直径为4厘米,下端为6厘米,立在投掷线外30米处。木柱的间隔为10厘米。

2. 器材

由于用途和形状的不同,布鲁可分为"吉如根布鲁"、"海雅木拉布鲁"、"图固立嘎布鲁"三种。重量在150～450克不等。

"吉如根布鲁"长40～50厘米,重310～450克,形如镰刀,粗4～5厘米,是用铜或铁制成的心状物,用皮条绑结在布鲁头上。这种布鲁专门为打大猛兽而制,分量较重。

"海雅木拉布鲁"长40～45厘米,重150～300克,粗4～5厘米,呈扁圆形的,在布鲁头上不加任何金属,它是日常练习用的布鲁。

"图固立嘎布鲁"长40～45厘米,重150～300克,形如镰刀,粗4～5厘米,是在布鲁头上刻上很细的花纹,将铅熔化后倒在花纹中制成的。这种布鲁是专门为打小野兽而制。

五、注意事项

(1)要有针对性地做好专项准备活动。运动员在做好一般性准备活动后,要有针对性地做好专项准备活动,使运动员逐渐地把肩关节、肘关节部位的肌肉、韧带全面活动开,尽快达到适宜进行打布鲁的竞赛状态,防止伤害事故,尤其是投远比赛。

(2)要注意自己的技术动作,认真体会。

(3)注意场地及周围环境的情况,在确认无人从投掷方向经过时再做动作,确保安全。

(4)投准比赛时有计划地进行选择击打目标,选择目标是为了能够得到更高的分数。

第十二章　我国高校民族传统体育之其他项目练习

第一节　舞　龙

一、舞龙概述

“舞龙”，又称“龙舞”“龙灯”，是中华民族传统的体育娱乐活动。每逢佳节、盛会，人们在长街广场和街头湾边，舞起龙灯，以增添欢乐喜庆的气氛。它是中华民族民间传统文化的重要组成部分。

关于舞龙运动的起源有很多说法，大多数人认为舞龙运动起源于原始的求雨祭祀活动。中国人认为龙象征着水，因此逢旱之时，人们想到了“龙”的威力和神圣，借助于“龙”的祭祀活动就成为祈求雨水的形式。人们用舞龙来求雨，是因为舞龙含有地上的龙和天上的龙相感召、相会合的意思，地上的龙一舞动，天上的龙就会普降大雨，润泽四方了。

在殷商的甲骨文记载中便有向龙卜雨的甲片，作为求雨的祭祀舞蹈是很普遍的。“舞龙”运动的产生，可以说是在汉代，汉代有“鱼龙漫衍”之戏，它是舞龙运动的前身，由于受启发，舞龙运动逐渐兴起。随着社会的发展，人类文明的进步，“舞龙”这一种形式也逐步地从祭祀活动中走出来，并且种类也多样化了，制作工艺更加精细。

进入唐代，舞龙活动也进入了发展时期。这一时期的“舞龙”，已经基本上摆脱了原始祭祀的宗教活动，与民间传统节日的庆典活动密切地结合起来，成为中华民族节日文化的重要组成部分。到了宋代。舞龙运动已经基本定型，不仅体现在龙的形态的基本固定，还体现在其他因素的趋于完备。从宋开始，到元、明、清，龙的形态几乎没有什么变化，主要特点是蜿蜒多姿，通体华美。这一时期，舞龙运动的其他因素也趋于完备。从宋元至明清，舞龙运动不断改进、完善，处在不断的发展之中。

近年来，我国各地民间舞龙的兴趣逐年增长，活动规模越来越大。通过挖掘整理和试办各种舞龙比赛，传统的民间舞龙发展成为集舞龙、技巧、艺术等为一体，寓身体锻炼于精彩表演之中的群众体育活动。当前，它也成为我国推行全民健身计划的重要大众体育项目之一。随着“中国龙狮运动协会”的成立，舞龙运动日益规范。尤其是舞龙运动与现在技术相结合，增添了舞龙运动的艺术魅力，它因奇特的造型和出神入化的表演，受到了国内外人民的欢迎，也成为中国辉煌文化的象征。

二、舞龙的基本动作和方法

(一)基本动作

舞龙运动的技术动作主要可分为五大类:“8”字舞龙动作、游龙动作、穿腾动作、翻滚动作、组图造型类动作。每种类型动作又可根据完成的难易程度划分为A级难度动作、B级难度动作、C级难度动作。

1.“8”字舞龙

舞龙者将龙在人体左右两侧交替作“8”字形环绕的舞龙动作,环绕舞龙动作的快与慢、原地与行进均可根据具体情况变化,套路中以多种方法作“8”字舞动。舞动中要求龙体运动轨迹圆顺,人体造型姿态优美,快舞龙要突出速度和力度,每个动作左右舞龙各不少于4次。

(1)A级难度动作:原地“8”字舞龙、行进“8”字舞龙、跪地舞龙、套头舞龙、搁脚舞龙、扯旗舞龙、靠背舞龙等。

(2)B级难度动作:原地快速“8”字舞龙、行进快速“8”字舞龙、快步行进快舞龙、抱腰舞龙、穿身舞龙、双人换位舞龙等。

(3)C级难度动作:跳龙接一蹲一躺快舞龙、跳龙接摇船快舞龙、跳龙接直躺快舞龙、依次滚翻接单跪快舞龙、挂腰舞龙(两人一组)、K式舞龙(3人一组)、站式舞龙(两人一组)等。

2.游龙

游龙指舞龙者在快速奔跑游走过程中,通过龙体快慢有致、高低、左右的起伏进行,展现婉转回旋,左右盘翻,屈伸绵延的动态舞龙特征。舞龙时要求龙体圆、曲、弧线规律运动,舞龙者随龙体协调起伏行进。

(1)A级难度动作:直线行进、曲线行进、走跑圆场、滑步行进、起伏行进、单侧起伏小圆场等。

(2)B级难度动作:快速曲线起伏行进、快速顺逆连续跑圆场、快速矮步跑圆场越障碍、快速跑斜圆场、骑肩双杆起伏行进等。

(3)C级难度动作:站肩平盘起伏、直线后倒、鲤鱼打挺接行进等。

3.穿腾

穿腾包括穿越和腾越两种方式,指龙体动作线路呈交叉形式,龙珠、龙头、龙身各节依次从龙身下穿过称为“穿越”;龙珠、龙头、龙身各节依次从龙身上越过称为“腾越”。穿越和腾越时,要求龙形饱满,速度均匀,运动轨迹流畅;穿腾动作轻松利索,不踩龙体、不拖地、不停顿。

(1)A级难度动作:穿龙尾、越龙尾、首尾穿越龙肚等。

(2)B级难度动作:龙穿身、龙脱衣、龙戏尾、连续腾越行进、穿八五节等。

(3)C级难度动作:快速连续穿越行进(3次以上)、连续穿越腾越行进(4次以上)等。

4.翻滚

翻滚指龙体作立圆或斜圆状连续运动,龙身运动到舞龙者脚下时,舞龙者迅速向上腾起依次跳过龙身的“跳龙动作”;龙体同时或依次作360°翻转,舞龙者利用各种滚翻等越过龙身的

“翻滚动作”。

(1)A级难度动作：龙翻身等。

(2)B级难度动作：快速逆向跳龙行进(2次以上)、快速连续螺旋行进(2次以上)、大立圆螺旋行进(3次以上)等。

(3)C级难度动作：快速连续斜盘跳龙(3次以上)、快速连续螺旋跳龙(4次以上)、快速连续螺旋跳龙磨盘(6次以上)、快速左右螺旋跳龙(左右各3次以上)、快速连续磨盘跳龙(3次以上)等。

5. 组图造型

组图造型指龙体在运动中组成活动图案和相对静止的龙体造型。活动图案的构图要清晰，静止龙体造型要形象逼真，换型要紧凑利索，以形传神，以形传意，龙体与龙珠配合要协调。

(1)A级难度动作：龙门造型、塔盘造型、尾盘造型、曲线造型、龙出宫造型、蝴蝶盘花造型、组字造型、龙舟造型等。

(2)B级难度动作：上肩高塔造型自转一周、龙尾高翘寻珠、追珠、首尾盘珠、龙翻身接滚翻成造型、单臂侧手翻接滚翻成造型等。

(3)C级难度动作：大横“8”字花慢行进(成形4次以上)、坐肩后仰成平盘起伏旋转(1周以上)等。

(二)基本方法

1. 舞龙珠

持龙珠者，即为龙队指挥者，在鼓乐伴奏下，引导舞龙者完成龙的游、穿、腾、跃、翻、滚、戏、缠、组图造型等动作和成套动作，整个过程要生动、顺畅、协调。舞龙珠的目的是引导龙队出场，认清出场方向；了解比赛场地的大小，熟悉表演动作的方位，避免表演时出现方位不正或场地利用不充分；舞龙珠者必须熟悉本队套路中的各种队形的变化以及必要的场上应变能力。舞龙时要求双眼随时注视龙珠，并环视整队及周边环境的情况变化，与龙头保持协调配合，并与龙头保持1米左右的距离；同时，龙珠还应保持不停的旋转。

2. 舞龙头

持龙头者身材必须高大魁梧、有力。舞动时，龙头动作紧随着龙珠移动，龙嘴与龙珠相距1米左右，似吞吐之势，注意协调配合，应时时注意龙头不停的摆动，展现出龙的生气与活力、威武环视之势。舞龙头的目的是在龙珠引导下，紧随其后移动，从而带动龙身的摆动；龙头左右摆动时，一定要以嘴领先，显示出追珠之势。要求龙头替换时，不能影响动作的发挥；因龙头体积较大，在左右摆动时不得碰擦龙身或舞龙者。

3. 舞龙身

舞龙身者，必须随时与前后保持一定的距离，眼观四方紧跟前者，走定位，空中换手时尽量将龙身抬高，甚至可跳起；舞低时，尽量放低，但千万别将龙身触地，在高低左右舞动中，龙翻腾之势即展现其中；还必须随时保持龙身蠕动，造成生龙活虎之势。在跳与穿的动作中，应特别注意柄的握法，柄下端不可多出，以免刮伤别人。龙身在左右舞动时，龙身运动轨迹要圆滑、顺畅；龙身不可触地、脱节；龙体不可出现不合理的打结。

4. 舞龙尾

持龙尾者，身材需轻巧、速度快，龙尾也是主要部位，因为龙尾时常有翻身的动作，龙尾舞动时翻尾要轻巧生动、不拖泥带水，否则容易使龙尾触地，造成器材的损坏，而且会让人感到呆板。龙尾亦有时成为带头者，因为有些动作必须龙尾引首，明确精练的头脑亦为必备的条件。龙尾亦是整条龙舞动弧度大小的控制者，持龙尾在穿和跳的动作里，更注意尾部，勿被碰撞或碰撞别人，最重要的是随时保持龙身的摆动。舞龙尾的目的是随着龙身的带动，龙尾时刻摆动着，体现出龙的轻巧生动。龙尾舞动时，要求不能触地；龙尾在舞动过程中始终保持左右的晃动；并控制左右舞动弧度的大小。

第二节 舞 狮

一、舞狮概述

舞狮也叫“狮子舞”和“玩狮子”，是我国一项优秀的民间艺术，同时也是一种流行很广，具有独特民族风格和特色的传统体育活动。每逢春节和元宵节，人们都要表演精彩的舞狮。这种隆重的喜庆仪式，预示国泰民安、吉祥如意。

舞狮在我国有着悠久的历史，一般认为，它在三国时就已出现，三国时魏人孟康注释的《汉书·礼乐志》中说：“若今戏鱼、虾、狮子者也。”这是文献上关于舞狮的最早记载。早在公元87年，与我国相邻的西域大月氏和安息等国为了结好汉室，不远万里把象征吉祥、威武的狮子作为礼物送到我国，很快就引起了朝野的关注，也引起了广大群众对这一瑞兽的喜爱。在此后的两千多年里，不仅常有友邦赠送狮子的记载，而且历代艺术家将狮子与中国传统文化艺术有机地结合，创作了无以计数的有关狮子的绘画、石刻、陶塑、刺绣、织锦等艺术作品，并逐步形成了具有东方特色的狮文化。

我国民间舞狮主要集中在农历正月初一到十五，一般在元宵节达到高潮，舞狮表演已成为隆重的喜庆仪式。近几年来，在国家体育总局的领导下，通过挖掘整理和试办各种舞狮比赛，传统的民间舞狮表演已经发展成为集舞狮、武术技巧、艺术等为一体的寓身体锻炼于精彩表演之中的群众性体育活动。随着《中国舞狮竞赛规则》的制订，以及舞狮比赛的开展，舞狮运动正朝着规范化、科学化、国际化和竞技化的方向发展。目前的国内外舞狮比赛有很多，2011年就举行了沪港澳台龙狮精英赛暨国际龙狮公开赛、全国龙狮精英赛、“黄飞鸿杯”华人狮王争霸赛等。2012年3月，中华龙狮大赛暨全国南狮公开赛在深圳成功举行。

舞狮表演要求舞狮者具有灵活的步法、矫健的身法和娴熟的技巧，以及手法、身法、步法的协调配合，才能完成跌扑、翻滚、跳跃、翻腾以及滚绣球、过跳板、上楼台、跳桌等各种难度动作。舞狮运动不仅能提高力量、速度、耐力和灵巧等身体素质，而且还能培养练习者勇敢顽强的精神和坚韧不拔的意志品质。

二、舞狮的种类

我国民间流传的舞狮由于各地的风俗习惯不同，舞狮子在艺术造型和表演形式上形成了各自的地方色彩和独特的风格。按地域可分为北方舞狮和南方舞狮两种。南派狮头与北派狮头在造型上有显著差异，北派以写实为基础，它的造型、结构、色彩、装饰以及表演都以模仿狮子为主；而南派则以神似为基础，结合武术动作，摆脱具体形态的局限，以塑造夸张、浪漫的狮子为艺术形象。

三、舞狮的基本技术

(一)狮头的握法

1. 单阴手

单手握狮头，手背朝上，大拇指托狮舌，其余四指握在狮舌上方。

2. 单阳手

动作与单阴手相反，手心朝上。

3. 双阴手

动作与单阴手相同，两手握于狮舌两侧头角处。

4. 双阳手

握法与双阴手相反，握的部位相同。

另外，根据要表演狮子神态的需要还有开口式、闭口式等握法。

(二)狮尾的握法

1. 单手握法

舞狮尾者一手用大拇指插入舞狮头者的腰带，与四指轻抓腰带，另一手可做摆尾等动作。

2. 双手握法

双手大拇指插入舞狮头者的腰带，做各种动作时应紧握。

(三)基本步法

1. 上步和退步

两脚平行站立，左(或右)脚向前进步，另一脚跟上，即为上步，反之为退步。

2. 侧步

包括左侧步和右侧步。两脚平行站立，左脚向左侧进一大步，另一脚跟上，即为左侧步，反之为右侧步。

3. 交叉步

分为左、右交叉步。移动方向的异侧脚向运动方向一侧跨出一大步(经两腿交叉)，另一脚随即向运动方向一侧跨出一步成平行站立。

4. 跳步

跳步有具体严格的要求，可随着舞狮的方向任意跳跃，可单脚跳，也可双脚跳。

除以上方法外,还有跨跳步、击步、碎步、并脚直立跳、双飞脚、打转身等。

(四)基本动作

1. 摇头摆尾

两人在原地,舞狮头者不断地将狮头东摆西摇,舞狮尾者随着狮头的摆动协调地进行摆尾。

2. 叩首

两人一组,舞狮头者将狮头持于头上,用小碎步快速向前跑动,在跑动过程中将狮头举起,并不停地左右摇头和眨眼,舞狮尾者低头塌腰,双手搂住前者腰部,用小碎步或左右摆尾跟着前者行进运动,然后,用同样的碎步动作退回,两者配合做狮子叩拜动作。动作方向为先左后右,最后向中间叩拜,叩拜时下肢伴随做小跳步动作。

3. 翻滚

两人一组,后面队员抓住前面队员腰的两侧,身体重心下降,屈腿半蹲,一脚用力蹬地,向一侧滚动,滚身时前者需将狮头举高。

4. 叠罗汉

舞狮尾者站马步,舞狮头者两脚站于狮尾者的膝盖上,舞狮尾者扶住舞狮头者的腰,使其平衡、稳定,舞狮头者持狮头做各种动作。

5. 引狮员基本动作

引狮员的动作分静态动作和动态动作,静态动作是指引狮员静态亮相的动作,如弓步抱球、高虚步举球、弓步戏球等。动态动作是指引狮员在运动过程中完成的动作,如行步、跳跃、翻腾等。

舞狮子的技术动作有许多,舞动时,可根据舞狮者的身体素质、能力素质、训练水平和表演条件,以及各地的传统习俗,有选择地进行组合而编排成套路。

第三节　蹴　　球

一、蹴球概述

(一)蹴球运动的起源与发展

清朝末期,在我国北京和一些北方地区的民间,流行起了一种踢石球的游戏,这种石球是“琢石为弹丸”,它的踢法是古蹴鞠和击壤的变异还是结合产物,需进一步考证。原因是踢石球与蹴鞠虽然都是踢,但球的结构、踢法有天壤之别,与击壤的玩法也没有相似之处。

近些年来,由北京民族传统体育协会组织有关专家和学者对蹴球项目进行了挖掘和整理,又经过不断地表演和竞赛,形成了现在比较完善的规则,并已经在群众中广泛普及和推广起来了。1991年、1995年在第4届和第5届全国少数民族传统体育运动会上，蹴球被列为表演项目；1998年6月在北京市的少数民族传统体育运动会上首次将蹴球列为正式比赛项目；1998年11月在北京举行了全国蹴球教练员、裁判员学习班；在1999年4月份，北京再次组织了全国教练员、裁判员学习班，并且在北京的奥林匹克中心曲棍球场进行了首届全国蹴球邀请赛；1999年9月20日至23日在第6届民运会蹴球比赛开始前，再次组织来担任本届比赛的裁判员进行学习和实习；在第6届全国少数民族传统体育运动会上，来自全国各省、直辖市、自治区、解放军的22个代表队参加了蹴球比赛；2003年9月在宁夏银川举行的第7届全国少数民族传统体育运动会上，对蹴球规则进一步修改和完善，使这项运动更加合理化和科学化，为蹴球运动的进一步普及和开展打下了基础。

(二)蹴球运动的特点与价值

蹴球比赛场上情况瞬息万变，每一次发球、放球、进攻、防守都包含着极强的战术意识，因此有很强的观赏性；蹴球比赛对场地器材的要求很低，在群众中容易开展，因此都具有很强的群众性和社会性；蹴球比赛要求运动员做到神情专一，有较高的控制能力、平衡能力和耐久力，因此具有很高的健身价值。同时，蹴球比赛是通过双方运动员用脚蹴球、球体相互碰撞等技术进行的。其技战术的运用不仅要符合人体生理学、运动心理学原理，更为重要的是球体的碰撞运行与力学原理是紧密相关的，因此具有较高的科学性。

二、蹴球的基本技术

(一)结构分析

蹴球竞赛规则对蹴球技术作了严格的规定和限制，要求蹴球用脚跟触地再用前脚掌压住球面后，向前踹出。依据所蹴之球碰击本方或对方球的情况计算得分。根据这个要求，现将蹴球技术分成五个部分，表述如下。

1.准备姿势

动作分析：蹴球前，快速确定自己的战术打法后，运动员从自己的发球区场外步入场内本方球后50厘米左右面向进攻方向站立。两脚左右自然开立，或右脚稍前左脚稍后开立，两脚距离约30厘米，全身放松，目视对方球，使蹴球脚脚尖、本球、目标球在一条直线上。

2.支撑脚站位

动作分析：左脚前跨一步，在球侧后方20厘米处站定，脚尖外展，与出球方向成45°夹角，左膝微屈，重心落在左脚上，右脚跟提起，脚尖着地，收腹含胸，松腰敛臀，两臂自然下垂，全身放松，目视本方球。

3.放脚压球瞄准

动作分析：支撑脚站定后，蹴球脚即提起，以脚跟在球正后方15厘米处着地，前脚掌在球上方距球2厘米左右，脚的方向瞄准进攻方向，方向调正后，用脚掌轻轻压住球，不能使球发生任何移动，压住后眼睛正视进攻目标。此时，支撑腿膝关节微屈，支撑全部体重，维持身体平衡；蹴球腿膝关节自然弯曲，脚踝勾起，脚掌压在球上。

4.蹴击

动作分析：目视进攻目标，蹴球腿用力收缩使胯关节前屈，即大腿做向前上方抬腿的动作，同时脚掌压住球使之向前滚动朝进攻目标奔去。在整个过程中，一定要注意身体的协调用力，否则会影响击球的准确性。

5.保持身体平衡

动作分析：抬脚蹴球结束后，身体重心落在支撑腿上，蹴球脚摆至膝关节部位时应及时制动，随即自然放下，形成双脚支撑的姿势，保持身体平衡，并注意不要触及场内其他的球。到这一步，一个完整的蹴球技术动作就算完成了。

(二)技术分析

蹴球运动的技术特点是攻击准确，力量适当。比较常用的蹴球基本技术有：蹴正撞球、蹴加力球、蹴柔力球、蹴侧撞球和蹴回旋球。

1.蹴正撞球

正撞球是蹴球最基本也是最常用的技术，也是初学者必须首先要掌握的技术。

动作分析：以左(右)脚为支撑脚，支撑在球侧后方20厘米处，脚尖外展，与出球方向成45°角，膝微屈；以右(左)脚跟在球正后方15厘米处着地，脚掌前部在球上方距球2厘米左右，脚瞄准进攻方向后(使脚的中轴线、本球中心、目标中心成一直线)，则以脚掌轻轻压住球，不能使球发生任何移动，压紧后眼睛正视进攻目标，凝神静气，以蹴球腿髂腰肌、股直肌等用力收缩使髋关节做屈，用大腿向前上方抬腿的动作，同时通过脚前掌用力向前蹴动，使球上旋向前滚动朝进攻目标奔去。

2.蹴加力球

动作分析：运动员两脚前后分立，一般右脚在前(用左脚进攻者则左脚在前)。瞄准时，将右脚脚尖放在目标球和本球的延长线上，使脚的中轴线和目标球、本球的延长线重合。然后以右脚的脚跟为着力点，把前脚掌轻靠在球上，稳定后(至少有明显的2秒以上的停顿动作)，将球向前蹴出，脚上的发力逐渐加大。

3.蹴柔力球

动作分析：运动员站在进攻方向的延长线上，面对要进攻的球，两脚前后分立，右脚在前(用左脚进攻者则左脚在前)。瞄准要进攻的球后，将右脚放在球上，待球稳定后，将球向前蹴出，注意脚上的发力要柔和。

4.蹴侧撞球

这是指本球击打目标球的侧面，使目标球变向滚动转移位置或使本球相应转移位置的技术。一般用于传或欲使目标球被击打出界而本球留在界内等。

动作分析：支撑脚和最后用力的动作要领同蹴正撞球，唯要用本球的球心瞄准目标球的一侧边缘，使蹴球脚跟中心点、脚的中轴线、本球球心、目标球一侧边缘处在一条直线上。如撞击目标球越薄，分球角度越大，本球的前进速度越快，目标球的前进速度越慢；撞击目标球越厚，分球角度越小，目标前进速度越快，本球分球跟进速度越慢。

5. 蹴回旋球

动作分析：回旋球的发力方法与其他球的发力方法完全不同，回旋球的发力是靠脚掌向下、向后挤压球来实现的。其基本动作是：运动员面对进攻方向，两脚开立站在自己的本球后，按常规方法瞄准球后，将右脚的前脚掌贴靠在球上，然后向下后方发力，用力将球挤压出去。这个动作仅靠脚的力量是不够的，必须要全身协调发力。

三、蹴球的基本战术

蹴球战术是蹴球比赛过程中为了战胜对手，而根据蹴球竞赛规则、蹴球运动的规律，及对手、己方双方情况和临场的发展变化，所采取的制约对方、争取胜利的蹴球计谋与策略。

战术的运用是建立在一定的技术水平基础上的，它表现为一种思想、意识和观念，它没有具体的固定形式，却又无处不在，时刻在指导着技术的选择与应用；而技术则有着具体的动作结构和方法，比赛中技术的使用受战术意图的支配，为战术目的服务。

(一)首轮发球战术

动作分析：

①号球的发球位置：①号球的发球最佳位置是将球发在停球区附近。

②号球发球战术一般有两种：一是将球通过中心圆发向④号位附近；二是利用主动违例罚分获得较好的位置。

③号球的发球战术一般也有两种：一是发球时将球通过中心圆发向靠近②号球的地方；二是利用主动违例失分发球占有主动位置。

④号球的发球战术：④号球的发球原则是远离对方和本方的球。

(二)连蹴一次战术

动作分析：如图 12-1 所示，用对某一目标球的连蹴得 5 分。当进攻运动员蹴球时就应选用得 5 分的战术；利用③号球先轻蹴❷号球得 1 分，不使❷号球出界，并得到一次连蹴机会；如图 12-2 所示，然后再用该球将❷号球蹴出界外，这样就形成 1＋4＝5 分的机会。

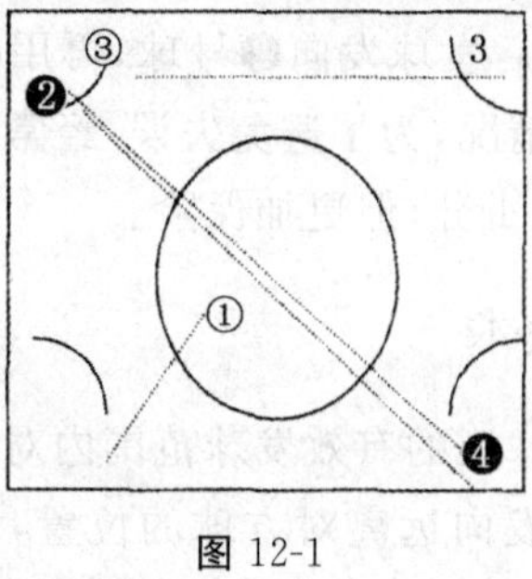

图 12-1

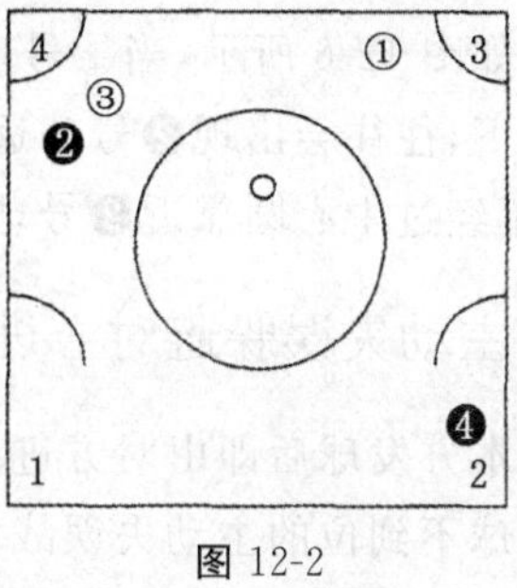

图 12-2

(三)获连蹴进攻目标球战术

动作分析:如图 12-3 所示,③号球为刚进入停球区的球,用①号球蹴击③号球,这样虽然被罚 1 分,③号球却被击活,并获得一次连蹴的机会。然后再利用靠近❹号球的本球作为主球将❹号球击出界外。得分情况为 4－1＝3 分。

(四)两次连蹴得 10 分战术

动作分析:如图 12-4 所示,用①号球轻蹴❷号球擦皮球,不使❷号球出界,并碰撞❹号球,获得 2 分和两次连蹴权。再用①号球分别将❷号球和❹号球击出界外。得分情况为 1＋1＋4＋4＝10 分。

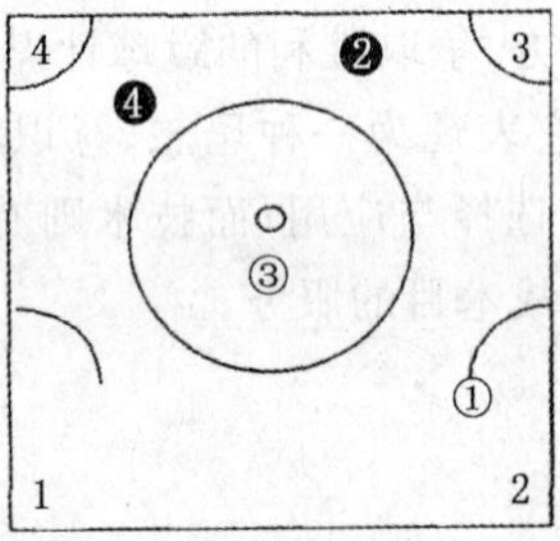

图 12-3

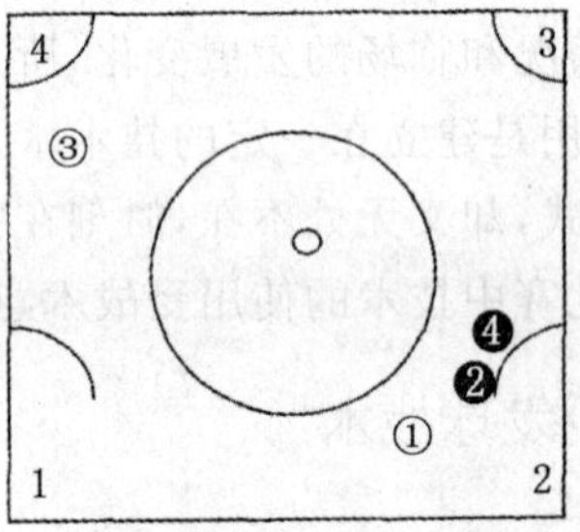

图 12-4

(五)获连蹴两次战术

当对方球或本方球被蹴击出界后将被放入停球区。有时对方球由于自己的失误等原因被放入停球区,下一次又轮到了本方蹴击,本方球也须被放入停球区时(造成这种原因的状况在比赛中比较常见,例如,如图 12-5 所示,对方蹴击双球时,将本球及两个目标球都击出了界外,并且对方目标球先出了界外)出现这种战术运用的情况。

动作分析:对方❷号球在停球区,当本方③号球放球时应紧贴❷号球,为下一轮用①号球蹴击连蹴两次做好准备;当①号球蹴击两个目标球后被判得 1 分和失 1 分,但获得了连蹴两次的机会,创造了更多的得分机会。

(六)被蹴击出界后发球战术

动作分析:如图 12-6 所示,当①号球被蹴击出界后发球发向❷号球,再用①号球蹴击❷号球,在这种情况下,往往会出现❷号球远离中心圆的情况,为了避免失误,经常采用主动失误的方法将①号球不经过中心圆靠近❷号球,虽然被判罚 1 分,但更加保险。

(七)采用主动失误躲避对方进攻的发球战术

动作分析:本方发球后即由对方进攻,在本方发球区的有效发球范围内对方已经战据有利位置时,利用发球不到位的主动失误战术,将本方发向远离对方球的位置,增加对方球的进攻难。如图 12-7 所示,①号球发球时,①号球和❹号球已经占据了①号球不失误发球的有效位置,①号球为躲避对方,不给对方制造机会,只好将球发向 4 号发球区。

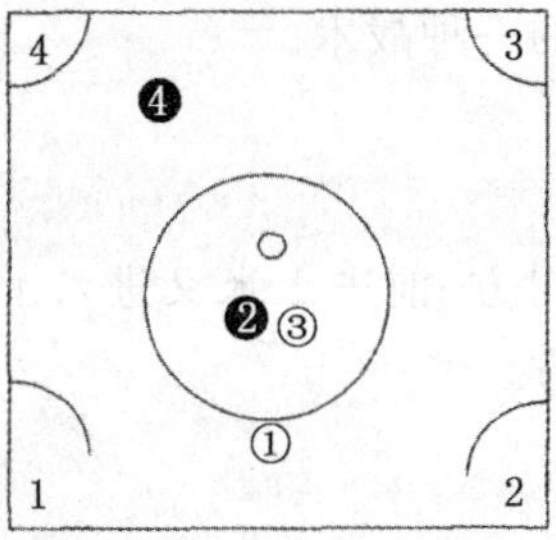

图 12-5

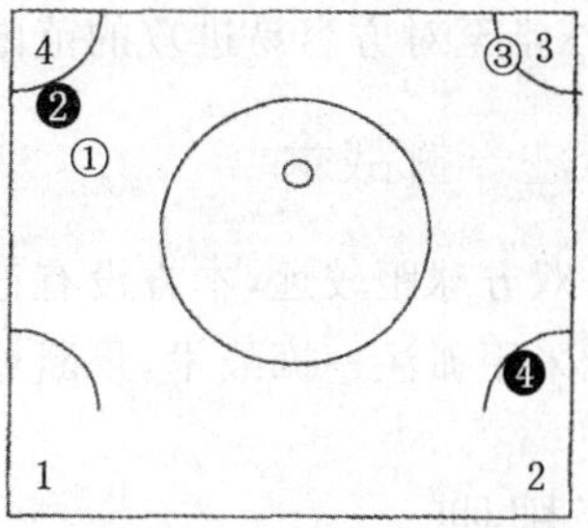

图 12-6

(八)出停球区撞击对方球或本方球战术的运用

动作分析：如图 12-8 所示，从停球区向外蹴的球无攻击权，但在本方另一球与对方一球相距太近，且对方另一球距停球区的球也很近时，可选择出停球区时将本方另一球或将对方另一球撞开的方法，造成本方二球均远离对方二球的形式。

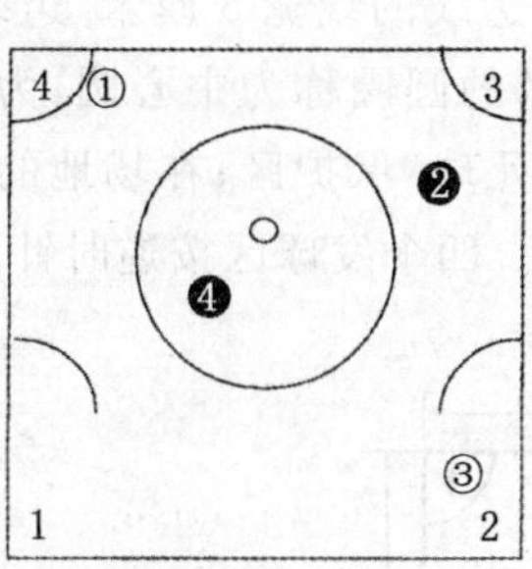

图 12-7

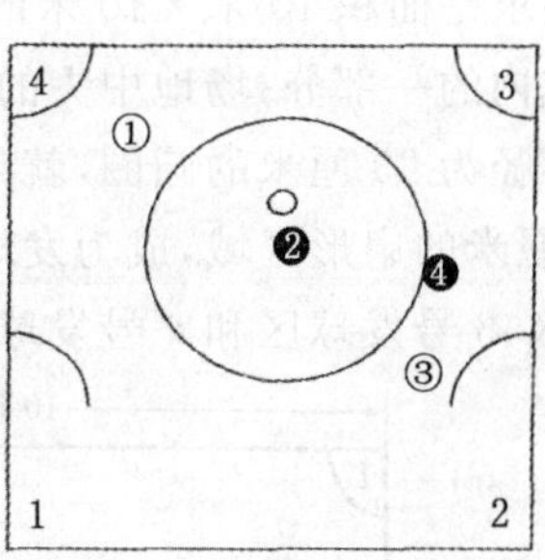

图 12-8

❷号球在停球区内，对方③号球与本方❹号球相距较近，且对方①号球距停球区也较近。此时。❷号球出停球区时，可将对方③号球或本方❹号球撞开，同时❷号球也远离①号球，形成❷号球、❹号球均远离①号球、③号球的形式。

(九)前进 1 米战术

动作分析：当双方球距在 7～8 米之外，攻击无把握时，可以采用规则允许的前进 1 米战术行动。

(十)放球阻碍对方进攻战术

动作分析：利用放进停球区的球阻碍对方的进攻线路。

(十一)回旋球战术

动作分析：当对方球处在边线附近或压在线上，而本方球与对方球紧贴或相距较近，如果用上旋球撞击可能会让本方球也出界时，可以采用回旋球战术。由于回旋球的性能特点，撞击后主球沿原来的方向滚回，将对方球蹴击出界而自己不出界。

(十二)回避球战术

动作分析：在每局比赛中，回避球是指本方球对较远的球进攻无把握，而采用前进 1 米战术又会将本方球推至对方容易进攻的范围内时所采用的一种战术。

(十三)孤注一掷战术

动作分析:双方球距较远,本方没有把握能蹴击到对方,前进 1 米又进入了对方的攻击范围内,这时只能采用孤注一掷战术,果断地直接攻击对方。

四、竞赛规则

(一)蹴球运动比赛场地

蹴球的正式比赛是在一块地面平坦的场地上进行的,可以是土场、塑胶场地,也可以是人工草坪。

具体规格要求是面积 10 米×10 米的正方形,场地边线的线宽 5 厘米,边线及各条线段均为场内或各区域内的一部分;场地中央的半径为 2.4 米的圆圈称为中心圆,为发球必经之区;场地的正中心半径为 20 厘米的圆圈,就是停球区,为"死球"保护区;在场地的四个角,每角有一个半径为 50 厘米的扇形区域,成为发球区(图 12-9)。四个发球区按逆时针方向编为 1 号发球区、2 号发球区、3 号发球区和 4 号发球区。

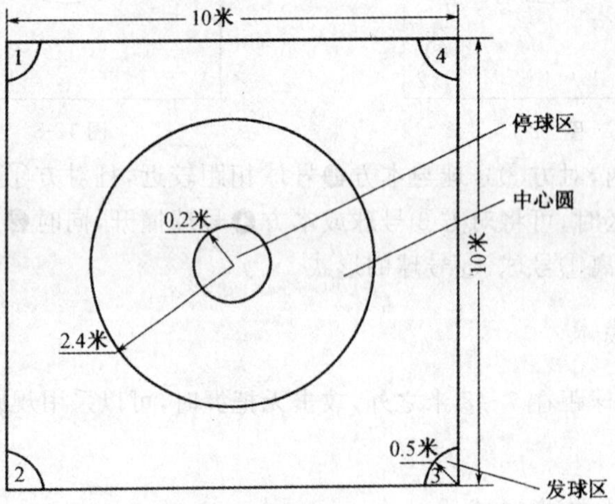

图 12-9

(二)蹴球运动器材

1. 球员服装

运动员必须穿着样式、颜色统一的运动服和平底的运动鞋。

2. 蹴球

球是 4 个直径为 10±0.2 厘米,重量为 920±10 克的硬塑实心球。球分为红、蓝两种颜色,分别标有 1、2、3、4 号,其中 1、3 号球为红颜色,2、4 号球为蓝颜色。

(三)蹴球运动竞赛内容

1.比赛时间

每场比赛分为上下两局,两局中间休息3分钟。

2.项目设置

正式的蹴球比赛一般设有五个项目,它们分别是:男子双蹴、男子单蹴、女子双蹴、女子单蹴、混合双蹴。

3.比赛方法

比赛分单蹴、双蹴和混双。比赛时抽签决定首发球队,比赛时按1、2、3、4号的顺序轮流蹴球。每场比赛当一方达80分或80分以上时,比赛结束。比赛分2局,第1局比赛中当一方或双方达到40分或40分以上时,比赛停止,休息3分钟;然后双方交换首发权,接休息前的比分继续比赛,当一方达80分或以上时为胜,比赛结束。

第四节　毽　球

一、毽球概述

毽球是由毽子演变而来的一项体育运动。把一束鸡毛插在铜钱上,再以布条缠牢,即扎成一个惹人喜爱的毽子。毽球的踢法多种多样,可以比次数、比花样,对活动关节、加强韧带、发展灵敏和平衡素质有良好作用。

毽球是中国民间传统的健身活动,历史悠久,宋代集市上就有专卖毽子的店铺,明清时开始有正式的毽球比赛。民间相传,毽球为南宋抗金名将岳飞所创。当年岳飞北征中原,兵锋直抵黄河南岸,金军恃城固守,避不出战,两军相持之际,秋尽冬来,岳家军还穿着出征时的夏装,因熬不住北方的严寒,又得恪守"冻死不拆屋"的纪律,许多人冻伤了足。岳飞令士兵们把箭矢后的翎毛拔下,绑在铜钱眼里,不停地蹦踢,称为"抛足之戏",踢了一阵子,脚趾上的冻伤不治而愈。从此,毽球成为岳家军的冬季锻炼项目,并逐渐流向民间。

现代毽类运动包括毽球和花样踢毽两个项目,起步于20世纪中期。到20世纪80年代,毽类运动得到迅速普及,广泛开展于工厂、学校和机关事业单位当中。1984年,毽球被列入国家体委正式开展的体育比赛。

随着毽类运动的蓬勃兴旺,全国和地方性毽球组织相继成立。与此同时,竞赛体制基本完善,全国锦标赛、职工赛、学生赛、国际邀请赛等竞赛制度相继建立。进入20世纪90年代,毽类运动又先后跻身于全国少数民族运动会、全国农民运动会和全国中学生运动会等大型综合性运动会。同时,经过21世纪前十年的发展与推广,我国的毽类运动已经跨出国门走向世界,先后在亚欧美等多个国家开展起来,并成立了国际组织,建立了世界锦标赛制度。

二、毽球的基本技术

(一)准备姿势

1. 平行站姿

两脚左右开立,比肩略宽,两臂体侧自然前屈,两脚几乎站在同一条直线上,两脚尖内收成“内八字”型,后脚跟提起,脚跨趾扣地,着力点在脚掌内侧,身体重心前倾,大、小腿约成 100°～110°,两膝内收,膝关节面稍超出脚尖,肩关节垂直面领先于膝关节。

2. 前后站姿

两脚前后开立,左脚稍跨出一只脚的距离,右脚在后,两脚跟提起。其他动作与平行站法基本相同。

(二)起动与移动技术

起动是移动的开始,也是关键,而移动是起动的继续。起动的快慢,取决于准备姿势的正确与否。在平时的训练和比赛中,必须根据来球的方向、弧度、速度和落点,及时地向前后左右起动和移动,转移重心,使身体尽快接近来球,并处于适当的击球位置,然后采取相应的技术动作。

(三)踢球技术

用膝关节以下部位击球称为踢球,它是运动员用脚的某一部位将球击向预定目标的技术动作。常见的踢球方法有脚内侧踢球、脚外侧踢球、正脚背踢球等。

1. 脚内侧踢球

左脚支撑,右大腿带动小腿屈膝上摆,同时膝关节外张,小腿上摆,击球的一刹那踝关节内屈端平,用脚弓内侧把球向上踢起(图 12-10)。

2. 脚外侧踢球

左脚支撑,右大腿带动小腿,膝内收,小腿向体外侧上摆,击球的一刹那勾足尖,踝关节外屈端平,用脚背外侧把球向上踢起(图 12-11)。

3. 正脚背踢球

脚背踢球方法有脚背屈踢、脚背绷踢、脚背直踢三种,共同点是单脚支撑用脚趾或脚趾跟部踢球(图 12-12)。

(1)脚背屈踢。屈踝,右脚大腿带动小腿,屈膝屈踝上摆,脚背与地面平行,以大腿上摆力量把球踢起。

(2)脚背绷踢。脚背上绷,右腿膝微屈,脚微直,自然放松,当球下落到离地面 10～15 厘米时,脚插进球底部小腿用力,同时屈踝绷腿把球向上踢起。

(3)脚背直踢。右脚大腿带动小腿屈膝向前摆,脚背绷直,扣脚趾,击球时小腿迅速前摆。

图 12-10

图 12-11

图 12-12

(四)触球技术

1. 腿触球

右脚支撑，左腿屈膝大腿带动小腿上摆，当球下落到略低于髋部时，用大腿的前半部分(靠膝部)触球(图 12-13)。

2. 腹触球

对准来球屈膝略向后蹲，稍含胸收腹，当腹部触球的一刹那稍挺腹，如来球过猛，也可以挺腹，使球轻轻弹出(图 12-14)。

3. 胸触球

两脚自然开立，当球传到胸前约 10 厘米时，两臂自然微屈，两肩稍用力向后拉，挺胸，同时两脚蹬地，身体挺起，用胸部触球(图 12-15)。

图 12-13

图 12-14

图 12-15

4. 肩触球

两脚自然开立对准来球，当球传到肩前约 10 厘米处时，肩稍后拉前摆，用肩部击球(图 12-16)。

5. 头触球

两脚自然开立，当球传到头前约 10 厘米时，两脚蹬地，同时颈部稍紧张向前摆头，用前额触球(图 12-17)。

图 12-16

图 12-17

第五节 脚斗士

一、脚斗士概述

(一)脚斗士运动的起源与发展

脚斗士俗称“斗鸡”。“斗鸡”是我国优秀的民族传统体育运动项目,尚没有人对这一运动形式的起源进行过严格考证。

有人认为“斗鸡”起源于“蚩尤戏”。据古文献梁《述异记》载:“秦汉间说,蚩尤氏耳鬓如剑戟,头有角。与轩辕斗,以角抵人,人不能向。今冀州有乐,名‘蚩尤戏’,其民两两三三,头戴牛角而相抵。”“蚩尤戏”流行于我国古代北方农村,带有纪念与黄帝逐鹿中原的蚩尤氏的意义。蚩尤戏是一种角力竞技的游戏。“蚩尤戏”模仿蚩尤头上有角的形象,即模仿者头上装有带牛角的头套,主要动作是以角抵人,所以又称为“角抵戏”。秦始皇统一中国后,禁止民间私藏兵器,作为徒手相搏斗的角抵因此兴盛起来。《史记李斯列传》记载秦二世在甘泉宫“方作角抵徘优之观”,说明这时的角抵是包括各种技艺的综合性竞技表演。到了汉代,民间出现了一种由“蚩尤戏”发展而成的由两个人在公开场合表演的竞技活动。在各种史料中可以查到,这个“蚩尤戏”既是中国戏曲的雏形,也是中国杂技、武术的雏形。换言之,它几乎是中国民间各种运动形式的起源,因此有人认为“斗鸡”是基于一种运动形式,由“蚩尤戏”演化而来,在民间以儿童游戏的方式流传。

另外也有学者认为“斗鸡”起源于清代王府,当时满族和蒙古八旗兵各按自己的旗色驻在北京城内。两红旗(正红、镶红)驻西城,阜成门和西直门内;两黄旗(正黄、镶黄)驻北城,德胜门和安定门内;两蓝旗(正蓝、镶蓝)驻南城,崇文门和宣武门内;两白旗(正白、镶白)驻东城,东直门和朝阳门内。城内有众多蒙古王府,府中的蒙古王爷有公务时回到自己主管的旗盟,无事时则在京都自己府内消闲,因此王府内有许多体育娱乐项目,“斗鸡”运动就是其中一种。每到宴会,主客双方各出一名强壮门丁,左腿独立,右腿盘屈于跨前,左手握右脚,使膝盖突出,身前如鸡头状。鼓声响后,二名斗士用“鸡头”撞对方,凡把对方撞倒或撞出场外者为胜方。周围观众击鼓拍掌助兴。

发展到今天，“斗鸡”已经成为一项现代意义上的运动项目——“脚斗士”。脚斗士项目在研发初始阶段，就定位于在全球推广，因此从赛事的规则、裁判法、赛事规划等赛事系统建立，知识产权保护、品牌建立的目标诉求，都是按照国际化的标准进行。

(二)脚斗士运动主要特点

1. 普及性

脚斗士运动门槛较低，运动形式简洁，单脚支撑跳跃、单膝攻击对方的技术易学易练，对场地、器材的要求不高。同时，由于脚斗士运动形式是许多国人最质朴的运动体验，在我国有着极为广泛的群众基础，大部分的国人年少时都接触过这项运动，因此具有极大的普及性。

2. 对抗性

脚斗士运动的内在特点，决定了它相互对抗的形式，即对抗性。这种对抗，是在双方掌握了脚斗士的基本动作和基本技战术的前提下，在规则允许的范围内进行的对抗活动，对抗时主要以膝关节、大腿部、小腿部及腰臀部进行对抗，身体接触面较大。

3. 安全性

脚斗士运动是较为安全的运动形式。有专家们调查显示，脚斗士运动只有轻度的皮肤擦伤和撞击伤，并无中度及以上损伤。在 2006 全国首届脚斗士大赛中，伤害发生率极低，这在搏击类项目比赛中，是非常少见的。

4. 趣味性

脚斗士运动形式源于儿童游戏，因此，具有独特的运动体验。在对抗中，可以充分享受到游戏般的快乐和竞技般的刺激。脚斗士承载着许多人年少时的美好回忆，动者愉悦，观者赏心。脚斗士在规则设计中，在强调竞技性的同时，注重趣味性，如个人赛中导入了猜先法则、攻守机制、抢分机制，使比赛更加富于悬念；团体赛的规则创造性地设置复式进攻法，借鉴了中国象棋的元素，将运动员进行角色设定，分为兵卒、副将帅、主将帅，中国文化的融合使比赛内涵更加丰富。

5. 民族性

脚斗士是源于中华民族传统文化的一项运动，从广为人知的民族民间体育游戏中发掘，经过整理规范，再回归民众体育，具有很强的中华民族传统体育特点。无论是参与还是观看，容易唤醒身为中华民族子孙的归宿感，对于增强民族自信心，加大民族凝聚力，具有不可估量的作用。体育具有改变世界的力量，脚斗士的民族体育弘扬之路，使它在推广之初就具有浓重的国际化色彩。随着脚斗士运动在世界各国的广泛传播，必将增进我国人民与世界各国人民的友好交往，增进友谊与合作。

(三)脚斗士运动主要价值

1. 精神价值

脚斗士是身体直接对抗的搏击类体育项目，以对抗搏击为核心，以强身健体为基础，以锻炼意志为目的，以锤炼练习者优秀品质并服务于社会为终级目标。脚斗士运动倡导“敢于挑战对手、敢于挑战自我”的精神。训练和比赛中，要克服无氧呼吸带给肌体的不适应感，要勇于战胜对手，唯有凭借不屈不挠、坚韧顽强的意志，才能不断战胜自身的软弱，达到超越对手、超越自我的境界。所以，从事脚斗士运动，可以培养吃苦耐劳的意志、坚韧不拔的精神以及刚毅、正直、果断的品质。另外，脚斗士运动能强健民族精神，凝聚民族力量，是脚斗士最大的精神价值。

2. 健体价值

相关研究发现，脚斗士能有效地增强人体腿部肌肉的爆发力、力量耐力，增强髋关节、膝关节、踝关节的灵活性；能提高心肺功能耐力和动态平衡能力；能促进人的神经兴奋，增强神经传导冲动。因此，脚斗士运动锻炼价值较高。

二、脚斗士的基本技术

（一）基本姿势

通常也叫实战姿势或格斗势，是脚斗士比赛和搏斗前所采用的临战动作姿势。它的好坏直接影响到进攻与防守的有效程度，因此初学者必须掌握好规范的基本姿势，以便于为进一步学习脚斗士基本技术打好坚实的基础。脚斗士的基本姿势一般分为“右攻守势”和“左攻守势”两种，练习者可以根据自己的习惯、爱好和实战需要选择适合自己的姿势。

做姿势时，首先立正站好，右腿弯曲体前抬起，与左支撑腿成交叉状态，左手握住右腿小腿及以下部位，右手握住膝关节以下部位，右手握住膝关节以上部位或置于体侧，上体正立，含胸、收腹、敛臀，下颌微收，目视前方。左攻守势与之相反。脚斗士的基本姿势的区分是看弯曲腿，右腿弯曲时，为“右攻守势”；左腿弯曲时，为“左攻守势”。

（二）基本步法

1. 前移步

从基本姿势开始，（以右攻守势为例），左前脚掌向后蹬地，同时上体前倾，落地时由脚前掌过渡到脚后跟，目视前方。

2. 后移步

从基本姿势开始，左前脚掌向前蹬地，同时上体后仰，落地时由脚前掌过渡到脚后跟，目视前方。

3. 侧移步

从基本姿势开始，左前脚掌向两侧蹬地，同时上体两侧仰，落地时由脚前掌过渡到脚后跟，目视前方。

4. 转动步

从基本姿势开始，以左脚前掌（后跟）为轴，靠脚前掌与后跟转动身体，目视前方。

5. 制动步

左脚突然停止移动，左膝弯曲缓冲，靠上体晃动控制平衡。

6. 前跃步

从基本姿势开始，左前脚掌向后蹬地，同时上体前倾，整个身体腾空，落地时由脚前掌过渡到脚后跟，目视前方。

7. 后跃步

从基本姿势开始，左前脚掌向后蹬地，同时上体后仰，整个身体腾空，落地时由脚前掌过渡到脚后跟，目视前方。

8. 跳转步

从基本姿势开始，左前脚掌蹬地，整个身体腾空转动，同时基本姿势，落地时由脚前掌过渡到脚后跟，目视前方。

（三）基本技术

1. 上挑

从基本姿势开始，支撑腿弯曲蹬地，上体微含收，立腰，双手配合攻击腿由下向上挑，力点在膝上侧。

2. 下压

从基本姿势开始，支撑腿蹬地，上体直立，双手配合攻击腿由上向下压，力点在膝下侧。

3. 套膝

从基本姿势开始，支撑腿蹬地，上体直立，双手配合攻击腿套住由上向下拉拽，力点在膝内侧。

4. 顶撞

从基本姿势开始，支撑腿弯曲坐髋蹬地，上体前倾，发力时上体展开，挺髋，力点在膝外侧。

5. 摆膝

从基本姿势开始，以支撑腿前脚掌为轴，上体带动攻击腿左右摆动，前倾，力点在膝左右两侧。

6. 弹推

从基本姿势开始，支撑腿前脚掌蹬地，同时异侧手配合攻击腿向外弹推，力点在小腿。

三、竞赛规则

（一）个人赛竞赛规则

1. 局数设置

比赛共设五局，每局 1 分钟，局间休息 1 分钟。

2. 猜先守擂

比赛采用交替攻擂的办法，开赛前，由双方运动员出指猜先，以确定第一局的守擂方。

3. 胜负判定

比赛以计分方式判定胜负。任何一方先获得 9 分，即获得了全场比赛的胜利，五局比赛结束时，任一方未获得 9 分，则以五局比赛结束时，分值高的一方获胜。若分值相同，则以违规次数少的一方获胜，若再相同，则以体重轻的一方获胜，若再相同，双方抽签决定胜负。

4. 得分标准

使用跳起进攻技术造成对方失败的，得 3 分；未使用跳起进攻技术造成对方失败的均得 2 分。其中单局防守方 2 次违规及单局进攻方累计 3 次违规时，对方均得 1 分，并重新开始登记违规次数。守擂方在单局 1 分钟内未被对手击败可得 1 分。

5. 失分条件

(1)支撑脚出界(主战场的四条边线之外)。

(2)离地脚落地。

(3)支撑脚踝关节以上部位着地。

(4)双腿不成交叉。

(5)进攻方单局时间到未能获胜的。

(6)单局防守方每累计 2 次违规。

(7)单局进攻方每累计 3 次违规。

(二)团体赛竞赛规则

每场比赛由兵卒对抗赛、兵(卒)挑战将(帅)赛和将(帅)挑战赛三个单元组成。全场比赛进行“之”字形的复式竞赛法。每队 5+1(替补)名运动员，分别由 3 名兵(卒)、1 名副将(帅)、1 名主将(帅)和 1 名替补队员组成。

挑战原则：比赛双方级别低者为挑战方；同级对抗中，先接受挑战者，为挑战方；挑战方须在 1 分钟的时间内战胜对手，否则判败。

1. 兵卒对抗赛

(1)各队由 3 名队员参加兵卒对抗赛，每回合双方各派 1 名队员在主战场进行对抗。

(2)比赛设三节，每节比赛以一方队员全部战败为止，胜方得一分。每节比赛最多进行五个回合比赛，每回合最高时限为 2 分钟，未分出胜负，双方判败，比赛进入下回合。

(3)获胜方在三节比赛中，以 2∶1 的比分获胜，由获胜方派出一名兵(卒)进入第二单元，挑战失败方的副将(帅)。获胜方在三节的比赛中，以 3∶0 的比分获胜，获胜方可派出两名兵(卒)进入第二单元，依次挑战失败方的副将(帅)或主将(帅)。

2. 兵(卒)挑战将(帅)赛

(1)由兵卒对抗赛获胜方派出兵(卒)挑战对方副将(帅)，任一名兵(卒)若能在一分钟的时间内将对方副将(帅)挑至失败，挑战即成功。继续挑战对方主将(帅)。

(2)若时间到，挑战失败。比赛进入第三单元，由获胜方的副将(帅)挑战对方的副将(帅)。

(3)若挑战方任一名兵卒能在一分钟内将对方主将(帅)挑至失败，则获得全场比赛的胜利。若未能挑战成功，则比赛进入第三单元，由失败方的副将(帅)挑战对方的主将(帅)。

3. 将帅挑战赛

(1)副将(帅)间的挑战赛：最先接受挑战一方的副将(帅)为挑战方，若挑战成功，继续挑战对方主将(帅)。

(2)副将(帅)挑战主将(帅)赛:副将(帅)挑战主将(帅),若挑战成功,则全场比赛结束;若挑战失败,则失败方的主将(帅)挑战对方主将(帅)。

(3)主将(帅)间的挑战赛(三局二胜制):最先接受挑战一方的主将(帅)为第一局和第三局的挑战方,第二局为对方挑战,获得两局比赛胜利的主将(帅),赢得该队最终比赛胜利。

参考文献

1. 陈青.学校民族传统体育.北京:人民教育出版社,2002

2.张选惠.民族传统体育概论.北京:人民体育出版社,2006

3.邱丕相.民族传统体育概论.北京:高等教育出版社,2008

4.曲小锋,罗平等.民族传统体育研究.北京:中国商务出版社,2007

5.邱丕相(全国体育院校教材委员会审定).中国传统体育养生学.北京:人民体育出版社,2006

6.李荣芝,虞重干.体育全球化与中国民族传统体育传承研究.体育文化导刊,2007(4)

7.毛骥.全球化浪潮下民族传统体育的生存与发展之道.贵州民族学院学报,2003(4)

8.方哲红.民族传统体育教学与训练.北京:北京体育大学出版社,2010

9.邱丕相,蔡仲林,虞定海.传统体育养生教程.北京:高等教育出版社,2011

10.宋加华,吴湘军等.民族传统体育保健学.北京:民族出版社,2002

11.曾于久.民族传统体育概论.北京:人民体育出版社,2000

12.北京市民族传统体育协会,北京体育大学.民族传统体育 100 例.北京:北京体育大学出版社,2006

13.尹海立.传统体育养生方法导论.北京:高等教育出版社,2008

14.邱慧芳.易筋经.长春:吉林科学技术出版社,2009

15.国家体育总局健身气功管理中心.健身气功:易筋经、五禽戏、六字诀、八段锦.北京:人民体育出版社,2005

16.饶远,刘竹.中国少数民族体育文化通论.北京:人民出版社,2009

17.张涛.中国少数民族传统体育概览.北京:中央民族大学出版社,2008

18.姚重军.少数民族传统体育文化研究.北京:民族出版社,2004

19.吴玉华.客家体育——中华传统民俗体育.北京:中国经济出版社,2006

20.郝勤.体育史.北京:人民体育出版社,2006

21.王俊奇.江西民俗体育文化.南昌:江西人民出版社,2008

22.卢兵.中华民族传统体育文化导论.北京:民族出版社,2005

23.冯国超.中国传统体育.北京:首都师范大学出版社,2007